内蒙古歷代方志集成

第一輯 ⑥

呼倫貝爾志書稿

呼倫貝爾邊務調察報告書

呼倫貝爾志略

內蒙古自治區人民政府地方志研究室 編

山西出版傳媒集團 三晋出版社

圖書在版編目（CIP）數據

呼倫貝爾志書稿；呼倫貝爾邊務調察報告書；呼倫貝爾志略 / 内蒙古自治區人民政府地方志研究室編. —太原：三晋出版社，2022.10
（内蒙古歷代方志集成）
ISBN 978-7-5457-2599-5

Ⅰ.①呼… Ⅱ.①内… Ⅲ.①呼倫貝爾市—地方史—史料 Ⅳ.①K292.63

中國國家版本館CIP數據核字（2023）第154049號

呼倫貝爾志書稿 呼倫貝爾邊務調察報告書 呼倫貝爾志略

編　　者：内蒙古自治區人民政府地方志研究室
責任編輯：張仲偉
責任印製：李佳音
裝幀設計：劉　磊

出 版 者：山西出版傳媒集團·三晋出版社
地　　址：太原市建設南路21號
電　　話：0351-4956036（總編室）
　　　　　0351-4922203（印製部）
網　　址：http://www.sjcbs.cn

經 銷 者：新華書店
承 印 者：山西基因包裝印刷科技股份有限公司

開　　本：787mm × 1092mm　1/16
印　　張：48　插頁：5
字　　數：350千字
版　　次：2022年10月 第1版
印　　次：2023年8月 第1次印刷
書　　號：ISBN 978-7-5457-2599-5
定　　價：380.00圓

ISBN 978-7-5457-2599-5

呼倫貝爾志書稿

〔清〕呼倫貝爾副都統衙門 纂

清光緒抄本

呼倫貝尔志書稿

王希纪

呼倫貝爾副都統衙門　為
將呼倫貝爾一城志書遵照省示門類逐一查明分晰造具
滿漢清冊咨送
將軍衙門鑒核施行須至冊者
計開
呼倫貝爾
詔諭於雍正二年欽奉須發天下
聖祖仁皇帝製滿漢合璧聖諭廣訓一書又於光緒十八年間
聖主謹遵

文美齋製

世祖章皇帝御製滿漢合璧勸善要言一書重刊頒發當經欽遵
飭交八旗官學教習等官每月朔望吉期飭令八旗子弟
誦讀講習以來家喻而戶曉風俗因之表率教化翔洽同享一
道同風之盛頂感身沐曷其有極又於嘉慶戊辰年欽奉
仁宗睿皇帝御製八旗箴簡明論頒行天下迄今八旗官兵一體欽遵
而行
一索約爾濟山為內興安嶺之正脈樹木叢深禽獸繁多週圍約
有一千三百里許於康熙年間
聖祖仁皇帝因征額魯特之逆匪噶爾丹功成回鑾駕幸索約爾濟山宴會

蒙古王公即將索約爾濟山定為
御
圍場並派索倫喀爾喀蒙古等週圍分坐四十卡倫看守圍場並
聖主皇
帝駕親臨並行木蘭之圍會哨於此處又於乾隆五十五年
聖主
高宗純
皇帝駕臨索約爾濟山圍場地方賞還蒙古扎薩克索倫等作為
游牧處所並差派內大臣巴仲黑龍江將軍都爾堅等自昂阿奇魯
卡倫至哈拉渾水口卡倫止此七卡至圍場以內索約爾濟山陽之察幹
扎拉幹山流出之托勒河源起北岸哈海河口止直至索約爾濟山陰
有哈拉渾河察幹庫吐勒訥木勒河科爾沁鄂洛木察幹牛魯古

文美齋製

至索約爾濟山根止迤東皆屬於黑龍江轄境自喀爾喀庫勒卡倫起至喀拉郭爾霍卡倫止此六卡至圍場以內索約爾濟山根止迤北地界皆屬於喀爾喀轄境自哈普氣爾卡倫至昆多依哈達霍碩卡倫止以此八卡至圍場以內索約爾濟山根止西南地界皆屬於烏朱木欽所轄之境自博洛霍吉爾卡倫至巴哈喀拉烏庫爾特依等十九卡倫止以此至圍場以內與黑龍江搭界托勒河南岸東南地界皆屬於哲哩木盟長分給所轄境界設立封堆並將原坐守之四十卡倫概行撤退惟將索約爾濟山頂作爲公地向由西林庫勒哲哩木克魯倫巴爾城三盟每年照常輪替祭焉

文美齋製

呼倫貝爾城建置沿革原設駐守地方

呼倫貝爾城居呼倫貝爾兩湖之東遂如名之曰呼倫貝爾在省城西北相距八百六十餘里向未脩築城垣惟僅設有衙署一所海拉爾河帶其東北依敏河遶其東南南望平川西倚松林土人以署近海拉爾河故又以海拉爾名之署內設有印務處左右兩司銀庫軍器庫其獄房近在署北火藥庫在署西南一里許文廟官學在署南半里許署東有舖商五十餘戶此外並無集鎮行旅店房查索倫八旗左右兩翼索倫達呼爾陳巴爾虎等初次移駐原案經大學士臣鄂爾泰於雍正十年四月二十一

旨一

日霞奏請

揖茲據黑龍江將軍珠爾海等具奏呼倫貝爾等處移撥索

倫兵丁駐守一摺內稱已哈等勘明地方據聲稱在喀爾喀河呼

倫池等處週歷履勘其海拉爾河自東北流來注入呼倫池其扎

爾瑪太河自南流來注與海拉爾河會查扎爾瑪太會流河口一帶

地土膏腴可以耕種形勢寬暢可以建城水草甚佳樹木叢厚

禽獸鱗介繁盛北於俄羅斯界之額爾古訥河佐近西南於喀

爾喀蒙古接界是以奴才 前往布特哈即以索倫一千六百三十六

名達呼爾七百三十名巴爾虎二百七十五名鄂倫春三百五十九

名再此各戶並未分晰比量丁冊以閑散西丹老弱殘病額丁一併
計算共計七百九十六名人丁隨同前往將伊等編聯八旗即於
建城之處分為左翼四旗游牧處順抵俄羅斯路與其搭界右
翼四旗游牧處在喀爾喀沿至喀尔喀河止此項三千兵丁編聯五
十牛录厢黄正黄各七佐正白等下六旗均各為六佐每佐佐領各
一員驍騎校各一員每旗各設副管一員派出暫爲遷管其索
倫巴爾虎游牧學校攜移家戶達呼尔等原均建造撥送房屋
藉校耕作其新遷之處各即先前往建房耕種藉立產業迨
至完竣即將婦女戶口續後遷移今兵之所住之要至齊齊哈

爾城相距七百八十餘里以此未任村屯之人丁即按沿台一律安駐
卡倫以便送遞往來公文其總管等照例揀放隨崗防筆帖式外
二名以達巴哈布勒賁車等放為總管達巴哈為左翼布勒賁
車為右翼會和辦理事八旂副總管之缺以圖倭勒德尔阿巳
西克攀克達博洛那畢力渾里普西勒喬特通額阿尔班察等
挑放此均屬於黑龍江將軍管轄因聞蒙古傳言建城之札拉木
太地方霜降甚早米以請為暫行游牧駐守一二年試量耕種
倘以易獲粮石即再請建城池此項新遷駐守之總管每員
給馬五十匹乳牛五十条羊五八十隻副管等每員給馬五

八匹乳牛各八條羊各六十隻佐領等每員給馬各七匹乳牛各七條羊各五十隻驍騎校等每員給馬各六匹乳牛各六條羊各四十隻筆帖式等每名之產業即按照驍騎校之式辦理給與三千兵丁每名各賞騍馬各五匹乳牛各三條羊各三十隻賞給以養繁多俾為產業養贍此項所賞馬牛每遇疲瘦缺之牧場再由布特哈地方由繁多牧場之內辦給喂養繁多之年高大膘壯肥疲瘦不一未可一概憑論以官等半俸兵等每月一兩之餉賞給所有衣履器具於每年補製甚為裨益並現已備為八旗布請交部製造八旗旗纛給發每兵一名發給角弓各一

張撒袋一付腰刀各一把梅針箭各三十隻鈚箭各十隻銅杓
各五隻飭交達巴哈布爾賁車等教以兵等演習馬步騎射
鳥槍等酌指排列敵陣嚴整部伍庶為訓示備以熟悉現在兵
丁所駐之處與俄羅斯境界相近其兵丁駐守定時即以何處
可以應駐營盤交卡倫詳為勘定設立駐卡等因具奏奉
旨依議即交所揀之揔管布勒賁車等管理欽此欽遵前來雍正十
年五月初六日　額魯特部落初次移駐原稟准理藩院來咨
內閣雍正十年二月二十八日遵奉
上諭朕為爾額魯特散秩大臣色晉特恩爾等兩牛彔人丁均皆新

經
遷来爾等以移至他處即又於水土不服尔原由均生長樹木深林之內所
有演習捕打游牧人等迤東有喀尔喀週歷寬廣爲潤河亦屬甚佳
樹林叢厚野獸甚多尔等可得上好之地尔即先行查看此地如若上
好即前往彼處遷移等語因伊以不願其實不得甚好之地矣色普特
恩甚願遷移等因即差人往查地勢現派佐領那木扎爾色普德恩
之子恩澤布旋回聲称此地甚屬曠野即有四時經行之處於喂養
牲畜亦好等
聖主隆屬仁施將此地賞與我們以在彼立業於我們額魯特等均允
皆臺富厚足等語奉

上派蒙古侍衛一員郎中依特格勒等帶同那木扎等並与色普德
恩一同前往諭以伊等牛录人等務將我
諭旨即可常川編聯絡与其好言以仁施盡善開導伊以均情願时迨
青草長出於遷移於喀尔喀河之迤東翁阔河地方擇其上好之地以
立產業至此移駐之人丁內如有窮困無畜牲畜者即着侍衛章京
色普特恩等公同商酌酌量恩賞銀两預設駝馱牲畜即着戶
部撥發銀一千两帶往俟馳抵到彼處即与迤巴哈布勒貢車等
核議指以此等游牧處酌定界址迨駐守完果即可旋回此烏良海
頼魯特等亦暫為色普德恩駐營並處管理察倫兵丁之大臣等

摺

為管理欽此欽遵前來雍正十年三月二十日

新巴爾虎部落官兵起初移駐原案擬准管理喀爾喀車臣汗部

落事務大臣扎克丹等咨行管理呼倫貝爾地方索倫巴爾虎兵丁

事務大臣等知照承准軍機處來咨內開新遷之巴爾虎等以內揀

放管轄等擬照索倫兵丁之式應行演習騎射之旗纛號衣角弓撒

袋梅針箭腰刀等項軍器均即照索倫一律發給並首領官

員出缺即由該大臣等奏請

諭旨

揀放俾垂差操官兵內即挑選二千四百八十四員名教演其餘人丁

兼當閒散俾其房戶守護放牲牧場以上二千四百兵丁共計編

為四十牛彔按照索倫等每一佐領揀放領催六名披甲五十四名每
旂各為五牛彔每翼揀放總管各一員每旂揀選副管各一員
至佐領驍騎校等缺選二人酌擬送往都京引
見請
放外按照索倫一律支食半俸領催等每月給餉銀各二兩
兵等月給餉銀各一兩按照索倫一律出派防範卡倫等差教習
才能等因於雍正十二年八月十六日具奏奉
旨依
議欽此欽遵前來雍正十二年九月十日
托河路鄂倫春等遷移原案於光緒二十年六月二十二日承准軍
機大臣字寄內閣黑龍江將軍奏收以龍仍管理鄂倫春牲丁等安

通融理事程摺內將原設興安城總管衙門滿洲總管一員鄂倫春總管一員滿洲副管二員鄂倫春副管四員筆帖式八員概已裁撤將布特哈總管之缺改為副都統以資坐鎮於墨爾根呼倫貝爾布特哈四城各添設協領一員筆帖式各一員融理鄂倫春事宜其原設十六佐佐領驍騎校兵丁一千名悉仍其舊庫瑪爾一路八佐歸黑龍江城阿里多普庫爾兩路二佐歸墨爾根城畢拉爾一路四佐歸布特哈托河一路兩佐歸呼倫貝爾等四城副都統等分管現在新添之協領等應由該將軍於通省官員內不拘部落品級相當應升之缺內考選才優者揀放出具切實考語

試用予限三年俟城先行收籠呈覆得果實效即由該城副都
統專摺奏請獎敘帶領引
見請
旨錄用於三年成效後將鄂倫春人等帶出山場就近由副都統齊集
俟熟諳風化俾可有濟緊急之需鄂倫春等官兵等每年應
領俸餉按照原定之數發給所有運費撥濟之項由該牲丁原餉
動用毋庸另籌款項以省糜費等因具
奏於光緒二十年五月二十九日奉
旨照依所奏辦理欽此欽遵前來

光緒二十年七月初五日

以上於雍正年間指定呼倫貝爾兩翼為
名設立地方遷駐官兵並未建置城垣除
衙署各司舖商之外其自古之舊名無從
查攷

呼倫貝爾城疆域

副都統所轄横寬有一千四十餘里竪長八百六十餘里
東至内興安嶺去勒奇克山止三百七十餘里与布特哈接界
西至墨爾根哈瑪爾山胡爾凱吐卡倫止五百六十餘里与喀爾喀車臣汗

部落搭界

南至索約爾濟山止六百八十餘里與喀爾喀車臣汗部落扎賚特蒙古搭界

北至俄羅斯界●庫克多博卡倫額爾古納河止二百七十餘里與俄羅斯搭界

東南至內興安嶺俄羅河源止四百二十餘里與布特哈搭界

東北至黑龍江額爾古納河口止一千二百一十餘里與黑龍江城搭界

西南至西林呼都克卡倫止三百二十餘里與喀爾喀車臣汗部落搭界

西北至達爾巴幹達呼山止四百五十餘里與俄羅斯搭界

以上呼倫貝尔所轄之境係古之遼國發祥原基界外乃蒙藩之地焉

附鄉鎮村屯

多倫格爾屯 在城東距城八里

扎拉木台屯 在城東距城九十里。

莫和尔庄屯 在城東南距城一百里。

南屯 在城南距城十五里。

木蘭莫克敦屯 在城南距城七十里。

西屯 在城西南距城三里。

那尔蘇吐屯 在城北距城四十里

以上村屯七處

索倫廂黃正白二旗官兵住在城東西尼克河北岸北枝海拉尔河迤
東扎敦河之西依敏河等處編聨游牧

廂白正藍二旗官兵駐在城之正北自迤東庫勒都尔河西枝西赫
布爾都泡至迤北廓尔畢泉内卡南枝輝河等處止編聨游牧

正黃正紅二旗官兵駐在城之正南自迤南喀拉吐山北枝西伯山至迤
東依敏河西輝河等處編聨游牧

廂紅廂藍二旗官兵駐在城之正南自迤南依敏河源北枝喀拉吐山至
迤東翁鄂河西輝河等處編聨游牧

額魯特廂黄一旗官兵駐在城之東南自迤南畢魯吐和碩山北拖西尼克
河至迤東庫克奇老山西依敏河喀拉呼吉里淖等處編聯游牧
新巴尔虎廂黄正白二旗官兵駐在城之正西自迤南喀尔喀烏占西林
胡都克卡倫北拖呼倫淖至迤東自公諾尔淖西拖鄂尔遜河等處
編聯游牧
廂白一旗官兵駐在城之正南西自公諾尔淖北拖布木塔諾尔卡倫迤
東沿途至札克丹迤西呼倫淖等處編聯游牧
正藍一旗官兵駐在城之西南迤南罕達該吐河北拖公諾尔迤東
輝河西路喀尔喀烏占訥們罕布尔都卡倫等處編聯游牧

正黃正紅二旂官兵駐在城西北迤南都蘭哈拉山北棱喀尔喀烏占西
拉庄山至迤東鄂尔遜河西西巴尔吐泉等處編聯游牧
廂紅廂藍二旂官兵駐在城之正西迤南貝尔泡北棱克魯倫河迤東
至鄂尔遜河西棱霍尔凱吐卡倫等處編聯游牧
托河路鄂倫春廂藍二佐官兵駐在城之正東海拉尔庫勒尔扎敦河
源東北至墨尔格勒根河源並興安嶺陽面努敏訥們雅勒河源等
處星散居止無定遷移游牧捕牲
以上八旂官兵內草房居者七屯之外其餘官兵等原遷游牧
編聯向無定駐之處

壽寧寺集在城西二百二十五里每年八月遠近商民聚集一次半月內交易各散

呼倫貝爾山脈

內興安嶺　在城西南九百七十餘里與喀爾喀車臣汗烏珠穆沁科爾沁各部分界之處起頂為索約爾濟山高三百餘丈向東北行四十餘里曰霍夏烏爾山高一百六十餘丈又分巴哈爾津河吉哈爾津二水出其北麓又東北起頂曰特爾根山高一百五十餘丈山麓兩出二水即為特爾根河蜿蜒仍向東北長一百二十餘里者為阿魯塔爾哥嶺折而北行五十餘里起頂為穆克圖爾山高一百七十餘丈伏敏河出其

北麓再折東北曰塔尔哥山高与穆克岡尔山埒山自塔尔哥河發源
之後稍北即折而正東行一百八十里迤邐而北復一百一十餘里至凱
河發源之處止土人指以內興安嶺呼之所出諸水皆會札敦河入海
拉尔河曰凱河源再北趨頂曰傅羅維尔山高一百五十餘丈西分一支行
一百五十餘里至烏爾勒克哥河發源之處再西再隨札敦河東岸
山脈指止正幹仍北行一百三十餘里顱矗突趨衆峰排列者曰依勒呼
六十餘里趨頂曰吉勒哥克山高一百八十餘丈山西麓爲海拉尔河之
源再北行七十餘里至哲尔古勒依河源趨頂長一百六十餘里者曰
雅克嶺高一百一十餘丈東分一支入布特哈界正幹仍北行一百三

十餘里巖巖突起眾峰排列者曰依勒呼里山高一百二十餘丈西興

安嶺起頂嵩高之要山西之北入額尔古訥河其東橫出大幹俯向東行

入黑龍江布特哈墨尔根兩城界正幹稍西仍向北行至布魯卡倫

再轉而東行一百一十餘里至依木河發源之要復北行六十餘里爲

乾金敞在馬敞之北亂峯雜沓林木深菁西注額尔古訥河以東沿

黑龍江南岸嶺至此入黑龍江城界嶺在本城屬界者長二千

五百餘里

索約爾濟山　城西南六百七十餘里高三百餘丈内興安嶺自蒙古

東四盟界至此起頂之山本界之有興安嶺自此始

霍夏烏尔山　城西南五百八十餘里高一百六十餘丈長六十餘里

特尔根山　城西南五百七十餘里高一百五十餘丈長一百一十餘里

阿魯塔尔齊嶺　城南稍西五百二十餘里高五十餘丈長一百二十餘里

穆克齊尔山　城南四百三十餘里高一百七十餘丈長七十餘里

塔尔齊山　城東南三百一十餘里高一百六十餘丈長四十餘里

綽羅尔山　城東稍南三百五十餘里高一百五十餘丈長九十餘里

吉勒齊克山　城東三百八十餘里高一百八十餘丈長一百三十餘里

雅克嶺　城東北四百七十餘里高一百一十餘丈長一百六十餘里

依勒呼里山　城東北八百九十餘里高二百二十餘丈長二百八十餘里東

分一支入黑龍江布特哈墨爾根各城界西麓即為特勒布爾河
鄂勒霍諾河喀布勒河源按此十處山嶺均屬內興安嶺正幹迤
邐而趨峯巒貝各山所產木屬有松柏榆楊樺柞等類大者高七八
丈少者二三丈可資材用草屬雜出極繁不及備述果品有郁李臭
李野葡萄歐李榛子等類野蔬有黃花菜野韭菜等類野
禽之屬有鵰花鷂白鷂老鸛等類野獸之屬有虎豹熊鹿堪
達罕黃羊麅野豬海龍狼狐白兔灰鼠等類飛蟲有青頭大瞎
虻馬蜂蝴蝶蚊子蠓蚊等類鱗蟲有蛇大小不等馬蛇子蜘蛛
驢駒子等類

固爾班塞堪哈達　城西南四百六十餘里峭石嶙峋出三峯迤邐相連高八十餘丈長一百九十餘里

霍們霍爾敦山　城南三百七十餘里高一百一十餘丈周遭一百餘里

喀拉番山　城南二百五十餘里高七十餘丈周遭六十餘里

烏特渾番山　城西南三百三十餘里高一百二十餘丈周遭八十餘里

汗山　城西南三百四十餘里高八十餘丈周遭四十餘里

沙拉鄂洛依山　城西南三百六十餘里高八十餘丈周遭六十餘里

喀拉番山　城西南三百八十餘里高九十餘丈周遭五十餘里

額勒斯山　城西南三百九十餘里高五十餘丈周遭四十餘里

諾們布尔克圖山 城西南三百九十餘里高九十餘丈週五十餘里

尼楚渾山 城西南三百餘里高五十餘丈週三十餘里

呼拉特山 城西南三百二十餘里高五十餘丈週四十餘里

按此十一山所產草木鳥獸昆蟲等類亦与索約尔濟等山略同惟樹木較低小不堪材用者多兕貂熊鹿亦較少耳

嘎尔巴里山 城西二百六十餘里高一百一十餘丈週三十餘里

特克山 城西北二百八十餘里高五十餘丈週二十餘里

希伯山 城西南九十餘里高四十餘丈週八里餘

文美齋製

哈坦和碩山　城西北二百二十餘里高一百一十餘丈周三十餘里

巴彥和碩山　城西南九十餘里高三十餘丈周二十餘里

察幹托洛輝山　城西南一百三十餘里高五十餘丈周二十餘里

畢魯圖山　城西東南一百七十餘里高八十餘丈周二十餘里多石

依伯格勒圖山　城東南一百六十餘里高七十餘丈周三十餘里

西瓦金哈達　城東南二百六十餘里高七十餘丈周二十餘里

庫庫音老山　城東南二百五十餘里高一百五十餘丈周三十餘里

巴彥温都爾山　城東南一百五十餘里高一百一十餘丈周三十餘里

巴彥孟庫山　城東南一百三十餘里高四十餘丈周二十餘里

巴彥烏勒錐圖山　城東南六十餘里高五十餘丈週十餘里

察尔巴哥山　城東稍北三百餘里高五十餘丈週三十餘里

青吉勒圖山　城東北二百七十餘里高三十餘丈週二十餘里

烏克西哈克哥山　城東北一百九十餘里高三十餘丈週三十餘里

達尔新圖山　城東北一百四十餘里高一百二十餘丈週三十餘里

喀拉崔碩山　城東北八十餘里高三十餘丈週四十餘里

齊普烏勒朱依郭伯齊山　城正北十餘里高一百餘丈週三十餘里無樹有亂石

尼克托洛山　城東北二百八十餘里高一百二十餘丈週五十餘里

薩尔哥圖山　城西北一百六十餘里高一百一十餘丈週三十餘里

達斡德勒山　城西北二百四十餘里高一百七十餘丈周四十餘里

霍勒博山　城西北一百七十餘里高八十餘丈周三十餘里

薩木依山　城西北一百八十餘里高一百四十餘丈周三十餘里

西羅鼐山　城西北二百二十餘里高一百三十餘丈周四十餘里

庫里葉爾山　城北二百四十餘里高一百七十餘丈周五十餘里

按此二十六山均在呼倫貝爾兩池之東概自興安嶺發脈分列於海拉爾河南北兩岸遠近不一環城四面出產草木鳥獸亦與前十一山畧同

霍察山　城西五百八十餘里高一百一十餘丈周三十餘里

固尔班哈達　城西五百三十餘里高七十餘丈周二十餘里

特克山　城西四百九十餘里高一百五十餘丈周四十餘里

都蘭哈拉山　城西四百二十餘里高一百五十餘丈周四十餘里

鄂尔克爾山　城西稍北六百五十餘里高一百一十餘丈周四十餘里

哈拉津布尔噶特山　城西五百九十餘里高一百二十餘丈周三十餘里

都勒山　城西稍北五百二十餘里高七十餘丈周二十餘里

阿尔達克山　城西稍北四百六十餘里高一百餘丈周四十餘里

喀尔當山　城西稍北四百九十餘里高一百一十餘丈周二十餘里

按此九山均在克魯倫河南岸有乱石或起小峯

間有不堪材用之雜木並無出產

墨尔根哈瑪尔山　城西北六百六十餘里高一百餘丈周圍四十餘里

阿敦奇老山　城西北五百四十餘里高四十餘丈周圍四十餘里

阿勒坦額們尔山　城西北四百五十餘里高五十餘丈周圍二十餘里

札拉山　城西北五百九十餘里高八十餘丈周圍三十餘里

色格勒山　城西北五百三十餘里高八十餘丈周圍三十餘里

額尔德尼山　城西北四百五十餘里高七十餘丈周圍二十餘里

諾滾哈番察該山　城西北三百五十餘里高五十餘丈周圍三十餘里

鄂尔金山　城西北三百三十餘里高一百二十餘丈周圍四十餘里

莫貴圖山　城西北三百七十餘里高九十餘丈周三十餘里

巴彥山　城西北二百五十餘里高一百四十餘丈周四十餘里

西拉產山　城西北四百六十餘里高五十餘丈周三十餘里

塔爾巴斡達呼山　城西北四百五十餘里高四十餘丈周二十餘里

察斡敦拉山　城西北四百餘里高八十餘丈周四十餘里

蘇克特依山　城西北三百二十餘里高二十餘丈周三十餘里

阿普該圖山　城西北三百餘里高六十餘丈周三十餘里

按此十五山均在克魯倫河及呼倫池之北雖有亂石而產並無樹木鳥獸亦與興安嶺分支諸

山暑同

文美齋製

呼倫貝爾城水道

呼倫泡　城西北二百九十餘里為諸河瀦水之區泡跡最大冬日深處嚴寒不凍夏秋有風即漲不分朝夕每漲三五日始定又逢伏天熱甚水色變綠即不能飲過十數日方能復初馬飲泡水者輒深入轉頭向岸仰倚而吸之蓋防漲來易於速出故也物性有靈如此自西南至東北斜長一百五十餘里寬七十餘里週圍三百餘里深無底鄂爾順河之水自東南流入克魯倫河自正西流入達蘭鄂洛木河自東北流入布魯噶那河自西南流入水產甚夥本城人向不

捕魚故不能悉其名以下諸河數此内所出鯉魚鮎魚狗牙魚
鯽魚鰱子等魚
貝爾泡　城西南三百九十餘里較呼倫稍小情形實
同東北西南斜長一百餘里橫寬七十餘里周圍二百餘里
喀爾喀河之水自東南流入東北流出一支名鄂爾順河
又查此兩泡常互有消長初無一定本城人皆游牧不嫻
舟楫深處從未能到夏日盈盈一水入冬淺時見有白
氣浮出蓋亦邊圍異境也　内所出與呼倫泡同
達爾彬泡　城西南四百九十餘里源自内興安嶺分

派之河魯塔爾嶺西林麓湧出週廣五十餘里深一丈餘由正西流出界為喀爾喀河

喀爾喀河　城西南四百九十餘里源出達爾楷泡西流八十餘里有哈瑪爾河自東南來注又西北流五十餘里南來入界為巴達那河又西流十餘里有固爾班賽堪河三水自東北折西南來注西流十餘里有特爾根河自南注之西流四十餘里由東北入界曰烏爾勒克奇河西流十餘里有喀拉巴堪圖河東納哥巴哈爾渾水西納阿吉拉哈爾渾水南來注之又西北三十餘里北有圖拉爾河

東北注之西流八十餘里徑喀尔渾河口封堆南有訥莫尔根
河北來注之西北流四十餘里徑喀拉圖山西有罕達該圖
河自東北穿松林來注西北流三十餘里徑額勒斯山西有
霍勒霍奇河自西南來注又西北一百一十餘里徑呼拉特山
又烏木克依卡倫西有胡魯蘇台河滙烏勒錐圖布拉克
泉自東北來注北流八十餘里至西林胡都克卡倫西歧為二
派其西一派較大流十餘里注入貝尔池喀尔喀河自達尔
彬池越至貝尔池止共斜長五百四十餘里
哈瑪尔河 城南五百三十餘里源出內興安嶺陰曲折流西北流

三十餘里北入喀爾喀河

巴達那河　城南稍西五百三十餘里源出內興安嶺北麓曲折西北流五十餘里北入喀爾喀河

固爾班賽堪河　城南四百一十餘里源出內興安嶺西麓三水匯合自東北而西南又折向西北流八十餘里南入喀爾喀河

特爾根河　城南五百二十餘里源出內興安嶺分支出特爾根山北麓折西流七十餘里北入喀爾喀河

烏爾勒和奇河　城南三百四十餘里源出烏特澤圖山西南曲折西南流一百二十餘里西南入喀爾喀河

安巴哈拉渾河　城東南五百七十餘里源出內興安嶺北麓西折北流四十餘里左右合匯喀拉巴哈圖河吉格哈爾渾二水流十餘里北入喀爾喀河

哈拉巴哈圖河　城西南五百八十餘里源出霍夏烏爾山北麓西東北流四十餘里西注安巴哈拉渾河

阿吉格哈爾渾河　城西南五百二十餘里源出霍夏烏爾山北麓東北流二十餘里東注安巴哈拉渾河

圖拉爾河　城西南三百五十餘里源出烏特渾圖山西南流一百四十餘里入喀爾喀河

訥莫尔根河　城西南六百餘里源出索約尔濟山北麓西北流一百二十餘里入喀尔喀河

哈達該圖河　城西南三百六十餘里源出沙拉鄂羅依山穿哈達該圖松林徑喀拉圖山北西南流七十餘里入喀尔喀河

霍勒霍奇河　城西南六百餘里源出索約尔濟山北麓西北流一百二十餘里入喀尔喀河

胡魯蘇太河　城西南三百五十餘里源出諾們布尔克山西納烏勒錐圖布拉克泉東繞德字東北諾們罕卡倫折而西南流一百八十餘里入喀尔喀河

烏勒錐圖布拉克泉 在城西南三百五十餘里尼楚琿山之東自地湧出東流二十餘里入胡魯蘇太河周四里餘

沙拉爾吉河 城西南三百九十餘里即喀爾喀河東分之派流出曲折東北八十餘里經額布都克布拉克卡倫之西繞貝爾泡之東烏蘭剛阿卡倫北自東南入鄂爾順河

鄂爾順河 城西南三百七十餘里由貝爾泡流出自東北流三十餘里經烏蘭剛阿卡倫西北仍與沙拉爾吉河匯合東北流十餘里東納霍爾庫羅河北流三十餘里西納烏蘭泉水又曲折東北流一百餘里經嘎爾巴里山西至官渡注呼倫泡 官設小舟二隻濟渡行人

庫爾霍羅河　城西南三百五十餘里源出平野西流二十餘里入鄂爾順河

烏蘭泉　城西稍南四百餘里平野湧出東流十餘里入鄂爾順河週五里餘

克魯倫河　自車臣汗部流來霍爾開圖卡倫南入本界經墨爾根哈瑪爾山陽東流一百五十餘里經河敦素老山南又東流一百二十餘里經河勒坦額們山南分二派南一派為烏爾根噶爾瑪河又東流三十餘里入呼倫池河深五六尺寬十餘丈不等

烏爾根噶爾瑪河　城西北四百七十餘里自克魯倫河分派向東

南流出三十餘里瀦爲烏珠尔鄂蘇沱
烏珠尔鄂蘇沱 城西四百三十餘里爲烏尔根噶瑪河所瀦之水
迴六餘里向東流出者爲布勒噶那河
布勒噶那河 城西四百三十餘里自烏珠尔鄂蘇沱流出
曲折東北流二十餘里入呼倫沱
海拉尔河 城東四百七十餘里源出興安嶺陰分支之吉
勒喜克山西麓西流五十餘里南有喜雷河自東南來注又
西流四十餘里有鄂尔喜嚣河自東南來注又西流十餘里北
納穆音河又西流三十餘里南納莫貴圖河又西流二十餘里

有果尼約爾河自東北來注之又西北流二十餘里南納奇雅拉河又西流六十餘里有烏爾勒和奇河自東南注之又西稍北流四十餘里北有庫勒都爾河特爾莫勒津河二水滙合自北來注之又西流十餘里南有札敦河由興安嶺發源南滙凱河楞河烏訥爾河依勒克特河鄂羅奇河烏呼爾河噶爾敦河烏蘭布爾噶蘇太河塔爾巴哈泰台河諸水自東南來注之又西流七十餘里北納特尼河又於西北流十餘里至宜渡注札拉木太台南有札拉木太河莫和爾圖河滙合自南來注之又西北流四十餘里至喀拉和碩山南有奇蠻蠻圖霍洛河自南來注之又西流八十餘里經

哈克汜南有依敏河由穆克圖尔山發源東匯塔尔奇河西匯洪
果尔津河又東匯鄂依那河維圖克河西尼克河又西匯輝河
魁特恩河伯尔克河朱恩莫貴河巴倫莫貴河察斡該尔
汜烏爾汜西巴尔乞河諸水合流而北來注入西北流八十餘里經
城北畐番烏勒朱依鄂博畐山南至官渡庫〻該尔汜自東北
莫尔格勒河崇岳林呼汜河哈克霍汜河依尔該畐霍汜河匯
諸水來注又西北流一百一十餘里經官渡穿那爾乞松林經連
斡德勒山南哈坦霍碩山北至官渡又北西北流七十餘里經圖
勒特格卡倫之北歧分二派西南流為達蘭鄂汜木河其西北

流出為額爾古訥河自吉勒奇克山西麓趨至達蘭鄂洛木河分派處止共長流六百九十餘里水深丈餘寬二三十丈不等設渡四處小舟八隻濟渡行人所出魚屬鰉魚鮎魚狗牙魚鯽魚鏈子等魚

奇雷河　城東五百一十餘里源出得羅爾山北麓曲折西北流五十餘里北入海拉爾河

鄂爾奇勒河　城東五百餘里源出得羅爾山北麓曲折西北流五十餘里北入海拉爾河

穆音河　城東北四百三十餘里源出察爾巴奇山陽曲折西

文美齋製

南流五十餘里南入海拉尔河

莫貴圖河　城東北四百四十餘里源出綽羅尔山北麓曲折西南流五十餘里北入海拉尔河

米尼約尔河　城東北四百一十餘里源出察尔巴音山陽曲折西南流五十餘里南入海拉尔河

音雅拉河　城東三百五十餘里源出綽羅尔山北麓曲折西北流六十餘里北入海拉尔河

烏爾勒和音河　城東二百八十餘里源出綽羅尔山北麓曲折西北流五十餘里北入海拉尔河

庫勒都爾河 城東北三百一十餘里源出青吉勒圖山陽曲折西南流五十餘里西滙特勒木爾津河又流四十餘里南入海拉爾河

特爾莫勒津河 城東北一百八十餘里源出烏克西哈克奇山陽曲折東流五十餘里東入庫勒都爾河

札敦河 城東南五百五十餘里源出内興安嶺西曲折西流五十餘里南納凱河又二十餘里有椿河自東南來注又折西北六十餘里徑們都克依台北有烏訥爾河依勒克特河鄂洛奇河烏呼圖河噶勒敦河滙合來注又折西北三十餘里徑們都克依台西北有烏蘭布爾噶蘇太河自南來注又西北三十餘里徑札敦畢拉雅克薩台北有塔爾巴哈台河自西南來

注又西北一百二十餘里經喀勒崔碩名內東北流入海拉爾河

凱河　城東南五百二十餘里源出內興安嶺西麓西北流七十餘里北入扎敦河

椿河　城東南四百一十餘里源出內興安嶺陰曲折西北流經依勒克特名北七十餘里北入扎敦河

烏訥爾河　城東南五百八十餘里源出內興安嶺陰東北流八十餘里東納烏呼爾河又流十餘里西納噶勒敦河又流十餘里東納依勒克特河鄂羅奇二水來會又北流四十餘里入扎敦河

烏蘭布爾噶蘇太河　城東南四百二十餘里源出西尼金哈達陰曲折東北流八十餘里入扎敦河

塔尔巴哈台河　城東南三百三十餘里源出平野曲折東北流五十餘里入扎敦河

烏呼爾河　城東南五百九十餘里源出內興安嶺陰曲折西北流七十餘里西入烏訥爾河

噶勒敦河　城東南四百五十餘里源出西尼金哈達東南曲折東北流五十餘里東入烏訥爾河

依勒克特河　城東南七百五十餘里源出內興安嶺陰曲折西北流八十餘里南納鄂羅奇河又流二十餘里西入烏訥爾河

鄂羅奇河　城東南六百五十餘里源出內興安嶺陰曲折北流六十餘里入依勒克特河

特尼克河　城東二百七十餘里源出烏克西哈克奇山陽曲折西南流九十餘里南入海拉爾河

扎拉木台河　城東南一百三十餘里源出平野曲折西北流經巴彥孟庫山西東敖

四十餘里西納莫和尔啚河又流二十餘里北入海拉尔河莫和尔啚河 城東南一百八十餘里源出平野東北流繞巴彥孟庫山西東北流五十餘里注扎拉木台河音罕圖霍羅河 城東南百餘里源出巴彥烏勒錐圖山北曲折北流經哈克勒東三十餘里北入海拉尔河依敏河 城稍東南四百五十餘里源出穆克圖尔山北麓曲折北流一百一十餘里東納塔尔奇河又折西北二十餘里西納洪果尔諾河又折西北流東納鄂尔(依)納河又折西北八十餘里經畢魯圖山之西延禧寺之東有維吐克河自東來注又北流六十餘里經克遠寺之東

有西尼克河自東來注之又於西北十餘里經木蘭木克敦屯之
東有輝河滙合魁特恩河朱恩莫貴巴倫莫貴伯爾克西巴爾台
等河及察幹諾爾烏蘭諾爾兩泡諸水自西來注又北流七十餘里經廣慧
寺及南屯之東至城北官渡口入海拉爾河設渡一處小舟二隻
塔爾奇河 城東南四百八十餘里源出塔爾奇山曲折西北流一百一十餘里入依敏河
洪果爾津河 城南二百三十餘里源出塔拉爾山東南麓曲折東北流五十餘
里入依敏河
鄂依那河 城東南四百餘里源出內興安嶺北麓曲折西北流一百七十餘里西入依敏河
維爾克河 城東南三百四十餘里源出庫庫奇老山西南麓曲折西北流一

百一十餘里經依伯格勒圖山北入依敏河

西尼克河　城東南三百二十餘里源出庫庫壽老山北西折西北流一百五十餘里經巴彥溫都力山入依敏河

輝河　城南稍西三百六十餘里源出霍們霍尔敦山西北麓西北流五十餘里西納奎特恩河又五十餘里有朱恩莫責河巴倫莫責河合流穿察斡諾尔泡而出南匯伯尔克河自西來注又北流四十餘里西有烏蘭泡流出之西巴尔古河來注又折而東北二百五十餘里繞察斡托海輝山西希伯山南而東流入依敏河

奎特恩河　城西南三百八十餘里源出烏特渾圖山東北麓而東北流六十餘里入輝河

朱恩莫賁河 城西南三百六十餘里源出汗山東麓向東北流曲折西北流三十餘里合巴倫莫賁河東流十餘里入察幹諾爾泡

巴倫莫賁河 城西南三百廿餘里源出沙拉鄂洛依山東北流五十餘里滙朱恩莫賁河又東北流並入察幹諾爾泡

察幹諾爾泡 城西南三百餘里爲朱恩巴倫莫賁兩河合瀦之水周廣七里餘向東流出十餘里南滙伯爾克河合流十餘里東入輝河

伯爾克河 城南三百七十餘里源出烏特渾圖山北曲折北流六十餘里合察幹諾爾泡西來之派東入輝河

烏蘭泡 源出平野在城西南二百八十餘里東流出西巴爾台河周廣六里餘

西巴爾台河 城西南二百七十餘里源出烏蘭嶺向東流三十餘里入輝河

莫爾格勒河 城東北二百七十餘里源出烏克西哈克奇山之西麓曲折西流六十餘里南納索克林霍洛河又三十餘里北納哈吉霍洛河折而西南四十餘里北納依爾該圖霍洛河又折而西六十餘里經伯霍托台之南至官渡而西注庫々諾爾沿設渡一處船每二隻

崇圖林霍洛河 城東北一百八十餘里源出達爾新圖山北曲折西北流五十餘里入莫爾格勒河

哈吉霍洛河 城東北二百八十餘里源出尼克托洛山陽曲折西南流七十餘里入莫爾格勒河

依爾該圖霍洛河　城東北二百五十餘里源出尼克圖托洛山西南麓曲折西南流八十餘里入莫爾格勒河

庫庫諾爾泡　城西北七十餘里為莫爾格勒河遮納諸河合瀦而成廣二十餘里內西南流二十餘里入海拉爾河

達蘭鄂洛木河　城西北三百一十餘里自海拉爾河分派流出六十餘里中有官渡經鄂爾特格卡倫北內西南注入呼倫泡設渡一處小舟二隻

額爾古納河　城西北三百一十餘里即海拉爾河下游與達蘭鄂洛木河分派之處流出者名曰額爾古納河由內正北流五十餘里西納霍勒金泡水再折而東一百三十餘里至蒙古西界卡倫西三十餘里經庫勒圖泡此又東八

文美齋製

十餘里經額尔德尼托洛輝卡倫又東流四十餘里經西羅維圖山及庫克多
博卡倫之北再東流三十餘里有根河匯合岳羅諾依河楚尔古勒依河
霍倫河自東南來注又流二十餘里有特勒布尔河匯合鄂勒霍諾河
哈布勒河自東南來注又東北流三十餘里經巴圖尔和碩卡倫東北流
五十餘里經巴雅斯呼朗圖卡倫東北流五十餘里經烏雨勒和吉卡倫
又東北四十餘里經巴彥朱尔克卡倫東北流六十餘經西伯尔布拉克卡
倫又東北四十餘里至朱尔特依卡倫稍東流十餘里南納布魯河三十餘
里又南納色木特勒克河再東北四十餘里南納哈拉尔河東北流二十
餘里至莫力勒克卡倫西北有莫力勒克河自東南來注又正北流一百

五十餘里至牛尔卡倫牛尔河自東南來注又北流一百五十餘里至溫河卡倫溫河亦東南來注又北流一百五十餘里至依木卡倫東南有依木河自東南來注又折東北流一百五十餘里有奇乾河自東南來注又折東三十餘里有河勒拉堪河自東南來注又東北流三十餘里經額勒克哈達卡倫又東北一百三十餘里經與俄羅斯分界碑之東入黑龍江額尔古訥河自海拉尔河分派處至黑龍江共斜長一千五百五十里按會典及水道提綱均稱上源爲克魯倫河其實克魯倫河既入呼倫池即瀦而不流既達蘭鄂洛木河自海拉尔河分派向西南流入呼倫池者且六十餘里故呼倫池雖有潮汐亦不能逆而溢出蓋謂額尔古訥河與

克魯倫河相通則可謂克魯倫河即額爾古訥河上源則誤也附此聲明

霍勒金泡　城西北三百二十餘里源出平野週廣十餘里在河普該扁卡倫東南東南流十餘里入額爾古訥河

根河　城東北七百五十餘里源出內興安嶺西麓曲折西流二百七十餘里經根河卡倫北南納岳羅諾依河又七十餘里南納楷爾古勒依河霍倫河折而西二百一十餘里經查勒蘇昂阿卡倫及北通庫里葉爾山之南而北至收渡口入額爾古訥河

岳羅諾依河　城東北四百八十餘里源出內興安嶺西麓曲折西北流二百餘里北入根河

楷爾固勒依河　城東北四百六十餘里源出雅克嶺西麓經本河卡倫北曲折

西北流八十餘里南納霍倫河又一百九十餘里北入根河

霍倫河　城東北三百五十餘里源出察尔巴奇山北麓曲折西北流八十餘里北入格尔固勒禄河

特勒布尔河　城東北七百餘里源出内兴安嶺陰曲折西流二百八十餘里經邁堪旺卡倫北納喀布勒河鄂勒霍諾河又十餘里經巴爾尔和碩卡倫之南向西流至後渡折入額尔古諾河

喀布勒河　城東北七百五十餘里源出内兴安嶺西麓曲折西流一百五十餘里東南納鄂勒霍諾河又折而西南流經西伯尔昂阿卡倫之北五十餘里入特勒布尔河

鄂勒霍諾河　城東北七百四十餘里源出内兴安嶺西麓北即本河卡倫曲折西北流一百一十餘里北入喀布勒河

布魯河 城東北七百四十餘里源出内興安嶺西北麓南印此本河卡倫曲折西北流一百八十餘里經生尔特依卡倫北入額尔古訥河

色木特勒克河 城東北七百五十餘里源出内興安嶺西北麓曲折西北流八十餘里入額尔古訥河

哈拉尔河 城東北七百六十餘里源出内興安嶺北麓曲折西北流一百九十餘里入額尔古訥河

莫里勒克河 城東北八百八十里源出内興安嶺北麓曲折西北流一百九十餘里經本河卡倫之北折而西入額尔古訥河

牛尔河 城東北八百二十餘里源出内興安嶺西北麓曲折西北流二百二十餘里經本河卡倫之北折而西入額尔古訥河

温河 城東北八百六十餘里源出内興安嶺西麓由北西北流二百一十餘里經本河卡倫北折而西入額爾古訥河

依木河 城東北九百五十餘里源出内興安嶺西麓由北西北流二百八十餘里經本河卡倫北折而西入額爾古訥河

奇乾河 城東北千餘里源出内興安嶺西北麓由北西北流一百五十餘里北入額爾古訥河本河產金現由漠河礦務總局派員在於兩岸挖淘詳見黑龍江城漠河條下

阿拉堪河 城東北一千一百餘里源出興安嶺西麓由北西流一百餘里北折入額爾古訥河

以上河道諸水均有來源支路

呼倫貝爾城水道泉泡

哈克泡 城東平野六十餘里週廣五里餘距泡東三里許即哈克鄂莫台瀦而不流

東喀拉鹻泡 城東南平野一百一十餘里巴彥溫都爾山西北週廣十餘里瀦而不流

西喀拉鹻泡 城南平野一百五十餘里延禧寺之西距寺三里許週廣十里餘瀦而不流

西林布爾都泡 城西稍南平野一百三十餘里週廣六里餘瀦而不流

公諾爾泡 城西南平野二百餘里週廣十里餘瀦而不流

卓爾布特鹽泡 城西南二百一十餘里公諾爾泡之南週十餘里內有鹽水出地中浮出乾則成白鹽可食

布彥圖布爾都泡 城西南平野二百九十餘里壽寧寺之東距寺二里許週廣十里餘瀦而不流

諾們罕布尔都泡　城西南平野三百九十餘里卡倫在泡西南五里餘週八里許潴而不流

固尔班西巴尔台三泡　城西南平野五百二十餘里即喀尔喀車臣汗相爭界址之内東西布列相距七八里各週五里許均屬潴而不流

阿魯布拉克泉　城西稍南六百六十餘里源自地中而出時有消長漲潴而不流週圍八里餘西距卡倫五里許

敖喬布拉克泉　城西六百餘里源自地中而出時有消漲潴而不流週廣六里許

沙拉鄂蘇泡　城西北一百五十餘里源出薩拉喬克圖山東麓東流五里許潴焉

色格勒吉泉　城北二百餘里卡倫在其西週五里許源自地出潴而不流

郭尔畢泉　城北稍西二百二十餘里卡倫在其南週五里許源自地出潴而不流

庫勒圖池　城西北平野二百七十餘里北距額爾古訥河五里許週圍八里餘潴而不流

依克諾爾池　城西北平野二百七十餘里西北距額爾古訥河六里許週圍五六里潴而不流

布爾伯諾爾池　城西北平野二百五十餘里卡倫在其西五里餘週廣二里餘潴而不流

阿爾山布拉克泉　城西北三百二十餘里卡倫在其南五里餘源自地出週廣六里餘潴而不流

烏嘎拉吉布拉克泉　城西北三百五十餘里卡倫在其南五里餘源自地出週廣六里許潴而不流

達西瑪克布拉克泉　城西北三百九十餘里卡倫在其南五里餘源自地出週六里許潴而不流

大烏克爾圖泉　城西北四百一十餘里東南距莫青圖山八里餘源自地出週四里餘潴而不流

小烏克爾圖泉　城西北四百二十餘里東南距大烏克爾圖泉八里許源自地出週五里餘潴而不流

西巴爾畐泉　城西北五百三十餘里卡倫在其東五里餘源自地出涸五里許瀦而不流

克勒木畐泉　城西北五百三十餘里卡倫在其東五里許源自地出涸五里許瀦而不流

以上泉泡諸水均處窪下或聚平原小水而成或源自地出而仍下滲並無去路

文美齋製

呼倫貝尔城關隘

珠尔特依卡倫　在城之東北布魯河口西岸西南距西伯尔布拉克卡倫四十六里

西伯尔布拉克卡倫　在城之東北額古訥河東岸西南距巴彥珠尔克卡倫六十里

巴彥珠尔克卡倫　在城之東北額尔古訥河東岸西南距烏雨勒和奇卡倫四十三里

烏雨勒和奇卡倫　在城之東北額尔古訥河東岸　距巴雅斯呼朗吐温都尔卡倫五十三里

巴雅斯呼朗吐温都爾卡倫　在城之東北額爾古訥河
東岸西南距巴圖爾和碩卡倫五十五里
巴圖爾和碩卡倫　在城之東北特勒布爾河口北岸西
南距庫克多博卡倫六十里
庫克多博卡倫　在城之額爾古訥河南岸西距額勒
陸尼托洛輝卡倫八十里此卡倫最關緊要俄人由尼布
楚各處携來牲畜及本處購買賣者均由此越界渡
額爾古訥河循根河而上越界入於色楞吉舍哩卡倫
道經海拉爾城或有由根河經布特哈界庫魯楞卡倫

王墨爾根黑龍江城渡赴阿木爾省可矣

額勒德尼托洛輝卡倫　在城之西北額爾古訥河南岸西羅吐山西面西距蒙克西里卡倫八十里

蒙克西里卡倫　在城之西北額爾古訥河南岸西距阿普該吐卡卡倫六十里

阿普該吐卡倫　在城之西北阿普該吐山霍勒津河邊南面西北距蘇克特依卡倫七十里俄人由此卡越界由固勒特格卡倫經過壽寧寺地方集交貿易往返行走

蘇克特依卡倫　在城之西北蘇克特依山南面西北距
察幹敖拉卡倫六十里
察幹敖拉卡倫　在城之西北察幹敖拉山南面距城
六百九十餘里距喀爾喀車臣汗界庫伯根勒哲庫
卡倫六十里
以上十二外卡倫於乾隆二十五年因防俄夷而設每卡
之間互會哨封堆各處派官一員兵各三十名三月一
更每月復派總管一員佐領二員前往巡查一次坐
卡官兵原設蒙古包各四間共四十八間每年需

用補修銀九十六兩由本處稅項勻銷

西伯爾昂阿卡倫　在城東北喀布勒河岸距城五百一十餘里

邁罕吐卡倫　在城之東北特勒布爾河南岸東北距西伯爾昂阿卡倫六十里

察勒奇昂阿卡倫　在城之東北根河南岸東北距邁罕吐卡倫五十七里

色格勒吉舍哩卡倫　在城之北色格勒吉爾東岸東距察勒奇昂阿卡倫五十五里

郭尔畢舍哩卡倫　在城之北郭尔畢舍哩南岸東距
色格勒吉舍哩卡倫五十里
阿魯呼都克卡倫　在城西北薩木依山西南面系距郭
爾畢舍哩卡倫五十里
西里呼都克卡倫　在城之西北霍勒博山西面東距
阿魯呼都克卡倫七十里
布木伯諾尔卡倫　在城西北布木伯諾尔池西岸系
北距西里呼都克四十里
固勒特格卡倫　在城之西北海拉尔河口南岸東北

距布木伯尔卡倫三十九里
阿尔山布拉克卡倫　在城西北阿尔山布拉克系
南岸東南距固勒特格卡倫五十里
烏噶拉吉布拉克卡倫　在城西北烏噶拉吉布拉克
系南岸東南距阿尔山布拉克卡倫四十九里
達西瑪克布拉克卡倫　在城西北達西瑪克布拉克
系南岸東南距烏噶拉吉布拉克卡倫七十里
以上十二卡原於雍正十一年因防俄人越境庫
勒多尔、鄂勒勒莫勒津、特尼克、崇古林、依拉該吐哈、濟沙拉、鄂蘇薩勒奇吐、溫都尔額勒蘇蜀根、烏蘭剛阿布拉克吐、莫貴吐、托洛郭吐、烏尔吐布拉克等十五卡倫與分外卡相距一二百里不等咸豐七年因照稽查難周

奏明情形展移於分就地另立新名與分卡相距多三四十里不等以便還巡內裁去三卡改作三台遞送邊界庫克多博卡倫往來文件其台名目與駐守官兵額數另詳驛站條下每卡駐守官一員兵二十名兩月一換每出派佐領一員往巡一次

西拉雇卡倫　在城北八百一十餘里西拉雇山南面由此卡孜塔爾巴斡達呼山頭止所立奇里封堆八十餘里

克勒木吐卡倫　在城西北克勒木吐臬東岸東北距西拉雇卡倫八十里

西巴爾吐卡倫　在城西北西巴吐臬東岸北距克勒木吐卡倫九十二里

哈晉奇該圖卡倫　在城西北額爾德尼山西北面北距西巴爾吐卡倫十八里

阿魯勒吐卡倫　在城西北扎拉山東面東距哈晉奇該

吐卡倫五十九里

扎拉卡倫　在城西北扎拉山南面東北距阿魯勒吐卡倫六十六里

布爾克爾卡倫　在城西北克魯倫河北岸北距扎拉卡倫七十里

霍爾閙吐卡倫　在城西北墨爾根哈瑪爾山西面克魯倫河北岸東距布爾克爾卡倫五十八里

哈沙圖卡倫　在城西平野其地有井蒙古語謂井乾爲哈沙吐故以名之北距霍爾閙吐卡倫六十五里

音陳卡倫　在城西平野不詳命名之由北距哈沙吐卡倫七十里

阿魯布拉卡倫　在城西南阿魯布拉克泉西岸北距音陳卡倫五十八里

莫端哈沙吐卡倫　在城西南平野北距阿魯布拉克卡倫一百零四里

扎密呼都克卡倫　在城西南貝爾淖之西西距莫端哈沙吐卡倫五十一里

布隆德爾蘇卡倫　在城西南貝爾淖西北岸北距扎密呼

都克卡倫五十里赴京入張家口由此而往
烏蘭剛阿卡倫　在城西南沙拉爾吉河口西距布隆德
爾蘇卡倫五十里
額布都克布拉克卡倫　在城西南沙拉爾吉河東岸西
北距烏蘭剛阿卡倫六十七里
西林呼都克卡倫　在城西南沙拉爾吉河源之東西北
距額布都克布拉克卡倫六十里
謨們罕布爾都卡倫　在城西南謨們罕布爾都泉西
距西林呼都克卡倫七十五里赴京入古北口由此而往

文美齋製

烏木克依布拉克卡倫　在城西南呼拉將山西南西距

該們罕布爾都卡倫五十六里

以上十九卡倫係與喀爾喀分界設立每卡均有封堆一

蒙西拉産山克勒木吐泉等三卡倫于道光二十七年

增設哈普奇該吐等十六卡倫于雍正十二年因喀

爾喀分界設立西拉産等三卡倫官一員喀普奇該吐

等十六卡每二卡官一員各卡兵十名每月一換此十九

卡每月一派統巡官二員巡一次查阿魯布拉克卡

倫東距烏莫克依布拉克卡倫止此九卡因與喀爾

爾喀車臣汗部落已故郡王托克托呼多濟劃分界

址其事迄未完結所有卡倫封堆年久迄未補行培

修合併聲明

額勒和哈達卡倫　在城東北阿拉堪河口入於額爾古訥

河口之東岸西距依木河卡倫一百九十里

依木河卡倫　在城東北依木河南岸南距温河卡倫

一百五十里

温河卡倫　在城東北温河口南岸距牛爾河卡倫一

百五十六里

文美齋製

牛尔河卡倫　在城東北牛尔河南岸西南距莫里勒克卡倫一百六十八里

莫里勒克卡倫　在城東北莫里勒克河口西南距珠尔特依卡倫八十八里

以上毋五卡光緒十年因防俄人越界挖金而設屬於黑龍江城管轄坐卡官兵由本城坐守

布特哈莫里勒克卡倫　在城東北莫力勒克河南岸距布魯卡倫一百一十餘里

布特哈布魯卡倫　在城東北布魯河源南岸南距鄂

文美齋製

勒霍諾卡倫一百二十餘里

布特哈鄂勒霍諾卡倫　在城東北鄂勒霍諾河北岸

南距根河卡倫一百一十里

布特哈根河卡倫　在城東北根河南岸南距哲爾古

里卡倫一百二十餘里

布特哈哲爾古里卡倫　在城東北哲爾古里河源頭

東南距庫魯格卡倫五十五里

布特哈庫魯克卡倫　在城東稍北在内興安嶺雅克

嶺西南西北距哲爾古里卡倫五十里

文美齋製

以上六卡倫於咸豐十年因防俄羅斯越界而設每年由

布特哈派官一員兵五名前往輪守兩月一換

附驛台

呼倫貝爾城東南六十里至

哈克鄂莫台五十二里至

扎拉木太台六十二里至

喀拉霍碩台五十二里至

扎敦畢拉雅克薩台六十里至

們都克依台五十里至

文美齋製

呼尔格特依台四十五里至

依勒克特台五十里至 自哈克鄂莫台起至此七台呼倫貝尔界

雅勒特霍托台四十里至 自此台至木尔滚楚等七台布特哈界

嘎尔甘哈達台五十里至

巴林台四十里至

西巴尔哈里台三十五里至

和尼畢拉台 三十里至

和尼畢拉昂阿台五十里至

木尔滚楚台入布特哈界四十三里

那奇西台五十五里至 由此台至七家等三台止係省城屬界

甘井子台四十五里至

七家台五十里　抵到省城

以上十七台直達省城因送迎公文差徭而設于乾隆元年

奏設西勒吐等十台因程途窎遠又於道光六年復行

奏設哈克鄂莫等十七台分晰地勢以名之彼處兵等均

係旗屬制兵撥派每年接替駐守並無常川坐守之

站丁戶口村屯焉

博霍托台　城北六十餘里

依尔該吐台　城北一百二十餘里北距博霍吐台六十餘里

西訥布拉克台　城北距依尔諾吐台六十餘里俄羅
斯界庫克多博卡倫
以上三台至俄羅斯界庫克多博卡倫止因送迎往来
文件于咸豐七年
奏設三台官一員每台兵十名均由旗派出每年更換
此外復有由塔尔巴哈台達嘩山至阿巴諾圖設立沿邊鄂博
五座　星數度數詳見民政統計表　分劃年月詳見
中俄國際約注

呼倫貝爾城橋梁無 拼渡口

城東八里依敏河設官渡一處

城東一百一十里特尼克河口設官渡一處

城西三百三十里鄂爾遜河設官渡一處

城西北二百五十里達蘭鄂洛木河設官渡一處

城西北二百里海拉爾河設官渡一處

城西北一百七十里海拉爾河設官渡一處

城北十里海拉爾河設官渡一處

城北六十里墨爾格勒河設官渡一處

文美齋製

城東北二百七十里根河口設官渡一處
城東北二百九十里特勒布尔河口設官渡一處
以上各河設立官渡十處小船二十隻此項小船每年
補修銀兩處徵收稅課項下報銷此外並無橋梁

呼倫貝爾城公廨

副都統衙门　於雍正年间建大堂穿堂各一所五间印務處一所三间左右司各一所四间印房銀庫軍械庫各一所二间檔冊房一所三间索倫巴爾虎八旗軍械庫八所十六间新巴爾虎八旗軍械庫八所十六间額魯特一旗軍械庫一所二间看守軍械庫堆撥房二所四间大门一所三间東西柵门二座光緒七年因改副都統增修檔冊房三所九间看銀庫堆撥房一所二间軍械庫一所三间週圍土牆長五十六丈高六尺

副都統住宅　雍正年间建住房一所五间東西佩房二所四间書房一所三间儀门一所座大门一所三间光緒七年因改副都統增修穿堂

一所三间东西佩房三所九间大门左右佩房四间东西栅门各一座週
围土墙长五十七丈高六尺
獄房　雍正年间建獄房一所三间週围木桄长二十四丈高一丈五
尺值班堆撥房一所三间迭經报重修
火藥庫　雍正年间建藥庫一所三间鉛丸庫一所三间光绪七年
增修庫房一所三间大门一间週围土墙长七十一丈高六尺看庫堆
撥房一所三间迭經报限重修
演武廳　雍正年间建箭廳一所三间看箭廳堆撥房一所二
间迭經报限重修

萬壽宮　光緒七年間建增修大殿一所一間週圍土墻長二十四丈高六尺

稅課司　光緒七年建正房一所三間

前鋒營　光緒七年建值班房一所三間

番役處　光緒七年建值班房一所三間

呼倫貝尔城學校

滿官學房　一所三間大門一所三間週圍土牆長二十丈高六尺于光緒七年建設于八年　奏添設教員一員初次由省城揀放通曉滿漢文義共試署訓導八旗子弟俟本處文風起興時即撥歸本處筆帖式內揀放三年期滿教育子弟勤慎者嘉即咨報吏部如列為頭等出具考語咨送兵部帶領引　見以驍騎校記名遇有缺出即有領催等已過三缺後補用

呼倫貝尔城廟宇

廣慧寺　在城南一十七里嘉慶七年在索倫左翼呼吉力托輝地方奉勅建修

光遠寺　在城南九十五里嘉慶七年在索倫右翼巴彥和碩地方奉勅建修

延禧寺　在城南一百五十里乾隆五十年在額魯特二佐喀拉呼吉哩地方奉勅建修

壽寧寺　在城西南二百二十五里乾隆四十九年在新巴尔虎八旗布彥圖布尔都地方奉勅建修

法孚寺　在城南三百里光緒十三年于在烏勒錐吐布

拉克地方奉敕建修

以上五寺每寺每年祭祀香燭各需銀十五兩共

需銀七十五兩由本衙稅項下開銷

關帝廟（东）　在巽東北二里嘉慶元年建修

興安嶺

關帝廟　在巽東南三百四十餘里嘉慶十四年建修

昭忠祠　在巽西北一里嘉慶八年建修

以上廟寺每年春秋致祭共需銀七十九兩由本

文關文龍

處徵收稅課項下報銷

廟　在署西南半里光緒八年八旗建修

西
帝廟

昌廟　在署西北一里嘉慶元年建修

王廟

土帝祠　在署東北一里嘉慶五年建修本處致祭

以上廟祠五處並無專款每年由本處籌款致祭

文美齋製

呼倫貝爾城古蹟

舊城之蹟在庫哩爾山西北特勒布爾河南岸中間

城蹟四面城門週圍係土築基址週圍約八里在城北

三百餘里於何年間係何國之城無憑查考

文美齋製

文美齋製

呼倫貝尔城冢墓

定边左副烏里雅蘇台將軍頭品頂戴花翎莽賚巴圖魯都噶尔之墓在署西南三百餘里烏勒錐圖布拉克泉西南三里許

京都正黃旗護軍统領頭品頂戴兼八品監生花翎賞穿黃馬褂達春巴圖魯恒凌之墓在署西南二十里南屯西南五里許

西安左翼副都统明常之墓在署西南二十里南屯西南五里許

文美齋製

文美齋製

呼倫貝尔城稅課

每年間所有牛馬羊稅課銀每兩以三分徵收原定

額數稅課銀二千三百兩餘

此項稅課於乾隆三十六年嘉慶二十四年間奏准

附戶口

索倫巴尔虎額魯特達呼尔鄂倫春等五部落官

兵共計現有三千九百九十戶共計男八千六百五十五口

女一萬一千二百一十二口

文美齋製

呼倫貝尔城蠲卹

呼倫貝尔兵丁等於嘉慶十六年間具

奏

蒙給牛具銀兩共計六千兩自咸豐三年起陸續出

征左軍營陣亡病故官兵等按年於牛具銀給其

內未經扣還共計八百九十五兩五錢均於光緒元年

正月二十日恭逢

恩詔

豁免

文美齋製

呼倫貝爾城兵防

雍正十年設索倫巴爾虎領催九十六名額魯特領催八名十二年設新巴爾虎領催九十六名乾隆五十五年增設額魯特領催四名光緒二十年由興安城移來鄂倫春托路二佐領催委官四名領催四名

雍正十年設額魯特前鋒二十六名光緒七年設索倫巴爾虎前鋒十六名

雍正十年設索倫巴爾虎甲兵八百六十四名額魯特甲兵六十六名十二年設新巴爾虎甲兵八百六十四名乾

隆二十六年增設索倫巴尔虎甲兵四百卅名五十五年裁撤索倫巴尔虎甲兵卌八名增設額魯特甲兵四十名咸豐九年增設索倫巴尔虎甲兵一百九十二名額魯特甲兵八名又於光緒二十年興安城移來鄂倫春甲兵一百一十七名

以上額設領催二百一十二名前鋒卌二名甲兵二千五百八十三名

附驛傳

哈克七家等十七台原由管台壽筆帖式二名於光緒七年

集

請添設無品級筆帖式二員分管共計管台務之筆帖式二員委筆帖式二名每年輪流換班駐守之領催七名兵丁一百名額設馬二百匹牛三百頭車一百輛每馬每月給草豆銀七錢五分每牛一條每月給草豆銀五錢每車一輛月給補修銀五錢共計一年所需草豆等項銀三千六百五十兩又台站馬牛每年計倒斃二分馬四十匹每匹銀各六兩牛六十條每條銀各五兩核計共需買補銀五百四十兩

以上台站一年需用草豆及修補車輛買補

馬牛等價銀共計四千一百九十兩每年隨時

由省請領

文美齋製

呼倫貝爾城部旗
索倫達呼爾陳巴爾虎等雍正十年由布特哈地方
移來駐守額魯特等雍正十年由阿拉太地方來
駐守
新巴爾虎等雍正十二年由喀爾喀車臣汗部落移
來駐守
鄂倫春原係興安城專為管轄於光緒二十年將興
安城裁撤已將鄂倫春等分歸黑龍江墨爾根
呼倫貝爾布特哈等城管轄現在試用協領收籠

文美齋製

呼倫貝尔城物產上

禾稼類

莜麥玲璫麥稷子

菜蔬類

芥菜甜瓜王瓜白菜葱蒜紅白蘿葡

野菜類

蘑菇黄花苗蒿菜野葱野韮塩鹻

木植類

松樹柏樹柳樹小煖樹黑樺樹白樺樹柞木山藜木

煖木

菓品類

郁李子臭李子野葡萄毆李子

禽類

鵰黑背花翅鵰天鵝雁野鴨鵃竹雞又名山鳥名似鴨鵪鶉

仙鶴鷺鷥老鸛鸗雀花豹白豹

牲畜類

馬駱駝牛綿羊羶羊家雞犬家猫

野畜類

虎熊鹿駝鹿野騾子麅子黃羊猞猁猻野猪沙狐
狸灰鼠狼獾子白兔野獺鼠跳兔狐狸水獺
以上本處土產除牲畜禽獸草木等平常物件
另並無參珠上品

文美齋製

呼倫貝爾城物產下

奇乾河地方金廠一處距城東北一千四百五十餘里彼

出所有物件之形勢係由黑龍江城叢出

文美齋製

文美齋製

呼倫貝爾城職官

副都統一員　雍正十年原設由京專派大臣管轄乾隆八年改設副都統銜總管十六年鑄發關防光緒七年　　奏改副都統是年改發銀印隸黑龍江將軍

總管五員　雍正十年設索倫總管二員額魯特總管一員十二年設新巴爾虎總管二員

副管八員　雍正十年設索倫副管八員巴爾虎副管八員額魯特副管一員乾隆七年由索倫副管內

裁撤四員改為四員八年巴尔虎副管改為四員裁
額魯特副管一員現有索倫副管四員新巴尔
虎副管四員
佐領五十二員　雍正十年設索倫五十牛祿額魯特一牛祿
十二年增設新巴尔虎四十牛祿乾隆七年裁索倫二十六
牛祿还駐布特哈八年裁巴尔虎十六牛祿額魯特增
設一佐又光緒二年由興安城移來鄂倫春二佐現有
索倫八旗二十四佐新巴尔虎八旗二十四佐額魯特
二佐鄂倫春二佐

驍騎校五十四員 設裁均於各佐領同

護軍校二員 雍正十年設

蒙古繙譯筆帖式二員 雍正十年設由理藩院揀派

一員乾隆七年理藩院筆帖式送回加增設一員共二員

改歸本處揀放

滿文筆帖式二員 雍正二十一年增設

副都統衙門筆帖式四員同治十二年設二員光緒七年

設二員

額外筆帖式十員乾隆七年設四名光緒七年設六名

滿官學教習一員光緒八年設

索倫巴爾虎額魯特隨缺防筆帖式十員乾隆四十八年設五員同治十二年增設五員

托河路鄂倫春協事筆帖式一員光緒二十年設

委筆帖式二員　設與筆帖式同

哈克七旗等十七台管台筆帖式二員光緒七年設

委筆帖式二員乾隆四十五年設

文美齋製

呼倫貝尔城職官

内大臣哈達哈系都人旗佐領憑查考雍正十三年到任

副都統色楞額系都人旗佐領憑查考乾隆二年

到任

副都統衛杜依訥系都人旗佐領憑查考乾隆三年到任

副都統衛瑪尔泮系都人旗佐領憑查考乾隆四年到任

副都統衛總管帕圖奇〻哈尔城滿州正藍旗人乾隆

八年揀放副都統衛總管

副都統衛總管博羅納呼蘭城滿州廂白旗人乾隆

十六年揀放副都统衔總管
副都统衔總管霍尔起齐齐哈尔城满州厢蓝旗人乾
隆十九年揀放副都统衔總管
副都统衔總管卓哩雅齐齐哈尔城满州厢白旗人乾隆
二十四年揀放副都统衔總管
帶副都统衔總管霍尔图齐齐哈尔城满州厢蓝旗人
乾隆二十五年到任
帶副都统衔總管筱通布特哈满州正黄旗人乾隆二
十九年到任

副都統銜總管薩魯依布特哈滿洲正白旗人乾隆三
十一年揀放副都統銜總管
副都統銜總管通嘎岱齊齊哈爾城滿洲正黃旗人乾
隆二十八年揀放副都統銜總管
副都統銜總管散保布特哈滿洲正紅旗人乾隆四十四年
揀放副都統銜總管
副都統銜總管賡僧蘇布特哈滿洲正黃旗人乾隆
五十二年揀放副都統銜總管
副都統銜總管宜蘭保寧古塔城滿洲廂藍旗人

乾隆五十四年揀放副都統銜總管

副都統銜總管嘎塔布係都滿州正黃旗人乾隆五

十七年揀放副都統銜總管

帶副都統銜總管岱申保係都滿州正紅旗人嘉慶

元年到任

副都統銜總管托爾托保墨爾根城滿州廂藍旗人

嘉慶四年揀放副都統銜總管

副都統銜總管色玉申係都滿州廂藍旗人嘉慶

十二年揀放副都統銜總管

帶副都統銜總管達斯霍勒戴齐〻哈尔城满州正黄
旗人嘉慶十六年到任
副都統銜總管舒尔哈七吉林烏拉城满州廂白旗人嘉
慶十九年揀放副都統銜總管
副都統銜總管靖信保京都满州正白旗人嘉慶二十
四年揀放副都統銜總管
副都統銜總管色尔袞布特哈满州正黄旗人嘉慶
二十五年揀放副都統銜總管
副都統銜總管西琅阿齐〻哈尔城满州廂白旗人道

光七年揀放副都統銜總管
副都統銜總管博多渾布特哈滿州正白旗人道光
九年揀放副都統銜總管
副都統巴雅爾布特哈滿州正白旗人道光十四年到任
副都統銜總管華尚泰系都滿州正黃旗人道光十
九年揀放副都統銜總管
副都統銜總管壘紳系都滿州廂白旗人道光二十
年揀放副都統銜總管
副都統銜總管額勒恆額系都滿州正白旗人道光

二十三年揀放副都統銜總管

副都統銜總管法常吉林烏拉城滿州正黃旗人道光

二十五年揀放副都統銜總管

副都統銜總管全富吉林烏拉城滿州正黃旗人咸豐

二年揀放副都統銜總管

副都統銜總管依成額吉林烏拉城人旗佐參領核考

咸豐四年揀放副都統銜總管

副都統銜總管吉拉明阿齊〻哈爾城滿州正黃旗人

咸豐六年揀放副都統銜總管

副都统衔总管珠勒格讷布特哈满州正黄旗人咸丰
七年拣放副都统衔总管
副都统衔总管明通京都满州厢黄旗人同治二年
拣放副都统衔总管
副都统衔总管布尔贺德京都满州正白旗人同治九
年拣放副都统衔总管
副都统衔总管萨克慎京都满州正白旗人同治十
三年拣放副都统衔总管光绪七年副都统衔总管
钦改为正副都统该员是年拣放副都统

副都统雙齡系都满州正白旗人光绪十四年簡放副
都统
副都统烏善希〻哈尔城满州厢白旗人光绪二十一
年簡放副都统

文美齋製

呼倫貝爾城名宦

頭等超勇公爵海蘭察係呼倫貝爾廂黃旗魯普楚勒依佐領下現換占奇普佐領下人索倫都拉爾姓於乾隆年間由西丹出征西北兩路金川台灣拜爾喀等處兵轉戰數省拿獲猖匪巴雅爾並屢次殺賊克復城池屢立戰功經部核議歷次薦升頭等超勇公爵世襲罔替海蘭察於乾隆年間遷都京入旂所陞年既久遠本處冊檔案不齊伊之陸續所立戰功

履歷碍难详细查考合併聲明

文美齋製

原任都京正黄旗護軍統領頭品頂戴兼八品監生獎賞花翎
賞穿黄馬褂達春巴圖魯恒齡係呼倫貝尔滿洲廂黄旗雙
保佐領下現換穆克德布佐領下人達呼尔郭布勒姓原由
閑散因伊父興壽在軍營立功沒病故曾賞給八品監生
於道光十四年十二月十四日承襲於二十五年十二月十五日揀
放驍騎校咸豐八年十月初九日揀放佐領十年在軍營揀
放副管同治元年揀放協領於是年九月間奉
旨揀放都京廂黄旗漢軍副都統二年奉
旨派署直隸提督兼轄直隸山東兩省事宜三年七月間奉

旨揀放都京正黄旗護軍統領四年正月初三日奉
旨委派直隸山東兩省駐防提調馬步全營翼長出征二次九年
三月間委爲營總出征江南河南西山直隸山東湖北等省轉
戰五有共打戰七十五次殺賊四十名擒捉生十五名續次出
征仗殺賊擒生之處無憑查考四年在連鎮地方打仗奮
勇經
欽差大臣親王僧格林沁保奏奉
旨賞戴藍翎是年在直隸屬府丞縣地方打仗右膀迎面受槍
子傷一處列爲二等九年在江南屬歷李家灣地方剿捕

捻匪在胸前受槍傷一處列爲頭等經
欽差大臣富振邦保奏奉
旨以協領儘先即補欽此是年在貴德府地方打仗奮勇經富
振邦保奏奉
旨賞加副都統銜並換花翎總理步營馬隊發兵事宜十一年在
山東省東昌府一帶勦滅逆匪歷獲勝仗經
欽差大臣親王僧格林沁奏聞奉
旨交軍機處以副都統記名揀放欽此是年在此江南地方勦捕
捻匪堵禦白州等處打獲勝仗四次因打仗出力經親王僧格

林沁保請賞加勇號等因具奏奉
旨賞穿黃馬褂並賞達春巴圖魯勇號同治元年剿平曹州
府長矛匪賊又在河南南陽府等處剿平捻匪出力經僧
格林沁保奏奉
旨賞換頭品頂戴二年在河南靈寶縣地方剿捕捻匪又在安
徽屬白龍廟等處連次接仗剿除捻匪於四年在河南
屬盧山縣地方打仗陣亡是年四十三歲恒齡現在宣附本處
昭忠祠內以彰忠藎照例於每年致祭經部從優議卹
按照閣都統例給卹銀一千一百兩又給三十襲與騎都尉兼

一雲騎尉襲次完時給與恩騎尉世襲罔替今該故員
道繼之孫琨襲騎都尉兼一雲騎尉之職
原任寧邊左副烏里雅蘇台將軍頭品頂戴花翎恭賫
巴圖魯都嘎爾係呼倫貝爾滿洲正藍旗烏爾恭阿佐領下
人新巴爾宝哈拉斌雅於咸豐七年由軍營補放驍騎
校是年九月間揀放防禦八年六月間揀放佐領十年
十月間揀放協領同治元年三月間奉
旨簡放荊州副都統三年十二月間奉
旨調轉寧夏副都統五年因病具奏奉

旨開去副都統員缺一俟病痊即隨將軍杜興阿勦辦
盛京馬賊事宜欽此是年五月間奉
旨簡放正藍旗蒙古副都統二月間奉
旨調轉　盛京副都統六年奉
旨調轉察哈爾副都統是年十月間奉
旨署理察哈爾都統印務六年十二月間奉
旨簡烏里雅蘇台將軍員缺着都噶爾簡放欽此原由領催於
咸豐二年出征河南調兵江南四年調援山東五年調援
湖北十年由湖北調援江南轉戰直隸山東安徽江南湖北

河南江西山西陕西甘肃顺天府喀尔喀鄂落鄂果等十二省

共打仗二百一十四次杀贼三百八名夺获枪矛八十件四年在山

东属林庆州江南冯县等处打仗出力经

钦差大臣胜保奏奉

旨赏戴蓝翎钦此六年十二月攻克湖北襄阳府并陆续打仗出

力经

钦差大臣官文奏保奉

旨赏换花翎钦此七年三月间在肃志口等处打仗出力经官文保奏奉

旨赏给莽賚巴图鲁勇号是年七月间在黄梅县等处打仗出

力經官文保奏奉

旨看以佐領印補欽此九年四月間在江南安徽因防堵大股盜匪

打獲勝仗經

欽差督辦江北軍荊州將軍杜興阿保奏奉

旨看以副都統記名簡放先換頂戴欽此同治元年在江南安徽省

屬地方打仗出力經杜興阿保奏奉

旨賞換頭品頂戴欽此三年八月間因克復保全縣城池經杜興

阿保奏奉

旨賞給白玉搬指一個白玉翎管一個大鐮一把宮綢袍褂

荷包四件光绪十二年因筹餉相军饷重要事件得力等因

经伊犁将军锡伦保奏奉

旨乌里雅苏台将军都嘎尔着加一级钦此该员于光绪十五年

六十七岁在任身故于四月初二日奉

上谕乌里雅苏台将军都嘎尔老成谨慎前在军营带队转战江

江南安徽甘肃陕西等省迭着战功历升将军整顿操防均

能实心任事前因病赏假调理旋闻溘逝轸惜殊深加恩着

照将军例赐予恤银一千两治丧任内一切处分悉予开复钦

此伊子副管乌尔那逊回京

恩賞大门頭等侍衛没於光緒十六年间撤回原籍烏尔那逊
現任本處總管之職次子札木薩蘭札布於二十一年留京奉
旨賞給藍翎侍衛在大门上行走欽此
原任西安右翼副都統明常係呼倫貝尔满洲廂黄旗
達尔志佐領下現换穆克德布佐領下人達克尔郭布
勒姓原由領催於乾隆五十七年出征科尔喀布尔散拉等
處因打仗奮勇奉
旨賞戴藍翎嘉慶三年揀放驍騎校八年揀放佐領十二年充
隨木蘭之圍因穿射麋鹿奉

旨賞換花翎二十年揀放副管拕道光元年擬正摠管帶領引
見奉
旨交軍機處記名七年出征喀什噶爾兵楊嘎爾巴特等要圍打
仗出力奉
旨賞副都統銜八年十二月奉
旨揀放呼蘭河城守尉九年三月間奉
旨簡放西安左翼副都統走過木蘭圍二次出征四次乾隆五十七年
出征廓爾喀兵嘉慶十八年出征河南山西等省道光六年
出征喀什噶爾雜瑪布爾敦拉華縣山西喀什噶爾和闐等

處地方打仗四十九次殺賊五十九名捉生三十八名保薦卓
異二次得頭等超卓功牌一箇又增加三等功牌一箇此該
員六十四歲道光十三年七月十九日在任身卒

呼倫貝爾城爵秩

正藍旗三佐陳巴爾虎世管佐領一員

以上陳巴虎爾世管佐領一員即為該佐世襲罔替

廂黃旗頭二三佐新巴尔虎世管佐領三員

廂[正]白旗頭二佐新巴尔虎世管佐領二員

廂白旗頭佐新巴虎世管佐領一員

正藍旗頭二佐新巴虎世管佐領二員

正黃旗頭二佐新巴虎世管佐領二員

正紅旗頭二佐新巴虎世管佐領二員

廂紅旗頭二佐新巴克世管佐領二員

廂藍旗頭二佐新巴克世管佐領二員

以上新巴克世管十六佐係喀爾喀車臣汗部落人

初次五常相野兵丁等路遵　聖主仪沒於

雍正十二年即為世管佐領編聯旗佐移駐呼

倫貝爾世襲罔替

廂黃旗頭佐額魯忒世管佐領一員

以上額魯忒世管一佐係仲噶爾部落人初次該

烏梁海等兵丁帶路等遷於雍正十年作為世管

云佐務駐呼倫貝尔編入旂分世襲罔替

世襲騎都尉兼一雲騎尉一員

世襲騎都尉一員

世襲雲騎尉六十六員

世襲恩騎尉二十二員

以上九十員均在軍營立功没陣照例議給世職

世襲罔替

六品廕生三員係恭逢

恩詔賞予

八品監生六十一員係在軍營立功後病故照例議給世職

呼倫貝爾城人物

恒齡係呼倫貝爾索倫廂黃旗人由驍騎校出征敘有迭
次打仗立功在軍營揀放都京正黃旗護軍統領奉
旨宣
附史館

都嘎爾係呼倫貝爾新巴爾虎正藍旗人由領催敘有迭次
打仗立功在軍營揀放烏里雅蘇台將軍奉
旨宣
附史館

明常係呼倫貝爾索倫廂黃旗人由領催出征敘有迭次
打仗立功在軍營揀放西安右翼副都統奉

旨宣附史館

呼倫貝爾城烈女節婦

由呼倫貝爾原駐都京廂黃旂都統兼公爵安祿之女索倫都
拉爾氏未嫁以前因伊夫六品廕生車林多爾吉病故聞信
情願守節於嘉慶十七年二月間奏聞奉
上諭安祿係海蘭察之子原配索倫之伊女尚知大義情願守
節操嘉着加恩施在彼建坊旌表欽此經部查例給与銀三十
兩外又加一倍給銀三十兩即交伊家建坊立祠以昭芳之
名專摺具奏奉
旨依議欽此

正藍旗陳巴尔虎薩音哥克佐領下閑散吉雅爾已嫁之女
鄂力木蘇氏被蒙來爾奴和雅丹隆強逼行姦該氏死守
貞節未從身死貞節可憫应照例奏請
旌表等因於道光七年七月初二日具奏奉
旨依議欽此經部查例給予銀三十兩建坊立祠之處即遵
例辦理

呼倫貝爾城貢賦

每年應進

野猪十一口野鷄三十隻白面八袋貂皮一百二十九張

俸餉

副都統一員每年應支俸餉銀一百五十五兩養廉銀七百兩

総管五員內額魯特総管一員食整俸每年應支俸銀一百三十

兩索倫巴尔虎総管四員食半俸每員每年應支俸銀六十五兩

副管八員均食半俸每員每年應支俸銀五十二兩五錢

佐領五十二員內額魯特佐領二員食整俸每員每年應支俸銀一

百零五兩索倫巴爾虎鄂倫春佐領五十員食半俸每員每年应支
俸銀五十二兩五錢
驍騎校五十四員内額魯特食整俸驍騎校二員每員每年
应支俸銀六十兩索倫巴爾虎額魯特鄂倫春驍騎校五十二員每
員每年应支俸銀三十兩
額魯特食整俸護軍校二員每員每年应支俸銀六十兩
教習一員由筆帖式内揀放支食原餉不閑底缺
滿蒙繙譯筆帖式四員内由領催揀用者二員均閑原缺食原
披甲者揀用者二員
餉每員每年恒给塩菜銀十二兩

右左司五翼鄂倫春辦事之並管台筆帖式共計十七員均於領
催披甲內揀用內不開底缺十一員支食原餉開原缺者六員
仍給原餉
委筆帖式十二名鄂倫春委筆帖式二名均由領催甲兵內揀放均食
原餉
領催二百一十二名每名每年支食餉銀二十四兩
前鋒四十二名每名每年支食餉銀二十四兩
披甲二千五百八十二名每名每年支食餉銀十二兩
未到年歲世襲騎都尉並一雲騎尉一員每員支食半俸之

半俸銀三十三兩七錢五分

世襲騎都尉一員每年支食半俸銀五十五兩

世襲雲騎尉六十名員每員每年支食半俸銀四十二兩五錢

未到年歲雲騎尉二員每員每年支食半俸之半俸銀二十

一兩二錢五分

廕生三員每員每年支食半俸銀三十兩

恩騎尉十八員每員每年支食半俸銀二十二兩五錢

未到年歲恩騎尉四員每員每年支食半俸之半俸銀一

十一兩二錢五分

八品監生六十一員每員每年支食半俸銀二十兩

以上食整俸副都統等官八員食半俸揔管等官

一百一十四員世襲官一百四十三員食半俸之半俸襲

官十一員由領催升用滿蒙筆帖式二員由披甲升用

筆帖式二員又由領催升用筆帖式四員前鋒補用

筆帖式一員披甲補用筆帖式一員此十員閑原缺仍

食原餉領催二百一十二名內不開原缺筆帖式六員

前鋒四十六名披甲二千五百八十三名內不開原缺之筆

帖式五員統共官兵一年應領俸餉銀四萬七千五百

一十五兩二錢五分養廉銀鹽菜銀七百四十八兩共計
實應領銀四萬八千二百六十三兩二錢五分每兩按八
扣六扣核給營兵餉遇閏月加增每年應領俸餉隨
時申府請領

軍儲官兵自備軍械

副都統自備盔甲一分角弓二張撒袋腰刀海螺鍋帳各一件梅針鈚箭三百五十枝

總管等各應有盔甲各一分角弓各二張撒袋腰刀海螺鍋帳各一件梅針箭各二百五十枝

副管佐領等各應有盔甲各一分角弓各二張撒袋腰刀海螺鍋帳各一件梅針箭各二百枝

驍騎校護軍校等各應有盔甲各一分角弓各二張撒袋腰刀鍋帳各一件梅針箭各一百枝

以上大小官員備有盔甲一百一十八分角弓二百三十六
張撒袋一百一十八付海螺六十四箇帳房一百一十八架
鐵鍋一百一十八口梅針箭一萬八千六百枝
八旂五十佐額設領催前鋒披甲等先後由部撥發各
項軍械內除陸續調兵帶往淨現有

庫儲軍械數目

角弓三百八十五張
梅針箭三萬二千八百枝
腰刀一千二百五十一把

長矛五千二百四十五桿
子母砲二十六尊
抬槍二百二十桿
鳥槍一千一百四十三桿
洋槍一百五十桿
銅鑼十二面
海螺二十八箇
大小鼓十七箇
帳房二百五十架

銅鍋二百五十口

盔帽二千分

小旂二百零四桿

龍纛一桿

針角纛一桿

飛虎旂二十六桿

飛虎小旂一百四十桿

纛纓二十六分

旂纓一百四十分

撒袋三百八十五分
號掛一千五百件
大小旂纛六十三桿
纛須纓十五分
備存火藥五千五百八十七觔
烘藥七十四觔
大小鉛丸二十九萬八千個
蘇蔴二千九百八十觔
防夷火藥八千五百觔

烘藥一百四十八觔　又五十觔
鉛丸九千九百二十觔零八兩
備防邊界緊要火藥五千觔
捻纓四千分
一兩七二錢重鉛丸一百觔
三錢重鉛丸二百觔
每歲報銷存洋藥十二萬斤
銅帽十二萬六千八百粒
鉛丸五千四百個

呼倫貝爾邊務調察報告書

〔清〕宋小濂 纂

二卷

清光緒石印本

呼倫貝爾邊務調察報告書

張朝墉書面

呼倫貝爾邊務調查報告序

治邊之道。不貴能戰。而貴能守。漢鼂錯論備邊。務徙民實塞。使屯戍益省。輸將益寡。趙充國鎮金城。首策屯田。奏凡三上。其便宜十二事。亦不外貴謀賤戰。先爲不可勝。以待敵之可勝旨哉言乎。旨哉言乎。後之談邊防者。其孰能外之。近世以來。五洲棣通。列强競進。不憚探險拓地。以爲領土。可謂好勤遠略矣。然每得一地。必實行其殖民政策。誠以有人有土。非侈言廣漠。所能坐守。無古今中外。其道一也。我

朝龍興東土。首先征服東海窩集。暨薩哈連諸部。康熙二十八年。復征服羅刹於雅克薩城。定尼布楚額爾古訥河界約。自外興安嶺。以達於庫頁島。無遠無近。悉主悉臣。自時厥後。垂二百年。無一將一卒之守。而邊境安於磐石。罔由威德遐暨。大小畏懷。亦中外時勢未移。得以晏然無事也。迨咸豐季年。俄人乘我無備。進據黑龍江左。及烏蘇里江以東。至海濱之地。定瑷琿北京兩約。坐失外興安嶺天險。東北邊界。遂無一不關重要。呼倫貝爾居東北邊界上游。西北迤東。處處與俄爲隣。西南控制喀爾喀外蒙古。東南屏蔽黑龍江省城。東淸鐵路。自西

邊入境。貫穿黑龍江吉林腹地。又經庚子之變。客主易情。籌防尤急。光緒丁未冬。小濂奉

命權鎭斯土。目睹殘破之餘。熟計防維之要。以爲行政次第。首在邊務。而籌邊必先實邊。實邊必資屯墾。明年春。因請

省署奏於

朝。變通卡倫章程。以守以耕。通力合作。務使戍卒堅久安之志。後來無失所之虞。擘畫綢繆。規模略具。顧邊荒寥落。憑藉毫無。絕塞孤懸。險度非易。百聞不如一見。知己尤貴知彼。自非實地視察。何以施措咸宜。洎夏時和凍解。水陸可通。檄令調查員揀選知縣齊守謙。測繪員巡檢趙春芳。將弁高等生曲觀海。差遣員府經歷慶祿等。分道詳勘。自五月至十月。凡六閱月。歷千五百里。陸行則疊嶂森林。道路未闢。水行則荒谿絕澗。舟楫難施。以至炎暑蚊蝱。秋風雨雪。靡險弗履。無苦不嘗。乃隨行隨記。隨記隨圖。歸而參互鉤稽。詳繪編輯。又竭五月之力而竣事。計分篇二十有一。而括以十三門。首國界。嚴疆域也。次河流。次山脉。辨形勢也。次地質。次氣候。明土宜也。次物產。著地利也。次部落。重屬人也。皆就固有者言之也。至欲保其

固有。而謀所以布置之。則不能無事於人爲。故次之以卡倫。以植屯墾之基。次之以治所。以立遠大之規。次之以交通。以謀轉輸之利。次之以稅務。以收利權之失。次之以兵防。以銷侵軼之萌。而後終之以俄屯。以見彼族經營之實。籌我國制禦之方。取則不遠於伐柯。補牢猶及其未晚。既條分而縷晰。庶本末之兼賅。復附益以圖表。發明其見狀。既詳既實。秩如瞭如。舉而行之。推而利之。此其依據矣。雖然理論者事實之母。才智者幹濟之資。天下事言之非艱。行之維艱。行矣而靡不有初。鮮克有終。古人於此。尙兢兢焉。矧小濂之庸駑無似。可與圖成功計久遠乎。後之君子。洞觀時勢。熟權利害。尙有以補救而廓張之。幸甚。

宣統紀元閏二月既望暫護呼倫貝爾副都統學部二等諮議官花翎二品銜 軍機處存記道宋小濂序

凡例

一此次調查係專爲籌辦邊務。凡於邊界有密切關係者。均條分縷晰。一一載入其呼倫貝爾全境。容俟續察。

一倫境歷代均未隸中國版圖。舊有典籍輿圖。復多略北而詳南。無從居今以稽古。此次調查以詳勘見今之邊境實情爲宗旨。沿革則約略言之。以見我

朝拓地之廣。爲亘古所未有。

一額爾古訥河右岸山脉河流。因調查時期甚促。加以山深林密。未能竟委窮源。尚屬缺漏。其距邊界稍遠山河來脉流域之大者。略據舊圖採補。恐不無沿誤之處。俟後續行查明。再爲補正。

一國界之大勢。沿邊之要地。既繪全圖。復繪分圖。圖所不能繪者。又列表以明之。務期一見瞭然。

一沿邊輿圖。均就足跡所至。目力所達者而繪之。未至未達之處。概從缺略。其道里度數。與山

之高低遠近。因時促人少。測量器械不全。恐不無少差之處。尚乞鑒諒。

一山河卡屯之名。或蒙古音。或俄音。均就沿邊華民所通稱者而譯之。以期舉而易知。如有與他書稍異者則註明。以備參考。新命名者。統用漢文音義。

一界内物産種類甚多。僅就見聞所及。有關實用。擇其大者要者而言之。其他未聞未見之物。概不採入。

一邊備久弛。在在皆須整頓。故不揣冒昧。於已辦擬辦未辦諸大端。每妄參末議。以陳其梗概。明知一得之愚。未必有當。然以身歷其境。僅就管見所及言之。以竊附芻蕘之意。

目錄

上卷

河流一　額爾古訥河之源委廣遠及港汊。

河流二　額爾古訥河右岸之支流及名稱。

第三

山脈　額爾古訥河右岸各山。及大小形勢。

第四

地質　額爾古訥河右岸平原大小。及肥瘠。並種植所宜。

第五

氣候　額爾古訥河右岸。寒暖度數。

第六

物產一　額爾古訥河右岸山中鳥獸及皮革。

物產二　額爾古訥河及右岸支河產魚種類。並如何捕取。

物產三　額爾古訥河右岸。各項礦產及已採未採。

物產四　額爾古訥河右岸樹木果品及羊草。

第七

部落　界內山中鄂倫春及收籠方法。

下卷

第八

卡倫　邊界卡倫之沿革。及見今分設數目。並相距遠近。

第九

治所　界內設治處所。及商場。

第十

交通一　界內道路之遠近夷險衝要。並應如何開通之處。

交通二　郵車。

交通三　額爾古訥河行船。

交通四　界內應設電綫之處。

第十一

稅捐　界內木植羊草牧畜皮張各捐如何徵收及數目。

第十二

兵防一　界內土匪及俄匪之闌入何處最多並應如何設防。

兵防二　沿邊何處最爲險要可以屯兵。

第十三

俄屯　界外俄屯之大小疏密及兵村民村生產風俗。

附錄假道俄境調查記。

第一國界　天然界綫與人爲界線之沿革及見今之定界。

先王疆理天下首在嚴界域辨華彝。蓋國界所在之處即國權所至之處亦即國際之所由生。呼倫貝爾實我東北上游邊防要地其正西稍北與東北一帶均與俄國爲鄰。尤界學家所宜注意者也。然考前代歷史。其地多未隸版圖。唐虞三代之時。地在荒外。其詳不可得聞。七雄之世。稱燕國北有東胡山戎。亦未指其地之所在。至秦幷六國。東胡擾邊。築長城以禦之。凡長城外東北之地。咸目之爲東胡。蒙恬復斥逐匈奴。收河南地。匈奴遂北遷。漢武帝專務拓邊。遣大將軍衛青出塞。北征匈奴。至於盧朐（即今克魯倫河）爲中國兵力至呼倫貝爾之始。當是時。匈奴遠遁漠北。滅東胡分左右部。倫境遂爲匈奴左部。漢桓帝時。鮮卑盛強。盡據匈奴故地。分爲東中西三部。倫境遂爲鮮卑東部。在晉則爲地豆于國。南北朝爲烏洛侯屬地。按

皇朝文獻通考云。烏洛侯即俄羅斯。爲元魏先世所居地。又魏書序紀宣皇帝南遷大澤。方千餘里。厥土昏冥沮洳。謀更南徙。未行而崩。獻皇帝時。有神人言于國曰。此土遐荒。未足以建都邑。宜復徙居。帝衰老。乃以位授子聖武皇帝。詰汾奉帝命南移。山谷高深。九難八阻。於是欲止。有神獸。其形如馬。其聲類牛。先行導引。歷數年乃出。始居匈奴故地。證以圖里琛所記。匈奴故地即今喀爾喀。倫境西與喀爾喀密接。其爲烏洛侯國無疑。至烏洛侯即俄羅斯。實無確據。考俄羅斯性質的。是歐洲種類。且南北朝時。其勢尚未東漸。其以烏洛侯即俄羅斯。恐

非是。北魏南遷通中國。烏洛侯仍居其地。魏眞君四年烏洛侯國來朝。稱其國西北有先帝石室。室有神靈。是歲遂遣中書侍郞李敞告祭。斬樺木以置牲體而還。所立樺木成林。其民益神奉之。今額爾古訥河左右岸。延內興安嶺一帶。多產樺木。亦其證也。又四夷傳云。勿吉在高句麗北。室韋在勿吉北千里。地豆于在室韋西千餘里。烏洛侯在地豆于北。去代都四千五百餘里。西北行二十日。有于已尼水。卽北海也。蓋當兩晉南北朝之時。此數國犬牙相錯。游牧無常。遞爲雄長。至隋代突厥最強。其始自木杆可汗北併契丹後。拓境日廣。自遼海至西海。東西萬里。自漠北至北海。五六千里。周齊皆畏憚之。後分東西兩部。今俄羅斯西伯利亞部。皆屬東突厥。倫境卽其東部地也。唐代突厥衰微。高宗破之。凡僕骨拔野古等。均在今呼倫貝爾地皆爲羈縻郡縣。唐末五代之時。渤海靺鞨種人強盛。西併契丹。盡得夫餘沃沮地方五千里。建國於室韋山。至宋契丹強。復其故地。改國號遼。室韋之地。盡爲屬國。故有黃皮子室韋。黑車子室韋共二十餘部。今倫境之室韋山。並室韋公特嶺。所由名也。按黑車子。善作車帳。其人知孝義。地貧無所產。契丹之先。爲回紇役。後背之。走黑車子。遂學作車帳。今倫境蒙

六

古車之氈帷尚自作也。又朔方備乘北徼圖說載，契丹東北至嫗厥律水出大魚，契丹仰食。又多黑白黃貂鼠皮，其人最勇，鄰國不敢侵。蓋即今呼倫貝爾地。又遼道宗曾泛舟黑龍江，即額爾古訥河下游 又置鎮州建安軍節度，築城曰古可敦，在今克魯倫河北 專捍衛室韋突厥，則倫境之爲遼屬地可知。南宋之時，生女眞越興安嶺而西，其廣吉利諸部，常游牧於呼倫貝爾兩池，今倫城西北三百餘里，有東西一帶之界壕，舊圖註謂金源邊堡者，即金人博果勒之所浚也。至元代發祥於斡難河，即今黑龍江上游發源於大肯特山亦名敖嫩河 奄有漠北之野，塔塔兒部、宏吉剌部均爲所吞併，跨怯綠憐河之地。即克魯倫之轉音 太祖封弟斡赤斤，今倫城北二百五十餘里根河北岸有故城基，城四面共二千步，內有高土臺一，南北長五十步，東西寬二十五步，破琉璃瓦亂積其中，東西路直貫，爲俄人入山者所踐。西門外有水泊，水清而不見底，相傳宏吉剌氏之所居。後入中原，遂以其地爲嶺北行中書省，治和林，即今庫倫。倫境西與庫倫接壤，其爲嶺北省所統治也可知。至明太祖伐元，拔大都，即今北京 元嗣主愛猷識理達臘復奔和林，六傳至坤帖木兒，未幾被弒，鬼立赤纂立，爲可汗，去國號，稱韃靼。永樂六年，阿魯台殺鬼立赤，迎元裔木雅失里立之嗣因殺明使成祖乃北踰闊濼海以擊破於斡難河木雅失里復爲瓦刺所襲徙居臚朐河成祖復親征逾臚朐河至闊灤海（即今呼倫池轉音）木雅失里衆潰散阿魯台降木雅失里爲瓦剌馬哈木所殺阿魯台擊破瓦剌漸驕蹇入寇帝親征破之東走兀良哈（即布特哈地）當太祖之時置朶顔泰甯福餘三衞於兀良哈後三衞亦陰附韃靼常爲邊患倫境東接布特哈實亦韃靼之往來游牧地統觀歷代之沿革古人皆未身履其地所書多出傳聞未必盡確土人不講文字又無紀載可考不過約略言之然或爲外夷或爲敵國或朝貢或征討雖遼金元之拓地廣遠亦大率部落散居爲諸王封地從未有如我

朝之混一區宇實隸帡幪我疆我理者我

太祖高皇帝於癸未征尼堪外蘭此用兵黑龍江之始天命元年七月丁亥遣大臣率兵二千征薩哈連（即黑龍江）八月丁巳駐營黑龍江南岸凡附近黑龍江呼爾哈部索倫部諳達瑶塔庫喇喇路（方略云即使犬部）諸羅路（即鄂倫春又名使鹿部）均相率來歸十年太宗命阿賴達爾漢率外藩蒙古諸貝勒往追茂明安部下逃入至使鹿部喀木尼堪地方招集葉雷舍爾特庫巴古奈

土古等，及其從役家口來獻。凡沿黑龍江南岸之索倫部，遂無不奉正朔稱臣妾矣。按使鹿部，即今額爾古訥河右岸山中之鄂倫春人所使之獸，俗謂之四不像，其形似鹿，故謂之使鹿部。至順治初年，羅刹（即今沿邊俄羅斯人）始吞併尼布楚地，又東竊據雅克薩，築城以居。後遂屢爲邊患，索倫、達呼爾諸部皆被其侵掠。康熙二十一年，始命將出師，數爲撻伐。於呼馬爾河駐兵相持，羅刹乃懷德畏威，不敢狡焉思逞。二十八年，遂命領侍衛內大臣會同俄使於尼布楚城議定黑龍江界約，立碑額爾古訥河岸。其第二條云：將流入黑龍江之額爾古訥河爲界，河之南岸屬中國，河之北向屬俄羅斯國。此即天然界綫之屬於呼倫貝爾東北者也。但查額爾古訥河，見今之流域，其大勢係北流入黑龍江，有東西岸，無南北岸。而約內言南北岸者，或以將近黑龍江處河水微曲而東，故曰南北岸。與雍正五年議定恰克圖界約第三條內云：查罕敖拉之卡倫鄂博，至額爾古訥河岸蒙古卡倫鄂博以外，就近前往兩國之人妥商設立鄂博爲界。復查是年議定恰克圖東西鄂博案內有云：由布爾古特依山南巴彥梁起，至東邊額爾古訥河源阿巴哈依圖（即阿巴該圖）山分界，共立鄂博四十八處。但倫境所設之地。約文則均未載明。復查是年所定之阿巴哈依圖約。共立鄂博六十三處。自查罕敖拉卡倫鄂博至額爾古訥河最高處之中國卡倫在此附近一帶。設鄂博五座。於舊有鄂博之塔爾郭達固向北草地上。設第五十八鄂博。舊有卡倫之查罕烏魯向北貼近沙羅鄂拉嶺。設第五十九鄂博。舊有鄂博之塔奔托羅海向北。貼近博羅托羅海嶺。設第六十鄂博。舊有卡倫鄂博之索克圖向北附近嶺上。設第六十一鄂博。舊有鄂博之額爾庫里托羅海向北。附近之最高處。設第六十二鄂博。額爾古訥河之右岸。正對海拉爾河之中間。在阿巴哈依圖嶺之凸出處。設六十三鄂博。此即人爲界綫　屬於呼倫貝爾正西稍北者也。今查塔爾郭達固即塔爾巴幹達呼山。在倫城西北四百五十餘里。高四十餘丈。孤峰特出。石均黑色。上有鄂博二。爲倫城西北國界之起點。山下地勢漸窪。其西南即喀爾喀界。南距五里許。有界牌。中書滿蒙文字。係倫境與喀爾喀分界處。聞此界牌十年一換。光緒三十二年。經總管車和札會查換立。所書之字。即某人於某年月日會查所記。其北即俄境舊拜嗚省界。惟有舊界約云。於舊有鄂博之塔爾郭達岡向北草地上設第五十八鄂博今在草地上之鄂博無從查考即暫以此山頂之舊有鄂博爲界擬在此添設卡倫一處由此東行五里俄界內有水泡名下巴爾（按蒙語下巴爾多泥也）縱橫約一方里旁有俄屬布拉牙特人游牧之牛羊羣布拉牙特與外蒙古及倫屬之新巴爾虎旗人同[illegible]同種自明代已隸俄國再東十餘里即俄鐵路沙爾松車站站西里許有俄村一約十餘戶東南二十餘里即查罕烏魯又名查罕敖拉也（按蒙語查罕白也敖拉山也）在倫城西北四百餘里高八十餘丈西北距塔爾巴幹達呼山約五十里東距鐵路六里許南距東清鐵路首站之滿洲里七八十里查罕敖拉新設卡倫在該山之陽相距約三四十里爲滿洲西北最大之山相連數峰山石層疊其北高山頂上舊有鄂博二北距三百八十步微低山頂上有新立鄂博二因舊鄂博之平石上題字數行文曰呼倫貝爾副都統宋派委員某於某年月日勘界至此東南距五里許極高山頂有俄人所立之木架然舊界約則云於舊有卡倫鄂博之查罕烏魯向北貼近沙羅鄂拉嶺設第五十九鄂博今則沙羅鄂拉嶺鄂博無從查考矣復由此東南行二十餘里即俄鐵路馬七也夫斯基

車站。站南三里許。鐵路旁有俄人所立之木標。上釘雙頭鳥鐵牌。中書俄文。爲鐵路入中國之起點。蓋此站在中俄交界之區。東清鐵路與西伯利亞鐵路。應在此處聯接。乃兩鐵路汽車來往交換處。則不在於此。而在南去四十里中國界內之滿洲里站。站北十餘里有東西邊壕一道。甚長。即舊地圖所註之金源邊堡。詢之土人。謂爲金太祖所築。再由此過鐵路東二十餘里。即塔奔托羅海。（按蒙語塔奔五也托羅山也）在倫城西北三百六十餘里。西北距査罕烏魯約四十餘里。此山並列五峰。中峰漸高。多石。附近西北徼高山頭。有分界鄂博二。近南極高山頭。有俄人所立之木架。東南十數里。即舊鄂博山。中有鄂博二。山不甚高。多石。迤西南里許。即滿洲里車站界壕。再東三十餘里。越數峰。即索克圖。又名蘇克特。依在倫城西北三百五十餘里。山勢頗高。周圍皆山嶺環抱。近北徼低山頭。有鄂博二。爲分界處。山之陰有小樺樹若千株。山南有小泉二。泉水甚王。此處舊有卡倫。刻已作廢。由此而東。皆山嶺相連。東距二十餘里。即額爾庫里托羅海。又名額爾德尼托羅海。（按蒙語謂寶貝山也以山石多綠黑色故名）在倫城西北三百三四十里。山不甚高。中有鄂博二。爲分界處。再由此東南行。

三十餘里。即阿巴哈依圖。又名阿巴該圖。在倫城西北三百一二十里。山不甚高。與西北邊界各山。皆山脉相連。分界鄂博在山頂之中。近東南額爾古訥河南岸微高山頂。有俄人所立之鄂博。上立十字架。偏東有小亭一。北距四五里。即俄屯阿巴該圖。南與我界新設卡倫相距十餘里。由塔爾巴幹達呼山至此。共一百八十餘里。所立鄂博各山。共計有六。其無鄂博之空地。即以各鄂博相對之直線。約計由阿巴哈依圖折而東北。則以額爾古訥河爲中俄國界。河之東岸爲我屬。河之西岸爲俄屬。但額爾古訥河之上游。即海拉爾河。海拉爾河由東南來注。流至此。分而爲二。一沿東岸流。一沿西岸流。下游至十餘里。又合而爲一。中間淤爲一洲。長約十餘里。寬三里許。羊草豐茂。其西岸之水。較東岸之水。約寬二丈。俄人欲侵佔河洲之地。遂指沿東岸者爲正流。沿西岸者爲支流。光緒三十四年秋間。因刈羊草。曾相爭執。至今尚未確定。額爾古訥河由此折而東北流。四十餘里。傍我岸有一水泊。名薩布特諾爾。再東北流五十餘里。有新設防邊之孟克西里卡倫。對岸俄屯。名開拉蘇台。再北流九十里。右岸即新設防邊之額爾德尼托羅輝卡倫。對岸俄屯名都埒以。再北流八十里右岸。即新設防邊庫克多博總卡倫。對岸俄屯。名四大列矣粗魯海圖。再東北流五十里右岸。即新設防邊巴圖爾和碩卡倫。對岸俄屯。名那維矣植魯海圖。再北流五十餘里右岸。即新設防邊之巴雅斯胡郎圖溫都爾卡倫。對岸俄屯。名卓爾果里。再北流五十餘里右岸。即新設防邊之胡裕爾和奇卡倫。對岸俄屯。名布拉。再東北流五十餘里右岸。即新設防邊之巴彥魯克卡倫。對岸俄屯。名伯爾今斯克。再北流六十里右岸。即作廢之西伯力布拉克卡倫。對岸俄屯。名別勒布得雷。再北流二十里。即新設防邊之球爾特依卡倫。對岸俄屯。名滾羅布新斯克。再北流八十里。即新設之吉拉林設治局。西南對岸俄屯。名臥牛槐。西北對岸俄屯。名敖洛氣。再北流五十里左岸。即新設防邊之莫里勒克卡倫。對岸俄屯。名一句嘎。再北流八十里右岸。即新設防邊之畢拉爾河卡倫。對岸俄屯。名畢拉。再北流七十餘里。即新設防邊之牛爾河卡倫。對岸俄屯。名瑪林巴西洛夫。再北流七十餘里右岸。即新設防邊之珠爾干河總卡倫。對岸俄屯。名烏奚洛甫。再北流十餘里。右岸。即新設防邊之溫河卡倫。對岸俄屯。名葛其雅。再北流九十餘里右岸至擬設防邊卡倫之長甸距對岸俄屯魯畢約三十里再北流一百五十里右岸即新設防邊之伊穆河卡倫對岸俄屯名烏留賓再東北流九十餘里至擬設防邊卡倫之奇雅河口對岸俄屯名穆赤堪再東北流二百里右岸即新設防邊之永安卡倫對岸俄屯名一各大其再東北流八十餘里至額爾古訥河口右岸即新設防邊之額勒和哈達卡倫對岸俄屯名門土了席按此處應有界碑今已無存由塔爾巴幹達呼山東南至阿巴該圖折而東北至額爾古訥河口延長一千五百餘里開國至今二百餘年不但屬於天然者尺寸未失即屬於人爲者其山嶺鄂博亦尚能指名而責實惟沿邊俄民往往有越界之事康熙二十八年在尼布楚所定條約第二條有云將額爾古訥河南岸眉勒爾喀河口（即莫里勒克之轉音）所有俄羅斯房舍遷移北岸嗣後雖將房舍遷移而我界尚無居民越界之俄人仍難時時查禁乾隆二十五年由塔爾巴幹達呼山至布魯河設立卡倫十二（名目章程詳後卡倫章內）以防俄人越界光緒十年因防俄人越界挖金復由布魯河以北至額爾古訥河口設立卡倫五越界之事乃因之而稍息庚子之變俄人乘釁而起驅逐我華

人焚毀我卡倫。盤踞我金礦。安設水磨。墾種荒地。河中之魚。山中之草木鳥獸。均一任其取攜。三十二年。經前任蘇副都統。復設卡倫十一處。僅由查罕敖拉至珠爾特依。以蒙人坐守。彼時經前巡撫程公將吉拉林金廠收回。三十三年。復報稱俄人在吉拉林南北一帶越墾居住。經蘇副都統派蒙員前往驅逐。根株仍未淨盡。是年冬宋副都統權鎮斯土。越明年春。咨請省署。變通沿邊卡倫。坐卡蒙兵。一律撤換。招募農民爲卡兵。興辦屯墾。以實邊境。復訂立俄人越界刈草伐木納稅章程。其越界安設水磨。墾地挖金。一律禁止。沿邊之主權利權。逐漸收回。溯查俄人越界之故。一原於彼界山童土瘠。牧養牲畜。需用材木。非仰給於我界。實無以爲生。一原於我界之草木豐茂。物產富饒。向爲彼族所豔羨。一原於我界空虛。如入無人之境。一原於蒙人愚弱。以小利餌之。即任彼所欲爲。有此數因。積久遂成爲相沿之習慣。加以庚子亂後。我沿邊一帶之地。彼直視爲已有。今令其照章納稅。實亦非彼所情願。然猶不得不從者。誠恐我一律封禁耳。設使不令其納稅。亦不准其越界。彼實有性命之憂。不惟力之所不能。且亦勢之所不必。當此世界大同。各國均有交通之便其優勝劣敗之比例不在乎邊禁之寬嚴專在乎邊備之疏密與實業之興廢我誠能完整邊備振興實業對於內可爲一極大之殖民地對於外可爲一最近之交易場國界既不至內蹙主權人不使外溢於當今時勢庶幾得之

謹按陸路邊界雖各設鄂博然年久失修且新舊參錯恐多疑誤水路雖有河流而港汊歧出中間淤洲屬此屬彼往往爭執易生界務交涉亟應咨明外務部照會俄使兩國派員會同照約查明陸路重立界碑水路立案聲明以垂久遠而免轇轕

第二河流一　額爾古訥河之源委廣遠及港汊

額爾古訥河之上游。在倫城西北三百二十里。逼近阿巴該圖山西。即海拉爾河下游。蓋海拉爾河由東南來注至此。遂分二派。一支流繞阿巴該圖山南向西南流。為達蘭鄂洛木河流至六十餘里。入呼倫池而止。其正流則由阿巴該圖山西向東北流。即為額爾古訥河。水道曲折一千七百五十餘里。至額勒和哈達卡倫西北流入黑龍江。唐書稱為室韃河。南北朝時稱為完水。元史名也里古訥河。又名也兒古訥河。秘史謂之額而古訥河。然唐書謂室韃河源出呼倫池。會典及水道提綱則均稱額爾古訥河上源為克魯倫河。今查克魯倫河。匯鄂爾遜河。流入呼倫池。即渚而不流。達蘭鄂洛木河由海拉爾河入呼倫池。亦渚而不流。彼以額爾古訥河源出呼倫池。克魯倫河為額爾古訥河上源者。蓋未見達蘭鄂洛木河水流之方向。謂達蘭鄂洛木河非由海拉爾河流入呼倫池。係由呼倫池流入額爾古訥河也。豈不誤歟。其所以與海拉爾河同源異名者。緣河流至此作大轉折。形如人曲腰以手遞物。額爾古訥。蒙古語謂以手遞物也。故名。由額爾古訥河上游北流三百七十餘里。至庫克多博。水勢尚不甚大。曲折甚多。水流亦緩。寬不及十丈。深處亦僅及丈。由庫克多博再東北流三十餘里。有根河自東南來注。水勢漸大。然寬處僅十丈餘。水深尚不及二丈。由此再東北流四百九十餘里。有牛爾河（一名貝子河）自東南來注。兩岸皆山嶺夾峙。又地勢高下迴殊。河水驟大而急。寬處約十五丈。深處約三丈餘。舟行至此。無論上下。均極險難。由此而下。兼匯衆河之水。奔流浩蕩。貫入黑龍江。直有一日千里之勢。其港汊則海拉爾河轉爲額爾古訥河之處。分爲二汊。中隔一洲。一沿東岸流。一沿西岸流。北流三十餘里。復合爲一。河洲之地長約二十餘里。寬十里許。再北流四十里。右岸有水泊一。名薩布特諾爾。縱橫約一方里。再北流六十里至孟克錫里卡倫東南三里許。有二水泊相連。縱橫約二方里。水含鹼質。卡倫之北。我岸有一河汊。北流六十餘里。復合而爲一。此汊之水時深時淺。間有間無。其寬處有與正河等者。淺處有與地平者。俄人謂此爲老河故道。想亦意度之詞。非查明劃分。終多轇轕。再北流四十里至阿魯哈當蘇山東。近右岸有一水泡。名洪吐諾爾。再北流五十餘里。額爾得尼托羅輝卡倫北岸有一河汊寬僅丈餘。再北八十里。庫克多博卡房北。近右岸有相連水泊三處。再北流二十五里。巴圖爾和碩卡倫南。有二水泊。再北流二十五里。至俄屯挪維矣粗魯海圖對岸。我界有一河汊。寬約二丈餘。北流五里許。復合而爲一。再東北流五十里。巴羅斯胡郎圖温都爾卡倫北。近俄岸有一河汊。北流二里許。復合而爲一。再東北流七十餘里。巴彥魯克卡倫北。近俄岸有一河汊。北流三里許。復合而爲一。再北流六十里。珠爾特依卡倫南。相連有河洲三。洲中之地。均不甚寬。近卡房東。逼俄岸。復有一河汊。西北流二里許。復合而爲一。再東北流三十里。我岸有一水泊。縱横約一方里。新命名曲水泡。再東北流一百一十餘里。眉勒爾喀河入額爾古訥河之水。分二汊。莫里勒克卡倫。即在河洲之中。北逼俄岸。相連。復有二小河洲。再東北流一百五十餘里。俄屯魚立牙之南。逼俄岸有一河汊。北流二里許。復合而爲一。河洲之地。柳叢甚茂。再東北流一百一十餘里。當珠爾干河入額爾古訥河之北。相連有河洲三。洲中之地。柳叢甚茂。再北流五十餘里。當庫魯干河入額爾古訥河之處。相連有河洲四。洲中之地。均不甚寬。由此而下。則兩岸之山相距甚狹。水勢甚。

大。雖間有河洲皆水漲則沒。水落則出。至入黑龍江處。復分二汊。一東北流十里許入黑龍江。一西北流五里許入黑龍江。河洲之地。亦有柳叢。

謹按河中港汊洲渚。屬中屬俄。向無明文。往往各執一說。易生交涉。應由兩國派員會同查明。以河水較大能航行者爲額爾古訥河正流。繪圖立案。永遠爲據。免生界務轇轕。

河流二　額爾古訥河右岸之支河及名稱

額爾古訥河由阿巴該圖北流。至庫克多博三百餘里。右岸並無支河。由庫克多博東北流三十餘里。始有根河。發源於伊克呼里阿林。西北流四百五十餘里。入額爾古訥河。根河亦名旱河。元史謂之犍河。秘史謂之刊木連河。元初合答斤等十一部。立札木合爲局兒罕於此。水寬十丈。深一丈五尺。距河口三十餘里。有新立官渡。渡船二隻。此渡口爲華俄商旅必由之路。俄人販運烟酒。避彼國禁。今皆由此潛越。華人販運烟酒並入金廠作工者。亦必由此渡河。統計華俄來往各車。日有十數輛。爲沿邊扼要之區。再北流二十餘里。巴圖爾和碩卡倫南。有特勒布爾河發源於內興安嶺之西。匯喀布勒河諾勒霍諾河。曲折西流二百九十餘里。入額爾古訥河。水深二尺。寬四丈。再東北流九十餘里。近巴雅斯胡郎圖溫都爾卡倫南。有一小河。寬五尺餘。自東南山內流入額爾古訥河。再東北至胡裕爾和奇卡倫南。有胡裕爾和奇河。自東南來注。水不甚寬。再北至巴彥魯克卡倫南。有珠魯克圖河。近北復有約羅奎河。皆自東南來注。河水均不甚寬。再北六十餘里。近西伯力布拉克卡倫北。有小河自東南來注。再北至珠爾特依卡倫南。有珠爾特依河。自東南山內來注。寬五尺。深半尺。珠爾特依卡倫北。即布魯河。自東南來注。寬不盈二丈。再北鐵現山南。有色木特勒克河。自東南來注。寬五尺。深一尺餘。再東北至吉拉林。有哈拉爾河。（即吉拉林河）源出內興安嶺北麓。曲折西北流一百九十餘里。入額爾古訥河。水寬一丈。深一二尺。再北至平泉子南。相連有三小河。河水均不甚寬。來脈亦促。自東南山內來注。再北至莫里勒克卡倫南。有小河。俄人名爲都一次。其北即眉勒爾喀河。俄人名爲木尺干。源出內興安嶺北麓。曲折西北流一百九十餘里。遂分二汊。一正西流。一西南流。皆入額爾古訥河。舊卞倫房即在河洲之中。水寬約五丈。深二尺餘。再北至俄屯阿拉公斯克對岸。有二小河自東南來注。其北即遜河。水勢甚小。再北復有小河。俄人名爲繞爾納過夫克。再北有額爾奇木河。畢拉爾河。畢拉克產河。古爾布奇河。均自東南山內來注。水勢甚小。來脉亦促。再北有吉林子河。寬五丈。深二尺。自東南山內來注。對岸即俄屯之繞登科。再北有阿木毗河。俗名安皮戶河。寬二丈。深一尺。自東南山內來注。對岸即俄屯之魚立牙。再東北即牛爾河。俗名貝子河。南距牛爾河卡倫十二里。發源於內興安嶺之西北麓。曲折西北流五百餘里。入額爾古訥河。寬八丈。深處約一丈五尺。河水清澈。與額爾古訥河匯流十餘里。猶清濁分明。再北有小河名阿巴河。阿巴河之北。復有二小河。皆自東南來注。再北即珠爾干河。新設總卡倫於此。河寬二丈。深一尺。自東南來注。對岸即俄屯五西羅甫。再北至孫元寶店相近。有四小河自東南來注。稍大者名庫魯干河。再北至溫河卡倫。有小河七。均自東南來注。逼近卡倫之北。即溫河。寬四丈。深一尺餘。發源於內興安嶺西北麓。曲折西北流二百一十餘里。至卡倫北里許。入額爾古訥河。再西北二十里。有烏瑪河。發源於內興安嶺西北麓。曲折西南流二百餘里。入額爾古訥河。再西北有大吉嘎達河。小吉嘎達河。札克達奇河。再東北復有小河八。均自東南來注。再北至伊穆卡倫。有伊穆河。發源於內興安嶺西麓。曲折西北流二百八十餘里。經卡倫北入額爾古訥河。寬二丈。深一尺。再折東北至額爾古訥河口。復有二十餘小河。其有名者曰畢拉雅河。曰托羅爾河。曰奇雅河。曰奇乾河。奇乾河發源於內興安嶺西北麓。曲折西北流一百五十餘里。入額爾古訥河。水寬二丈。深一尺。曰墨河。曰博羅舒斯洛甫喀河。博羅舒斯洛甫喀河。發源於內興安嶺西北麓。曲折西北流二百八十餘里。經額勒和哈達卡倫之北入額爾古訥河。河寬十丈。深五尺。再北即黑龍江矣。

十五

第三山脉　額爾古訥河右岸各山及大小形勢

額爾古訥河兩岸。上游則邱陵起伏。下游則山石崢嶸。其在我岸之山。皆以內興安嶺爲正幹。東北與布特哈墨爾根愛琿各界。亦即以此山脊而分。由凱河（凱河在倫城正東三百餘里）發源之處。土人始以內興安嶺呼之。西與額爾古訥河源。遙遙相對。興安嶺西所出諸水。皆會札敦河以入於海拉爾河。再北起頂曰綽羅爾山。在倫城東三百五十餘里。高一百五十餘丈。長四十餘里。西分一支。行一百五十餘里。至胡裕爾和奇河發源處。再西直臨札敦河東岸。正幹仍北行六十餘里。起頂曰吉勒奇克山。在倫城東三百八十餘里。高一百一十餘丈。長一百三十餘里。西麓爲海拉爾河發源處。再北行七十餘里。至哲爾古勒依河源。（又名珠爾特依）起頂者曰雅克嶺。在倫城東北四百七十餘里。高一百一十餘丈。長一百六十餘里。正幹仍北行一百三十餘里。峯巒突起。羣山排列者曰依克呼里山。在倫城東北八百九十餘里。高二百二十餘丈。長二百八十餘里。爲興安嶺起頂最高之處。山西之水。流入額爾古訥河。正幹稍西仍北行。至舊布魯卡倫。再轉而東行一百一十餘里。至伊穆河發源處。再北行六十餘里。至奇乾河發源處。則亂峯雜沓。森林茂密。直達於額爾古訥河口。按此數山爲內興安嶺幹脈。額爾古訥河襟帶於其西。黑龍江橫貫於其南。儼擅天險之勢。其逼近額爾古訥河右岸各山。皆其餘脈也。當海拉爾河轉爲額爾古訥河處。在左岸者曰阿巴該圖山。迤西曰額爾德尼托羅海山。曰蘇克特依山。一名索克台山又名素克圖山曰塔奔托羅海山。曰察罕敖拉山。曰塔爾巴幹達呼山。皆沿西北國界者也。在右岸者。曰室韋格特山。又名室韋公特嶺迤西相連數峯。曰達罕德勒山。迤北曰海拉圖山。曰哈拉呼蘇山。蒙語黑石也在額爾德尼托羅輝卡倫以北者。曰額爾德尼托羅輝山。迤東曰三多奈山。曰霍克溫都爾嶺。曰巴德爾山。以上諸山。皆土山帶石。相連如波濤之起伏。無高峯峻嶺。再北當庫克多博總卡倫以東。沿根河南岸者。曰龍頭嘴山。曰慶吉勒山。曰奇雅爾班山。其高處陡起三峯。國語曰依蘭哈達。高一百一十丈。長二十餘里。迤西曰尼克圖魯山。曰溫都爾肯蒙語微高也沿根河北岸者。曰庫里葉爾山。又名苦列兒山迤西曰那敏山。曰那魯特台山。曰綽博克托山。附近巴圖爾和碩卡倫以東者。爲新命名之小泉山。因山下有泉故名高四十餘丈。長二十餘里。再北突起一峰。當巴雅斯胡郎圖温都爾卡倫東北者。曰巴雅斯胡朗圖温都爾山。（蒙古語去皮虎高山也）高八十餘丈。長十里許。再北當巴彥魯克卡倫東。曰巴彥珠魯克山。（巴彥蒙古語富也珠魯克數之六也）附近卡倫正北孤山墳起者。曰等級台山。再北沿色木特勒克河北岸。石多黑紫色者。爲新命名之鐵現山。（因石含鐵質故名）由吉拉林而下。以至於額爾古訥河口。沿岸皆懸崖絕壁。不可躋攀。當奇乾河之北。衆山環抱。有一孤山。特出於羣峰之外者。爲新命名之永安山。西北即永安卡倫。再北沿岸有石色如赤霞者。爲新命名之紅土崖。再北沿岸有壁立千仞者。曰金剛峰。再北有怪石蹲踞於河岸者。曰臥虎石。當額爾古訥河口。數嶺相連。嶺上平坦者。曰渾特山。由渾特山而東。即爲黑龍江南岸矣。

十七

第四地質　額爾古訥河右岸平原大小及肥瘠並種植所宜

額爾古訥河右岸千餘里山嶺綿亘。間有平地。或在河灣。或在山曲。或在坡陀。非陸地所可比例。由塔爾巴幹達呼山至阿巴該圖山陸路共一百八十餘里。沿邊均係山嶺。雖間有平地。沙石相雜。不堪耕種者十居八九。惟阿巴該圖近臨河岸。土脉甚腴。由阿巴該圖山渡河至額爾古訥河右岸之庫克多博總卡倫。沿岸均有平地。長共三百餘里。寬或三十里。或二十里。十里五里不等。逼近河岸者。土雖黑壤。然低下受水。僅宜羊草。為極善之游牧場。近山麓者。則係高原。厥土黃沙。草短不茂。不堪耕種。至庫克多博以東。沿根河左右岸長三百餘里。寬百里。或五十里。高原沃壤。厥土黑墳。微帶沙性。水旱無虞。為極善之殖民地。附近庫克多博總卡倫以東。有前經俄人越墾之田三千餘垧。今雖荒蕪。然驗其麥根之肥壯。則其地之腴厚可知。再北行三十里。至巴圖爾和碩卡倫。沿岸有平地一區。縱橫約二方里。草不甚茂。土質中下。再由此東行二十餘里。越數嶺。至新命名之小泉山溝中。寬約一里。長百餘里。土質肥美。溝東南有俄人前墾之田。約千餘垧。再北三十里。沿岸有平地一區。土質肥美。長十餘里。寬二里許。對岸即俄屯挪維矣粗魯海圖。再北五十里。至巴雅斯胡郎圖温都爾卡倫。沿岸有平地一區。中有沙石。草不甚茂。再距此十餘里。東南山溝內。有新命名之黃花嶺。土質肥美。花草暢茂。面積約百餘里。此嶺與小泉山溝相連。約距二十餘里。再北至胡裕爾和奇卡倫。沿岸地勢平坦。土質肥美。草甚豐茂。長十餘里。寬三里許。再北至巴彥魯克卡倫。沿岸皆漫岡。岡上之地平坦肥美。惟近卡之地土不甚厚。中有沙石。再北至西伯力布拉克廢卡倫。近卡之地土薄。草枯不堪耕種。再北至珠爾特依卡倫。沿岸皆漫岡。土厚色黑。草亦豐茂。近卡之地寬闊平坦。長十五里。寬五里。皆膏腴上地。再北至新命名曲水泡。沿岸皆漫岡。土質肥美。從前半爲俄人所竊墾。今已荒蕪。周圍原立木栅。以阻牛馬蹂躪者。尚在。近泡之地。則皆下隰。土厚草茂。長四里。寬一里。再北至鐵現山。山內之地。土厚草茂。縱橫約百餘里。再北至吉拉林河口。沿岸之地平坦肥美。長十里。寬二里。再東南距河口三十里。至吉拉林溝。中土地肥美。長四十餘里。寬二十餘里。前多俄人竊墾。今已荒蕪。周圍木栅尚在。再北至新命名平泉子。沿岸土地肥美縱橫約四方里中有俄人從前竊墾之田再北行八里沿岸有平地一區內有小房三處爲前俄人越界墾種時所築對岸即俄屯之盧溝再北至莫里勒克卡倫沿岸之地平坦肥美長六里寬二里迤東山坡內復多沃壤從前半爲俄人所竊墾再北行二十里沿岸有平地一區土質肥美縱橫約六方里對岸即俄屯阿拉公斯克再北行二十四里沿岸有平地一區縱橫約六方里土質肥美聞此處向有卡房一間今但有房基可考並無名稱房南有小水溝長十里俄人名繞爾納過夫克中產羊草甚茂地極肥美對岸即俄屯西連普再北行四十里至畢拉爾河卡倫沿岸有平地一小區縱橫約一方里土質肥美再北行四十里至吉林子河口迤東土嶺上平坦肥美可以耕種縱橫約八方里再北行二十里至阿木毗河口沿岸有平地一區土質肥美縱橫約六方里迤東土岡上地亦平坦肥美寬四里長十餘里中有俄人從前已墾之田二區再北二十四里沿岸有平地一區土厚草茂縱橫約二方里聞此向有廢卡倫房今已無存舊圖所謂廢卡倫房疑即在此對岸即俄屯之瑪林巴西羅甫再北牛爾河口左右有平地兩區縱橫約四方里內

有俄人從前墾種之田。周圍木栅尚在。詢聞此河上游平甸頗多且皆肥美。再北八里。即新命名河甸子。土厚草茂。縱橫約二方里。再北十里。沿岸有平地一區。長二里。寬五十丈。再北十五里。沿岸有平地一區。松樺成林。縱橫五方里。再北二十三里。至珠爾干河總卡倫。沿岸平坦肥美。長約十里。寬二里。土厚草茂。墾種牧畜均無不宜。再北六里。沿岸有坡地一區。縱橫約二方里。土質肥美。內有俄人從前已墾之田數十垧。再北四十里。至孫元寶店。沿岸有平地一區。縱橫約四方里。再北十八里。至新命名之松甸。長約二里。寬半里。土地肥美。松林茂密。再北四里。沿岸山灘內有平地一區。土厚草茂。長約三十餘里。寬一里。再北行四里。至新命名之孤松河。沿河口南有土岡。平坦肥美。長約三十餘里。再北六里。沿岸有平地一區。縱橫六方里。再北行四里。至溫河卡倫。沿溫河左右岸之地。皆可墾種。但不甚寬闊。再北行八里。沿岸有平地一小區。縱橫約一方里。再北行十里。至烏瑪河口。北岸有平地一區。長約十數里。寬一二里不等。羊草甚茂。再北六十里。沿岸有平地一小區。縱橫約半方里。再北十八里。至新命名之長甸。寬三里。長五里。土厚草茂。近甸土岡亦平坦肥美。再北行四十二里。至伊穆河卡倫。沿岸之地。平坦肥美。長十里。寬五里。再北十五里。沿岸有平地一小區。縱橫約半方里。再北三十里。至新命名之樺甸。此甸樺樹最多。雜以松樹。茂密可蔽天日。縱橫約四方里。再北行十里。沿岸有平地一區。縱橫約三方里。再北八里。沿岸有坡地一區。延長約五里。再北行九里。沿岸有平地一區。土厚草茂。縱橫約四方里。再北行三十里。至穆赤堪河。（土人名爲奇各雅）沿岸有平地一區。土厚草茂。縱橫約四方里。再北十餘里。至奇雅克河口。沿岸有坡地一區。縱橫約二方里。再北二十餘里。沿岸有平地一區。松林茂密。縱橫約一方里。再北十餘里。沿岸有坡地一小區。縱橫約半方里。再北八里。至新命名之上方甸。寬二里。長四里。土地肥美。草木茂盛。再北十二里。至新命名之中方甸。長五里。寬二里。平坦肥美。草木茂盛。再北六里。沿岸至新命名之下方甸。土質肥美。縱橫約四方里。再北六里。至新命名之永安卡倫。近卡之地。平坦肥美。寬五里。長六里。羊草甚茂。再北十五里。沿岸有平地一區。縱橫約一方里。再北行六里。沿岸有平地一區。寬半里。長二里。再北十四里。沿岸有平地一區。寬半里。長一里。內有木垛房一間。無人居住。因命名曰一間房。再北行十里。沿岸有平地一區。縱橫約三方里。再北十四里。沿岸有平地一區。長二里。寬半里。再北行五里。即至額爾古訥河口之額勒和哈達卡倫。近卡之地。平坦肥美。寬五里。長十里。內有俄人從前墾種之田。今已荒蕪。僅有華人菜園數畝。考額爾古訥河右岸自根河以下。雖平地無多。然有則皆可墾種。且沿岸山中復多可墾之地。因山嶺崎嶇。松樺叢雜。爲時過促。未能徧履查勘。至種植所宜。蒙人向不知稼穡。種類無從考驗。第查俄人越墾之田。則以麥爲大宗。鈴鐺麥最居多數。緣鈴鐺麥收穫最易。且豐。專以飼養牲畜。銷售甚廣。陸路可運至聶爾池斯克札窩答及滿洲里海拉爾等處。水路則由額爾古訥河黑龍江可運至黑河愛琿等處。其次則小麥蕎麥。其他穀類尚無種者。蓋天寒難收故也。俄人所種之田。並無隴畔。惟於初夏時以犁翻土。即將麥種散播於田中。不用肥料。亦不耘耔。直待秋成時收穫。則沿邊土地之肥美。與彼族農學之無進步。均可概見。沿邊雖云天寒。然如百二十日可熟之穀。則尚相宜。粟蜀黍稷三種。試種之或可收成。菜蔬則有白菜。大頭白菜。葱蒜韭黃瓜馬鈴薯芹菜雲豆等。凡此皆沿邊居民並俄屯今所種植者也。

第五氣候　額爾古訥河右岸寒暖度數

額爾古訥河口。在京師偏東五度有奇。北緯五十三度三十分有奇。南距熱帶四十度有奇。北距寒帶僅十七度有奇。加以興安嶺橫亘南北。深山幽谷。不啻雪窖冰天。寒度較京師實增數倍。至三月間。猶冰雪堅凝。且多烈風。居此者。仍著皮衣。四月草始萌芽。間復降雪。去年四月初旬。忽降大雪。厚至三四尺。各蒙旗牲畜多爲凍斃。五月間始如京師暮春天氣。至六月則驟然溽暑。當午炎熱。與京師無異。蚊蝱蠅蚋人畜苦之。惟朝暮則凉。如深秋。一日之間。氣候不齊。故邊地居民。雖三伏亦備綿衣。山陰之地。掘至五尺餘卽凍。陰嶺冰雪。有經年不化者。七月則凉風襲人。漸見早霜。八月則草木黃落。甚至降雪。九月卽見大雪。水結薄冰。十月河冰已堅。暢行無阻。自是以往。雖晴日往往霏雪。窗冰凝結。終日不消。室內須置洋式大火爐。滿燃木柴。方可禦寒。出則寒風割面。鬚眉皆冰。行路者身衣重裘。且有皮帽手套皮襪等物。仍難恃以無恐。去年二月。有朱某者。隨設治委員前往吉拉林。途次受凍。將脚指爛斷。聞去冬卡兵復有將足凍損者。墮指裂膚之苦。古人言之。今日見之矣。夏至晝極長。日出寅初三刻十三分五十四秒。日入戌正初刻一分六秒。晝長六十四刻二分〇十二秒。夜長三十一刻十二分四十八秒。冬至夜極短。日出辰正初刻一分六秒。日入申初三刻十三分五十四秒。晝長三十一刻十二分四十八秒。夜長六十四刻二分十二秒。昔人有云。漠北之野。夏至前後。日入煑羊胛未熟。即天曙。唐書載薛延陀地。夜不甚暗。猶可博奕。今六月間調查沿邊之時。雖子夜無燈。尚能辨字。足證前言非妄。但初曉時。則滿河烟霧。相距丈餘。即不能覩物。日出後始烟消霧散。天晴則然。天陰則否。

謹按沿邊氣候雖寒。然自四月至七月。則草木暢茂。發育甚速。俄人耕種二麥。皆可收穫。於農事固無妨也。

第六物產　額爾古訥河右岸山中鳥獸及皮革

額爾古訥河右岸。山谿深邃。豐草長林綿亘千里。其物產之裕。鳥則有鵰鴈鴇鶴土鶴水鴨。水鴨產額爾古訥河食魚千百為羣味美可食俄人常用槍擊取之飛龍色似雌雉而極小每隻可半斤重兩翅下及腹毛有大白點兩股有毛眼圈毛色紅肉潔白以數片置湯中煮之湯立清為本省貢品因避飛龍字諱貢單內改書樹雞其實樹雞另一種也沙雞其形與飛龍略等惟短尾味美可食烏雞其形與家雞等全身黑色故名可食樹雞較飛龍大似雌雉略小因常棲止樹上故名味美可食翠雀山鴿山雀等其他鳥類尚多。因不常見。無從詳查。獸則有虎熊豹狼獾堪達爾猙堪達爾猙似鹿而大角可作決拾馬鹿茸甚大鄂倫春獵得售與俄人轉售華商價甚昂獐狍野猪黃羊黃羊產於額爾古訥河上游草地內紫貂產於鄂倫春山中狐狸狐分草狐沙狐二種猞猁灰鼠產於各山林中水獺產於牛爾河旱獺產於土領草地內穿穴而居春暖草生始出穴覓食至秋末則閉穴深藏蟄蟲類也白兎毛潔白細長而豐厚惟革太薄脆不適於用土人呼為天馬非也等。其皮革則以邊地天寒。絨毛豐厚。貂皮毛紫黑色。多白鍼。較之赫哲所產者尤佳。惟價值甚昂。每張值俄盧一百五十元至二百元。每年皆由俄商收買。華商向無販運者。捕貂之人。亦惟鄂倫春一種。所得之貂。售與俄屯烏溪羅普者。每年約三四百張。賣與博格羅夫者。每年約三百餘張。猞狸皮毛亦佳。惟色稍遜。每張值俄盧十五元至二十元。灰鼠毛黑紫色。勝於他處所產者。京都所稱索倫灰者即此。每張值俄盧三百文至四百文。狼皮每張值俄盧二元至三元。旱獺出數最夥。俄人多用以製皮帽皮斗篷等件。每張值俄盧一二百文。其他皮革價值。並每年所得若干。無從查考。獸類復有山中鄂倫春所使者。彼名曰沃利恩。（即鄂倫春之轉音）俗名四不像。子角有數歧。似鹿。蹄分兩瓣似牛。身長色灰。似驢。其頭則似鹿非鹿。似牛非牛。寬細而長喙。毛甚豐。能負重百餘觔。鄂倫春人訓畜之。用時以木擊樹。聞聲即來。飼以苔。用畢則縱之使去。即游行山中。附此以備博物家參考云。

物產二　額爾古訥河及右岸支河產魚種類並如何捕取

額爾古訥河魚類甚多。右岸之根河牛爾河博洛舒斯洛甫喀河魚類尤夥。其著名者則有浙魯即鱘魚。連子魚細鱗魚白魚鯉魚黃魚（黃魚大者種四五十斤）（爾河）鮎魚拉鮎（拉鮎身長似蝦二甲六足似蟹）。蒙人尚不知捕取。加以沿邊地廣人稀。銷售甚難。漁業遂無人講求。惟右岸俄屯。或垂釣或設梁。梁中置柳條筐。魚從此經過。即陷於柳筐之中。額爾古訥河左右岸並博洛舒斯洛甫喀河均有之。或於河岸水淺之處插立木柱。橫繫柳條筐。筐口甚小。中置魚餌。羣魚見餌即貫行入呑。人乘其不備。驟將柳條筐取出。亦間有以網捕取者。捕黃魚則用七八寸長之鐵鈎。乃能得之。

物產三　額爾古訥河右岸各項礦產及已採未採

額爾古訥河右岸各山皆發脉於興安嶺連峯疊嶂蘊蓄深厚礦產極爲豐富其已開及採有苗脉者如札賚諾爾煤礦係租與中東鐵路公司開採共煤洞十四編列十四號有明洞暗洞之分內有七號及十號十一號尚未開挖其餘有已作畢者有正在開作者於光緒二十九年工人不戒於火將煤燒然連及第五號煤洞至今火尚未熄現在第九號及第十二號十三號十四號正在開挖作工者共二百餘名中俄參用晝夜分爲三班每人工價羌錢六角明洞出煤用人工暗洞出煤用機器有中國煤稅局一處每煤千觔收銀一錢二分計自光緒三十四年正月起至十二月底止共出煤二萬萬餘觔收銀二萬餘兩察罕敖拉煤礦在察罕敖拉卡倫東數里因去年九月間見旱獺由地內穿穴所出土中有煤質卡弁王凱勝遂命卡兵採探深至丈餘仍係碎煤至三丈餘煤塊有如拳大者然未至正礌煤質尚鬆嗣因水勢上湧遂至停工擬今春仍復開辦云新命名鐵現山之鐵礦因此山之石均係黑紫色較他山之石甚重且山內有俄人舊辦之石灰窰其中

有將石煤流化成鐵質者。其爲鐵礦無疑。但惜無人開採耳。吉拉林金礦。庚子變後。係經俄人竊採。經前巡撫程公始將金廠收回。由商人龔泰山承辦。嗣因資本告匱。遂致廢輟。光緒三十四年。派同知用補用知縣卞調元前往試辦。設治兼辦金礦。遂遞官辦。此廠在設治局西。名小西溝。距局八里。作工者約百五十人。均先挖碃。（碃如井形蓋工人諱言井井與阱同音故名碃）橫五尺。縱一丈。深不等。以見金砂爲度。金砂厚薄亦不等。有半尺厚者。有二三尺厚者。亦有挖至極深不見金砂者。見砂之際。即將砂取出。或上木簸。或用水溜將砂石淘汰淨盡。其金即沉於底。大者如豆粒。小者則目力僅能見之而已。每人每月交官金俄權一瓜力克。（每瓜力克即華秤一錢一分八釐）除官金外。每人每日勻算之。其金尚可值俄盧三四元。或一二元。但其金亦必須官中收買。不准私行外賣。聞吉拉林山內產金之處尚多。惜資本太少。未能徧採。吉林子河金礦。在吉林子河上游。名耍班。光緒二十四年前。有華人在此私淘。嗣後復有俄人接採。此金廠係在山溝之中。寬一里。長約十數里。已作之碃眼甚多。砂堆層疊。觀其形迹。似近復有人淘汰者。中有破木搭房二間。其金苗之旺否。則無從查考。阿木毗河金礦。俗名安皮戶。爲昔時已作之官金廠。溝長八十餘里。寬里許。中有木築房四處。常有華人在此私作金者。人少力薄。皆淘汰昔時已作之殘砂。詢聞每人日得之金。僅値俄盧二三百文。烏瑪河金鑛。在烏瑪河上游。有昔時已作之官金廠。目今已廢。吉格大河上游。有昔時已作之官金廠。今已廢棄。奇乾河金鑛。長四十餘里。寬約三里。歸漠河金廠管理。從前甚爲著名。聞此金廠昔時產金甚旺。每人每日所得之金。有至十數兩之多者。刻已挖殘。歸商人江姓者包辦。作工者共七十餘人。皆淘汰昔時已作之殘砂。並無挖礦者。除交官金之外。每人每日尚可得俄盧一元餘。可見昔日產金之旺。雖屢淘汰。亦不能淨盡也。沿邊一帶鑛產甚饒。其已經發現者。惟煤金二鑛。而金鑛之未經發現者。尚不知凡幾。私作者皆貧苦流民。固無力廣爲採探。商辦者亦資本過微。每致半途而廢。官辦則從事鋪張。金鑛未開而已多賠累。否則籌欵維艱。任事者恐後難銷算。不敢放手作去。此沿邊一帶之礦產。所以永未振興也。查沿邊俄界金廠。其開辦之初。皆先用礦師採苗。測其地面之土厚若干。金砂厚若干。金綫寬長若干。金砂重若干。可出金若干。用工料若干。一一預算決算。然後開辦。雖費大資本。亦所不惜。若不稱大作。則租與商人包辦。故賠累者少。其作法係將產金之處。用運土機器。吸水機器。將地面土石。全行剷去。其中但餘金砂。然後將金砂取出。上大溜淘汰之。金即沉於溜底。故其出金之時。每日有至數百千兩之多者。較中國之挖礦。實爲勝之。我國礦學尚未發明。一時無礦師可聘。然久在金廠作工者。觀山形水勢。其產金與否。亦能知其梗概。爲今之計。似宜招徠此等人。令其入山覓採。官給衣食。彼出勞力。派一精明篤實之專員以督飭之。俟其採有金苗。驗其稱作與否。或官辦。或商辦。或但用人工。或兼用機器。用資本若干。得餘利若干。均可酌量財力而爲之。惟採苗之人。必須予以特別利益。然後可以示鼓舞而勵將來。抑或限於財力。官不督採。亦應明定採金章程。通示沿邊之人。如有能自備食糧覓採者。准其領票入山徧採。採有金苗。報官開辦。照章納稅。予以專利期限。至期限已滿。如何接辦之處。再臨時酌定。總期有礦必開。地無棄利。即可藉以招民實塞。復可資以擴充餉源。於邊務實不無裨益也。

物產四　額爾古訥河右岸樹木果品及羊草

額爾古訥河右岸山川盤亘草木豐蔚木則由巴雅斯胡郎圖温都爾山中即有樺樹至吉拉林以下則松樺交加至額勒合哈達以上則松多樺少樺分黑白二種其白者皮可製油且可作筐筥等器松則有意氣松黃松（土人呼爲樟子松）等類意氣松其細葉似柏冬則彫落故亦名落葉松黃松則其葉如鍼其實可食冬夏不彫登高一望黛色參天森林之富誠邊境一大利源果則皆係天然木本有刺梅山杏杜李都實牙格大草本有高麗果脫盤等類味美者惟高麗果脫盤其牙格大都實二種亦稍可食枝幹均不高牙格大貼地生葉長圓而厚經冬翠色不彫都實叢生葉長圓高麗果生草間甚低覓採不易斜角寬葉脫盤紫幹斜角寬葉牙格大其實較櫻桃稍小而色赤其味酸而甘都實之實比牙格大稍大其色黑紫類山葡萄其味酸而甘俄人以此二者釀酒高麗果其實如桑葚而色紅其味甘芳脫盤色紅顆粒攢簇成果熟則脫蒂而落故名脫盤味甚甘美俄人用糖或蜜餞收藏視爲上品草則以羊草爲大宗皆產於沿邊河岸河洲山溝之內由阿巴該圖

至吉拉林所產尤饒。爲俄屯牧養牲畜者所仰給。惟每年所產之數。無從詳查。

謹按沿邊樹木羊草。爲俄民所仰給。歷年伐割牧畜。難以數計。自光緒三十四年。定章收稅。不准越界私取。以開辦之初。尚多疏漏。已收俄盧一萬四五千元。將來稽查日密。亦邊境一大進欵也。

第七部落　界內山中鄂倫春及收籠方法

鄂倫春實亦索倫之別部。其族皆散處內興安嶺山中。以捕獵爲業。元時稱爲林木中百姓。國初謂爲樹中人。又謂爲使鹿部。

太祖高皇帝用兵黑龍江。招服諾囉路。（諾囉即鄂倫之轉音）

太宗之世。命阿賴達爾漢率外藩蒙古諸貝勒。往追茂明安部下逃人至使鹿部喀木尼堪地方。招集葉雷舍爾特庫巴古奈土古等。及其從役家人來獻。又柳邊紀略云。使鹿部大約在使犬部之外。崇德元年五月。阿賴達爾漢追茂明安部下逃人至使鹿部喀木尼堪地方。獲男女二十九來獻。至今未通朝貢。無由見其國人。但聞其使鹿如使牛馬而已。又異域錄云。伊聶柏興（俄人呼城曰柏興）之俄羅斯。呼索倫爲喀木尼堪。又呼爲通古斯。俱畜鹿以供乘馭。馱載。其鹿灰白色。形似驢騾。有角。名曰鄂倫。今按鄂倫春所使之獸。彼族名曰沃利恩。即鄂倫春之轉音。俗名曰四不像子。即此也。（形質詳物產章內）所謂喀木尼堪。亦沃利恩之別名。此可見鄂倫春命名。即以使鹿之故。又朔方備乘云。鄂倫春者。索倫達呼爾類也。黑龍江以北。精奇里江以南。皆其射獵之地。其衆夾精奇里江以居。似與索倫爲近。其隸布特哈八旗爲官兵者。謂之摩凌阿鄂倫春。其散處山野。以納貂爲役者。謂之雅發罕鄂倫春。按摩凌阿雅發罕滿洲語猶言馬上步下也雅發罕鄂倫春有布特哈官五員。三歲一易。號曰諳達。歲以徵貂至其境。其人先期畢至。奉命維謹。過此則深居不可蹤跡矣。蓋開國之初。彼輩已相率內屬。後因羅刹擾邊。屢被侵掠。亦有逃歸羅刹者。康熙二十三年。將軍薩布素公奏稱。夸闌大鄂倫春等。抵羅刹地方。遣宜番造其居開諭之。取其鳥槍二十具。並鄂倫春留質之子三人至。康熙二十八年。平定羅刹。立碑定界。鄂倫春乃得帖然無事。與木石居。與鹿豕遊。永爲中國沿邊深山之野人。然其所居之地。與俄爲鄰。終不免與俄互市。黑龍江外紀云。俄人之鳥槍。常於莫里勒克處。售之鄂倫春。又云。俄商舊與鄂倫春互市。地名齊凌。轉爲麒麟。因有麒麟營子之號。後將軍傳玉。搜獲逋逃無算。乃禁互市。又魏源云。有不編佐領之使鹿部。名曰奇勒兒。乃知齊凌麒麟。均爲奇勒之轉音。今查奇勒口在額爾古訥河口東南。距河口約十里。沿黑龍江南岸。爲鄂倫春與俄人來往交易之區。此口係一山溝。寬不及半里。中有華商新修之木板房一間。復查鄂倫春係內興安嶺土著之民。矯悍過人。排鎗每發輒中。俄人亦頗畏之。耐寒畏熱。時以出痘爲患。初歸布特哈總管派員鈐轄。號稱諳達。同治初年。吉林省屬馬賊猖獗。將軍富明阿公奏調鄂倫春人五百前往。一戰而定。同治十年。將軍特普欽公奏於內興安嶺內外分爲五路。以備調用。光緒元年。將軍豐紳公奏調鎗隊五百人。每歲三月間。調集內興安嶺旺山一帶操演四十日。犒賞銀兩布匹遣歸。六年將軍定安公奏增挑鎗隊五百人。合計千人。每歲由將軍特派協領一員。會同布特哈總管屆期查操。八年將軍文緒公奏設興安城副總管一員。建城於嶺內之太平灣。有武帝廟。有軍器庫。有公備倉。其奏設興安城總管略曰。查鄂倫春一帶牲丁。久居山內。二百年來未濡教化。幾同野人。向歸布特哈總管轄治。所捕貂皮。輒爲諳達諸人以微物易去。肆意欺凌。不啻奴畜。在當時山深地闊。尚不爲苦。近因江左盡歸俄界。僅有江右山場。捕獵愈稀。實屬不敷餬口。且有逃歸俄境以資生者。前任將軍挑練千名。犒賞布銀。專歸諳達教管。略寓收撫之意。而明歸諳達教管。則權勢益重。而受制益苦。浸成仇敵之勢。誠恐激生事端。滋起邊釁。籌計久遠。非編旗設官列城置戍不可。該牲丁鎗法極準。人亦勇鷙。性與索倫相近。同爲國家赤子。本無貴賤之分。及時收輯。足期強兵固邊之效。曾飭派査操協領。會同布特哈總管入山。宣布

皇恩。該牲丁感激流涕。願即歸伍當差。以免諳達欺凌。擬請就原挑千名。分設佐領管轄。月給餉銀一兩。歲貢貂皮一張。設總管銜副總管一員。總理其事。以下各官。均照布特哈城章程辦理云云。然彼等心性顓愚。一飽無求。言語亦不易通。例操之外。往往伏而不出。建城以後。歲餉積存。幾無入領。太平灣雖爲五路適中之地。而城署均處窪下。工費萬金。歲未踰紀。已坍塌不可居。總管遂寓於喀爾塔爾奚站。有美意無良法。不能不爲始事者惜。至光緒二十年。黑龍江將軍奏收籠鄂倫春。將原設興安嶺城衙門。概行裁撤。所有鄂倫春分歸黑龍江墨爾根布特哈呼倫貝爾四城管理。黑龍江上下游分二路。墨爾根布特哈呼倫貝爾各爲一路。每路專設協領一員。以資收籠。其歸倫城管理者。即托河一路兩佐。均予限三年。何城先行收籠足額。早得實效。即由該城副都統專摺奏請獎敘。帶領引

見請

旨錄用於三年成效後將鄂倫春人帶出山場就近由副都統齊集教練務期熟諳風化俾可濟緊急之需此鄂倫春歸倫城管轄之始也無如地廣山深尋查不易相沿既久視爲具文鄂倫春既不知管理者爲何人管理者亦不問鄂倫春盡居何地復何有於收籠而額爾古訥河右岸山中之鄂倫春僻處荒邊聲息阻隔尤漫無統屬日用所需及獵得皮張均須向俄境購取銷售往來既稔遂受俄人籠絡潛入俄籍光緒三十四年夏派員調查沿邊並令入山調查鄂倫春究竟使鹿使馬戶口若干有無入俄籍者以資收籠聞珠爾干河總卡對岸俄屯烏溪羅甫其商人常與鄂倫春貿易擬由此處入山詢之俄商云彼等居處無常當此大雨時行（時在七月中旬）道途泥濘草木叢雜人馬均不能行彼等與俄商貿易有一定之地一定之期去此華里五百餘里有山名頗可軸爾復三百里有木築房一間爲交易之定地俄歷十月二十前後即華十月初十前後爲交易之定期過此以往則蹤跡難尋矣又云彼等已半入俄籍歸伊格那紳俄屯長所管其頭目居額爾古訥河

下游之奇勒口內其入俄籍因從前彼等牲畜均行倒斃山獸亦少貧乏不能自存遂出山至沿邊俄屯傭工因粗知俄國語言文字遂由此變服制而入俄籍後又詢之俄屯屯長並沿邊華人所云皆同時以相離太遠未便冒進旋至額爾古訥河口用俄人引路溯博洛舒斯洛甫喀河往尋鄂倫春蹤跡入山東南行百餘里於層巒疊障中遇三人貿貿然來貌似蒙古而衣俄服一老兩少問俄人知爲鄂倫春見面似有退避之意俄人呼之始至遂相對與俄人語亦不解所言之爲何後據俄人云彼等所居之地即在目前山內導行數里至其地所居皆以雜毛毡或樹皮爲之形與蒙古包等入其室婦孺衣服亦與俄人同席地坐談問其頭目所在並名字答云無定所頭目有二一俄國人一鄂倫春人鄂倫春人名過爾答過夫聞前數日往俄境矣又問其於何年入俄籍戶口若干皆答不知又問其在此係長居係暫居答不日即遷蓋彼等隨山逐獸原無一定住所又問每年所得皮張若干則云多寡無定查此地共鄂倫春三家彼二家家長一名沃西力沃司克一名各拉西木男女共十五人因將所携之風梨洋酒等分賞彼三家諭以賞賜之意且

勸以仍歸中國。觀其意似解不解。直若犬馬之不與人同類者。而其名字則皆取俄國語言。頭目又無從尋覓。遂復由故道反回。至俄屯博格羅夫。有素與鄂倫春交易之俄商云。鄂倫春之入俄籍者。分二沃洛特。即華言兩旗一爲根得及力司克矣沃洛特。其頭目名飄得爾格爲力勒爲池。幫辦名國爾大國羅夫。一爲娑羅國恩挪司刻矣沃洛特。其頭目名飄得爾泥克拉牙爲池。幫辦名司及班牙克爲池。二旗共百七十餘戶。雖歸俄籍。亦僅割髮變服制而已。至俄民所有之權利義務。彼等均無關係。每人年給俄屯俄盧三元。此錢亦非國課。蓋因彼等養生送死。均必至俄屯教寺。請教士誦經。故給此錢耳。每年均於俄歷六月初一日。其頭目來交此錢。並率鄂倫春買賣貨物云。該商所稱鄂倫春頭目之名與入山所調查者不同。未知孰是。

謹按鄂倫春人係我屬部。且居我境。以屬地屬人之義言之。均不准私入外籍。今以無人管轄之故。受外人籠絡。私入俄籍。久恐爲患邊疆。急應設法收籠。其收籠之法。查明戶口。擇其頭目。給以官堦。使之有所統屬。勸令仍歸華籍。按年春季派員進山

稽查賞賚宣布
朝廷威德。如有甘心向外。不肯再隸華籍者。即以俄人論。查明驅逐。不准仍居華界。以杜後患。

第八卡倫　邊界卡倫之沿革及現今分設數目地名並相距遠近

沿邊卡倫始於雍正五年郡王策凌伯四格侍郎圖理琛等會同俄羅斯使臣薩瓦勘定疆界並設卡倫五十九處屬於呼倫貝爾者十有二曰察罕敖拉（亦名察罕烏魯）曰蘇克特依曰阿巴該圖曰孟克西里曰額爾得尼托羅輝曰庫克多博曰巴圖爾和碩曰巴雅斯胡郎圖溫都爾曰胡裕爾和奇曰巴彥魯克曰西伯勒布拉克曰珠爾特依輪派倫城蒙古官兵戍守每卡駐防官一員兵各三十名兩卡之間均立鄂博卡倫官兵每日巡查三月一更遇有俄人越境及偸盜牲畜者歸總卡官通報辦理乾隆二十五年重行整頓復派總管一員佐領二員每月巡查一次每卡設蒙古包四個共四十八個每年需用補修銀九十六兩由本處稅項開銷此十二卡倫皆沿國界而設名之曰外卡倫雍正十一年因外卡防守多疎時有俄人越境復於外卡以內設十五卡倫以資聯絡曰庫里多爾（朔方備乘作庫勒都爾當即距庫克多博二十里之特勒布爾河）曰特勒墨勒津（朔方備乘作特爾墨勒津一作特爾墨勒音）曰特尼克（朔方備乘作特尼河）曰崇古林（朔方備乘作崇古林谷口一作冲固嶺山溝）曰依拉該圖（朔方備乘作阿爾噶圖谷口一作阿爾噶圖河口一作河爾垓圖山溝）曰哈濟（朔方備乘作墨

三十二

爾格河即倫北六十里之莫勒各爾河曰沙拉鄂蘇。朔方備乘作喀喇鄂索谷口一作錫喇鄂索河口一作喀喇俄索山溝曰薩勒奇圖。朔方備乘作薩奇勒圖一作薩爾奇特山一作薩爾奇圖山曰翁昆。朔方備乘作淵拉里河翁昆開拉里河即倫境之海拉爾河曰溫都爾縉勒蘇。朔方備乘作溫都爾額埒蘇曰烏蘭剛阿。朔方備乘作烏蘭昂阿一作烏蘭綱安曰布拉克圖。朔方備乘作布拉克圖舍哩曰莫貴圖。朔方備乘作摩該圖一作墨會圖曰托洛郭圖。朔方備乘作托勒輝圖一作托洛會圖曰烏爾圖布拉克。朔方備乘作鄂勒圖舍哩一作俄爾托布喇克均與各外卡倫相距一二百里不等。名曰內卡倫。咸豐七年。因與外卡相距太遠。恐稽查難周。奏明向國界就近遷移。與外卡倫相距各三四十里不等。以便互巡。內裁去三卡。改作三台。共存十二卡倫。另立新名。曰西伯爾昂阿。曰邁罕圖。曰查勒奇昂阿。曰色格勒吉舍哩。曰郭爾畢舍哩。曰阿魯呼都克。曰四里呼都克。曰布木伯諾爾。曰悶勒特格。曰昂爾山布拉克。曰烏噶拉吉布拉克。曰達西瑪克布拉克。每卡駐守官一員。兵二十名。兩月一換。每月派佐領一員往巡一次。嗣因奉行日久。內卡倫漸皆廢弛。舊址均無從查考。光緒十年。因防俄人越界挖金。由黑龍江城於倫境珠爾特依卡倫北。沿額爾古訥河岸。增設卡倫五座。曰莫里勒克。曰牛爾河。曰溫河。曰伊穆河。曰額勒和哈達。歸黑龍江城副都統管轄。派官兵駐守。

國界之在倫境者。前後共設外卡倫十七座。至庚子之亂。卡倫皆被俄人焚毀。官兵盡行逃散。沿邊之主權利權。一任俄人攘竊。而無能過問。至光緒三十三年。經前任蘇副都統。始議規復舊制。重設卡倫十一座。從查罕敖拉起。至珠爾特依止。而珠爾特依迤北之卡倫。仍復闕如。每卡駐守官一員。每月支餉銀三兩。領催一名。兵八名。每名月支餉銀二兩。由倫城戶司所存草稅項下開支。官兵亦均由蒙人派充。兵單餉薄。不惟不能守邊。反藉以盜賣木植羊草。甚且有受外人一臠之飽。而爲守牧牛羊者。蠢此愚蒙。罔識國體。夫亦何怪其然。光緒三十四年冬。宋副都統權鎮斯土。見邊防之廢弛。實由於蒙人之愚弱。到任伊始。即咨商省署。經營邊務。詳定章程。將卡倫蒙人一律撤換。改招農民充當卡兵。仿古人屯田之意。爲經久之謀。由塔爾巴幹達呼山起。至額爾古訥河口。共設卡倫二十一座。沿舊名者十有五。曰查罕敖拉。曰阿巴該圖。曰孟克西里。曰額爾得尼托羅輝。曰庫克多博(設爲總卡倫)曰巴圖爾和碩。曰巴雅斯胡朗圖。曰溫都爾。曰胡裕爾和奇。曰巴彥魯克。曰珠爾特依。曰莫里勒克。曰牛爾河。曰溫河。曰伊穆河。曰額勒和哈達。新設者六。曰塔爾巴幹達呼山。曰畢拉爾河。曰珠爾干河。（設爲總卡倫）曰長甸。曰奇雅河。曰永安山。舊卡倫報廢者二。曰蘇克特依。曰西伯力布拉克。於三十四年夏相繼分設。現未設者僅塔爾巴幹達呼山。長甸奇雅河三處。於倫城設邊墾總局。以提綱挈領。又設滿洲里邊墾局吉拉林設治委員以分任稽查。開辦數月。從前俄人之任便越界取携自如者。皆爲斂迹。即有所需。如伐木刈草等事。亦皆請命於我。遵章納稅。主權利權。已稍收回。從此一意經營。不難漸臻充實。至卡倫所在。並相距遠近。均詳圖表。詳細規則。備載卡倫章程。

第九治所　界內設治處所及商場

倫境沿邊荒凉空曠。向未設治。今既經營邊務。興辦屯墾。不能不擇要設治。爲經久之計。以地勢論之。第一爲滿洲里。滿洲里地當邊要。爲東清鐵路入境首站。且已開作商埠。俄蒙往來。又以該處爲衝途。時有交涉。現已奏設臚濱府。次則吉拉林。吉拉林爲沿邊適中之地。原有金礦。聚集流民。時起爭端。且地土膏腴。從前俄民時有越墾。亟應招徠墾戶。逐漸實邊。現已奏派試辦設治委員。定名爲室韋廳。然吉拉林地勢較小。不過就金廠爲暫時根據。將來室韋廳仍應於根河北岸擇地移設。方爲得勢。次則珠爾干河。距吉拉林過遠。道路亦多阻隔。現設總卡官經營邊墾。俟將來人民漸多。再行設治。次則額爾古訥河口。爲倫邊之終點。距珠爾干河尚五百餘里。且與黑龍江會流。地勢最爲險要。日後亦當設治。其可設商場者。除臚濱府已開作商埠。此外如庫克多博。爲蒙俄華人來往通衢。現已招有商人十餘戶。逐加提倡。可以漸臻繁盛。吉拉林內有金廠。且與各俄屯密邇相接。現已有商人十餘戶。將來墾礦振興。商業亦不難起色。一珠爾干河並額爾古訥河口。爲鄂倫春人等出入之區。皮張最爲大宗。向歸俄商收買。以皮易貨。不論價値。一任俄商愚弄。俄商將皮張運至俄京。或運至外洋各埠。得利數倍。由此致富者甚多。我苟設法將鄂倫春收籠。即於此二處立市招商。以便交易。既免爲俄所覊縻。利權亦不至外溢也。

第十交通　界內道路之遠近夷險衝要並應如何開通之處

經營地方首重交通交通不便則發達難期陸路尤爲交通之首務倫境沿邊一千五百餘里其有道可行者則由塔爾巴幹達呼山至吉拉林共七百餘里無高山大嶺其中雖間有險阻之處然稍加脩補即可成爲周道其未經開通者則自吉拉林至珠爾干河三百五十餘里山嶺已多僅有荒僻小路可容人行向無車馬蹤跡由珠爾干河至額爾古訥河口五百五十餘里則連峯疊嶂深林密箐山石崢嶸壁立河上求一綫崎嶇亦不可得行旅往來非假道於俄不能飛渡致受俄人多方挾制而莫可如何於此而欲謀交通非將我岸道路開通不可然山多樹密工程浩大鉅欵恐未易籌爲今之計應先派員詳細查明易脩者若干處難脩者若干處將附近各卡易脩之處責成各卡倫卡兵隨時脩治其難脩之處另僱人夫開脩邊境人民尚少不必驟開大道但脩一人馬能行之路有河之處查看水勢大小或修木橋或造渡舟可資馱運可通郵遞便可暫濟目前俟邊民漸多籌欵較易再官民合力開修行車大路以目今吉拉林至額爾古訥河口夷險通算

約不過三萬金。可以蔵事。此實無可再省者。其沿邊衝要之途。舍滿洲里鐵路外。以庫克多博爲最。界外各處俄人之來華境者。均由此渡額爾古訥河。越界循根河而上。至色格勒古舊卡倫。以達海拉爾城。又可由根河經布特哈界庫魯格卡倫。至墨爾根黑龍江城。以赴俄界之阿木爾省。華俄人由海拉爾販運私酒。並赴華俄各金廠作工者。亦必經庫克多博。其次則珠爾干河總卡倫。額爾古訥河口兩處。爲俄人越界入山與鄂倫春交易之處。亦關緊要。

交通二　郵車

俄境各屯。皆備有郵車。（彼族名曰博其圖）由國家資助民間承辦。除傳遞文報外。來往商旅均可僱用。挨站換馬遞送。冬令於河上駕駛冰橇。每一日夜可行三四百里。最爲捷速。我境亦宜仿行。自庫克多博起。至額爾古訥河口止。每卡由官給馬八匹。自備冰橇兩輛。詳定章程。以便遵守。用款不過數千金。官民均稱便利矣。

交通三　額爾古訥河行船

陸路要矣。水路不通。則運輸仍屬遲滯。而國際河流之航權。盡爲外人所握。亦非計之得也。額爾古訥河係中俄公共之水。乃俄人輪舟激駛。上下相連。左右岸均有船照以識水道。由額爾古訥河口可上達至吉拉林對岸俄屯臥牛槐布拉等處。我則片帆絕影。沿邊往來載運。皆仰給彼族。往往受其要挾。如僅恃陸路。夏秋之際。山水漲發。卡倫運糧中途阻滯。貽誤良多。揆時度勢。航路實不可須臾稍緩。所慮者。額爾古訥河下游兩岸均係懸崖絕壁。水大溜急。風船可順水而下。不能溯流而上。非輪船難以爲力。輪船復需款甚鉅。加以沿邊地廣人稀。除載運沿邊卡倫糧餉外。貨物實屬無多。開辦之初。必致賠累。此招商集股。所以每裹足不前也。如責成各卡倫公共辦理。亦實力有不足。統籌全局。是宜由省城另籌鉅款。合吉江兩省立一輪船公司。派熟悉船政之人專理其事。以松花江黑龍江爲正路。以額爾古訥河嫩江爲支路。一氣貫注。化板爲活。邊腹各地商墾均易振興。於行政軍事亦多裨益。其利誠非一端。則開通全局者在此。即開通倫境者在此也。

水陸交通。而消息不靈。遇事亦多延誤。沿邊俄界。於距界八十里之雜窩答。有電報局一處。可通國內消息。有華界鐵路電線。可通國外消息其沿邊未設電報之處皆有郵政局。以通消息。我界則沿邊文報。向由卡倫傳送。道路遼遠。異常遲滯。方今整頓邊防。遇有緊急之件。必多貽誤。謂宜於倫城內設電報局一處。由倫城至省。尚可暫借俄電由倫城至沿邊一帶。均自行安設電線。由倫城至庫克多博總卡倫。暨吉拉林。珠爾干河。額勒和哈達。各設一電報生。其滿洲里新設之臚濱府。仍暫借俄電以達於倫城。至額爾古訥河口以東。邊愛琿轄境者。亦請一律興辦。如此則上下銜接。內外相通。邊荒數千里。麻木不仁之病。可立轉為靈活矣。

第十一稅務　界內木植羊草牧畜皮張各稅如何徵收及數目

國家籌欵營屯。重在實邊。而不重在言利。沿邊初辦屯墾。正當力從寬大。使各省人民。聞風趨赴。以植繁庶之基。豈宜驟言徵稅。作目前之計。但邊荒寥落。防守久疎。我界物產。如草木等類。向任俄人伐割。無人過問。彼界村屯日密。所產草木。又不足供建築炊爨牧畜之用。越界取携。已成習慣。一旦驟予封禁。絕其生計。必出全力以爭。我界經營伊始。豫備未周。稽查既難嚴密。盜伐實所不免。操之過急。恐生重大交涉。而俄領馬那金及駐倫外部官吳薩諦。復殷殷向我懇求。暫允俄民越界伐木刈草牧畜。因咨明省署。與之詳定稅章。並訂明一年一定。以示操縱在我。爲一時權宜之計。俟我邊地日闢。邊民日聚。再當酌量情形。隨時封禁。由光緒三十四年五月起至十二月底止。共收羊草牧畜稅俄盧一萬五千餘元。木植稅尙未報齊。據各卡禀稱。約已收有二三千元。皮張均係山內鄂倫春所獵。稽查最爲不易。前飭珠爾干總卡倫與俄商訂一簡便辦法。近據禀稱。自光緒三十四年十月起。至宣統元年二月止。有俄商六家包納稅項。俄盧二千元。本年察酌情形。另行定章辦理。統核上年半年內。共收各項稅欵。不下二萬盧布。事經初辦。爲時已晚。不無疎漏。本年自春季辦起。將來卡倫設齊。稽查周密。收欵當不止此。似此辦理。主權利權。兩無所失。國際邦交。均能兼顧。而取之俄民。於邊荒招墾。亦毫無窒礙。且化無用爲有用。是亦籌欵之一大宗也。收稅章程附後。

三十七

俄人越界割草章程

第一條　俄人越界割草本與兩國約章不合在應禁之列因兩國和好界內各草甸亦尚未開墾上年從權暫准納稅領票越界割草今將上年章程重行酌訂以便遵守

第二條　吉拉林大溝自口門起暨溝內各小溝並有華人領地之處及各溝內已經華人承領之草甸各局卡附近在華五里以內之草甸與各局卡界內經華人領墾地方並距奇乾河烏馬河礦務局附近二十華里以內均不准俄人割草其餘各地方距額爾古訥河二十華里以內從權暫准俄人報明領票割草如二十華里以內實無羊草或並無好草由局卡查明方准在二十華里以外割草惟不准出卡倫稽查範圍之外以致照料不及

第三條　既從權暫准俄人越界割草應即繳納草稅每草一布特納草稅羌錢一各別零一文每十布特加收票費羌錢一十文計十布特共應收錢十二各別票費在內其割草領票期限仍自本年五月初一日爲始

三十八

第四條　各屯割草須先由各屯長報明割草姓名指明何處由吉拉林設治局滿洲里邊墾局或庫克多博珠爾干河兩總卡倫暨阿巴該圖珠爾特依額勒和哈達三卡官處查明該處無華人承領無別項窒礙方能允許允許之後預計割草若干布特照章交足全稅發給草票方准刈割割完將草堆積成垛小以五布特爲一垛大以五十布特爲一垛以便局卡派差查驗若草垛過多不能挨查酌量抽查一二垛餘即類推核算如恐分兩不能恰合公允可將草垛先用華尺丈量後用俄秤稱之以冀得其均平其所割數目如不足票內之數前交稅欵概不退還仍照草票數目換給運票方准拉運倘所割之草較草票數目加多即按加多之數補足草稅方准發給運票統限至華歷十二月十五日運完未經點驗以前若私行運走局卡未得臨時查穫事後即按照票根人名草數向俄屯長追究照原領票照草數加罰稅錢一半若已經點驗不領運票即行拉運者查出將草入官

第五條　所割之草或因路遠或因無雪或因河冰未堅以及遇有意外事故屆期不能拉

運或已運而未經完竣者准其展限審量地方情形至能運出時爲止惟須報由各局卡查明情形核准後方准照辦然祗准展限拉運不准將已割未運之草就地喂養牲口

第六條　如查無華官所發草票私自越界割草將所割之草入官並將私自割草之人交就近俄官照竊盜例懲辦其在漠河奇乾河所領草票吉拉林設治局滿洲里邊墾局及各卡倫概不承認

第七條　俄人割草如本人不能自割僱有把頭須將把頭姓名註明票內以便稽查如查其名票不符即將羊草入官

第八條　割草地方既經指定某處於票內註明即須在某處刈割割完時聽候查點如執此一票又另在他處照數割取一份查出將兩處所割之草一併入官並從重議罰如其原指草甸實在割不足數准其報由局卡查明允許方准擇地另割並將另擇處所註於票內以備查驗

第九條　各處草廠有寬長至五六十里統爲一地名者俄人等若先後領票割草共指一

處應由領票局卡派差按領票先後以次劃定界限並由本人自立記號以免爭執。
第十條　割草無論人數多寡均須註明票內過界時携帶此票以便稽查並不准私帶槍械如須携帶獵槍或手鎗自衛者每票一張祇准兩桿均須報明局卡於票內註明違者查出將鎗械扣留入官。
第十一條　俄人已割之草歸本人自己看守如有火燒丟失及牛馬牲畜踐食於局卡無涉所交稅欵不能退還其割草時只准搭盖小窩棚以避風雨不准盖房居住割草事畢即歸俄屯。
第十二條　准俄人越界割草原爲敦睦起見兩國人民須益形親睦不得因割草有爭執行强情事違者將草票追回既在中國境內應由局卡拏交就近俄官懲辦。
第十三條　以上各條係指宣統元年割草而言明年准否割草仍須查看情形再定且專指呼倫貝爾轄境至額爾古訥河口而言自黑龍江即阿木爾以下係愛琿轄境與此章無涉。

第十四條　以上各條譯成俄文，黏連華文之後，發給各俄屯，以便俄人有所遵守，如有應需核對質証之處，以華文爲主。

俄人越界牧畜章程

第一條　俄人越界牧畜原非兩國約章所有因兩國和好上年從權暫准納稅領票越界牧畜以敦睦誼今將上年章程重行酌定以資遵守

第二條　各屯越界牧畜每牛馬駝一頭每月納稅俄洋十三個別票費一個別共十四個別其不食乳之小馬牛駝在二歲以下者每頭減半其食乳之小馬牛駝免稅山綿各羊每月納稅羌錢三個別票費半個別其不食乳之羊羔減半食乳者免稅牧放日期均自本年章程訂定宣布之日爲始

第三條　俄人越界牧畜須由屯長在吉拉林設治局滿洲里邊墾局或庫克多博珠爾干河兩總卡倫暨阿巴該圖珠爾特伊額勒和哈達三卡官處報明俄戶若干共有牛馬駝羊若干按照第二條章程交足草稅票費方能發給執照准越界牧放其牲畜名色數目併註票內此票應每羣呈領一張俾資查驗以一個月爲限牧放不滿一月者亦按一月收稅限滿即將原票呈繳下月如欲接放赴局另領其牲畜數目照上月如有增減隨時

報明。計於票內。凡牧畜之人。必携帶牧畜執照。呈由局卡驗明。始准其越界牧放。如經局卡查無執照。即將牲畜扣留入官。若有執照。其牲畜數目。與票照不符。按少報牲畜數目。照應納草稅補交外。再罰兩倍。

第四條　沿額爾古訥河各溝。距河十華里以內。凡無華人墾種之荒。及無卡倫之處。均可牧放。惟不准在十華里之外。其吉拉林大溝。自口門起。及溝內之各小溝。並奇乾河烏馬河二十華里以內。留作金廠自行牧畜之地。亦不准俄人越界牧畜。違者將牲畜入官。至沿額爾古訥河各溝。凡有華人墾種青苗菜園及有卡倫之處。四面各五里以內。均不准牧放。以免有碍種植。其有林木之處。及已刊林木。將生小樹之處。皆不准牧放。違者每牲畜一頭。罰俄洋一圓。

第五條　牧放牲畜。如有踏損華人青苗菜園情事。准華人先將牲畜扣留。到設治局邊墾局或就近卡倫報明。由局卡酌量踏損之多寡。與就近俄屯長議定價值。責令牲畜本主賠償。其扣留牲畜看養費。須由俄人計日算繳。倘不認賠償。即將牲畜扣抵被損之人。

第六條　牧畜之人帶有執照可以時常往來其牲畜須自行照料如有丟失傷亡與局卡無涉如求局卡幫同尋查可以酌允派人以示敦睦之意

第七條　越界照料牲畜之人祇准搭蓋小窩棚不准蓋房居住並不准私帶槍械如須携帶獵槍及手鎗自衛者報明局卡在牧畜票內註明每羣祇准帶二枝不准多帶違者將鎗扣留入官

第八條　俄人牧畜地方如有華人在彼牧畜須互相照料以敦睦誼不得彼此爭執若華人所放牲畜跑入俄人牲畜羣內或俄人牲畜跑入華人牲畜羣內均須聽其尋找不准隱匿如果有心隱匿無論華人俄人一經查出除將牲畜交還原主外每牛馬駝羊一頭按照所值價錢由局卡與俄屯長議罰如有抗違照相當之數將牲畜扣留

第九條　照料牲畜之人係屬俄人或係僱用華人某姓某名均須報由局卡註明票內於過界時呈由局卡查驗其人與照內姓名不符者將票扣留不准過界牧放以杜未領牧照者借票通融牧放希圖取巧

第十條　准俄人越界牧畜。原爲兩國和好起見。華人俄人應益加敦睦。倘俄人有兇横行强情事。既在中國境內。應由各局卡倫。拏送俄官。認眞懲治。其有關係牧畜兩國人民交涉事件。以上各條未及載明者。報由華官。知照俄官和平商辦。

第十一條　第二條所載牛馬駝羊稅錢數目。係專指牧放牲畜而言。與割草無涉。越界割草。另有專章。

第十二條　以上章程。專指宣統元年而言。明年准否越界牧畜。仍須查看情形再定。且專指呼倫貝爾轄境至額爾古訥河口而言。自黑龍江即阿木爾以下。係愛琿轄境。與此章無涉。

第十三條　以上各條。譯成俄文。黏連華文之後。發給各屯長。以便俄人有所遵守。如有應行核對質証之處。以華文爲主。

砍木鑿石章程

第一條　沿邊俄人越界砍木鑿石。本與兩國約章不合。在應行禁止之列。現因兩國和好。暫准納稅領票越界砍鑿。明年應否照辦。再行隨時酌訂。

第二條　凡華俄人等。欲在呼倫貝爾沿額爾古訥河界內砍木。必須先行指定地名段落里數。暨砍取何項木植。並某項若干。到就近發票局卡。報明經官查驗。必須與華人生計無礙。刊明記號。方准發給砍木票據。應納稅課。即按擬砍數目照稅則先繳半稅。此半稅無論將來砍木多寡。概不發還。不繳者不准給票。俟木植砍齊照所砍數目補繳未交稅欵。如所砍止足原擬數目之半。不再收稅。如未領照。私自砍木。將所砍之木入官。其私自砍木之人。即照竊盜例懲辦。俄人則送就近俄官究治。

第三條　領票砍木者。因先估之數太少。此地所出之木尚多。或欲在就近地方展砍。亦須先納半稅。續領大照。方准再砍。如未續領大照。先行動工。亦為私砍。照第二條私砍處治辦理。

第四條　木植砍齊須先到原領票據局卡報明經官點驗清楚按數打印記號交足所欠一半稅欵發給運票方准拉運此項運票不收票費限至次年正月十五日運完倘因道路無雪或有緊要之別情躭擱應先到領票局卡報明酌予展限然至遲亦不得逾次年二月底均須運完或運至河干所有木料由砍木人自己看守倘有遺失與局卡無干其運至河干者俟開河時或穿筏或船運自開河日起不得過一月之期均須運完其運木時應由局卡查驗如無記號或無運票或有運票木數與票內數目不符一經查出除補納正稅外仍照應交之稅欵數目加二倍科罰

第五條　砍木時只准搭盖小窩棚以避雨雪不准蓋房居住將木運畢即歸回俄屯

第六條　木稅均按尺寸徵收用中國官定木尺丈量大木從小頭鋸口計算火柴均須堆成古勃以便點驗仍以六尺六寸立方計算爲一古勃

第七條　凡領票砍木者除照納稅項外每票一張應繳票費羌錢一元半

第八條　凡沿邊俄人領票砍木一俄屯只准指定砍木段落一處倘所指地段木植不敷

應用。應俟在該處砍畢時。再行指領他處。以便稽查。

第九條　領票砍木者。如註明大木。則所砍木植大頭尺寸。必須徑在華尺八寸以上者。方准砍伐。不及八寸者。概應留養。不准濫伐。至雜項小木。僅可取作火柴或房椽扁担斧把車轅車弓車轂等項。必須小木者。不在此例。

第十條　砍木須先留意。不可損傷小樹。除砍樹之地。放倒壓壞不計外。於運出時。應先開通道路。道路以外之小樹。概不准稍有損傷。違者按所傷樹木。每株罰俄洋二元。

第十一條　剝取松皮。其樹大頭。必須徑在一尺以外。樺皮其樹大頭。必須徑在八寸以外。方准剝取。倘不足此數。濫行剝取者。每株罰俄洋三元。

第十二條　凡砍木時。均須愼防火災。倘有不經心或故意放火燒山者。由就近局卡詳查情形。並視所燒山林多少。分別輕重。罰俄洋十元至二百元。如係俄人。知照就近俄屯長會同辦理。

第十三條　砍木之人。不准私帶鎗械。如欲携鎗自衛。亦須報明原領照局卡。在照內註明。

四十四

每砍木廠祇准帶獵鎗或手鎗二隻。不准多帶。違者將鎗械扣留入官。

第十四條　砍木須遵晒定界址。不得越界亂施斧鋸。亦不得因砍木有爭執行强情事。違者將先交半稅入官。大照追回。並將越界爭執之人懲辦。俄人則送就近俄官處辦理。

第十五條　凡鑿取石塊，應先將取用數目。報由就近局卡指定。與草木道路房屋一切均無妨碍地方。先收半稅。發給准鑿石塊執照。始准鑿取。每票一張。收票背羌錢一元半。限一個月鑿齊。鑿齊時。即由鑿石人將石塊堆成立方古勃。報由前領執照局卡。點驗清楚。發給運票。始准拉運。運完距發給運票時。不得過一個月。餘照砍木通章辦理。

第十六條　此章係指呼倫貝爾轄境。至額爾古訥河口而言。自黑龍江卽阿木爾以下係璦琿界。與此章無涉。此章祇指本年砍木而言。明年仍須查看情形。另行酌定辦法。

稅則列後

大木　各項松木

長華六尺六寸即俄一沙申徑由一寸至一尺每寸收稅錢一個各別四分之三由一尺一寸至一尺五寸每寸收稅錢一個各別由一尺六寸至二尺每寸收稅錢二個各別由二尺一寸以外每寸收稅錢三個各別長華一丈三尺二寸即俄二沙申照一沙申加倍計算長華一丈九尺八寸即俄三沙申照一沙申加兩倍計算長華二丈六尺四寸即俄四沙申照一沙申加三倍計算長華三丈三尺即俄五沙申照一沙申加四倍計算徑寸均一律逐加。

雜木

與各項松木長徑尺寸相同按各項松木稅則減去十分之三照七成徵收。

木板　各木均同

長一沙申厚華一寸寬華一尺以內每塊收稅錢一個各別寬一尺一寸至一尺五寸收

税錢一個半各別寬一尺六寸。至二尺。收税錢二個各別。寬二尺一寸以外。收税錢三個各別長二沙中至五沙中。均照大木照一沙中依次加一倍二倍三倍四倍計算。厚一寸五二寸三寸者。照一寸加半倍一倍二倍計算。

硬木火柴 松 榆 樺 柞 槐 黃 柏 水 楓 柳

華六尺六寸立方。即俄一古勒。收税錢一元八角。

軟木火柴 楊 栁 椵 黑 楸

每古勒收税錢一元五角。

椽子

長二沙中半。每徑一寸。收税錢一個各別。由一寸至三寸五分爲止。再大即以大木計算。

每戶祇准砍至百根爲止。再多即不准發票。

木炭

每古勒收税二元四角。

車底撐。　每付收稅一角。

全輻車輪。　每二個收稅二角。

車輻條。　每付收稅一角。

車輞子。　每兩輪收稅八個各別。

車軸。　每根收稅五個各別。

車轅。　每付收稅五個各別。

耙犂架子。　每個收稅一角。

木杴。　每把收稅三個各別。

掃帚。（在已經砍倒大樹樹枝取用不准伐取小樹）　每百把收稅二角。

扁擔。　每百根收稅二元四角。

斧把。　每百根收稅一元。

柳條。　每古勒收稅三角半。

車弓子. 每個收稅五個各別.

松樺皮. 每布特收稅一角.

石塊. 每立方古勒收稅一元.

第十二兵防一　界內土匪及俄匪之闌入何處最多並應如何設防

呼倫貝爾沿邊荒凉空曠人迹罕到向無居民故亦無匪患自東清鐵路開通土工麕聚良莠不齊俄匪其立羯子亦時常闌入混迹各站滿洲里東西沿邊一帶蒙民屢被搶掠殺傷之慘年餘以來已有十餘起邊境既無防兵任其出沒而無如何亟宜於滿洲里迤西迤東擇要屯紮巡防兵隊並於倫城專駐一營爲游擊之師庶可保衛邊蒙而無虞擾亂也

兵防二　沿邊何處最爲險要可以屯兵

呼倫貝爾爲黑龍江西邊門戶外蒙古尾閭有屏蔽省城控制喀爾喀之勢且興安嶺橫絕中間儼如甌脫一旦變生不測首尾不能相顧省城西邊之門戶失即喀爾喀外蒙之尾閭不固沿邊千餘里又在在皆關緊要據險設防厥有三處滿洲里爲倫城西邊第一門戶東清鐵路入中國以滿洲里爲首站西達俄都東貫我吉江兩省一有兵事由西伯利亞運糧運兵數日可達我腹地急雷不及掩耳惟有束手受縛於此處屯駐重兵外可

截其來路。內可制其歸路。在我得迎頭扼吭之勢。在彼有進退維谷之虞。險要一。額爾古訥河口與黑龍江會流。爲俄國輪船上下往來之孔道。由此溯黑龍江而上。可直達俄境四特列今斯克鐵路。溯額爾古訥河而上。可抵庫克多博。以達倫城鐵路。由此順黑龍江而下。可達愛琿三姓哈爾濱等處。彼族現正經營阿木爾鐵路。緊逼黑龍江岸。與額爾古訥河口僅一江之隔。水陸交通頭頭是道。於此處屯駐重兵。上以杜其來倫之路。下以截其赴愛之途。使之首尾隔斷。於兵事上最爲得勢。險要二。庫克多博爲邊境俄人來倫要道。由此過俄境可抵紮窩答。以達四特列今斯克鐵路。由此來我境可達倫城。並可由根河山路達墨爾根愛琿及省城等處。應屯勁旅一枝。外以制敵人奇兵。內以固倫城守禦。西與滿洲里遙爲援應。北與吉拉林兼爲照顧。險要三。珠爾干河處額爾古訥河下游。適中之地。上距庫克多博。下距額爾古訥河口。均甚懸絕。亦應屯勁旅一枝。鎮懾沿邊俄人。且爲額爾古訥河口後援。免被敵兵將中間截斷。險要四。設此四險邊境已甚周密。然後路無兵。仍不足以固根本。水路無舟。仍不足以資策應。再於倫城屯紮重兵。爲各路聲援。

於黑龍江額爾古訥河。製造輪船。編練水師。為全邊血脈。庶幾掉轉靈活。無懈可擊。此雖為倫境邊防言。實於全省邊防關繫匪淺。但有人乃能有土。足兵必先足食。倫境地廣人稀。荒田未闢。若必遠調客兵。轉餉內地。勞費過重。難垂久遠。為今之計。宜先遷民實邊。務農積穀。並及此閒暇。將原有各蒙旗。撫循教育。堅其愛國之志。振其尚武之風。行之數年。蒙旗知識漸開。人民漸聚。荒地漸闢。以招兵則有人。以養兵則有糧。然後寬籌餉項。多備器械。嚴挑精練。扼要駐防。進戰退守。在在有資。庶可建威銷萌。慎固封守矣。

第十三俄屯　界外俄屯之大小疏密及兵村民村生產風俗

沿邊俄界村屯共大小四十六處。立屯之始。即在中國設卡之年。惟彼國經營不遺餘力。故能星羅棋布。雞犬相聞。以視我界千餘里蔓草荒烟。渺無人跡。未免相形見絀。俄境皆係兵村。彼族名曰嘎雜克。即華言馬隊與中國之旗籍同。其不隸嘎雜克者。惟洽羅布其一屯耳。男自二十歲即入兵籍。至六十出兵籍。無事則居家為民。有事則入營為兵。雖無事之時。出游必須有票。將所游之地。所行之事。均載明於票內。如無事出游至百里外者。即為逃民。此法不但有事時招集為易。且可防盜賊之潛匿。充兵之時。衣帽鞍馬均必自備。每月僅給俄盧五百文。食糧則由官給與。平民異者。惟所種之田無賦稅耳。日俄之戰。沿邊各屯陣亡者甚多。至今言及之。壯者尚怒髮衝冠。怯者直終身不敢言戰矣。其沿邊出產草木均不如我境之盛。惟有金廠數處。產金最旺。其居民均以牧畜墾種為業。並隨時漁獵。亦有入金廠挖金者。至秋初刈割羊草。或乘馬或駕車。裹十數日之餱糧。前往山溝河甸。直與內地秋收無異。蓋沿邊俄民以牧畜為營業之大宗。牧養牲畜則以羊草為最要。

彼界所產羊草。不足供彼民之用。非取給於華界不可。故當羊草豐盛之時。無貧富無男女均入山割草。屯中幾爲之一空。留以守家者僅老弱而已。其國酒稅最重。稽查甚嚴。華酒入境。如被查出。雖至少必須傾棄。男女均嗜酒。凡禮拜神節之日。即遊息飲酒。終日長昏飲者。且無屯無之。雖重稅不恤。流毒直與中國之鴉片等。每屯置阿得蠻一。（即華言屯長）若干屯設總阿得蠻一。大屯則有稅官。各屯均置公所蒙學堂教堂各一。屯長由屯中公舉。管理一屯之事。即地方自治董事會之會長也。新水亦由屯中公籌。公所爲接待來往官差及會議之處。蒙學堂設教習一員。由本屯自聘。教堂爲婚嫁喪葬誦經之所。中有教士二三名。葬埋則一屯均歸一處。不准自行擇地。婚嫁不用媒妁之言。自行擇配。擇定。各請命於父母而結婚焉。其屯名及大小疏密。列表如左。

俄屯戶口里數表

屯名	戶數	口數	里數
沙爾松	一十二	九十	至
阿巴該圖	八十五	五百一十	一百八十里
南林	七十餘		
開拉蘇台	一百六十	八百有奇	九十里
嘎布司該	四十餘	二百有奇	三十五里
都埒以	九十餘	五百有奇	三十五里
四大列矣粗魯海圖	一百二十三	六百五十九	七十里
挪維依粗魯海圖	二百一十	一千有奇	五十里

維勒闊夫	一百三十	八百有奇	五十里
布拉	五十	五百有奇	四十里
伯爾今斯克	一百三十	八百有奇	三十六里
別勒維矣布得雷	一百三十	七百有奇	一十里
夫多羅矣布得雷	九十餘	五百有奇	一十里
洽羅布新斯克	二百一十	八百有奇	十二里
霍林格	二十餘	一百有奇	三里
果爾布挪瓦	四十餘	二百五十有奇	二十里

洽羅布其	五十七	二百有奇	七里
都布了恩克	二十七	一百有奇	十六里
臥牛槐	一百三十	六百有奇	八里
敖洛氣	二百七十	一千有奇	四里
葛留其	七十餘	一百有奇	二十四里
盧滿	四十餘	三百有奇	八里
一勺嘎	一百七十	五百有奇	八里
巴得耳	四十餘	三百九十有奇	四里

達木蘇	四十餘	三百有奇	六里
阿拉公斯克	一百七十	五百有奇	十里
千馬勒	七十餘	四百有奇	四里
達拉斯	五十餘	三百有奇	十里
西連普	六十餘	三百有奇	八里
木拉其	三十餘	一百有奇	十里
畢拉	四十餘	二百有奇	三十四里
雒布心	四十餘	二百有奇	四里

斐多土	三十餘	一百六十有奇	十里
繞登科	七十餘	四百有奇	十八里
魚立牙	八十餘	七百有奇	二十里
馬林巴西洛夫	二十餘	一百有奇	二十四里
巴西羅夫	三十餘	一百有奇	六里
烏蘇洛普	二百三十餘	一千五百有奇	七十里
馬林	五十餘	一百有奇	七十里
葛其牙	二十二	一百有奇	三十六里

魯畢	二十	一百一十二	六十里
烏留賓	七十三	四百有奇	七十里
穆赤堪	二十六	一百有奇	九十里
一各大其	十二	六十	九十里
四大了克	二十六	一百有奇	七十里
博格羅夫	一百五十	八百有奇	十二里
	統共三千七百三十餘戶	統共一萬八千四百餘口	統共一千四百四十二里
說明	查俄屯戶口係彼族內政未便明查有向俄屯長細詢者有暗中調查者故未能均得一定確數		

附錄假道俄境調查記

戊申調查之役。往時由陸路至吉拉林。由吉拉林則僱覓小舟。以達於額爾古訥河口。歸時以額爾古訥河水大溜急。不能溯流而上。遵陸又無道路。遂假道俄境。於八月二十三日申刻由額爾古訥河口之博格羅夫俄屯。乘俄人博其多輪船。（即華郵政船）溯黑龍江上游。（即界約所稱石勒喀河）而行。子刻至俄屯波沃羅特那牙。停船一小時。二十四日卯刻。至俄屯阿泥及那。停船一小時。午刻至洽娑沃矣新火車站。停船一小時。此處鐵路。詢係新修。爲豫備修阿木爾鐵路運材料之支路。沿岸有新修之木架房十餘間。皆係傭工者所居。並無土著之民。二十五日亥初至司特列今斯克。由右岸下輪船。詢聞此處向係民屯。嗣因爲輪船火車來往交接處。商民遂聚集於此。俄商約五十家。華商七家。華人僑居於此者。約五百餘人。作工者居多數。其餘則係小本營生。並無門面坐落。並有在此設花會賭局者。每人均有人票。爲商者有商票。分一二三等。人票則一年按兩季交錢。每季交羌錢一元。該處有武官一員。俄人名爲包果夫泥克。與中國之參將同。裁判官一員。俄人名爲米勒沃

五十一

蘇及牙稅官一員。其官商居民房屋。均在江右岸。鐵路在江左岸。有火車站房數間。賣食品者數家。沿左岸山坡上。復有新修之房屋一百餘間。不知是官是商。抑係民房。是夜在右岸俄旅館住宿。由額爾古訥河口至此。係逆水南行。約華里七百餘里。沿江兩岸皆係邱陵起伏。松樺叢雜。凡有電報局之處。則必停泊。左右岸均有俄屯。惟不及額爾古訥河左岸俄屯之密。二十六日。聞有兵船數隻。在江中操練。遂往觀焉。計共兵船十二隻。皆係今年新造成者。其色黑綠。首尾俱圓形。外包鐵葉。首置大礮兩尊。有旋螺隨意轉動。兩旁有圓孔數十。係置小礮之處。每船載兵百餘名。以華尺計之長十九丈六尺。寬三丈六尺。其船塢在距此三十餘里之庫克矣。共新舊船塢二處。在舊船塢造船八隻。新船塢造船四隻。聞今又造新式兵船十隻。因此處船塢難容。遂在黑河製造。亦將不日告成。二十七日午刻渡江。至左岸車站買票登車。申初至庫克矣。華人呼爲滿歸車站停一小時。鐵路北有未鋪木鐵之支路一條。亦係爲阿木爾鐵路運材料者。戌初至聶爾沁斯克車站。停一小時。該處係一郡城。即國初中俄分界之尼布楚在鐵路之北。相距十里許。爲商賈輻輳之區。二十八日上午卯初至克類木斯克車站換車。遂下車。候由赤塔所來之車。是日天寒。水已凝冰。午初赤塔火車至。遂登車開行。未刻至吉代矣司季克。（吉代即俄言中國人）拉及拉兹得車站。蓋赴滿洲里。中國界東清鐵路。即由此分路。故謂吉代亦司季。東南行二十里許。過黑龍江。（俄人謂此爲石勒喀河。再上游即鄂嫩河）橋係石柱鐵梁。申初至阿得力阿挪夫克車站。停三小時。火車至此。盤山而行。曲折高低。不直不平。車行極難。前後用兩機汽車推挽之。且不敢速行。酉刻至邪大羅夫車站。停一小時。據俄人云。此一帶之山名牙布羅斯闊矣國類。因此山多盤道。華人遂呼曰盤山。戌初至布力牙特。（布力牙特即歸俄國之蒙古）斯克牙站。停一小時。至此則樹木甚少。山勢亦低。二十九日巳初至娑可圖矣車站。停一小時。至此則均平原土嶺。午初入中國境。至滿洲里換車回倫。

呼倫貝爾志略

程廷恒 修 張家璠 纂

民國鉛印本

呼倫貝爾志略

東三省保安總司令
張作霖

黑龍江督軍兼省長
吳俊陞

前任黑龍江督軍兼省長

孫烈臣

黑龍江代行省長
于駟興

東省特別區行政長官兼東省護路軍總司令
朱　慶　瀾

前呼倫貝爾兵備道
宋小濂

黑龍江軍政兩署秘書長
袁金鎧

督辦呼倫貝爾善後事宜兼交涉員
程廷恆

前任督辦呼倫貝爾善後事宜兼交涉員
鍾毓

呼倫貝爾鎮守使
張明九

呼倫貝爾副都統
貴福

東三省陸軍步兵十五旅旅長
兼東省護路軍哈滿司令
萬福麟

黑龍江警務處處長
高雲崑

請補呼倫貝爾兵備道
毛祖模

呼倫警察廳長
郎官普

奇乾縣知事
李玉琛

前任臚濱縣知事
趙春芳

哈滿司令部參謀長
許光耀

前呼倫縣知事
郭曾煜

呼倫縣知事
阮希賢

督辦公署志書編輯處職員

督辦公署志書編輯處中外職員

海拉爾市街

海拉爾西山雪景

序

呼倫貝爾者地控臚朐界連峨特昌意就國本軒帝所分封和叔司天亦幽都之是宅迨勝清之肇跡屬殊俗之傾忱達呼爾以獻地歸誠鄂羅春迺設官統治提封亙二千里久安水草之居王氣終三百年倏遘滄桑之變國家諭蒙叀惠綏遠推仁當三省之圖新喜九年之復治睠鵙鶪之東徙式懷好音望牛馬之南眠咸知德意際此五戎不距百度惟貞不有剴今甄古之書曷禆設治籌邊之政然而稽舊志則乏原編囿偏隅或失全局訪遼金元之蹟遷貿爲多辨漢蒙滿之言溝通匪易徒循成例將毋膠柱貽譏欲拓初基亟賴操觚從事程君守初以督辦善後之餘作創始開先之舉輪軼國典杼軸予懷置專局以經營薈羣才爲纂輯不逾二載裒成亘編綜其要端厥有數事在昔輿圖仰符天度里差所判氣候攸分是編密測極高詳稽赤緯敍寒沍則千巖留雪述鬳發則四序恆風羊胛未熟而夏夜闌駒晷迅過而冬暉促旁稽戴記地圓之義彌彰上溯虞書日短之文斯驗是曰審天時其要一也山河之紀志乘所先幹支果善其區分郡縣固無容拘泥惟取紆回之衆水顯作界畫於羣山若網在綱如驂從靳而且定內興安嶺爲索岳爾濟之支辨海拉爾河爲額爾古訥之委或引遼史實其地或爲會典糾其疏可補官書有功國界是曰甄地形其要二也卌里設卡三路查邊初僅自愼封疆猶未密施亭障迺自庚辛兩役迭受摧殘致令戊已諸屯遂形寥落藩籬既毀埿獵紛來越陌度阡洞胸達腋近則防軍由游牧制度漸進屯田司法自軍事機關改爲民治扼河塢駐數十名之警沿邊境增十八卡之兵變嬗日繁掎摭從實是曰重邊備其要三也溯中俄之交涉以尼恰爲權輿東路既貫我戶庭北門遂失其管鑰始之以四萬餘晌之展地繼之以五十餘分之合同逞彼狠貪巧施狙詐洎乎近歲漸挽傾輈凡貝爾湖之漁業杈東溝之林區孟克西里之沙灘察罕敖拉之煤礦或收囘或合辦或抗爭有效或商購而歸補牢而未慨亡羊展卷則可窺全豹是曰愼外交其要四也若夫復治存其顚末善後揭其綱維獻可考而文可徵年爲經而月爲緯所聞所見廣挹羣言其事其文遠關大計斯又備弛張之龜鑑不徒鏡得失於狠肓已嗟乎黃龍罰酒空憶前盟蒼狗幻衣幾經世變畫疆締約錯鑄鐵以難追固圉圖強俗荏

金而可厲所冀守在四境常謀華裔之相安且欣才備九能不愧山川之善説民國十二年冬東省保安總司令張作霖序

序

考呼倫貝爾自黃帝以來已入中國版圖若肅慎若室韋實建國於此厥後勢殊名異代有紀載註於本篇第不過民族興滅土地分合而已有淸之初統一藩屬創置行省呼倫貝爾劃爲黑龍江省治焉沿及俄羅斯東侵尼布楚定界約額爾古納河迤北之地遂爲俄有帶水相望華戎界絕邊防之務此隅因夙重矣民國開元庫倫獨立呼倫蒙旗響應余以己未冬提師防東北奉命規復無何呼倫歸政改設呼倫貝爾善後督辦增臚濱室韋奇乾呼倫四縣治鎭撫數閱月低佪憑弔默察大勢以爲外交兵政之扼要在乎此慨然欲有所興作而未逮也比至辛酉來督黑龍江軍務兼長民政益以爲門戶不修非所以安堂奧也巡行海滿頗思圖維防守之責務委諸所擇任之賢才焉而崑山程君廷恆適觀察是區更於治事之暇撰集呼倫貝爾志略一編綱舉目張備見詳盡內政兵賦諸端而外尤於外交之大引古籌今罔不緦理而甄錄之其從政之才可覩也今夫北顧赤塔兵變未已抵隙思逞謀優方殷備禦之形視前愈亟西望庫倫權出女主宗旨靡託煽惑易入意外牽掣亦足隱憂此日之呼倫貝爾當乎其衝實爲關鍵如謂僅恃鎭將守官爲嚴圉之寄不求變通以盡其利豈所以因應時會而濟大艱於無外哉後之留心邊事者省覽於斯倘有恢廓其規而爲國防之至計乎是不獨程君之志與余之私願也已癸亥八月歷城吳俊陞

序

中華民國二年令頒外官制訂三級曰省曰道曰縣於是黑龍江請以舊設兵備道改設道尹有四在省之東南者曰綏蘭在東北者曰黑河在西北者曰呼倫在省會者曰龍江是時呼倫不奉中央命令者已三年矣四道之設獨呼倫闕如也顧沃野千里粟如邱山人民富有者綏蘭道屬也藏金於山爭利於市儼然一大都會者黑河道屬也諸厄帶其北阿里繞其南中又有東路以貫穿之輪帆鐵軌四通八達爲全省中心點者龍江道屬也而呼倫貝爾以言農事則不如綏蘭以言商務則不如黑河以言交通則不如龍江三道比互豈非相形見絀者乎然地各有利未可以一例論也且夫地利之可闢者視乎物產之豐嗇文物之開化者視乎人事之經營而呼倫貝爾南控內外蒙古西接悉比利亞其形勢之重要可知矣根河以北土多肥沃昔爲外人越墾舊地多在額爾古訥河右岸其宜於農事者可知矣環興安嶺之支脉河流皆爲礦產森林所蘊蓄吉拉林扎免河特其一部分耳其實藏未興者又可知矣且其魚鹽之利水草之豐溼溼者其耳千百濈濈者其角萬千皮革羽毛山菌酪酥尤其特著設使國家財力足以充裕山林開而襤褸興草萊闢而風俗易移民飭邊歲時互市據雄關之險要扼東路之門戶內政修明而外患無虞豈僅駕三道而上之將爲西北開一重大鎮而雄視歐亞者其在茲乎曩者駟興問俗此邦曾建末議不久於位而他遷今守初督辦以遠到之才具經世之略於取消自治之明年涖任斯土政理民和之餘蒐集山川方域風俗土物輯成呼倫貝爾志略一書吾知守初之志固不在於一代文獻也如僅以文獻視之豈守初之志也乎是爲序

中華民國十二年歲次癸亥中秋壽縣于駟興拜撰

呼倫貝爾志畧叙

呼倫貝爾在黑龍江省之西北縱二千餘里橫及少半焉大興安嶺峙其左額爾古訥河環其右東省鐵路貫穿之民族強悍物產殷阜誠天府之雄圖也顧氣候高寒滿清以前貧棄

於地亦僅為游牧部落而
已自與俄羅斯訂立專約
以來外交繁興綏輯蒙旗
設官分治爰簡派大員駐
紮是間儼然為邊徼重
鎮枋國者所當經營締
構日不暇給者也徒以幅
員遼[illegible]

考諸輿[illegible]其間數[illegible]騷
人墨客發爲詩歌之檄飛
書但有劉秦烏足以昌明
文化垂示方來謹按今之呼
倫貝爾善後督辦即昔時
都護兵備之改制崑山程君
守初廷恆筦領是邦內外措
施策略淵茂更於籌邊之

瑕徵辟名彥發篋陳書以
驗諸古先植圭測景以尋諸
幽鄉山川人物載在典章繪
圖列表燦然大備洵遷固
之良才光修之鉅製也乃
不自滿假標厥名曰志略其
詳其慎概可想見慶瀾曾

闒猥承乘以鳩著傳書

鞅掌烟墨滋蕪諷覽玉

弄不敢以不文辭輒手述

崖略以告當世之讀是

書者

中華民國十二年十二月

山陰朱慶瀾撰併書

呼倫貝爾志略序

修志書難，修志書於邊圉荒漠之區尤難。呼倫貝爾一隅，為蒙旗游牧地，榛莽僻塞，文獻無徵，欲修志書於其間，着手豈易。程君守初以民國十年四月督辦善後事宜，蒞任是邦，負綏揖蒙旗、接洽外人之重寄，諸政大張，暇則偕其僚友搜集舊聞，纂為志略，六閱月而成，卷帙有章，可謂獨為

其難其慎至為異於人君畢業官之
奉檄順寬甸懷縣政績卓著當以清
碑之條曾各著者萬千春載者明
之辨明畢業昔時為疆難信當良工心
若夫呼倫地接俄疆當國家多事之
時曾充長自治民國九年黑山孫贊襄
撫綏嫩江守帑國家德意蒙旗翕
服所屬自治余時忝長秘書參預
帷幄今觀志略所載古將河山偉業

貴鄉宿顯皆斯土之英，蒙諸君勵
精圖治，奮發有爲，爲國家東
北重鎮，以嚴扃鎖鑰，固我金湯，庶不
負諸君修志之意衷，亦余之所切盼
禱者也。
民國十有三年五月十五日遼陽袁金鎧
書於瀋仁壽園之兆傭寄廬

序

閒嘗博徵舊典遐溯前型見夫使絶域備邊圻者秉節以出乘軺而歸或土物載自殊方或道里詳其險夷車塵馬足之所經即為通道開疆之先導職方有紀形勝朗若列眉焉亦有星領斗州分符跨郡稽人民社稷之蹟譜損益國華之書美刺播為歌謠

言行傳自耆宿里乘所登輶軒所採
不出戶庭而利病得失數計燭照焉
迭恆筮仕伊始心即拳拳於斯十餘
年來供職奉天於撫順寬甸復縣既
各著有邑志以闡其先例令且忝膺
簡命督辦善後於呼倫貝爾攷呼倫
貝爾屬黑省西北之一道地當沙漠
以北民混漢蒙而居徼諸古史夙在

黄帝疆理之中遼金以来民族之興滅不一土宇則分合靡常所謂天時地利物理人情僻在荒服判然与中土不同舉凡疆域異勢山川異形寒燠異候壤土異質言治術則政教異施驗民氣則剛柔異稟以及衣服飲食居處器用之異宜金石草木鳥獸蟲魚之異產識大識小掌故攸關亟

必有志焉以條分縷析夫而遂形形色色不至与年代以俱湮而況族雜俗糅土著与流寓異習華疆夷界天塹与人限異區民事國防尤均須根本揭櫫乎迁恆觀詧是邦採風詢俗不敢言巨細之靡遺而對於古今中外之興廢兼除則務孜孜然悉心蒐討聞見所及輒筆之於書爰即署中

設局聘任專員從事編校不二年而
全志以就惟是署無餘款勸募多艱
剞劂費鉅事幾中止幸
軍長吳公倡捐於前熱誠贊助諸君
子繼起於後而屬辭比事遂由是裒
然以觀成有初靡終吾知免矣顧念
為政有宏規當務其大者遠者是斤
斤焉拾遺訂墜曾無當於籌邊定遠

之経或且貽譏於膏末然以網羅散
佚作敷政之壤流則此區區之實録
一編其亦在官言官之説也歟
中華民國十一年十二月
崑山程廷恆識

呼倫貝爾志略凡例

一志書一事與史册相表裏考獻徵文實未易易呼倫貝爾僻在荒服搜集尤難廷恆涖任後呈請　省長照准編輯本志事同速成政爲創舉其詳不可得聞故定其名曰志略

一志書記載有僅以文字形容而不能了然於心者如疆域形勢山水界限道路交通行政區域一切非有繪圖未易明晰本志排列總分各圖弁諸卷首以便閱者心目瞭然

一編輯志書體例不一本志自地圖以下約以天地人物先後記列惟事實繁簡不同不能特標分門僅各從其類以爲目次

一本志雖不分門而以類相屬亦略有次序如地輿類則先天然地理次而國定界域人事類則首官廳行政次而地方自治物產類之析爲動植礦各宗皆是至於古蹟藝文僅供談論之資無關政要則又次之而蒙旗復治與善後年事均屬近時筆錄且以特別記載無類可歸故以之綴於編末焉

一本志爲圖六爲目三十有七以事相屬但有類可歸者均附於各目之內不另標目以避蕪雜

一本志取材以實地調查爲主引用他籍爲輔所有引用各種圖書另列細目以附於後俾知言有本源以免杜撰臆斷之誚

一本志採用書籍卷宗以關於本屬事項爲限亦有原文關於全國或全省事項者並照錄之以備參考但於說略中均截淸其界限

一本志採用各書若一一詳註不勝其煩惟於援古證今或須考究之處則旁註見於某書或錄自某書以取證信而便檢查

一本志傳今與述古並重搜羅採訪不厭求詳如方輿沿革邊務外交兵事諸大端關係尤鉅本志旁徵博引不敢謂窮源竟委而概略情形或無大謬

一呼倫貝爾全境三面鄰俄國防國界均須特別注意本志於陸界鄂博水界卡倫既繪圖列表並將對岸各俄屯註載圖中以爲邊備之助

一我國舊日圖志如黑龍江圖黑龍江外紀黑龍江述略大清一統志諸書皆以呼倫湖爲額爾古訥河發源新刊江省呼倫道屬水路邊界圖並有以額爾古訥河右之支流註爲老額爾古訥河字樣未經實勘以訛傳訛俄人佔界歷來以爲口實茲經實地調查額爾古訥河源實出自海拉爾河本志詳加訂正不敢附合舊說於山水外交各門重申疏解於全境邊卡各圖改線添註以便他日界務交涉有所依據

一本志風土人情以本國爲限其在海滿兩埠與沿邊卡倫之各俄僑禮俗殊異者概不採入但於境內所設置之學校銀行理事會等項並各國外僑戶口則均附註於各類中以重主權

一境內山水村屯驛站鄂博卡倫各名稱俄蒙音語譯述歧異本志詳加較正以歸一律其有音同字異均爲土俗所沿用者則於附記中註明而兩存之以免誤會

一志書體例不載公牘惟呼倫貝爾處於特別地位本志又以裨益行政爲主旨如宋小濂之籌邊條陳蒙旗復治前後之省部電咨各文均關政要故寧蹈案例之非錄之以備參稽

一本志之成首經　列憲贊同次由僚屬協助一依先例撮以分合各影留存簡端以誌緣起

一本志編輯繪圖採訪譯述校對各人員分職任事集益較多勞不容掩依例備列卷尾以存紀念

一本志自請准創始迄於編輯竣稿時間不及二年倉猝成帙掛一漏萬之處在所不免統俟後來　博洽君子增補而訂正之

目錄

採用各種圖書目錄

黑龍江省圖 泰縣繆學賢著

黑龍江省最新圖 閩侯林傳甲著

黑義江全省輿圖 黑龍江巡按使署編製

新勘黑龍江省呼倫道所屬水陸邊界圖案 黑龍江省公署

遼史

金史

元史

明史

新元史

元朝祕史

蒙古游牧記 平定張穆石州著

大清一統志

盛京統志

東三省紀略 合肥徐曦炎東述

龍沙紀略 桐城方式濟著

黑龍江外紀 滿洲西清著

卜奎風土記 桐城方觀承著

卜奎紀略 吉林英和著

雅克薩考　光澤何秋濤著

尼市楚考　光澤何秋濤著

龍城舊聞　徐卿魏毓蘭馨若氏編輯

黑龍江　泰縣繆學賢著東三省籌邊公署出版

黑龍江鄉土志　閩侯林傳甲著

龍江詩集　閩侯林傳甲著

邊聲　吉林宋小濂著

邊務採輯報告書　灤縣趙春芳著

蒙署冊報志稿

呼倫貝爾官制案　黑龍江省公署

黑龍江調查記　倪道甫著

鄂倫春調查記　灤縣趙春芳著

最近十年中俄之交涉　遠東外交研究會編

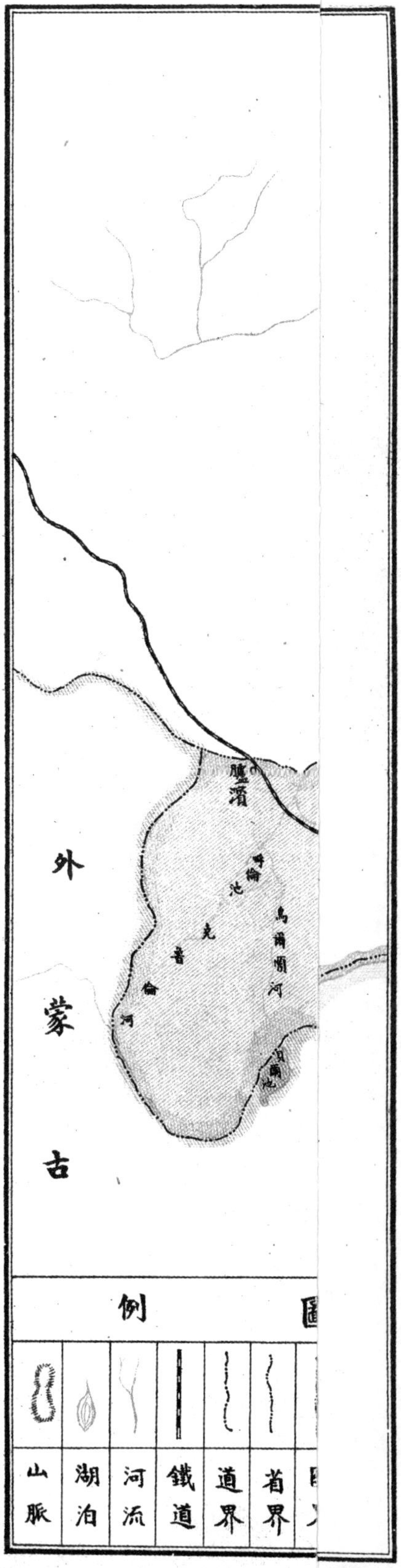
臚濱
呼倫池
烏爾順河
克魯倫河
貝爾池
外蒙古
圖例
山脈
湖泊
河流
鐵道
道界
省界

經緯度及晝夜時刻表 氣候附

經緯別／起訖別	經	緯	南距熱帶	北距寒帶
起	東經三度	北緯四六度•一一分•二八秒	二三度•四一分•二八秒	九度•五九分•四五秒
訖	東經五度•三〇分•四八秒	北緯五五度•一分•一五秒		

晝夜時刻 氣候別／時刻別	夏至	冬至
日出	寅初刻一三分•五四秒	辰正初刻一分•六秒
日入	戌正初刻一分•六秒	申初刻一三分•五四秒
晝長	六六刻•二分•一二秒	二九刻•一二分•四八秒
夜長	二九刻•一二分•四八秒	六六刻•二分•一二秒

備考

按右表經度在京師偏東係由北京天文臺起算緯度由赤道起算又按海國圖誌載元伐北方夏至晝長夜短日入煮羊胛未熟東方已曙異域錄云漠北夏至前後夜不甚暗夜半猶能辨棊今呼屬夏夜極短無燈可辨字跡足徵古說不謬

附記

按呼倫貝爾地勢極高昔人有上天邊子之語四時之氣多風春秋震漠驚砂飛揚尤甚夏歷三月杪始解凍興安嶺陰有經年不釋之冰四月不時雪霰入夏偶曀當午極炎蚤莫仍涼如深秋六月掘地五尺猶凍七月已霜草木黃落八月降雪結冰十月河道暢行扒犂冬則嚴風砭骨出門噓氣成霜行旅每有凍墜耳鼻者西清氏黑龍江外紀謂呼倫貝爾氣候極寒良然

山水

呼倫貝爾地脈蟠結山水雄奇境內峻嶺大川洪澤疊嶂左瀠右帶允爲地理上之大觀其他巖岫支分水流蓄洩凡有名稱可按地址可攷者各從其類亦備載焉

山嶺

內興安嶺　一名大興安嶺又曰西興安嶺（蒙語大石譯言興安二字）曰內者對外興安嶺而言之也考其山脈自中國西部葱嶺東走而來（按葱嶺山脈分南北兩幹北幹爲天山爲阿爾泰爲杭愛爲肯特肯特之分支則尼布楚嶺揑爾臣斯克嶺也其正幹爲外興安嶺南幹爲崑崙（西藏北新疆南）爲祁連爲焉支（青海北甘凉一帶）爲賀蘭（阿拉善）爲陰山（河套及殺虎口）爲白岔（多倫諾爾東北）爲蘇克斜魯（巴林旗）爲內興安嶺）至呼倫貝爾境內結而爲內興安嶺傍額爾古訥河東岸及黑龍江南岸蜿蜒於江省之北部作半環形其起脈在倫城西南六百七十餘里與喀爾喀車臣汗烏珠穆沁並科爾沁分界處曰索岳爾濟山向東北行四十餘里曰霍謝嘎勒山（一作霍夏烏爾）安巴爾輝河吉哈爾詳河（一作大溫泉小溫泉）二水出其北麓又東北曰特爾根山特爾根河於山麓出焉自此東北行一百二十餘里曰阿魯塔爾奇嶺折而北行五十餘里曰穆克圖爾山依敏河出其北麓再折東北三十餘里曰塔爾奇山高與穆克圖山相等塔爾奇河出焉自此稍北折而東行二百九十餘里至凱河發源處土人始以興安呼之所出之水均歸扎敦河而入海拉爾河再北曰綽羅圖山扎敦河源所由出也向西北分出一支行一百五十餘里抵烏育勒和氣河發源處又西至扎敦河東岸止正脈仍向北行六十餘里曰吉勒奇老山海拉爾河源由西麓出焉又北行七十餘里爲哲爾古壘河發源處再北一百六十餘里曰雅克嶺（一作業克達巴干）支脈東出入布特哈界正幹北行一百三十餘里山勢突起衆峯排列者曰伊勒呼里阿林山爲興安嶺之最高峯特勒布爾河喀布勒河鄂勒霍諾河根河牛耳河均由山之西麓出焉橫出一幹東行走布特哈墨爾根黑龍江各界北面所出之水入黑龍江南面所出之水入嫩江一幹仍西北行二百五十餘里曰雉鷄場山珠爾干河烏瑪河伊穆河由西麓出焉再西北六百餘里直至額爾古訥河與黑龍江滙流處曰渾特山自索岳爾濟山起頂至渾特山結尾正幹盤旋蜿蜒一脉延長二千六百餘里橫六

七百里統名之曰內興安嶺此一大山脈縱貫江省西部隔絕呼倫貝爾東境爲嫩江與額爾古訥河兩大川流之分水嶺其支脈四布盤結於嫩江之西岸額爾古訥河之東岸嶺內富於森林禽獸繁殖其峯頂尖銳秀拔高處由五千尺至六千尺東西兩面皆傾斜急峻隨處有斷崖絕壁疊巘重巖平原之地甚稀其形勢如海波奔馳鮮交通往來之路云

索岳爾濟山　卽遼之七金山在城西南六百七十餘里高三百餘丈周千有餘里爲蒙古東四盟之界山內興安嶺山脈由此起點

霍謝噶勒山　在城西南五百八十餘里高一百六十餘丈長六十里

特爾根山　卽元史帖里揭努克圖山在城西南五百七十餘里高一百五十餘丈長十餘里

阿魯塔爾奇嶺　在城南五百二十餘里高五十餘丈長一百二十餘里

穆克圖爾山　卽遼之木葉山在城南四百七十餘里高一百七十餘丈長七十餘里

塔爾奇山　在城東南三百九十餘里高一百六十餘丈長四十餘里

綽羅圖山　在城東南三百五十餘里高一百五十餘丈長九十餘里

吉勒奇老山　一作濟勒奇克在城東四百八十餘里高一百八十餘丈長一百三十餘里

雅克嶺　卽業克達巴干在城東北四百七十餘里高一百一十餘丈長一百六十餘里

依勒呼里阿林山　在城東北八百九十餘里高二百二十餘丈長二百八十餘里

雉鷄場山　在城東北七百餘里高二百一十餘丈長百餘里

渾特山　一作揮拍山在城東北一千四百餘里額勒和哈達河右岸高一百餘丈長三百餘里

以上諸山均屬內興安嶺之正幹惟距離遠近及高低長短前未詳及仍析載之

瓜爾班采罕哈達山　在城西南四百六十餘里三石高聳相連成爲三峯高八十餘丈長一百九十餘里

霍門霍爾多恩山　在城南三百七十餘里高一百一十餘丈周百餘里一作霍瑪拉胡爾敦山

喀拉圖山　在城南二百五十餘里高七十餘丈周六十餘里
烏特渾圖山　在城西南三百三十餘里高一百二十餘丈周八十餘里
漢山　在城西南三百四十餘里高八十餘丈周四十餘里
沙里鄂羅依山　在城西南三百六十餘里高八十餘丈周五十餘里
喀拉圖山　在城西南三百八十餘里高九十餘丈周五十餘里
額勒斯山　在城西南三百九十餘里高五十餘丈周四十餘里
諾門布爾克圖山　在城西南三百九十餘里高五十餘丈周五十餘里
尼楚渾山　在城西南三百餘里高五十餘丈周三十餘里
呼拉特山　在城西南三百二十餘里高五十餘丈周四十餘里
　以上十一山均在呼倫南部草木禽獸與索岳爾濟山無異惟木產矮不堪用虎豹熊鹿亦稀
嘎勒畢爾山　在城西二百六十餘里高一百一十餘丈周三十餘里
特克山　在城西北二百八十餘里高五十餘丈周二十餘里
希伯圖山　在城西南九十餘里高四十餘丈周三十餘里
哈坦和碩山　在城西北二百二十餘里高一百五十餘丈周三十餘里
巴彥和碩山　在城南九十餘里高三十餘丈周二十餘里
察幹托洛霍依山　在城西南一百三十餘里高五十餘丈周三十餘里
畢魯特山　在城南一百七十餘里高八十餘丈周二十餘里多石
依伯格勒圖山　在城東南一百六十餘里高七十餘丈周三十餘里
西瓦金哈達山　在城東南二百五十餘里高二十餘丈周二十餘里
庫克奇　山　在城東南二百一　十餘里高一百五十餘丈周三十餘里

巴彥温都爾山　在城東南一百五十餘里高一百一十餘丈周三十餘里
巴彥孟庫山　在城東南一百三十餘里高四十餘丈周七十餘里
巴彥烏勒聚圖山　在城東南六十餘里高五十餘丈周十餘里
察爾巴彥奇山　在城東北三百餘里高五十餘丈周三十餘里
青吉勒圖山　在城東北二百七十餘里高三十餘丈周二十餘里
烏克西哈克奇山　在城東北一百九十餘里高三十餘丈周三十餘里墨爾根特諾克二河出焉
達爾欽圖山　在城東北一百四十餘里高二十餘丈周三十餘里
喀拉霍碩山　在城東北八十餘里高三十餘丈周三十餘里多石無木
圖普烏勒聚鄂博圖山　在城正北十餘里高一百餘丈周三十餘里多石無木
尼克圖魯山　在城東北一百四十餘里高一百二十餘丈周五十餘里
薩爾奇圖山　在城西北一百六十餘里高一百一十餘丈周三十餘里
達甘德勒山　在城西北二百四十餘里高七十餘丈周四十餘里
霍勒博山　在城西北一百七十餘里高八十餘丈周三十餘里
薩木依山　在城西北一百八十餘里高一百四十餘丈周三十餘里
西羅圖山　在域西北二百二十餘里高一百三十餘丈周四十餘里
庫里業爾山　在城北二百四十餘里室韋境内高一百七十餘丈周五十餘里

以上二十六山環繞倫城四圍多在呼倫境内皆係内興安嶺之支脉分列於海拉爾河南北兩岸及呼倫貝爾二湖以東一帶出産草木鳥獸與南部十一山略同

胡察山　在城西五百八十餘里高一百一十餘丈周三十餘里
瓜爾班哈達山　在城西五百三十餘里高七十餘丈周二十餘里

特克山　在城西四百七十餘里高一百五十餘丈周四十餘里
都蘭喀拉山　在城西四百二十餘里高一百五十餘丈周四十餘里
額爾克圖山　在城西稍北六百五十餘里高一百一十餘丈周四十餘里
庫勒沙布山　在城西南三百三十里高一百五十丈周十五里
哈勒錦布爾古特山　在城西五百九十餘里高一百二十餘丈周三十餘里
都勒山　在城西五百二十餘里高七十餘丈周四十餘里
阿爾達克山　在城西四百六十餘里高一百餘丈周四十餘里
喀拉圖山　在城西四百九十餘里高一百一十餘丈周二十餘里
以上十山亦興安嶺之支脉在克魯倫河南岸臚濱境內或有亂石或起小峯間有不成材之雜木並無其他出產
墨爾根哈瑪爾山　在城西北六百六十餘里高一百餘丈周四十餘里
阿敦奇羅山　在城西北五百四十餘里高四十餘丈周二十餘里
阿勒坦額莫爾山　在城西北四百五十餘里高五十餘丈周二十餘里
札拉山　在城西北五百九十餘里高八十餘丈周三十餘里
色格勒山　在城西北五百三十餘里高八十餘丈周三十餘里
額爾得尼山　在城西北四百五十餘里高七十餘丈周二十餘里
諾棍哈普察該圖山　在城西北三百五十餘里高五十餘丈周三十餘里
鄂爾金山　在城西北三百三十餘里高一百二十餘丈周四十餘里
莫郭依圖山　在城西北三百七十餘里高九十餘丈周三十餘里
巴彥山　在城西北三百五十餘里高一百四十餘丈周四十餘里

薩拉昌山　在城西北四百六十餘里高五十餘丈周三十餘里
塔爾巴斡達呼山　在城西北四百五十餘里高四十餘丈周二十餘里
察罕敖拉山　在城西北四百餘里高八十餘丈周四十餘里
塔奔托羅海山　在城西北四百餘里高一百二十丈周八里
蘇克特依山　在城西北三百二十餘里高七十餘丈周三十餘里
阿巴該圖山　在城西北三百餘里高六十餘丈周三十餘里
以上十六山亦興安嶺之支脈多在臚濱境內分列於克魯倫河暨呼倫湖之北雜木亂石外無他出產
邁罕古克達山　在城東南一百四十里高一百三十丈周二十里
室韋山　在城東南三百里高三百二十丈周二十餘里
烏蘇約斯山　在城東南一百二十里高八十餘丈周十餘里
烏特温都山　在城正南三百六十里高六十丈周二十餘里
都爾布斤山　在城西南一百六十里高一百五十丈周十餘里
錫窩山　在城西南二十里高丈許十一崗周二十五里
尼克圖魯山　在城正北二百里高三百餘丈周十餘里
胡裕爾温都爾山　在城東北五里高七十餘丈周二十里
博沁圖山　在城東北一百九十里高一百八十丈周二十里
龍頭嘴山　在城東北二百二十里高三百五十丈周二十餘里
伊蘭哈達山　在城東北二百八十里三峯相連高三百丈周二十餘里
以上十一山在呼倫境內分列於依敏河東西岸海拉爾河南北岸及根河南岸
敦勒特格　在城西南三百里高一百丈周十餘里

博克圖山　在城西南三百里高八十丈周五六里
格勒吉爾圖山　在城西南三百二十里高一百三十丈周十餘里
以上諸山在烏爾順河東岸臚濱東南境
和羅博山　在城西二百五十里高九十丈周二十五里
庫庫温都爾山　在城西二百里高八十丈周二十里
温都爾山　在城西北一百八十里高一百八十丈周十餘里
巴圖魯山　在城西北一百八十里高八十丈周十餘里
吉列兒山　在城西北一百五十里高三十丈周八里
室韋格特山　在城西北三百里高八十丈周十里一名石威公特嶺
以上係臚濱東境諸山分列於額爾古訥河上流右岸及海拉爾河北岸
鄂爾普山　在城正西三百里高一百丈周五里餘
白拉格特山　在城正西三百里高一百二十丈周十餘里
羅爾奇圖山　在城正西三百五十里高一百五十丈周二十里
巴留台山　在城西北三百八十里高八十丈周五里
莫該圖山　在城西三百八十里高一百丈周十餘里
察罕奇老山　在城西南四百二十里高一百三十丈周二十五里
綽羅温都爾山　在城西南四百五十里高一百八十丈周三十里
以上係臚濱北境諸山均在克魯倫河及呼倫湖北岸一帶
黑山頭山　在城東北二百五十里高二十餘丈長二百十五里
樺樹山　在城東北三百八十里高十五丈長一百二十餘里

那敏山　在城東北三百四十里高五十六丈周五十餘里
那魯特台山　在城東北三百八十里高四十丈周八十里
綽博克圖山　在城東北四百三十里高六十丈周一百四十里
小泉山　在城東北三百里高四十餘丈長二十四里
巴雅斯胡郎圖温都爾山　在城東北四百二十里高八十餘丈長十餘里
巴彥魯克山　在城東北四百七十餘里高三十六丈長十餘里
等級台山　在城東北四百六十里突臨額爾古訥河岸高九十丈周五十里
鐵現山　在城東北四百九十里高三十五丈長十二里
以上係室韋境内諸山分列於根河北岸額爾古訥河右岸莫里勒克河西岸一帶
揮拍山　詳前内興安嶺山脉渾特山注
珠山　在城東北九百餘里珠爾干河東平地突起高十餘丈周二里餘
以上二山在額爾古訥河下流右岸奇乾境内查奇乾山嶺重疊不絕向無名稱可考者兹姑從闕
按全境山嶺或走正幹或出分支曲折盤旋大抵皆興安嶺之一脉分段注載以著名河湖爲界劃較易考證與他志以縣境區分者稍異

河流

喀爾喀河　一作哈勒哈果勒河蒙語謂黑氈牆爲哈勒哈蓋黑車子室韋所居之地也金史作合勒河元祕史作合泐合河又作合兒合水在城西南四百九十餘里由達爾濱泡發源向西流八十餘里喀瑪爾河由東南來會向西北流五十餘里巴達納河由南來會又向西流十餘里瓜爾班賽汗河由東北來會又西流十餘里特爾根河由南來會又西流四十餘里烏育勒和氣河來會又西流十餘里大温泉會哈拉巴哈圖河及小温泉由南來會折向西北經瓜爾班賽汗哈達山南麓流三十餘里圖拉爾河由北來會又向西流四十餘里訥墨爾根河由

南來會經哈拉圖山南麓流四十餘里漢達蓋圖河由東北穿松林而來會又向西北流三十餘里經額勒斯山西麓霍勒霍齊河由西南來會又西北經胡拉特山及烏木克依布拉克卡倫西境流一百一十餘里胡魯斯台河會烏勒聚圖布拉克泉由東北來會自此向北流八十餘里至西林胡都克卡倫西境分爲兩支一支東流爲沙拉爾河入烏爾順河一支西流十餘里入貝爾湖（按喀爾喀河由達爾濱泡至貝爾湖計五百四十餘里）

喀瑪爾河　在城南五百三十餘里由內興安嶺北麓發源向西北流三十餘里入喀爾喀河

巴達納河　在城西南五百三十餘里由內興安嶺北麓發源向西流五十餘里入喀爾喀河

瓜爾班賽汗河　在城南四百餘里由內興安嶺西麓發源自東北向西南流折而西流八十餘里入喀爾喀河

特爾根河　在城南五百二十餘里由特爾根山北麓發源向西流七十餘里入喀爾喀河

烏育勒和氣河　在城南三百四十餘里由烏特渾圖山西南麓發源向西南流一百二十餘里入喀爾喀河

大温泉河、在城西南五百七十餘里由內興安嶺陰發源向北流四十餘里哈勒巴哈圖及小温泉兩河由東北來會又向北流十餘里入喀爾喀河

哈勒巴哈圖河　在城西南五百八十餘里由霍謝噶勒山北麓發源向北流四十餘里會大温泉河而入喀爾喀河

圖拉爾河　在城西南三百五十餘里由烏特渾圖山發源向西南流一百四十餘里入喀爾喀河

訥墨爾根河　在城西南六百餘里由索岳爾濟山東北麓發源向西北流一百二十餘里入喀爾喀河

漢達蓋圖河　在城西南三百六十餘里由沙拉鄂里山發源穿漢達蓋圖松林經達哈拉圖山北麓向西南流七十餘里入喀爾喀河

霍勒霍齊河　在城西南六百餘里由索岳爾濟山西北麓發源向西北流一百二十餘里入喀爾喀河

胡魯斯台河　在城西南三百五十餘里諸門布爾克圖山發源烏勒聚圖布拉克泉由西來會經德孚寺東北諸門汗布爾都卡倫北向西南流一百八十餘里入喀爾喀河

沙拉爾濟河　在城西南三百九十餘里爲喀爾喀河東分之支水向西北流八十餘里經額布都克布拉克卡倫西境繞貝爾湖由烏蘭剛安卡倫北入烏爾順河

烏爾順河　又名鄂爾遜元祕史作兀兒失温蒙語嵩盡處也在城西南三百七十餘里由貝爾湖發源向北流三十餘里經烏蘭剛安卡倫西北沙拉爾濟河來會折向東北流二十餘里庫勒霍羅河由東來會再向北流三十餘里烏蘭泉由西來會又向東北經官渡口流一百餘里由嘎勒巴爾山西入呼倫湖此河計長一百八十餘里設渡口一處小艫艤二隻

庫勒霍羅河　在城西南三百五十餘里源由平地發出向西流二十餘里入烏爾順河

克魯倫河　漢書盧朐河遼史作臚朐金史作龍居又作龍駒元史作怯綠憐河又作怯魯連明改名飲馬河清曰克魯倫河在城西南五百餘里源出喀爾喀車臣汗部肯特山南麓至霍爾開圖卡倫南始入本境經墨爾根哈瑪爾山南麓向東流一百五十餘里又經阿敦奇羅山南麓向東流一百二十餘里至阿勒坦額墨爾山南麓分爲二支一支東南流爲烏爾根嘎爾瑪河一支向東流三十餘里入呼倫湖此河在境內流長三百里寬有十餘丈深可四尺餘

烏爾根嘎爾瑪河　在城西北四百七十餘里爲克魯倫河分出之支流向東南流三十餘里注入烏珠爾鄂索泡由泡溢出爲布勒嘎那河

布勒嘎那河　在城西四百三十餘里由烏珠爾鄂索泡溢出向東流二十餘里入呼倫湖

海拉爾河　卽開拉里河遼作于凱里元秘史作合泐里元史作海喇兒盛京通志則開拉黑龍江外紀作海蘭兒又作凱喇蒙語墨也在城東四百七十餘里由興安嶺支脉吉勒奇老山之西麓發源向西流五十餘里鄂爾克奇河由東南來會又西流十餘里穆音河由北來會又西流三十餘里漢果依圖河由南來會又西流三十餘里古尼爾河由東北來會向西北流二十餘里恰拉河由南來會復西流六十餘里烏育勒和氣河由東南來會又稍西北流四十里庫爾都爾河會特爾莫勒金河由北來會又西流十餘里札敦河會凱河喬河烏訥爾河依勒

克特河鄂羅齊河烏胡圖河噶勒丹河烏蘭布爾噶蘇台河塔爾巴哈台河諸水由東南來會又西流六十餘里特尼克河由北來會又西北流十餘里爲官渡口處經札拉木台台北札拉木台河會罨和爾圖河由南來會又西北流四十餘里至喀拉和碩山奇弩圖溝由南來會經哈克鄂木台北向西流八十餘里依敏河東納塔爾齊河洪果勒金河鄂依那河渭圖和河西尼克河西納輝河奎特恩河伯爾和河朱恩莫果依河巴倫莫果依河察罕諾爾泡烏蘭泡西巴爾台河諸水自南來會又西北流八十餘里經圖普烏勒聚鄂博圖山南爲官渡口處庫庫諾爾泡會罨爾格勒河崇古林溝哈吉溝依爾嘎依圖溝諸水由東北來會又西流一百一十餘里爲官渡口處穿過那干台松林經達干德勒山南哈坦霍碩山北又爲官渡口處折向西北流七十餘里經固勒特格舊卡倫之北分爲二支一支細而小繞至阿巴該圖山南向西南流爲達蘭鄂羅木河行六十餘里入呼倫湖其一支爲正流由阿巴該圖山之西折向東北流是爲額爾古訥河考海拉爾河自吉勒奇老山西麓起至阿巴該圖山止長六百九十餘里深約一丈餘寬二三十丈不等此河設有官渡口四處小艦[illegible]八隻

按額爾古訥四字蒙語以手遞物之謂也人曲腰以手遞物則成一六十五度之三角形海拉爾河大勢西北流至阿巴該圖山忽折向東北流其折彎處亦成一六十五度之三角形卽如人以手遞物之勢蒙人取其意義故更名曰額爾古訥是額爾古訥河之起點卽海拉爾河之終點同河異名實因其形勢而更定者舊說謂海拉爾河結尾注入呼倫湖又有謂額爾古訥河源爲自呼倫湖北口溢出未經實地調查均屬謬誤

克里河　在城東五百一十餘里由綽羅爾山北麓發源向西北流五十餘里入海拉爾河

鄂爾克齊河　在城東五百餘里由綽羅兒山北麓發源向西北流五十餘里入海拉爾河

穆音河　在城北四百三十餘里由察爾巴彥奇山南發源向西流五十餘里入海拉爾河

漠果依圖河　在城東南四百四十餘里由綽羅兒山北麓發源向西北流五十餘里入海拉爾河

古尼爾河　在城東北四百一十餘里由察爾巴彥奇山南發源向西南流五十餘里入海拉爾河

恰拉河　在城東三百五十餘里由綽羅兒山北麓發源向西北流六十餘里入海拉爾河

烏育勒和氣河　在城東二百八十餘里由綽羅兒山北麓發源向西北流五十餘里入海拉爾河

庫爾都爾河　在城東北三百一十餘里由青吉勒圖山南發源向西北流五十餘里納特爾莫勒金河又流四十餘里入海拉爾河

特爾莫勒金河　在城東北一百八十餘里由烏克西哈克奇山發源向東南流五十餘里會庫爾都爾河而入海拉爾河

札敦河　盛京通志作几墩河在城東南五百五十里由綽羅圖山發源向西流五十餘里凱河由南來會又流二十餘里喬河由東南來會又西流六十餘里經兔渡河（台名非水名舊作們都克依一作們特和依）台北烏訥爾河會依勒克特河鄂羅齊河烏胡圖河噶勒丹河諸水由南來會又向北流三十餘里兔渡河台西北之烏蘭布爾噶蘇台河由南來會又向西北流三十餘里經雅克石（一作牙克什）台台北之塔爾巴哈台河由西南來會又向西北流一百二十餘里由喀拉和碩台向東北流入海拉爾河此河起止計長三百餘里

凱河　在城東南五百二十餘里由內興安嶺西麓發源向西北流七十餘里入札敦河

喬河　在城東南四百一十餘里由內興安嶺陰發源向西北流經依爾勒克台北行七十餘里入札敦河

烏訥爾河　一作烏努爾果勒河卽遼史烏納水金史兀納水也在城東南五百八十餘里由內興安嶺陰發源向東北流八十餘里烏胡圖河由東來會又流十餘里噶勒丹河由西來會又流十餘里依勒克特河鄂羅齊河二水由東來會又北流五十餘里入札敦河

烏胡圖河　在城東南五百九十餘里由內興安嶺陰發源向西北流七十餘里入烏爾訥河

噶勒丹河　在城東南四百五十餘里由喜瓦金哈達山東南麓發源向東北流五十餘里入烏訥爾河

依勒克特河　在城東南七百五十餘里由內興安嶺陰發源向西北流八十餘里南納鄂羅齊河又流二十餘里入烏訥爾河

鄂羅齊河　在城東南六百五十餘里由內興安嶺陰發源向北流六十餘里入依勒克特河同入烏訥爾河

烏蘭布爾噶蘇台河　在城東南四百二十餘里由喜瓦金哈達山陰發源向東北流八十餘里入札敦河

塔爾巴哈台河　在城東南三百餘里由平地發出向東北流五十餘里入札敦河

特尼克河　一作特諸克河亦作帖諸河或作帖聶克河又作帖尼賀魯汗河又作伊爾該圖霍倫河即元太祖敗札木合處在城東北二百七十餘里由烏克西哈克奇山南發源向西南流九十餘里入海拉爾河

札拉木台河　在城南一百三十餘里由平地發出向東北流經巴彥孟庫山東麓行四十餘里墨和爾圖河由西來會又流七十餘里入海拉爾河

墨和爾圖河　在城東南一百八十餘里由平地發出向東北流繞巴彥孟庫山西麓又東北流五十餘里入札拉木台河

奇弩圖溝　在城東南百餘里由烏勒聚圖山南麓發源向北流三十餘里經哈克鄂木台東入海拉爾河

依敏河　一作依奔河即金史伊米河在城東南四百五十餘里由穆克圖爾山北麓發源向北流一百一十餘里塔兒奇河由東來會折向西北流二十餘里鄂依納河由東來會復北流五十餘里洪果勒金河由西來會又向西北流八十餘里經畢魯圖依伯格勒圖二山之西延禧寺之東渭圖和河由東來會又向北流六十餘里經光遠寺之東西尼克河由東來會又向西北流十餘里經穆蘭莫克敦屯輝河會奎特恩河朱恩莫果依河巴倫莫果依河伯爾和河西巴爾台河諸水及察罕諸爾烏蘭諸爾等泡由西來會又向北流七十餘里經廣慧寺及南屯之東至呼倫貝爾城東北官渡口處入海拉爾河中東路鐵橋架設於此此河計長三百五十餘里設有官渡口一處小⿰舟咸⿰舟虎二隻

塔爾奇河　在城東南四百八十餘里由塔爾奇山發源向西北流十餘里入依敏河

鄂依納河　在城東南四百餘里由內興安嶺發源向西北流一百七十餘里入依敏河

洪果勒金河　在城南三百三十餘里由喀拉圖山東南麓發源向東北流五十餘里入依敏河

渭圖和河　在城東南三百四十餘里由庫克奇羅山西南麓發源向西北流一百一十餘里由依伯格勒圖山北

經過入依敏河

西尼克河　在城東南三百二十餘里由庫克奇羅山北麓發源向西北流一百五十餘里經巴彥温都爾山北入依敏河

輝河　在城西南三百六十餘里由霍瑪拉胡爾敦山西北麓發源向西北流五十餘里奎特恩河由西來會又流五十餘里朱恩莫果依巴倫莫果依二河穿過察罕諾爾泡入伯爾和河由西來會又向北流四十餘里自烏蘭諾爾泡發出之西巴爾台河由西來會又向東北流二百五十餘里由察罕托勒霍依山南經過入依敏河此河計長三百八十餘里

奎特恩河　奎特恩蒙語冷也一作奎騰河在城西南三百八十餘里由烏特渾圖山東北麓發源向北流六十餘里入輝河

朱恩莫果依河　在城西南三百六十餘里由漢山東麓發源向西北流三十餘里與巴倫莫果依河相會向東北流十餘里注入察罕諾爾泡由泡流出之水與伯爾和河會而入輝河

巴倫莫果依河　在城西南三百八十餘里由沙拉鄂羅依山東北麓發源向北流五十餘里會於朱恩莫果依河向東北流注入察罕諾爾泡由泡流出之水與伯爾和河會而入輝河

伯爾和河　在城南三百七十餘里由烏特渾圖山北麓發源向北流六十餘里與察罕諾爾泡發出之水相會折向東流入輝河

西巴爾台河　在城西南二百七十餘里源出烏蘭諾爾泡向東南流三十餘里入輝河

墨爾格勒河　在城東北二百七十餘里由烏克西哈克奇山西麓發源向西流六十餘里崇古林溝由南來會又流三十餘里哈吉溝由北來會折而西南流四十餘里依爾蓋圖溝由北來會又向西北流六十餘里經博霍圖台南官渡口處向西流入庫庫諾爾泡再入海拉爾河此河長一百九十餘里設有渡口一處小䑩䑬二隻

崇古林溝　在城東北一百八十餘里由達爾克圖山北麓發源向西北流五十餘里入墨爾格勒河

哈吉溝　在城東北二百八十餘里由尼克圖魯山西南麓發源向西南流八十餘里入墨爾格勒河

達蘭鄂羅木河　在城西北三百一十餘里係海拉爾河分支之水向西南流六十餘里經郭勒特依卡倫北入呼倫湖惟此河若遇極旱中間有乾涸之時設有渡口一處小艤舫二隻

額爾古訥河　唐書稱爲室韃河南北朝時稱爲完水元祕史名爲額沵古涅元史名爲也里古訥在城西北三百一十餘里源出海拉爾河海拉爾分支處一支西南流爲達蘭鄂羅木正流自阿巴該圖山西向東北流五里霍爾金泡由西來注又向東北流一百三十餘里經孟克西里卡倫再流三十餘里經庫勒圖泡向東流八十餘里經額爾得尼托羅輝卡倫及西拉圖山又向東北流八十餘里至庫克多博卡倫自阿巴該圖山至庫克多博三百餘里右岸並無支流滙入由庫克多博東北流三十餘里根河會岳勒內河哲爾古壘河霍倫河由東南來注又流三十餘里庫烈業爾山北之特勒布爾河會鄂勒霍諾河喀布勒河由東南來注又東流三十里經巴圖爾和碩卡倫之北向東北流五十餘里至巴雅斯胡朗圖溫都爾卡倫南有小河來注向東北流五十餘里至胡裕爾和奇卡倫胡裕爾和奇河自東　來注又向東北流四十餘里至巴彥魯克卡倫珠魯克圖河會羅奎河自南來注又東北流六十餘里經西伯爾布拉克卡倫（雍正五年設今廢）向東北流四十餘里至珠爾特依卡倫東流十餘里布魯河由南來會又流三十餘里色木特勒克河由南來會再向東北流四十餘里至拉林（今室韋縣）哈喇爾河（即吉拉林河）由南來會向東北流三十五里至莫里勒克卡倫有莫里勒克河由東南來注又東北流五十里至畢拉爾河卡倫畢拉爾河納額爾木奇河畢拉克產河克爾布奇河各小河自東來注又東北流六十餘里阿木毗河會吉林子河來注又流四十餘里至牛爾河卡倫牛爾河自東南來注又北流六十餘里至珠爾干河卡倫珠爾干河自東來注再北九十餘里至溫河卡倫溫河自東來注再北流二十餘里烏瑪河自東來注再東北流三十餘里札克達奇河來注再北流四十餘里至長甸卡倫又東北流九十餘里至伊穆河卡倫伊穆河自東來注再北流九十餘里至奇雅河卡倫奇雅河自東南來注又東北流三十餘里爲奇乾縣舊治奇乾河自南來注又東北流七十餘里至永安山卡倫又東流三十餘里阿拉坎河自東南來會又東北流四十餘里至額勒和哈達卡倫額

勒和哈達河自南來注又東流二里許由與俄分界之光輝石以南經過而入黑龍江額爾古訥河大勢東北流自阿巴該圖山西起至與黑龍江滙流處止計長一千五百餘里寬自七丈至十二丈不等深二三丈不等

按額爾古訥河源出海拉爾河已於海拉爾河內述明惟前淸會典水道提綱以及黑龍江述略黑龍江外紀諸書皆謂額爾古訥河上源爲克魯倫河其實克魯倫河同烏爾順河入呼倫湖後均瀦而不流由海拉爾分支之達蘭鄂羅木河入呼倫湖亦瀦而不流彼以呼倫湖並克魯倫河爲額爾古訥河發源者皆以訛傳訛之誤也就近今考查知舊說未足爲據　又以上臚舉注入額爾古訥河之水均係我界右岸河流其左岸俄境大小河流略見於江省全圖茲姑從闕

根河　一作旱河或作門申源河又作健河元史作堅河元祕史作刊木漣河明史作趕河在城東北七百五十餘里由依勒呼里阿林山西麓發源向西流二百七十餘里經根河廢卡倫北岳勒內河由南來會又流七十餘里哲爾古壘河霍倫河由南來會又向西北流二百一十餘里經察勒齊口卡倫北庫烈業爾山南向西北流至官渡口處入額爾古訥河此河計長四百餘里設渡口一處小艤舡二隻

岳勒內河　卽伊闊里河在城東北四百八十餘里由內興安嶺西發源向西北流二百餘里入根河

哲爾古壘河　在城東北四百六十餘里由業克嶺西發源經哲爾古壘廢卡倫東向西北流八十餘里霍倫河由南來會又流一百九十餘里入根河

霍倫河　在城東北三百餘里由察勒巴齊山北麓發源向西北流八十餘里入哲爾古壘河

特勒布爾河　一作得爾布爾河元史作禿律別爾河又作迭列木兒河在城東七百餘里由伊勒呼里阿林山西麓發源向西流二百七十餘里經邁罕圖廢卡倫北喀布勒河鄂勒霍諾河由北來會又流十餘里經巴圖爾和碩卡倫南向西流至官渡口處入額爾古訥河此河長二百八十餘里設渡口一處小艤舡二隻

喀布勒河　一作喀拉布河在城東北七百五十餘里由內興安嶺陰發源向西北流一百五十餘里鄂勒霍諾河由東南來會又向西南由西伯爾安嘎廢卡倫北經過流五十餘里入特勒布爾河

鄂勒霍諾河　在城東北七百四十餘里由內興安嶺陰發源於鄂勒霍諾𨋢卡倫北經過向西北流一百一十餘里入喀布勒河

布魯河　在城東北七百四十餘里由內興安嶺北麓發源經布魯河𨋢卡倫之南向西北流一百八十餘里由珠爾特依卡倫北入額爾古訥河

色木特勒克河　在城東北七百五十餘里由內興安嶺西北發源向西北流八十餘里入額爾古訥河

哈喇爾河　即吉拉林河之上源在城東北七百八十餘里由內興安嶺北麓發源向西北流一百九十餘里入額爾古訥河

莫里勒克河　一作眉里爾河又作買里爾堪河在城東北七百八十餘里由內興安嶺北麓發源向西北流六百餘里由莫里勒克卡倫北入額爾古訥河

畢拉爾河　在城東北八百餘里由內興安嶺北麓發源向西北流五十餘里由畢拉爾河卡倫北入額爾古訥河

牛爾河　一名貝斯爾得河或名貝斯特拉雅又名契丹伊拉雅俗曰白子河在城東北八百二十餘里由內興安嶺西北發源向西北流三百餘里由牛爾河卡倫北入額爾古訥河

珠爾干河　在城東北九百餘里由內興安嶺西北發源向西流二百二十餘里由珠爾干河卡倫北入額爾古訥河

温河　在城東北千餘里由內興安嶺西北發源向西北流二百一十餘里由温河卡倫北入額爾古訥河

烏瑪爾河　在城東北一千一百餘里由內興安嶺西北發源向西北流二百八十餘里入額爾古訥河

伊穆河　盛京通志作益母河在城東北一千三百餘里由內興安嶺西北發源向西北流一百餘里由伊穆河卡倫北入額爾古訥河

奇雅河　在城東北一千四百餘里源出內興安嶺向西北流四十餘里入額爾古訥河

阿里雅河　一名阿拉坎河在城東北一千四百餘里源出內興安嶺向西北流一百餘里入額爾古訥河

奇乾河　在城東北一千四百餘里源出內興安嶺向西北流七十餘里入額爾古訥河

額勒和哈達河　一名博羅舒斯洛甫喀河在城東北一千五百餘里由內興安嶺支脈揮拍山西北麓發源向西北流二百八十餘里經額勒和哈達卡倫之東入額爾古訥河寬十丈深丈許產魚甚夥

按境內河流以喀爾喀烏爾順克魯倫海拉爾札敦輝河依敏根河墨爾格勒特勒布爾吉拉林莫里勒克牛爾河額勒和哈達諸大河流爲之經其他細流支渠分別注入於就近之巨川而終以額爾古訥河爲歸宿茲依此例舉其大者於先各以會合之水連及之以淸眉目於各河發源或滙流之泉泡另列於泉泡類以免混雜

湖泊

呼倫湖　舊作枯倫湖唐書作俱輪泊元秘史作濶連海子元史作呼圖澤明謂闊欒海子淸一統志作庫楞湖朔漠方略作呼倫諾爾龍沙紀略作枯輪海土人又謂爲達賚諾爾在城西北二百九十餘里爲諸河瀦水之區橢圓形面積廣濶在唐時爲最大今縮小自西南而東北長約二百餘里東西廣百餘里周可五六百里（經度自中偏東六分至東一度四分緯度自北四十八度七分至五十度四分）湖之來源有四一爲烏爾順河自東南流入一爲克魯倫河自正南流入一爲布魯葛河（克魯倫河之分支或作巴勒序納鄂模即元史之班來尼河）自西南流入一爲達蘭鄂羅木河自東北流入各河入湖後皆瀦而不流（舊說爲湖之北端開一口湖水溢出東北流爲額爾古訥河注入黑龍江）據近今調查該湖係容受湖非交與湖其由東北注入者曰達蘭鄂羅木乃海拉爾之分支非海拉爾之正流係入湖瀦蓄之水非由湖吐出之水其以額爾古訥河爲源出呼倫湖者非是湖西三十里有巴留拉台山東北近岸有噶爾巴里山正北有塞克咸山湖水深不可測蒙人不習舟楫向無探其深淺者冬日嚴寒中間不凍酷暑日蒸則水色變綠人不敢飲風起則潮泿鼓蕩水溢數丈潮退如初馬飲湖水不深入頭必向岸似防潮來不時易於趨避之意湖中魚產甚豐蒙人神話向有魚爲馬魂之說禁不敢捕近年與俄商訂約包租迷信之風已漸破除矣又黑龍江外紀載湖產五色鹽不賓可食

貝爾湖　舊作布伊爾湖元史作盃亦列州又作拜里川元祕史明史均作捕魚兒海子淸一統志作布雨爾湖朔

漠方略作波衣爾蒙古游牧記作貝爾諾爾康熙圖作布育爾鄂模（滿語湖爲鄂模）在城西南三百九十餘里形如瓜瓠自西南至東北斜長百四十餘里寬七十餘里周三百餘里湖之上源曰喀爾喀河出內興安嶺支脉阿魯塔爾奇嶺西北麓合諸水西北流自湖之東北注入於湖之北開一口溢出之水爲烏爾順河以注入呼倫湖其他因風潮漲及魚產鹽産均與呼倫湖略同

牛爾泊湖　在城東北七百餘里牛爾河上流左岸

阿拉焦莫湖　在城東北七百餘里額爾古訥河右岸阿木毗河以北牛爾河以南

泉泡

達爾彬泡　在城西南四百九十餘里由內興安嶺支脈阿魯塔爾奇嶺西北麓發源周五十餘里深一丈餘向正西流出爲喀爾喀河之源

烏勒聚圖布拉克泉　在城西南三百二十餘里尼楚渾山迤東由平地湧出周五里餘向東流二十餘里入胡魯斯台河而入喀爾喀河

烏蘭泉　一作烏蘭布拉克蒙語紅泉也在城西南四百餘里由平地湧出周五里餘向東流入烏爾順河

烏珠爾鄂索泡　在城西四百三十餘里爲烏爾根河所瀦周六里餘向東流出爲布勒嘎那河再東流入呼倫湖

察罕諾爾泡　在城西南三百餘里周七里餘爲朱恩莫果依巴倫莫果依二河合瀦之水由泡向東發出一支流三十餘里滙伯爾和河而入輝河

烏蘭諾爾泡　在城西南二百八十餘里源由平地發出周六里餘向東流出十餘里入西巴爾台河轉入輝河

庫庫諾爾泡　在城西七十餘里爲墨爾格勒河容納諸水合流所瀦周二十餘里向西南流出二十餘里入於海拉爾河

霍拉爾金泡　在城西北三百二十餘里阿巴該圖卡倫之北源由平地發出周二十餘里向東南流十餘里入額爾訥古河

以上八泉泡或爲河源或滙入河流均係流動之水

哈克泡　在城東六十餘里由平地湧出周五里餘瀦而不流哈克鄂木台在泡之東相距五里

東哈拉胡吉爾城泡　在城東南一百四十餘里巴彥温都爾山西北五里許由平地湧出周十餘里瀦而不流乾則成城

西哈拉胡吉爾城泡　在城正南一百五十餘里延禧寺西南三里許由平地湧出周十餘里瀦而不流乾則成城

西勒林布爾都泡　在城西南一百三十餘里周六里許由平地湧出瀦而不流

公諾爾泡　在城西南二百餘里由平地湧出周十餘里瀦而不流

珠爾博特鹽泡　在城西南二百一十餘里公諾爾泡之南周十餘里水由地中浮出乾則成鹽白而可食

布彥圖布爾都泡　在城西南二百九十餘里壽寧寺東三里許由平地湧出周十餘里瀦而不流

諾門汗布爾都泡　在城西南三百九十餘里諾門汗布爾都卡倫東北五里許由平地湧出周八里餘瀦而不流

瓜爾班西巴爾台三泡　在城西南五百二十餘里卽與喀爾喀車臣汗爭執劃界處三泡相距各七八里水由平地湧出周各五里餘均係瀦而不流

阿魯布拉克泉　在城西六百六十餘里阿魯布拉克卡倫東五里許由平地湧出周八里餘雖時有漲溢亦不流動之水

阿魯齊布拉克泉　在城西六百餘里由平地湧出周六里餘時漲時縮瀦而不流

沙拉蘇蘇泡　在城西北一百五十餘里由薩勒克圖山東發源向東流五里許瀦爲沙拉蘇蘇泡

色格爾濟泉　在城北二百餘里色格爾濟卡倫北二里餘由平地湧出周五里餘瀦而不流

郭爾畢泉　在城北二百二十餘里郭畢泉爾卡倫北二里餘由平地湧出周五里餘瀦而不流

庫勒圖泡　在城西北二百七十餘里北距額爾古訥河五里由平地湧出周八里餘瀦而不流

依克訥爾泡　在城西北二百七十餘里北距額爾古訥河六里由平地湧出周圍五里瀦而不流

布恩伯諸爾泡　在城西二百五十餘里布恩伯諸爾卡倫東五里許由平地湧出周六里餘瀦而不流
阿爾山布拉克泉　在城西北三百二十餘里阿爾山布拉克卡倫北五里由平地湧出周六里餘瀦而不流
烏噶勒濟布拉克泉　在城西北三百五十餘里烏噶勒濟布拉克卡倫北五里由平地湧出周七里餘瀦而不流
達西瑪克布拉克泉　在城西北三百九十餘里達西瑪克布拉克卡倫北五里由平地湧出周六里餘瀦而不流
大烏爾克圖泡　在城西北四百一十餘里南距莫郭依圖山八里由平地湧出周圍四里瀦而不流
小烏爾克圖泡　在城西北四百里距大烏爾克圖泡八里由平地湧出周三里餘瀦而不流
西巴爾圖泉　在城西北五百三十餘里西巴爾圖泉卡倫西北五里由平地湧出周五里餘瀦而不流
克勒木圖泉　在城西北五百三十餘里克勒木圖卡倫西五里餘由平地湧出周五里餘瀦而不流

以上二十六泉泡或瀦當低窪或湧自平地均爲固定不流之水

按右載山水名稱純由蒙語譯音於各圖籍間有差異之處然參互道里方向以拚音求之可以脗合

方輿沿革

呼倫貝爾一隅爲國防邊疆重地位於黑龍江省之西北部山河交錯土地廣漠東據內興安嶺西南界喀爾喀部車臣汗西及北臨額爾古訥河東北抵黑龍江處處與俄爲鄰攷之前史不惟完全爲中國領土實包舉今俄羅斯界黑龍江以東以南之土地北史載黃帝二子昌意昌意少子受封北國有大鮮卑山統幽都之北廣漠之野其後世爲君長傳及元魏宣帝推寅遷於大澤近世輿地家謂鮮卑山卽外興安嶺（今屬俄界）大澤卽呼倫湖據此則呼倫貝爾上古時代已在黃族封域之中堯典宅朔方曰幽都山海經北海之內有幽都之山黑水出焉西清氏黑龍江外紀謂黑水卽黑龍江魏氏輯龍江舊聞謂幽都當黑龍江省黑龍江省旣屬幽都呼倫貝爾當在幽都疆索以內清一統志齊齊哈爾古肅愼氏地左傳周景王曰肅愼燕亳吾北土也後漢書肅愼國界南包長白山北抵弱水近世輿地家謂弱水亦卽黑龍江額爾古訥河爲黑龍江上游匯入之水呼倫貝爾當額爾古訥河流域在三代時爲肅愼故地可知戰國之季史稱燕國北有東胡山戎秦築長城以禦之呼倫貝爾介在中國本部東北遂與黑龍江同棄於塞外漢時匈奴擾邊武帝遣衞青出塞北征匈奴至臚朐河（卽克魯倫河）爲中國兵力至呼倫貝爾之始匈奴旣滅恢復禹疆呼倫貝爾隸遼東郡西安平地（見清一統志）晉爲挹婁國境亦屬地豆干國地南北朝北魏宣帝推寅徙居於此按魏先世都今俄境錫伯利部其後一再南遷通中國烏洛侯（艾儒略地圖謂卽俄羅斯）徙據其地魏眞君四年烏洛侯來朝稱其國有魏先帝石室（在烏洛侯國西北當尼布楚城西見北史）室有神靈是歲遣中書侍郎李敞致祭刋祝文於室壁斬樺木以置牲醴而還所立樺木成林其民愈神奉之今額爾古訥河兩岸及俄界多產樺木可知呼倫貝爾迤西北一帶之地實爲當日元魏故墟隋時突厥盛強併契丹拓境日廣周齊皆畏之自遼海至西海自漠北至北海五六千里分東西兩部呼倫貝爾屬於東部唐滅突厥置黑水府都督黑龍江一帶屬黑水部五代勿吉部內靺鞨種人強大得扶餘沃沮之地五千里建國於室韋山（在今臚濱縣境內）山東西南北皆屬焉國號室韋凡八部（南室韋北室韋大室韋小室韋鉢室韋深末怛室韋黃皮子室韋黑車子室韋）巍然爲東北一大國（北魏書室韋在勿吉北千里）呼倫貝爾當南室韋地（朔方備乘載北室韋在外興安嶺北鉢室韋深末怛室韋皆今俄羅斯錫伯利亞部）當日

室韋國土殆包有呼倫貝爾之全境焉宋時契丹復強奄有故地改國號曰遼太祖專征討破室韋於厥奚霫諸國室韋之地盡屬焉東至海西至金山南至白溝北至臚朐河築城於臚朐河北岸曰古可敦以呼倫貝爾屬上京道（見一統志）金源代興呼倫貝爾屬上京路地（見一統志）世宗大定二十一年以東北泰州境臨潢路舊設堡障參差不齊用奚胡失海言築堡壘爲邊防久計自今之西布特哈依佈齊南行蜿蜒一線繞呼倫貝爾西南行直抵直隸圍場山西歸化城設二百五十堡是爲當日泰州邊堡而今呼倫貝爾境內西北兩方並有曲折斷續邊墻遺址其即所謂金初之舊設堡障也元興朔漠稱帝於黑龍江之斡難河呼倫境西額爾得尼托羅海（車臣汗東界）爲其勃興起兵地（見翼之鑰後出塞錄）是呼倫貝爾實當日戎馬蹂躪之場其時烏爾順河（秘史作兀兒失溫）有塔塔爾部與元世仇（元先世俺巴孩也速該俱爲所害）扎木合（勃端察兒五世孫）與元始合終離元祕史載雞兒年合答斤等十一部落順額洏古涅河（即額爾古訥河）至刋木漣河（即根河）共立扎木合爲古兒合（皇帝之謂一作局兒罕）其後塔塔兒部扎木合俱滅於元宏吉剌從元征討立功世爲姻戚於是南破兀朮界垣（今中東路成吉思汗車站）西震歐洲俄羅斯盡爲所有大啓土宇分封諸王以額爾古訥河枯輪淖爾湖（即呼倫貝爾）一帶爲烈祖次子搠只哈兒（秘史作合撒兒）封地枯輪淖爾以東嫩江東西爲烈祖四子鐵木哥斡赤斤（秘史作帖木格）封地迨世祖都燕京置嶺北中書行省統和林路制杭愛山以北呼倫貝爾又爲和林路控制之區明興元順帝北徙其孫脫古思帖木耳繼立擾邊駐貝爾湖（明史作捕魚兒海）洪武二十年遣藍玉率師十五萬兼程馳進乘夜抵貝爾湖大破之脫古思帖木耳以數十騎遁獲其次子地保奴永樂七年元嗣主本雅失里殺明使郭驥八年成祖親征至臚朐河更名曰飲馬河本雅失里西奔以遁命劉才築城於飲馬河上永樂二十年韃靼阿魯台犯邊帝二次出塞至呼倫湖（元史作闊欒海子）阿魯台棄輜重馬畜於湖側東走兀良哈可知呼倫貝爾乃明代征服之地惜未置重兵鎮守移農民實邊自三衛棄後（初設泰甯朵顏扶餘三衛遙制北邊）積久空虛仍爲蒙古遊牧之場延至清初其遊牧呼倫貝爾者索倫達呼爾外則有四子部落先世之諸延泰科爾沁部祖之昆都倫岱青茂明安部先世之多爾濟弟兄烏喇特之布爾海（俱元太祖弟之後裔）諸部於天聰年間先後率屬歸清（見遊牧記）索倫達呼爾於崇德年間以地歸清清既撫有呼倫貝爾全境以屬黑龍江省其規劃設施自開國逮於今茲以大端言約可分爲三事一曰國界柳邊紀略黑龍江所屬東至海西至尼布楚考尼布

楚雅克薩二處向均爲中國屬土尼布楚爲茂明安遊牧之所雅克薩爲達呼爾總管倍勒兒故墟及茂明安部衆南徙布特哈烏梁海仍在尼布楚林居捕貂（清時稱爲樹中人）崇德年間俄人乘虛襲據其地築城以爲巢窟於是東侵雅克薩南侵額爾古訥河擾害索倫諸部垂四十年康熙二十四五年間用兵雅克薩二次終結尼布楚條約以額爾古訥河爲界立有五體文界碑此約定後額爾古訥河西北土地喪失無算而黑龍江上遊之形勢自是全失宣統三年又以額爾古訥河中間洲渚界點與我爭持河流兩國派員交涉迄今案未解決一曰官守清雍正十年於呼倫貝爾設副都統一員總管五副管八及佐領以下各官同時由布特哈移來索倫達呼爾陳巴爾虎各旗兵丁分界遊牧以資防守額魯特兵丁亦於是年移駐雍正十二年復移駐新巴爾虎旗光緒二十年於呼倫貝爾設協領一員專管收籠鄂倫春事宜其舊有之托河路鄂倫春一路兩佐劃歸呼倫貝爾副都統管轄光緒三十四年裁副都統改稱呼倫道同時並設臚濱府呼倫直隸廳吉拉林設治局宣統三年民國告成庫倫獨立呼倫蒙旗響應漢官退避呼倫貝爾遂陷於混沌之中民國九年蒙旗歸政副都統官階仍舊增設善後督辦兼交涉員辦理道尹事宜而鎭守使特別法廳警察廳徵收局呼倫臚濱室韋三縣奇乾設治局及滿洲里各官署亦均於同時設置民國十年設市政局奇乾局改設縣治其呼倫貝爾城池之建設初擬築城於扎蘭木台雍正十年將軍珠爾海奏議扎蘭木台霜降太早改勘地址定於海拉爾（今城東臨依敏河繚以土垣南北二門有樓何時建築無考）城西門外舊有副都統署（雍正年間建設）光緒二十六年燬於俄三十三年創建道署今爲副都統署借用一曰邊防沿邊卡倫之設置屬於西南者雍正十二年設十六卡倫道光二十七年增設三卡此十九卡與蒙古喀爾喀各部接界東部則於咸豐十年設有六卡與布特哈接界其屬於西北東三方與俄接界者始於雍正五年恰克圖條約中俄派員勘定界址設卡倫五十九處屬於呼倫貝爾者十有二輪派蒙古官兵戍守設總卡官一員曰外卡倫嗣因防守多疏十一年添設內卡十二以資聯絡咸豐七年復移內卡駐地接近外卡更定名稱裁去三卡改設三臺日久廢弛不存光緒十年於額爾古訥河下遊就外卡十二接設五卡歸璦琿副都統管轄呼倫貝爾境內是時共十七卡庚子之亂卡倫盡毀光緒三十三年副都統蘇那穆策麟重設十一卡倫三十四年呼倫道宋小濂增設至二十一卡每十卡設總卡官一員宣統三年蒙

旗獨立邊卡淪陷民國九年獨立取消善後督辦鍾毓併爲十八卡倫以臚濱室韋奇乾二縣一局爲總卡官十八卡官分隸焉廷恆受事撫綏茲土當規復之初溯經營之蹟顧此廣大河山不勝撫今思古之慨爰掇拾前聞以存其梗概云

沿邊形勢

呼倫貝爾一大區域爲狹長形面積約佔全省三分之一東西廣九百五十餘里南北斜袤二千餘里大興安嶺（即內興安嶺亦曰西興安嶺）縱貫其東南額爾古訥河環繞於西北表裏山河天然形勝盛京通志謂北控俄羅斯南撫喀爾喀山河險固並重龍江誠西北部一重要屏藩也境內山巒盤結以大興安嶺爲正幹尋其脈絡自索岳爾濟山起頂向東北行重巖叠巘起伏蜿蜒亘六百餘里至凱河發源處土人始名曰興安嶺其間高處曰伊克古克達東清鐵路由此通過焉迤北支脈有吉勒奇老山海拉爾河源所由出也又北爲雅克嶺過雅克嶺一百三十餘里峯巒陡起羣山排列曰伊勒呼里山爲興安嶺之最高峯根河牛爾河出焉橫出一幹東行入龍江黑河兩道界此一大山脈乃流入嫩江與額爾古訥河兩水之分水嶺也正幹西北行二百五十餘里曰雉雞場山珠爾干河烏瑪河伊穆河出焉由此東北行達額爾古訥河口與黑龍江匯流處爲渾特山（亦曰揮拍山）自索岳爾濟山至渾特山長約二千六百餘里統曰大興安嶺嶺之西羣山奔赴皆興安嶺之支脈水之著者南有喀爾喀河西南有克魯倫河此二水與地理要塞無關其著要者曰海拉爾河呼倫城在其南岸其注入額爾古訥河處則中俄國界所由分也曰根河元初合答斤等十一部立扎木合爲局兒罕於此（元秘史作立扎木合爲帝於刊木漣河）水寬十丈深一丈五尺距河三十餘里爲官渡口華俄商旅必由之道也（俄人販運煙酒避彼國禁令皆由此潛越華人販運煙酒及入金廠工作者亦必由此渡河統計華俄來往各車日十數輛爲邊防衝要之區）曰吉拉林河（一作哈喇爾河亦作和倫河）我金廠所在地山內金礦稱富有焉沿額爾古訥河右岸支水滙歸皆發源於興安嶺西麓自根河以上山不甚高狀如波濤之起伏至根河以南陡起三峯（滿語曰依蘭哈達）高一百一十丈長二十餘里越根河而北山勢仍斷續不絕過吉拉林至額爾古訥河口一帶沿岸多懸崖峭壁不可攀躋就中紅土崖（河岸有石色如赤霞故名）金剛峯（當河之右岸壁立千仞）臥虎石（河岸怪石蹲踞如虎）尤爲險峻無路可通來往行人非假道於俄即須河冰時方可暢行修治沿岸道途洵爲邊務之急抵額爾古訥河口數嶺相連曰渾特山山以東即黑龍江南岸矣（黑龍江南岸舊屬瑷琿今爲黑河道轄境）縱覽沿疆形勢東以興安嶺爲屏障南及西南與外蒙車臣汗接壤舊設卡倫十九處類皆介在平野無高山大河以爲間阻其爲國防攸關者

自西北以及東北厥爲千五百里之額爾古訥河一水流域計其扼要之處凡五最要者曰滿洲里地鄰俄界爲東清鐵路入境首站商埠既開俄蒙雜處江省邊境第一門戶也次曰根河口當俄人入邊之孔道爲水路之要衝庫克多博卡倫設此（舊爲總卡）今於根河迤北河塢地方移駐警察第二署以資鎭懾焉次曰吉拉林（已設室韋縣治）是處爲沿邊適中之地金廠所在流民叢集土脈膏腴時有俄民越墾誠邊防重要之區也次曰珠爾干河當吉拉林與額爾古訥河口之間東北一帶以此處爲扼要總卡倫舊設於此以資控制今以奇乾縣治移此裁去舊有之珠爾干河一卡於下遊改設奇雅河卡倫焉次曰額爾古訥河口地當倫邊終點距珠爾干河（奇乾縣治）五百餘里去奇乾河（奇乾舊治）二百里其與黑龍江合流處爲俄輪往來之孔道邊務進行設治屯兵此爲重地蓋倫境被山帶河土地寥曠巍然爲西北重鎭清初銳意經畧中原僅以羈縻視之其後劃界設卡遷蒙駐守稍事措置而日久廢弛儼同虛設清季以來幾經整頓防務畧具規模然而盈盈一水航葦可通竄越侵擾無險可扼固我藩籬保我土宇是則籌邊事者所宜兢兢者也

全境疆域方里表

方向＼事別	界至地點	接界地名	距倫城里數
東	興安嶺伊勒克特山	布特哈	三八〇里
南	索岳爾濟山	喀爾喀車臣汗部右翼前旗鎮國公	六八〇里
西	墨爾根哈瑪爾山胡爾海圖卡倫	喀爾喀車臣汗部中前旂扎薩克固山貝子	五七〇里
北	巴彥魯克卡倫額爾古訥河中流	俄國扎拜嘎爾省俄屯	六三〇里
東南	內興安嶺綽爾河源	布特哈	四二〇里
東北	額爾古訥河口	黑河道漠河縣界額爾古訥河與黑龍江匯流處	一五〇〇里
西南	西林呼都克卡倫	喀爾喀車臣汗部中右旂扎薩克多羅郡王	三二〇里
西北	塔爾巴幹達呼山	俄國扎拜嘎爾省	四五〇里

全境道里	
東西寬	一〇六〇里
南北長	一二〇〇里
面積	一二七八七五〇方里

備考：按呼倫貝爾區域南廣北狹為衺長形統四周道里計之截長補短得方里如表列之數

各縣區域道里表 沿革附

縣別	方向	界至地點	接界地名	距縣治里數
呼倫縣	東	興安嶺伊勒克特山西麓	布特哈	二八〇里
	南	索岳爾濟山北麓	布特哈內蒙古科爾沁右翼前旗左翼中旗烏珠穆沁左翼前旗	五一二里
	西	赫勒洪德車站	臚濱縣界赫勒洪德車站	一三〇里
	北	根河南岸	室韋縣界根河北岸	二八〇里
	東南	內興安嶺綽爾河源	布特哈	四二〇里
	東北	根河右岸	室韋縣界根河左岸	三一〇里
	西南	阿魯布拉克奮卡倫	車臣汗中右翼及前旗輝河源迤南	五六〇里
	西北	孟克西里卡倫迤南	臚濱縣孟克西里卡倫	三〇〇里
臚	東	赫勒洪德車站	呼倫縣界赫勒洪德車站	二五〇里
	南	貝爾湖	外蒙喀爾喀車臣汗中右旗扎羅多郡王	六〇〇里
	西	墨爾根哈瑪爾山胡爾海圖卡倫	外蒙喀爾喀車臣汗中前旗扎薩克固山貝子	四〇〇里

縣別	全境道里：東西寬	全境道里：南北長	全境道里：面積	沿革
呼倫縣	三七五里	八一二里	二五〇〇〇〇方里	唐室韋地遼屬上京路金屬北京路明季為索倫達呼爾所居清初屬呼倫貝爾副都統轄地光緒三十四年設呼倫直隸廳民國三年六月正名為縣九年蒙旗反正始實行縣制
臚			方里	清以前與呼倫縣悉同清初屬呼倫貝爾副都統轄地光緒三十四年置臚濱府民國三年六月正名為縣九年蒙旗反正始

縣	方向	界址	鄰界	里數
濱縣	北	十八里草地	俄國扎拜嘎爾省	一五里
	東南	鄂爾都克布拉克	外蒙喀爾喀車臣汗右翼前旗鎮國公	五〇〇里
	東北	由阿巴該圖卡至庫克多博卡額爾古訥河	俄國扎拜嘎爾省俄屯	一二〇里八〇里不等
	西南	胡爾海圖	外蒙喀爾喀車臣汗右翼後旂扎薩克固子貝子	五〇〇里
	西北	馬蹄頁子車站	俄國扎拜嘎兩省	一八里
		六五〇里		
		六一五里		
		三九九七五〇		
		實行縣制		
室韋縣	東	興安嶺山麓	布特哈	二八五里
	南	根河北岸	呼倫縣界	三二〇里
	西	額爾古訥河	俄國敖羅其包打雷屯	
	北	莫里勒克河	莫里勒克河北沿一勺缶俄屯	三二里
	東南	根河上流興安嶺山麓	布特哈	四五〇里
	東北	莫里勒河上游山麓	奇乾縣	三二〇里
	西南	敖維曲力海	敖維曲力海	三四〇里
	西北	額爾古訥河	俄國敖羅其包打雷	
		三三〇里		
		三〇〇里		
		九九〇〇〇方里		
		清以前及清初均與呼倫縣同光緒三十四年擬設直隸廳旋置吉拉林設治局九年蒙旗反正改設縣治		

奇乾縣	東	揮拍山	漠河縣界揮拍山	三〇〇里
	南	興安嶺	嫩江縣界興安嶺	一〇〇〇里
	西	額爾古訥河	俄國扎拜嘎爾省	
	北	額爾古訥河	俄國扎拜嘎爾省	
	東南	揮拍山	呼瑪縣界揮拍山	五〇〇里
	東北	額爾古訥河口	漠河縣界額爾古訥河與黑龍江滙流處以河口爲界點	三〇〇里
	西南	莫里勒克河	室韋縣界莫里勒克河上游	六〇〇里
	西北	額爾古訥河	俄國扎拜嘎爾省	
	五三〇里			
	一〇〇里			
	五三〇〇〇方里			
	清以前及清初均同呼倫縣光緒三十四年歸珠爾干河總卡倫屬宣統三年蒙人自治民國初劃歸黑河道屬九年蒙旗反正設奇乾設治局十一年改設縣治			

備考

各縣疆界係十年會議劃界案就全境區分四縣所定蒙旗牧地包在各縣區域以內其分牧地段另以圖志詳之

按呼倫貝爾從前擬設縣治除呼倫臚濱室韋外未設者尚有舒都一縣(地點定在鐵路東北與扎拉木台遙對)又民國三年規畫縣治凡十一曰奇乾洪郭(雅克山南)甘珠臚南興都(元興都故城東)庫博根河托河牛耳溫河伊穆今祇奇乾設縣

建置

營建昭垂例由內以及外呼倫貝爾經營草昧在昔具有規模茲仍依照舊例先城池官廨市鎮村屯推而至於國界鄂博以及國防卡倫分爲志表以詳之其餘祠廟驛站路航路橋梁各項另行分類列表不加入焉

城池

呼倫貝爾城　在伊敏河左岸中東鐵道南以近海拉爾河又名海拉爾城清時初議建城於扎拉木台雍正十年將軍珠爾海以扎拉木台霜降太早暫作遊牧及試耕場所改勘海拉爾河一帶水草豐茂樹木叢茂禽獸繁殖土地膏腴可以開墾形勢利便可以建城奏請改設定議後迄未興築嗣因交易往來越興安嶺而至齊齊哈爾道險而遠始於伊敏河左岸築土房爲圍劃清街道招山西行商市易爲蒙旗會集場以其地介呼倫貝爾兩湖間遂名曰呼倫貝爾城城周四里餘就商戶市房爲垣缺處間築土障高丈許道光二十七年剏建南北二門起磚樓於其上街心建中門一座東西二門初以木柵爲之光緒三年改修土平門並去街心中門城內南北街二東西街一城外街道四西門外南北街最長南通孔道北接站界新街

官廨

副都統署　清雍正年間建設副都統府與公署前後相連周圍各繞土牆高六尺公署原設有大堂穿堂印務處左右司印房銀庫軍械庫火藥庫子彈庫册檔房各旗軍械庫堆撥房大門東西柵欄門演武廳監獄房都統府設正房東西廂房書房二門大門等項共三十一所計一百零三間光緒七年副都統改設實缺添建册檔房堆撥房庫房萬壽宮稅課司前鋒營街道廳滿官學房及都統府之穿堂東西配房大門左右配房東西柵欄門等項共十八所計四十九間光緒二十六年盡燬於俄亂迄今未修舊址在城西門外偏北西沙山之陽

舊呼倫道署　在城西門外偏南清光緒三十三年建築周圍磚牆計瓦房七十二間今爲副都統借用西院設蒙旗學校

舊設呼倫廳署　在舊道署前與道署同時建築計瓦房五十四間今爲副都統公署及左右兩廳借用東院設蒙旗錢局
督辦公署　鐵路南新街向北樓房一所初係租賃民國十二年由俄人馬利亞出售呈准購置
交涉員公署　尙待建築暫借鐵路官房
交涉分署　設滿洲里借用俄殖民局
鎭守使署　暫借鐵路官房
軍用營房　在城西門外西沙山迤南舊呼倫道署西北民國五年建計土平房四十八間周圍土牆舊爲蒙旗前鋒營今鎭守使軍隊屯駐其地
警察廳署　在城西門外西大街路東面積二百七十二方丈淸光緒三十四年建東廂五間宣統二年續建正房八間均土平房舊爲警察局駐所九年復治改設警察廳署附設屠獸場在伊敏河右岸民國十年建築
呼倫縣署　尙待建築暫由租賃呼倫縣監獄在舊呼倫廳署之右與廳署同時建築昔之監獄房也瓦房九間周圍木牆
臚濱縣署　在滿洲里鐵道南淸光緒三十四年建瓦房十八間民國九年增修監獄五間
室韋縣署　在吉拉林額爾古訥河東岸淸光緒三十二年設治員卞調元建築署房十四間民國十年知事郭文田添造客廳三間監獄三間
奇乾縣署　在珠爾干河原有卡房一所計三間新築東西兩廂各三間拘留所一間監獄尙待建築
按右列以外呼倫貝爾各機關現用衙署大率出自租賃與借用俄房兩端屬於官有者蓋尠不復備載又改建道署後旗署舊有之軍械火藥各庫街道廳堆撥房諸名稱概行裁廢惟監獄房仍舊

市埠

甘珠廟會場　卽壽寧寺道場一名萬人市在城南三百二十里呼倫貝爾城外此爲絕大市場歲以八月爲集期

遠近商賈輻湊列肆陳貨穹廬徧野車馬喧闐頗極一時之盛內外蒙古及本境各旗民趁墟者率驅駝馬牛羊爲交易品國稅收入額亦甚巨地方官親臨監視以資鎮壓並調兵保護貿易說者謂比之江省城西北當日布特哈每歲楚勒罕（譯言盟會也）之盛不稍遜讓云

滿洲里商埠　光緒三十三年由中國自行開放同時並設中國海關定名曰滿洲里關

呼倫商埠　又名海拉爾商埠光緒三十三年由中國自行開放東三省總督徐世昌初擬於海拉爾設滿洲里分關繼以各國商人無來承認租建者蘇副都統體察商業情形請俟辦有成效再行臨時添設

各縣村屯表

縣別	名稱	境界	位置	方向	距縣里數	附記
呼倫	西屯	索倫正黃旗界	海拉爾河南依敏河西	西南	三里	
	南屯	索倫廂黃正白兩旗界	海拉爾河南依敏河西	正南	一五里	
	扎拉木台	索倫廂黃旗界	扎拉木台河口北岸	正東	九〇里	
	墨和爾圖	索倫正白旗界	墨和爾圖河口北扎拉木台河西	東南	一〇〇里	
	莫拉艮	縣界	根河南	東北	二七〇里	
	察罕敖拉	縣界	煤礦西北	西南	二〇里	此村附近煤礦
	扎蘭諾爾	縣界	車站南	東南	六〇里	此村開有煤礦

臚濱

春發屯	孟克西里卡倫界	額爾古訥河南岸	東北	一六〇里	
紅山嘴	孟克西里卡倫界	額爾古訥河南岸	東北	一九〇里	
芳盛屯	額爾得尼托羅輝卡倫界	額爾古訥河東岸	東北	二五〇里	
喇布得林	庫克多博卡倫界	兀尤長城西	東北	三〇〇里	
阿金撓克	庫克多博卡倫界	兀尤長城西	東北	三〇〇里	
大庫里	庫克多博卡倫界	兀尤長城西	正東	三〇〇里	
根河	庫克多博卡倫界	根河西岸	東北	三〇〇里	
得盟古錐	警察第二署界	根河南岸	東北	三二〇里	
那布扎林	警察第二署界	根河南岸	東北	四〇〇里	
五西庫力	警察第二署界	根河南岸	東北	五〇〇里	
月拉乎庫力	警察第二署界	根河南岸	東北	四五〇里	
小河子	巴圖爾和碩卡倫界	額爾古訥河西岸	西南	三〇〇里	此村向東百餘里與六七八九等卡相接
地列木	珠爾特依卡倫界	額爾古訥河西岸	西南	七〇里	

室

水磨	珠爾特依卡倫界	額爾古訥河西岸	西南	六〇里	此村東北六十里爲室韋縣又三十里爲莫里勒克卡
古力不撓	珠爾特依卡倫界	額爾古訥河西岸	西南	四〇里	
各日木	縣界	額爾古訥河西岸	西南	三〇里	
獨木林斯	縣界	額爾古訥河西岸	西南	一二里	
臥牛懷	縣界	額爾古訥河西岸	西南	三里	
各[illegible]其	莫里勒克卡倫界	額爾古訥河西岸	東北	一〇里	
南魯溝	莫里勒克卡倫界	額爾古訥河西岸	東北	二〇里	
吉拉林金廠	縣界		東南	三六里	
一萬撓司克	警察第二署界	河塢河北	西南	二九〇里	
巧納五西	警察第二署界	河塢河北	正南	二八〇里	
納尼拉	警察第二署界	河塢河北	東南	二五〇里	
一立尼欽	警察第二署界	河塢河北	東南	二五〇里	
白茶	警察第二署界	河塢河北	東南	二三〇里	

包大交拉	警察第二署界	河塢河北	東南	二〇〇里	
各拉司納牙	警察第二署界	吉爾布拉河南	西南	三二〇里	
拉不扎過	警察第二署界	吉爾布拉河南	西南	三〇〇里	
蘇沁	警察第二署界	吉爾布拉河北	正南	三〇〇里	警察廳警察二署駐此
巴比來	警察第二署界	吉爾布拉河北	正南	二九〇里	
各拉各納	警察第二署界	吉爾布拉河北	東南	三二〇里	
五西各棉司	警察第二署界	吉爾布拉河北	東南	三五〇里	
下士龍堆	警察第二署界	吉爾布拉河北	東南	三五〇里	
上士龍堆	警察第二署界	吉爾布拉河南	東南	三五〇里	
各拉喬維	警察第二署界	吉爾布拉河北	東南	五二〇里	
比料子	警察第二署界	吉爾布拉河北	東南	三二〇里	一名樺樹屯
吉斗克	警察第二署界	吉爾布拉河南	東南	三二〇里	
卜拉扎貫	警察第二署界	吉爾布拉河南	東南	三二〇里	

韋

大拉克存克	警察第二署界	吉爾布拉河南	東南	三五〇里	
月拉申卜拉扎貫	警察第二署界	吉爾布拉河南	東南	三六〇里	
古立也里	警察第二署界	根河北	西南	四〇〇里	
雪得過力	警察第二署界	根河北	西南	四〇〇里	
哈拉吉	警察第二署界	根河北	西南	三七〇里	
支大	警察第二署界	根河北	東南	三八〇里	
扎不過司	警察第二署界	根河北	東南	三九〇里	
五西五拉根	警察第二署界	根河北	東南	四〇〇里	
五拉根	警察第二署界	根河北	東南	四一五里	
月拉乎五拉根	警察第二署界	根河北	東南	四三〇里	
五由各七	警察第二署界	根河北	東南	四四五里	
太平莊	畢拉爾河卡倫界	畢拉爾河南	西南	二九五里	
姑蘇屯	畢拉爾河卡倫界	畢拉爾河南	西南	二八〇里	此村正北十五里爲畢拉爾河卡

奇

開通村	畢拉爾河卡倫界	額爾古訥河右岸	正南	二五八里	
大興屯	畢拉爾河卡倫界	額爾古訥河右岸	正南	二五里	
西安屯	畢拉爾河卡倫界	額爾古訥河右岸	正南	二三八里	
木通莊	畢拉爾河卡倫界	額爾古訥河右岸	正南	二三〇里	
一酉站	畢拉爾河卡倫界	額爾古訥河右岸	正南	二一〇里	
扎馬屯	牛爾河卡倫界	沿山	正南	二八五里	
隱逸村	牛爾河卡倫界	沿山	正南	一六〇里	
及第莊	牛爾河卡倫界	沿山	正南	一三五里	此村東北二十四里爲牛爾河卡
常隆屯	牛爾河卡倫界	沿山	正南	八五里	
常安屯	牛爾河卡倫界	卡倫西北	正南	八〇里	此村東北七十里爲珠爾干河卡
馬鞍屯	温河卡倫界	額爾古訥河右岸	東北	五〇里	此村北行四十里爲温河卡
烏瑪站	温河卡倫界	温河口東岸	東北	一二〇里	此村正西七十里爲長甸卡東北七十里爲伊穆河卡
大通屯	伊穆河卡倫界	額爾古訥河右岸	正北	三〇〇里	

乾

王家窩堡	奇雅河卡倫界	額爾古訥河右岸	正北	三〇〇里	此村東北二十五里爲奇雅河卡
奇雅河屯	奇雅河卡倫界	奇雅河西岸	東北	三六八里	
興隆鎭	奇乾第二派出所界	奇乾河西岸	正北	四〇〇里	舊奇乾縣治卽奇乾金礦局之西口子
中興屯	奇雅河卡倫界	額爾古訥河右岸	東北	四一〇里	卽奇乾金礦局之腰口子
奇乾金礦局			東北	四三〇里	
王家地營子	永安山卡倫界	額爾古訥河右岸	東北	四一〇里	卽奇乾金礦局之東口子此村正東十八里爲永安山卡
暴頭溝			東北	五〇〇里	在永安山卡西南八十里
周家地營子	永安山卡倫界	額爾古訥河右岸	東北	四五〇里	
石灰窰	永安山卡倫界	額爾古訥河右岸	東北	五二〇里	
額河口	額勒和哈達卡倫界	額爾古訥河右岸	東北	五六〇里	額勒和哈達卡設此

備考

右表所列係各屬散在村屯其沿邊卡倫暨孤單旅店已見於卡倫暨通道表者茲不復及又表列方向里數均係就各縣計算表載各屬村屯名稱漢蒙俄三方語音互見歧出一沿舊稱以從習慣其附記之六七八九等卡係沿用一時之符號卽巴雅斯胡郎圖温都爾胡裕爾和奇巴彥魯克珠爾特依各卡

境內中俄陸路國界鄂博表

名別／事別	方向	地點	設立年月	號數	附記
塔爾巴幹達呼山	倫境西北	塔爾巴幹達呼山向北草地上	雍正五年	五八	塔爾巴幹蒙語旱獺也達呼斗蓬也以山形似之故名
察罕敖拉	倫境西北	察罕敖拉向北貼近於沙羅嶺上	雍正五年	五九	山名蒙語白色爲察罕山爲敖拉
塔奔托羅海	倫境西北	塔奔托羅海向北貼近托羅海嶺	雍正五年	六〇	塔奔蒙語五色也托羅海山頂也山有五頂故名
蘇克特依	倫境西北	蘇克特依向北附近嶺上	雍正五年	六一	山名一作索克圖
額爾瓜里托羅海	倫境西北	額爾瓜里托羅海向北附近之最高處	雍正五年	六二	山名一作額爾庫里托羅海
阿巴該圖	倫境西北	額爾古訥河西岸正對海拉爾河中間在阿巴該圖嶺之凸處	雍正五年	六三	山名一作阿巴哈依圖解見卡倫
備考	按古無所謂鄂博之稱清會典載游牧交界之所無山河爲誌者壘石爲誌謂之鄂博蓋即封堆之説土人又謂爲敖包乃一音之轉也呼倫貝爾西北鄰俄分劃國界設立鄂博自雍正五年恰克圖條約始查當日東路鄂博全案由布爾古特依山南巴彥梁起向東至阿巴該圖共設六十三處屬於呼倫貝爾邊界者凡六則其終止之點也右表所列準此 按恰克圖條約第三條載自察罕敖拉卡倫之封堆至額爾古訥河岸蒙古卡倫之封堆以外兩國派人驗明妥議挖立封堆爲界是爲呼倫設有國界鄂博之證又初議自布爾古特山至阿巴該圖設鄂博四十八處旋於本年定阿巴該圖之約設鄂博六十三處鄂博界點結尾號數均在呼倫邊界又表列方向號數係由西向東計算 查舊有鄂博每處各設兩箇年久備弛悉爲俄人殘毀迄今基址強半糢糊然其地點名稱界點號數存於政府案檔並散見各圖籍者猶可考證云				

沿邊國界卡倫沿革表

事別／名別	音義	設置年代	復設年代 第一次	復設年代 第二次	距倫城各卡里數	對岸俄屯	現在存廢
塔爾巴幹達呼山	塔爾巴幹蒙語旱獺也達呼斗篷也以山形似之故名	光緒三十四年			距倫城四百五十里		廢
察罕敖拉	蒙語白色爲察罕山爲敖拉	雍正五年	光緒十三年		距上卡六十里	沙爾松	廢
蘇克特依	山名	雍正五年	光緒十三年		距上卡六十里		廢
阿巴該圖	山名雍正五年中俄兩國專員勘邊會此値口喝一婦人以水飲之因以名山	雍正五年	光緒十三年	民國九年	距上卡七十里	阿巴該圖	存
孟克西里	孟克泊名西里土阜之意	雍正五年	光緒十三年	民國九年	距上卡九十里	開拉蘇台	存
額爾得尼托羅輝	蒙語額爾得尼多寶貝也托羅輝山也	雍正五年	光緒十三年	民國九年	距上卡七十里	都墎	存
庫克多博	蒙語靑嶺也	雍正五年	光緒十三年	民國九年	距上卡七十里	司大列矣粗魯圖	存
巴圖爾和碩	巴圖爾即巴圖魯勇號之意和碩山角也	雍正五年	光緒十三年	民國九年	距上卡五十里	揶維矣粗魯海圖	存
巴雅斯胡郎圖温都爾	蒙語巴雅斯富也胡郎圖紅也温都爾高峻之謂	雍正五年	光緒十三年	民國九年	距上卡五十里	雜勒闊夫	存
胡裕爾和奇	地名	雍正五年	光緒十三年	民國九年	距上卡四十里	布拉	存
巴彥魯克	蒙語富足之意	雍正五年	光緒十三年	民國九年	距上卡四十六里	別勒維矣布得雷	存
西伯勒布拉克	泉名	雍正五年			距上卡六十里		廢

珠爾特依	蒙語有麅子也	雍正五年	光緒三十三年	民國九年	距上卡四十六里	治羅布其	存
莫里勒克	河名	光緒十年		民國九年	距上卡一百零五里	一勺缶	存
畢拉爾河	河名	光緒三十四年		民國九年	距上卡五十里	西連晉	存
牛爾河	河名	光緒十年		民國九年	距上卡一百十里	巴西洛夫	存
珠爾干河	河名	光緒三十四年		民國九年	距上卡七十里	烏西洛夫	民國十一年十一月奇乾縣治遷設珠爾干河其珠卡遷移奇雅河
温河	河名	光緒十年		民國九年	距上卡九十里	葛其牙	存
長甸	未詳	光緒三十四年		民國九年	距上卡九十里	魯畢	存
伊穆河	河名	光緒十年		民國九年	距上卡九十里	烏留畢	存
奇雅河	河名	光緒三十四年		民國元年歸黑河道管轄九年劃回因近奇乾設治局裁廢併歸伊穆河	距上卡一百里	穆赤幹	此卡於十一年十一月以珠爾干河卡倫移此
永安山	即額勒和哈達蒙人謂之額勒和哈達永安山漢名也添設卡倫因以名之	光緒三十四年		民國元年歸黑河道九年劃回	距上卡一百里	一大各其	存
額勒和哈達	蒙語平安嶺也	光緒十年		民國元年歸黑河道九年劃回	距上卡七十里	司大了克	存

備考

按右表卡倫雍正五年十有二卡爲初設至光緒十年所設下遊五卡爲增設二十六年俄人之亂卡倫盡毁至光緒三十三年蘇副都統重設十一卡倫三十四年宋副都統改爲二十有一宣統三年蒙旗自治卡倫再廢時僅存有奇永額三卡民國元年劃歸黑河道節制九年復治三卡劃回重設今之十八卡倫兹表列相距里數均由西向東計算又珠爾干河駐卡地點較奇乾縣治扼要十一年縣卡駐地相互移置

內卡設置表

初設各卡名稱	設置年月
庫里多爾	雍正十一年
特勒墨勒津	雍正十一年
特尼克	雍正十一年
崇古林	雍正十一年
依拉該圖	雍正十一年
哈濟	雍正十一年
沙拉鄂蘇	雍正十一年
薩勒奇圖	雍正十一年
翁昆	雍正十一年
温都爾鄂勒蘇	雍正十一年
烏蘭剛阿	雍正十一年
布拉克圖	雍正十一年
莫貴圖	雍正十一年
托洛郭圖	雍正十一年
烏爾圖布拉克	雍正十一年

改設各卡名稱	設置年月	方向地點	距離里數
西伯爾昂阿	咸豐七年	城東北喀布勒河岸	距倫城五百里
邁罕圖	咸豐七年	城東北特勒布爾河南岸	距上卡六十里
察拉奇昂阿	咸豐七年	城東北根河南岸	距上卡五十七里
色楮勒吉舍哩	咸豐七年	城北色格勒吉泉東岸	距上卡五十五里
郭爾畢舍哩	咸豐七年	城北郭爾畢舍哩河南岸	距上卡五十里
阿魯胡都克	咸豐七年	城西北薩木依西南	距上卡五十里
西里呼都克	咸豐七年	城西北霍勒博山西	距上卡七十里
布木伯諾爾	咸豐七年	城西北布木伯諾爾泡西岸	距上卡四十里
固勒特格	咸豐七年	城西北海拉爾河口南岸	距上三十九里
阿爾山布拉克	咸豐七年	城西北阿爾山布拉克泉南岸	距上卡五十里
烏噶拉吉布拉克	咸豐七年	城西北烏噶拉吉布拉克泉南	距上卡四十九里
達西瑪克布拉克	咸豐七年	城西北達西瑪克布拉克泉南岸	距上卡七十里

備考：右表所列十五內卡係因外卡防備疏漏初次所增設惟內外相距一二百里不等仍不足資聯絡故復移內就外相距三四十里另立名稱與地點改設十二卡倫並裁去三卡改作三台（三台見驛站表）改設各卡相距里數係由東向西計算初設各卡地點里數無考方向與改設同今併廢

喀爾喀布特哈兩邊接界卡倫表

界別	名別	方向	地點	設置年代	距倫城各卡里數	現在存廢	附記
喀爾	錫拉產	城西北	錫拉產山南	道光二十七年	距倫城八百十里		
	克勒木圖	城西北	克勒木圖泉東岸	道光二十七年	距上卡八十里		
	西巴爾圖	城西北	西巴爾圖泉東岸	道光二十七年	距上卡九十二里		
	哈普奇該圖	城西北	額爾得尼山西	雍正十二年	距上卡十八里		
	阿魯勒圖	城西北	扎拉山東	雍正十二年	距上卡五十九里		
	扎拉	城西北	扎拉山東	雍正十二年	距上卡六十里		
	布爾克爾	城西北	克魯倫河北岸	雍正十二年	距上卡七十里		
	霍爾開圖	城西北	墨爾根哈瑪爾山西	雍正十二年	距上卡五十八里		
	哈沙圖	城西	平野地方	雍正十二年	距上卡六十五里		城西平野地方有乾井一蒙人謂井乾曰哈沙圖
	音陳	城西	平野地方	雍正十二年	距上卡七十里		
	阿魯布拉克	城西南	阿魯布拉克泉西岸	雍正十二年	距上卡五十八里		

喀	莫端哈沙圖	城西南	平野地方	雍正十二年	距上卡一百零四里		
喀	扎密呼都克	城西南	貝爾池之西	雍正十二年	距上卡五十一里		
喀	布隆德爾蘇	城西南	貝爾池西北	雍正十二年	距上卡五十里		由呼倫赴北京張家口通道
喀	烏蘭剛阿	城西南	沙拉爾吉河口	雍正十二年	距上卡五十里		
喀	額爾都克布拉克	城西南	沙拉爾吉河東岸	雍正十二年	距上卡六十七里		
喀	西林呼都克	城西南	沙拉爾吉河源之東	雍正十二年	距上卡六十里		
喀	諾門罕布爾都	城西南	諾門罕布爾都泉西	雍正十二年	距上卡七十里		
喀	烏木克依布拉克	城西南	呼拉特山西	雍正十二年	距上卡五十六里		
布特哈	庫魯格	城東稍北	興安雅克嶺西	咸豐十年			
布特哈	哲爾古里	城東北	哲爾古里河源	咸豐十年	距上卡五十五里		
布特哈	根河	城東北	根河南岸	咸豐十年	距上卡一百二十里		
布特哈	鄂勒霍諾	城東北	鄂勒霍諾河北岸	咸豐十年	距上卡一百十里		
布特哈	布魯	城東北	布魯河南岸	咸豐十年	距上卡一百二十里		

莫里勒克	城東北	莫里勒克河南岸	咸豐十年	距上卡一百十里	

備考

按右列喀爾喀界各卡係與喀部分界而設雍正時之十六卡爲初設道光時之三卡爲增設其方向里數係由西北繞向西南計算旗署原載志稿於錫拉產下註明距倫城里數以爲起點玆表列後設各卡於前一仍其舊

旗署志稿又載自阿魯布拉克至烏木克依布拉克共九卡前與喀部車臣汗郡王托克托胡圖魯爭執牧地案未解決卡倫封堆以是未能修治

右表布特哈界各卡係就倫城方面起算由近及遠以次而列

沿邊國界卡倫弁兵數目一覽表

卡倫別＼弁兵別	卡官	卡副	通事	卡目	馬兵	步兵
阿巴該圖	一	一	一	一	二	七
孟克西里	一	一	一	一	二	八
額爾得尼托羅輝	一	一	一	一	二	八
庫克多博	一	一	一	一	二	七
巴圖爾和碩	一	一	一	一	二	七
巴雅斯胡郎圖溫都爾	一	一	一	一	二	九
胡裕爾和奇	一	一	一	一	二	九

巴彥魯克	一	一	一	一	二	九
珠爾特依	一	一	一	一	二	九
莫里勒克	一	一	一	一	二	九
畢拉爾河	一	一	一	一	二	九
牛爾河	一	一	一	一	二	九
珠爾干河	一	一	一	一	二	一二
温河	一	一	一	一	二	九
長甸	一	一	一	一	二	九
伊穆河	一	一	一	一	二	九
永安山	一	一	一	一	二	一二
額勒和哈達	一	一	一	一	二	一二
統計	一八	一八	一八	一八	三六	一六三
備	右表十八卡爲現行制舊於庫克多博珠爾干河兩卡各設總卡官一今廢改以臚濱室韋奇乾三縣知事爲總卡官其分隸界劃首四卡屬臚濱中六卡屬室韋末八卡屬奇乾又從前沿邊水陸各卡弁兵駐防情形已見邊務略中茲不贅述					

考	查阿巴該圖庫克多博兩卡爲俄商民入境貿易必經之地禁暴詰奸兩卡爲最要關隘
說明	按卡倫爲古區脫遺制（區脫土室也胡兒所居邊境以更番候望）在滿語謂之喀倫俗稱卡路關隘設兵瞭望之所也呼倫貝爾地處三邊當水陸要塞自清雍正時與俄分界築立鄂博後沿邊三面並設卡倫惟其間建設既非同時變置又不止一次以上各表係今昔卡倫制分錄而彙存之併入一類以資考證

呼倫貝爾督辦公署全影

黑龍江呼倫貝爾交涉員公署

駐滿洲里呼倫貝爾交涉員公署

官制

呼倫貝爾一大區域廣袤千里土曠人稀各民族在昔游牧其地轉徙無常所謂行國制非如內地郡縣制也滿清以來一再經營始由酋長部落易而爲屯戍駐防復由屯戍駐防進而爲設官分治考其措置之沿革自雍正五年中俄恰克圖條約設立國界鄂博後注重邊防於雍正十年撥來索倫額魯特新巴爾虎各部落先後分設五翼五總管及副管以下等官分轄各部由京簡派大臣一員加副都統銜以三年爲任期坐鎮其地資統率焉乾隆八年改爲副都統銜總管十六年鑄發關防至光緒六年黑龍江將軍定安奏以副都統銜總管實任與各總管品秩相當分位難資表率且中外交涉日繁總管職微權輕責任不屬遇事毫無把握每貽外人譏笑請准改設副都統實缺改發銀印以重事權其索倫額魯特新巴爾虎三部各總管等官設置仍舊一歸副都統管轄副都統直隸於將軍光緒二十年黑龍江將軍增祺奏准收籠管理鄂倫春牲丁等變通章程案將興安城原設鄂倫春總副管各官裁撤於黑龍江墨爾根布特哈呼倫貝爾四城各添設協領一員專管鄂倫春事宜呼倫貝爾此設有協領其原設之托河路一路兩佐劃歸呼倫貝爾副都統管轄副都統署內則設有三司曰印務處堂司掌管副都統印信曰左司掌收發官兵俸餉及經理別項財政曰右司掌驗放官兵各缺及徵調審判諸事此三司由各旗總副管佐領驍騎校輪值充差光緒三十三年擬改民治奏派宋小濂護理副都統嗣因蒙旗風氣未開驟難變革將各項行政事務分別緩急次第舉辦所有例行關係旗務事項仍歸各司承辦而五翼總管以下等官兵悉如舊制惟創辦各要政以旗員情形隔閡別於署內設文案處而以調查局副之設會計所以綜核度支三十四年設邊墾總局辦理全倫墾務及添設沿邊卡倫前設之會計所及後立之官貨局俱附屬焉滿洲里則設邊墾分局於吉拉林設設治委員其他巡警交涉各局暨稅課司發審處亦均先後成立凡此草創規模已樹改設民治之先聲宣統元年實行民治東三省總督徐世昌黑龍江巡撫周樹模奏准裁撤江省各副都統改設道員以愛琿呼倫兩處交涉關稅事務較重且有統馭部屬之責呼倫貝爾改設兵備道加參領銜兼轄旗務於道所駐在地添設呼倫直隸廳滿洲里設

臚濱府知府同時又於海滿兩埠各設駐防兵一營並經奏准擬將吉拉林設治局改設室韋縣於免渡河添設舒都廳其從前副都統所轄舊設之五翼總管暨副管以下等官兵統歸道員節制副都統署所屬之處司員額亦次第裁撤改由道署自辟掾屬分股辦事前設之發審處稅課司亦酌量裁改其府廳審理民刑訴訟以蒙漢言語不通情實難盡則另訂陪審章程由各旗遴送合格蒙員委充陪審員旁聽繙譯不准干預審判此清時呼倫貝爾旗民官制之大略也宣統三年蒙旗獨立民官一律停廢惟一鐵路交涉局（光緒二十八年設）時尚存在民國四年以中俄會定條件蒙旗取消獨立定爲特別區域復設副都統原職副都統署之左右司改爲左右兩廳各設廳長一員裁印務處另立文案處設處長一員及顧問幫辦辦事員各職民國八年蒙旗歸政取消特別區域副都統歸督軍節制增設陳巴爾虎總管一員暨總管以下各官民國九年恢復民治制改設善後督辦兼交涉員一員官制與道尹同由省署擬訂督辦公署暫行條例（條文附後）咨請國務院核准奉行旗署設官仍舊所有旗務復歸副都統管轄督辦所屬設警察廳一改設呼倫臚濱二縣添設韋一縣奇乾設治局一以各縣知事兼各縣警察所長督辦公署兼交涉員署內分設四科各設科長一員一曰外交承督辦兼交涉員之指揮辦理所屬及關於呼倫旗屬一切交涉事件二曰總務承辦本署籌辦邊防國界徵搉測繪收發會計庶務及不屬於各科事件三曰民治承辦本署所屬一切民治邊墾並兼核各屬司法行政事項四曰教育兼實業承辦本署所屬漢蒙各學校及一切漁鹽牧礦工商各實業事項旋以經費裁減徵搉司法教育實業各項另歸直接統系實行幷爲外交行政財政三科分科辦事於滿洲里設交涉員辦事處專辦交涉事宜同年復移調鎭守使一員統帶陸軍江省第二混成旅駐海拉爾於所屬三縣一局各增設徵收局一歸財政廳直轄民國十年善後督辦兼任清鄉會辦奇乾設治局改設縣治就原有鐵路交涉局改兼市政局是年中東路權收回於海拉爾滿洲里兩埠治外區域分設特別區第五第六兩法庭並特別區警察第五總署及分署此外屬於中東鐵路部分者如駐滿之護路軍哈滿司令部兼海滿警備司令部鐵路警察第三段分駐海滿之鐵路技術部及屬於稅捐之中國海關建設年期先後不等統屬機關不一（詳各分表）要皆爲呼倫貝爾之各種重要官制茲就今昔所設施釐爲旗官制民官制附以統系現制職官各表存其梗概其他不屬官制

分別列入各門以類相從均散見焉

旗屬官制

副都統一員　雍正十年初設由京派員加副都統銜乾隆八年改設副都統銜總管光緒六年改設副都統實職宣統元年裁廢改設兵備道加參領銜民國元年道職復廢民國四年復設副都統今存

總管六員　雍正十年初設索倫二員額魯特一員十二年設新巴爾虎二員民國八年陳巴爾虎由索倫部屬分立增設一員今存六員

協領一員　光緒二十年增設今存

副管九員　雍正十年初設索倫八員（左右翼各四）新巴爾虎八員（左右翼各四）額魯特一員乾隆七年索倫裁四員八年新巴爾虎裁四員額魯特裁一員民國八年陳巴爾虎增設二員索倫左翼一員今共存九員

佐領五十九員　雍正十年初設索倫五十員額魯特一員十二年設新巴爾虎四十員乾隆（年歲無考）索倫裁二十六員撥回布特哈留二十四（左右翼各十二）八年新巴爾虎裁十六員留二十四（左右翼各十二）額魯特增設一員光緒二十年由興安城移來兩佐計二員民國八年陳巴爾虎增設十二員索倫左翼裁五員今存索倫左翼七員右翼十二員新巴爾虎兩翼二十四員陳巴爾虎一部（不分左右翼）十二員額魯特二員鄂倫春二員共五十九員

驍騎校六十一員　各員設裁額數年月均與佐領同內惟額魯特增設二員今存共六十一員

護軍校二員　雍正十年額魯特設二員今存

副都統署筆帖式　同治十二年設二員光緒七年設二員今存

（委額外）筆帖式　乾隆四年設二員七年設四員光緒七年設六員共十二員今存十員

蒙文繙譯筆帖式　雍正十年初設一員由理藩院揀派乾隆七年理藩院筆帖式調回改由本處副都統於領催披甲內揀放並增設一員共二員今裁

滿文筆帖式　雍正三十一年設二員揀放同蒙文繙譯今裁

索倫各部筆帖式　乾隆四十八年設五員同治十二年設五員民國八年陳巴爾虎設二員共十二員今存

鄂倫春辦事委筆帖式　光緒二十年設二員今存

十七台管台筆帖式　光緒七年設二員今裁

滿官學教習　光緒八年設一員今裁

按右載旗屬各官員增減存裁係就清制越及今茲而言其今職改定詳細額數見下現制表

民治官制

善後督辦兼交涉員一員　宣統元年初設呼倫兵備道民國元年道缺廢止民國九年改設今職

警察廳長一員　民國九年初設

呼倫縣知事一員　宣統元年初設呼倫直隸廳民國元年廳缺廢止民國九年改設今職

臚濱縣知事一員　宣統元年初設臚濱府民國元年府缺廢止民國九年改設今職

室韋縣知事一員　光緒三十四年初設吉拉林設治局民國元年廢止民國九年改縣設今職

奇乾縣知事一員　民國九年初設奇乾設治局民國十年改縣設今職

按右載民治官制僅以行政方面直接統屬爲限其他軍事路政徵権司法各官另表分別各門可參考焉

副都統屬現官制統系表

副都統
- 本署
  - 左廳（左司改設）
  - 右廳（右司改設）
  - 文案處
- 旗屬
  - 索倫（達呼爾部旗附內）左右翼二四旗（各設總管以下等官）
  - 新巴爾虎左右翼四旗（各設總管以下等官）
  - 陳巴爾虎二旗（無左右翼統爲一部設總管以下各官）

舊設道屬統系表

- 額魯特一旗（無左右翼不設副管歸總管直轄）
- 鄂倫春一旗（無左右翼不設副管歸協領直轄）

兵備道兼參領銜

- 本署
  - 文牘兼司法股
  - 邊墾兼交涉股
  - 蒙旗股
  - 財政兼會計所
  - 收發兼庶務處
  - 由道員自委僚屬不拘漢滿蒙人
- 民官
  - 呼倫廳
  - 臚濱府
  - 吉拉林設治局
- 旗屬（與副都統表同）
- 邊卡（沿邊二十一卡倫）

善後督辦各屬統系表

善後督辦兼交涉員

- 本署原設
  - 外交科
  - 總務科
  - 民治科
  - 教育兼實業科
  - 改併
    - 第一外交科
    - 第二行政科
    - 第三財政科
    - 交涉員辦事處（分設滿洲里）
- 民官
  - 警察廳
  - 呼倫縣
  - 臚濱縣
  - 室韋縣
  - 奇乾縣
- 邊卡（沿邊十八卡倫）

副都統屬現制官長員書額數表

署別	職別	現制	舊制	比較
副都統公署	副都統	一	一	無增減
	廳長	二	無	增二
	文案處長	一	無	增一
	顧問	一	無	增一
	幫辦	二	無	增二
	辦事員	五	無	增五
	漢文主稿	一	無	增一
	主稿筆帖式	六	二三	減八
	委筆帖式	八		
	書記	一七	無	增一七

各					
總管	索倫	左翼	一	五	增一
		右翼	一		
	新巴爾虎	左翼	一		
		右翼	一		
	陳巴爾虎		一		
	額魯特		一		
	統計		六		
協領	鄂倫春		一	一	無增減
副管	索倫	左翼	一	八	增一
		右翼	二		
	新巴爾虎	左翼	二		
		右翼	二		
	陳巴爾虎		二		

署

類別	部別	翼別	員數
（前表）	統計		九
佐領	索倫	左翼	七
佐領	索倫	右翼	一三
佐領	新巴爾虎	左翼	一三
佐領	新巴爾虎	右翼	一三
佐領	陳巴爾虎		一三
佐領	額魯特		二
佐領	鄂倫春		二
佐領	統計		五二
驍騎校	索倫	左翼	七
驍騎校	索倫	右翼	一三
驍騎校	新巴爾虎	左翼	一三
驍騎校	新巴爾虎	右翼	一三

類別	總數	增
佐領	五二	七
驍騎校	五二	九

署	官名	旗別	員數		增減
		陳巴爾虎	一二		
		額魯特	四		
		鄂倫春	二		
		統計	六一		
	護軍校	額魯特	二	二	無增減
	筆帖式	素倫左翼	二	一三	增二
		素倫右翼	二		
		新巴爾虎左翼	二		
		新巴爾虎右翼	二		
		陳巴爾虎	二		
		額魯特	二		
		鄂倫春	三		
		統計	一五		

備考	右表現官制係入民國後改定其副都統公署所列筆帖式舊制額數包有已裁滿蒙譯員四員十七台管台筆帖式二員在內又舊制達呼爾部併入索倫以內今仍之

歷任職官表一

職別＼事別	姓名	字	籍貫	到任年月	紀事
副都統衙	哈達哈		京都旗佐失考	雍正十三年	由內大臣簡放
	色楞額		京都旗佐失考	乾隆二年	
	堆訥		京都旗佐失考	乾隆三年	
	瑪爾柏		京都旗佐失考	乾隆四年	
副	帕圖		齊齊哈爾正藍旗滿洲	乾隆八年	本年改設副都統銜總管
	失名		呼蘭廂白旗滿洲	乾隆十四年	
	胡爾奇		齊齊哈爾廂藍旗滿洲	乾隆十九年	
	卓里雅		齊齊哈爾廂白旗滿洲	乾隆二十四年	
	胡爾奇		齊齊哈爾廂白旗滿洲	乾隆二十五年	
	悅屯		布特哈正黃旗	乾隆二十九年	

都統銜

姓名		籍貫	任職年份
喜瑞		布特哈正白旗	乾隆三十一年
通安岱		齊齊哈爾正黃旗滿洲	乾隆三十八年
三保		布特哈正紅旗	乾隆四十四年
賡傑蘇		布特哈正黃旗	乾隆五十四年
依林保		寧古塔旗佐失考	乾隆五十五年
噶塔布		京都正黃旗滿洲	乾隆五十七年
當紳保		京都正紅旗滿洲	嘉慶元年
托爾托保		墨爾根廂藍旗	嘉慶四年
色玉紳		京都廂藍旗滿洲	嘉慶十二年
胡勒岱		齊齊哈爾正黃旗滿洲	嘉慶十四年
舒爾哈善		吉林廂白旗滿洲	嘉慶十九年
精新保		京都正白旗滿洲	嘉慶二十四年
色爾滾		布特哈正黃旗	嘉慶二十五年

總管

希郎阿		齊齊哈爾廂白旗滿洲	道光七年	
博多渾		布特哈正白旗	道光九年	
巴雅爾		布特哈正白旗	道光十四年	
花山泰		京都正黃旗滿洲	道光十九年	
豐紳		京都廂白旗滿洲	道光二十年	
額勒恆額		京都正白旗滿洲	道光二十三年	
德常		吉林正黃旗滿洲	道光二十五年	
奎福		吉林正黃旗滿洲	咸豐二年	
依成額		吉林旗佐失考	咸豐四年	
吉拉明阿		齊齊哈爾正黃旗滿洲	咸豐六年	
珠勒格訥		布特哈正黃旗	咸豐七年	
明通		京都廂黃旗滿洲	同治二年	
布爾和德		京都正白旗滿洲	同治九年	

官職	姓名	字	籍貫	到任年月	備考
	薩克信		京都正白旗滿洲	同治十三年	光緒六年奏准改副都統實缺
副都統	雙齡		京都正白旗滿洲	光緒十四年	
	烏善		齊齊哈爾正白旗滿洲	光緒二十一年	
	依興阿		齊齊哈爾廂藍旗滿洲	光緒二十四年	
	蘇那木策林	榮軒	齊齊哈爾廂紅旗滿洲	光緒三十一年	
兵備道	宋小濂	友梅	吉林	光緒三十三年十月	初任護理副都統宣統元年改道
	毛祖模	艾孫	江蘇太倉		光緒三十四年請補未到任
	于駟興	振甫	安徽壽縣	宣統三年四月	
	黃仕福	堉焱	浙江山陰	宣統三年十一月	
	慶善	同甫	旗佐失考	宣統三年十二月	
	慶山		旗佐失考		民國元年委未到任
副都統	勝福	介軒	索倫正黃旗達呼爾	民國四年	
	貴福	紳五	索倫正黃旗達呼爾	民國八年十二月	

職別	姓名	字	籍貫	到任年月	紀事
督辦兼交涉員	鍾毓	輯五	奉天瀋陽	民國九年二月	
	程廷恆	守初	江蘇崑山	民國十年四月	
備考	按右列副都統兵備道督辦三職均屬同級官制惟民國九年以前係就歷任先後載入民國九年以後兵備道改稱督辦副都統設置仍舊同時並立兩署機關又到任欄內月份失考者概從闕注				

歷任職官表二

職別	姓名	字	籍貫	到任年月	紀事
呼倫警察廳廳長	郎官普	菊辰	奉天新民	民國九年三月	
呼倫直隸廳同知	王莘林	可耕	吉林榆樹	宣統元年六月	
	王英敏		失考	宣統三年四月	
	翟文選	錫仁	吉林雙城	宣統三年六月	
呼倫縣知事	何如銘	雲台	甘肅狄道	民國九年二月	改設縣治初任
	郭曾煜	亦廉	福建侯官	民國十年十二月	
知	張壽增	鶴延	順天	光緒三十四年六月	

臚濱府	錫廉		失考	宣統三年九月	呼倫稅局專辦代理府篆
臚濱府	張壽增	鶴延	順天	宣統三年十一月	回本任
臚濱縣知事	趙春芳	香圃	直隸灤縣	民國九年二月	改設縣治初任
臚濱縣知事	楊鳳旭	東生	福建侯官	民國十年八月	
臚濱縣知事	董文瑞	紀五	吉林雙城	民國十一年九月	
室韋縣知事	郭文田	雅亭	熱河赤峯	民國九年二月	本年吉拉林設治局改設縣治初任
室韋縣知事	馮潤章	憲僑	奉天昌圖	民國十一年八月	
奇乾縣知事	李玉琛	獻廷	奉天莊河	民國九年十月	原充奇乾設治局委員民國十年改設縣治初任
備考	按右列職官係就前後兵備道督辦直接統屬爲限其非直隸之他項職官詳見各分表茲不贅列又呼倫廳臚濱府入民國後二職廢止民國九年改設呼倫臚濱二縣				

呼倫貝爾督辦公署暫行條例

第一條　呼倫貝爾隸屬於黑龍江省設善後督辦公署置督辦一員由大總統簡任依其職權辦理該區域內一切善後事務兼理交涉事項監督所屬職員暨該區域內之各縣知事並受省長之特別委任督辦一切事務

第二條　督辦公署得自委掾屬分設各科處理各項事務其職掌員額由督辦擬訂呈請省長核定並咨部備

案

第三條　督辦公署爲繕寫文件管理檔案得酌用僱員

第四條　督辦於所屬各縣知事之命令或處分認爲違背法令妨害公益或侵越權限時停止撤銷其命令或處分仍呈報省長

第五條　督辦於所屬各官吏認爲有應行獎懲之事實者分別呈請省長核辦

第六條　督辦於所屬各縣知事遇有事故或出缺時得委員代理并就分發黑龍江省之知事或薦任職内遴員呈請省長核擇任用

第七條　督辦對於特別官署之監督方法各依其官制定之

第八條　督辦受省長命令對於所屬駐紮之巡防警備各隊得節制調遣之

第九條　督辦於非常事變之際需用兵力或爲防衛起見需用兵備時得呈由省長請駐紮鄰近之陸軍派兵處理但因特别情形不及呈請時得逕向各該軍隊長官請其出兵

第十條　督辦遇有非常緊急或特别重要事件於呈報省長外得逕呈大總統

第十一條　督辦公署處務細則暨各科員額分配俸給數目由督辦按照該處情形詳細擬訂呈請省長核定并咨部備案

第十二條　督辦公署之經費另定之

第十三條　本條例自公布日施行

邊務

自來籌邊事者不外移民墾殖屯兵戍守二端呼倫貝爾游牧成風草萊未闢邊線綿遠堡障必嚴安內禦外在在胥賚擘畫以境界言西南兩方接喀部車臣汗西北一帶與俄羅斯爲鄰三面介在邊陲均爲衝要地點而以邊患言喀部在清初已傾心內屬列爲外藩今更五族融洽疆域相安向無侵擾呼倫貝爾之最重邊防實惟額爾古訥河一千五百里之天然界限攷額爾古訥河一水中流爲中俄國界所由分而中國最初之國界原不僅止於額爾古訥河自康熙二十八年締結尼布楚條約以外興安嶺額爾古訥河格爾畢齊河爲兩國國界舉額爾古訥河西北一帶土地輕以畀敵（詳見外交）中國界務在江省西北者於是劃分而呼倫貝爾之邊防亦卽於是開始經營在未設副都統之先初歸黑龍江將軍管轄定察邊之制於中俄分界處歲以五六月間派齊齊哈爾墨爾根黑龍江協領各一員佐領驍騎校各二員共兵二千四百名分三路至格爾畢齊額爾古訥莫里勒克（在額爾古訥河右岸現設卡倫）楚爾海圖（卽粗魯海圖河在巴圖爾和碩卡倫對岸今屬俄境）等河巡視有無牧痕以防侵越碑界察邊卓帳處齊齊哈爾在格爾畢齊額爾古訥二河墨爾根在莫里勒克河黑龍江在楚爾海圖河定例每齊齊哈爾協領與墨爾根協領會墨爾根協領與黑龍江協領會各書姓名年月於木牌瘞山上明年察邊者取歸呈將軍副都統復各瘞木牌以備後來考驗（其時行程漫無轍迹擇大樹去皮識之以認歸路或就地理之隆土作豕形餱糧之不能攜則囊掛樹上以寄之）至雍正十年始設副都統專員由布特哈阿爾太車臣汗等處先後撥來索倫達呼爾巴爾虎額魯特新巴爾虎各旗兵丁六千五百名分牧駐防歸副都統輪派官兵戍守其佈防界線及支配方法喀部車臣汗界先後設十九卡每二卡官一員兵十名每月一換東路布特哈界之六卡每卡兵五名共官一員兩月換防沿邊防俄則根據恰克圖條約初設十二卡倫（陸界三卡水界九卡）總卡官一員分卡官各一員兵各三十名防期三月一換兩卡間設一鄂博逐日巡查俄人越界牧墾情事繼以卡防單薄重設內卡十五處藉壯聲援乾隆五年復增設總卡官一佐領二蒙古包四十八（每卡四包）咸豐七年以內外卡倫相距窵遠（一二百里不等）呼應不靈移內就外相距三四十里以便接近光緒十年爲防俄人越界採金復於額爾古訥河下流增設五卡此清室曆代防邊之

大較也在昔經制之初寓兵於牧既宏休養生息之圖復合勞逸平均之道非不意美法良無如承平日久故事敷衍沿邊卡務餉少兵單甚至士呼庚癸鼻息仰人俄人利用我飢餒士卒施以一飽之惠即甘爲守牧牛羊之隸役邊務至斯不堪言狀至光緒二十六年庚子一役沿邊卡倫盡燬於俄迨三十三年蘇副都統重設十一卡倫期復舊制（下流各卡時尚闕如）三十四年護副都統宋小濂蒞任慨邊務廢弛倣古屯田遺制爲實邊政策以蒙人不習耕稼一律改用漢人增設至二十一卡每卡弁一員兵二十二名五卡設一卡官十卡設一總卡官以耕爲成分給牛馬各項墾資經此一番整頓越墾土地漸次收回伐木刈草皆知歛迹商賈聞風而來農民日漸坿聚從兹一意進行不難漸臻充實乃自辛亥民國告成蒙旗被煽獨立漢官退讓兵匪紛起卡制大擾其時珠爾干河總卡官趙春芳與額勒和哈達卡官李玉琛招撫叛兵編練馬步隊保護奇漠兩金廠支持下游殘局奇永額三卡賴以未陷至民國九年俄黨內訌蒙旗以種族大義幡然內附請命中央取消自治一時復設有漢蒙各官沿邊縣治海滿兩埠分屯重兵兩旅而呼倫一隅至是重放光明曆考呼倫貝爾邊務情形在光緒三十三年以前純取游牧備兵主義光緒三十三年以後改用屯田實邊主義因時制宜均屬籌邊善策徒以法久弊滋蒙兵輪戍之制幾同虛設兼之外侮內亂事變迭乘經庚子辛亥兩役邊局殘破幾有不可收拾之狀民國十年善後督辦鍾毓規復邊防重設十八卡倫每卡官一員兵十餘名以沿邊三縣知事兼充三總卡官邊卡制度漸復舊觀（延恆）繼任鑒於前人經畫參酌目前局勢就沿邊三縣十八卡撥地招墾減緩租賦以符固圉實邊之計畫並於河塢要隘移駐警官三員警士五十名資鎮戍焉而額爾古訥河下游各縣電報電話亦於同時籌設節節進行力謀發展惟是國防所在水陸地帶衝要繁多起視額爾古訥河兩岸彼則村屯蟻聚我則汛地星疏滿洲里一埠彼則路線橫穿我則形勢莫扼況乎自珠爾干河以下山嶺險峻道路急待開通海拉爾河以北土質膏腴樹藝更須興作又均爲籌邊務者不容置諸緩圖者乎

附錄宋小濂籌邊條陳

（欽帥大帥）鈞座敬稟者竊（職道）能薄識寡政略未嫻猥蒙憲台知遇奏護呼倫貝爾副都統深懼弗克勝任上負朝廷

眷念邊陲憲台委任責成之至意到任以來業將大概情形暨添設各局處章程分別稟呈在案嗣於逐日接見官商詳加諮訪並證以平素之所見聞於地方形勢蒙旗情狀似已得其要領未嘗不喟然於經營之未免過晚而又懍然於更張之不敢過驟也查呼倫貝爾雖係江省轄境然興安一嶺橫絕其東儼有天然甌脫之勢而又西北東三面與俄國接壤西南與各蒙爲鄰鐵軌貫穿腹地間道直達京師邊防之重莫重於此庚子變後外人乘機進取不遺餘力而所屬各蒙旗猶渾渾噩噩純在游牧時代語以大局懵然罔知猶頑癬然搔之不癢割之不痛故近數年來權利放棄殆盡若輩尙處之晏然談邊略者怵於時局之危多謂非銳意經營極力改革如裁撤旗官駐紮新軍設官招民大興屯墾以及學堂實業各新政均一一毅然實行弗稍遷就恐不足以固我邊圉消彼覬覦夫論者誠是矣然愚以爲理無或易勢有難行竊慮夫百廢俱興無論需款浩繁一時無從羅掘而張皇過甚易招強隣之忌變更太驟或失蒙旗之心此貳彼虞兩相勾結恐我之政策未行而邊事已不堪問矣爲今之計莫若通盤籌畫預定辦事宗旨以備逐漸興舉固不敢因循以誤事亦不必急遽以求功惟當分別緩急擇要切實作去徐圖進步冀收得寸得尺之效則邊務庶有豸乎茲將豫籌各事辦法開列於左一旗務查呼倫貝爾所屬各蒙旗計口三萬有餘人情樸厚牧畜藩滋且皆節儉耐勞奉法維謹前職道到任時奉宣德意不過數言官兵皆同聲感激若能開誠布公逐加開導尙能爲國效用屏蔽邊疆但僻處荒野風氣錮塞習慣所結開化驟難倘操之過激各蒙疑懼生心轉於事機有碍非加意安撫不易爲力顧安蒙之道有二一副都統以下等官暫勿裁改查本屬各蒙旗係新舊巴爾虎達呼里索倫額魯特各種部落錯居雜處較扎賚特郭爾羅斯杜爾伯特各蒙之祇係一族又有王公貝子爲之鎭攝及各城滿漢旗人之漸開化者逈乎不同全資副都統總副管以下各官層遞管轄而各蒙旗心目之中又祇知有副都統故二百年來極爲帖服本年春間憲台奏定東三省官制內有裁撤各城副都統一條原以既建行省自應添設民官惟此間現在無民可治熟察情勢尙非其時裁減額兵各蒙官已有連累而及之懼似應將不卽裁改之意早日決定宣布以安其心況蒙官均屬半俸國家歲費無幾又何惜此虛名不暫留以資維繫耶一舊有旗務與現行各事須畫分辦理緣各蒙旗狃於故常於新政

不知所謂若驟令其革故從新必非所願職道前請另設文案會計調查審判各局處卽爲別立行政機關振興一切其副都統衙門及各旗向日例行如官府文書司員差事徵收稅務民間習尙等事一切暫仍其舊但於事之有弊者逐加整頓迨新治推廣濡染既深然後隨時變通以歸一致職道非敢依違兩可持以邊務關繫重要此無侵擾彼無阻抗乃可安心布置放手作去也一邊務查呼倫貝爾轄境三面隣俄沿邊一千餘里西北自塔爾巴幹達呼山起東北至額爾古訥河口止一望荒涼幾同無人之境俄境則屯鎭相望星羅棋布庚子變後彼族乘勢侵越如採礦開墾捕獵暨取木植羊草等事一皆聽其所爲無人過問近雖漠礦收回而邊境空虛如故所失仍屬不少然必遷民實邊或大興屯墾則又需費甚鉅財力實有未逮規時度勢惟有畧仿屯墾之意先從小處切實辦起立定基礎徐求擴充其辦法仍由卡倫入手查沿邊舊有卡倫經亂廢置上年前任蘇副都統復設十一處每卡蒙兵數名餉薄兵單異常困苦不惟不能守邊且恐藉以盜賣草木爲俄人利用現擬變通辦理每四十里設一卡倫每卡設卡弁一名卡兵三十名每五卡設卡官一員每十卡設總卡官一員再於扼要處所酌設地方官節制各卡官弁主持一切行政事宜其各卡弁兵均須招集安分農民每卡以十名巡查邊境二十名開墾荒田更番輪替暇則練兵習操俾力農講武兩俱不廢所得粮米卽作各該卡兵津貼俟其力能自給卽將所墾之地分給爲業酌量升科停餉其卡弁卽改爲屯官另行招兵駐卡逐漸更換庶邊民日見繁庶至沿邊出產如羊草木植皮張等類或由卡兵自行採伐售給俄人定章收稅或定地發照由俄人採伐但收稅課沿邊金礦最多應由守卡官弁及地方官隨時查勘有則開辦俾無遺利且利之所在人必爭趨卽可藉以多聚人民然交通不便辦理仍多窒碍或提官欵或招商股設立應籌輪船公司駛行黑龍江額爾古訥河等處以資運輸既有觀音山漠河等金廠應用糧貨之多當不望其虧本冬令則仿俄站辦法令各卡均備快馬冰撬以傳遞公文便利行旅夫卡與卡近則照料易周卽可開通道路逐漸招徠墾戶既有卡兵保護又有已耕之田食糧居處後至者不至缺乏族戚滋引來者必多較之驟遷多數人民倉猝到邊安插不易似爲得法且夏有輪船冬有冰撬則交通便利自不難日見繁昌徵收羊草皮張稅課廣開金礦則籌款有資於行政各費不無小補如此循序

辦起邊境可望日充藩籬可期漸固如能多撥巨款將全省邊務照此統一辦理尤爲妥善職道前曾草擬邊務節略上呈諒蒙鑒納蓋江省應辦事務雖多總應先從邊務作起邊務就緒得紓後顧之憂乃能將一切內治次第推行以上各節均係大概辦法其詳細章程俟派員分路調查明確繪圖貼說再行分別酌訂呈請鑒核一墾務查呼倫貝爾地方廣袤一望荒蕪可墾之地所在皆是祇以蒙人不知耕作一米一粒由千里外購運而來道遠費重何可以常沿邊既設卡倫略仿屯墾之法逐漸開闢腹地亦應招墾以盡地力惟蒙旗夙以牧畜爲業其素所游牧之地未便卽行開放致有侵擾應用耕牧並興之法將沿鐵路兩旁各三四十里擇腴招放既於牧場無碍而往來捷便領戶亦易招徠但年來墾務已成弩末如杜爾伯特墨爾根等處地近省城領戶尚不踴躍況此天寒地遠孰肯捨易就難非變通辦理難以收效擬本屬各處荒地均不收押荒銀兩俟其墾闢成熟再行照章收科並擬酌定獎章如有能招墾戶若干或設墾務公司若干者參仿墾務收款部章分別異常尋常請獎以示鼓勵蓋能爲國家招墾實邊其功亦不在放荒各員下也再能籌撥鉅款開設墾牧銀行專爲墊辦墾戶牛種房并各項並振興牧政之用則發達尤爲較易其辦法章程俟查看詳訂呈請核奪似此辦理貿未受廛之氓當能源源而至數年而後地方漸臻繁盛蒙漢雜處觀感有資游牧之民當進而爲耕稼之民也一外交查本處外逼強鄰中貫東清鐵路加以滿洲里及海拉爾兩處業經宣布自開商埠交涉極爲繁難原有交涉稅務局專理外交兼辦新添各稅仍飭照常辦事惟局務章程尚須參酌改訂其滿洲里海拉爾博克圖鐵路交涉分局原隸哈埠總局惟於本處時有關連請並由副都統就近節制以便呼應靈通且既經開埠所有外人稅務應設關道辦理則本處關稅無多然既有哈爾濱滿洲里總分各關仍應歸副都統兼管俟設有知府同知等地方官再行責其承辦如是則交涉不至紛歧遇事方有把握抑職道更有進者外人交涉手段備極狡獪往往此正一意堅持彼又設法牽動聲東擊西因應爲難向來外交失著弊多生此擬請以後無論何項交涉彼族有向省城嘵舌者均推由本處定辦免致入彼圈套至於重大事件仍一面嗟商一面咨請省署主裁一設官查呼倫貝爾所屬全係蒙旗副都統以下等官既擬暫勿裁改則本處地方事務卽可由副都統兼辦民官稍從緩設惟是邊境寥

廓鐵路橫亘既欲經營屯墾並開放沿路荒地非擇要設官不足以專責成而繫民望查邊境應設官之處三一滿洲里一吉拉林一額爾古訥河口鐵路兩旁應設官之處二一呼倫貝爾一雅克石及兔渡河一帶均係緊要處所萬難任其空虛但創辦之初又未便一時並舉除吉拉林業飭卞令前往試辦額爾古訥河口即暫由該令就近兼顧兔渡河一帶俟查看情形再行擬辦外惟滿洲里地當邊要又係東清鐵路入境首站且已開作商埠而俄蒙往來復以該處爲衝途不免時有交涉左近沿邊各卡亦須有人稽查其呼倫湖一帶魚鹽柳條等項出產甚饒並應設法經理實較各處更爲重要應即設知府銜邊防同知一缺以資控制建設之始事務稀簡擬仿局所辦法同知下設文案委員一員差遣委員二員書記二名警兵十名巡防兵一哨已可敷用費欵不多而爲益匪淺如可行即當擬定章程咨明辦理一民政查本處人民稀少所有地方官既擬暫緩添設而旗署各員又於吏治民事苦無所知前雖設審判局員專理詞訟案件然該員只有審判之權一切民政非其範圍所及擬將審判附入巡警局內另派專員民政司法暫爲合辦俟地方發達再行分設以符立憲政體一軍事查呼倫貝爾地當邊要蒙旗散居原設各旗額兵業經裁撤僅恃舊有巡防馬隊一營照顧實有難周本應設駐重兵以資鎮懾無如時艱餉絀力有未逮除沿邊卡倫另行籌辦外擬再添駐馬隊一營藉敷分布惟查近來防營氣習往往恃符騷擾未收勦匪之功而居民先受其害本處全係蒙旗若另撥舊營前來或不免從前積習致有侵擾各蒙情事轉多不便擬將此項馬隊由省城撥給全營餉乾由本處另行招募以便參用漢蒙業經另文咨呈省署在案緣蒙人堅忍耐苦謹樸守法且係土著關切尤親若加以訓練萬不至染防營舊習但全招蒙人不通漢語於行政機關不免膈膜故令漢蒙各半共處一營久之自當接洽情形互換語言漢兵既不至滋擾蒙人亦藉以開通於邊境實多裨益至蒙旗世隸軍籍本有當兵義務以現在人口計之老幼男丁統共一萬有餘即減半練兵尚可得勁旅五六千人將來餉項稍充欲練重兵仍應酌量參用也一實業查呼倫貝爾物產雖富然以地利未闢人工未興所有各項實業尙無萌芽而外人又時時垂涎亟應設法振興以維權利其原有之利惟以牧畜爲大宗各旗生計均在於此與漢民之耕稼正同尤宜提倡改良俾圖進益此外如森林礦產魚鹽羊草皮毛等物

天然之產最爲饒衍擬俟派員逐一調查明確再行擬定辦法次第興辦一學務查呼倫貝爾地當要邊國家設旗之意原係重在養兵故各蒙旗素安樸質漢文漢語均不學習卽通漢蒙文者亦屬寥寥現當文明進步教育普及時代自應令其向學用期開化但各旗穹廬游牧遷徙無常家塾黨庠無所附麗應先從本城辦起現設小學堂一所諭令各旗子弟相率入學其教法以滿蒙漢爲主求能操漢語通漢文卽爲及格至於普通科學不求完備精深祗略知大義不至迷於嚮往惟體操一門最應注重兵式並應編輯粗淺兵學教科書於第三學年內添入教授以冀造成軍人資格既與蒙人性質相近亦與國家邊防初意相同其有姿資聰穎勤奮向學者隨時挑送省城學堂俾與滿漢學生一律授課藉圖深造一切章程俟擬定咨呈一巡警查警務爲民政之一係行政上緊要機關欲謀地方幸福人民秩序非是莫由自應趕緊辦理藉資進化惟屬專門學問語其精深完備內地各省尙有未能辦到之處況呼倫貝爾地處邊荒更難驟語及此除各蒙旗皆係軍籍人多習於當兵現在牧地安靜頗足自衞四鄉巡警暫應勿庸籌辦外但於本城街市設局招練警兵五六十名蒙漢各半其警章現只教以小心火燭淸理街道禁止賭博解散爭鬥稽查匪類查拏盜賊各事以便易記易行俟此數條均能作到再行逐漸增練徐圖完備否則條目太繁匪惟不能行且不能記轉有困難廢弛之虞一財政查事務鉅細非財莫舉故欲籌辦一事必先卽出入款項通盤預算妥爲部署然後乃有把握本處每歲大宗進欵只有俸餉一項然且連年欠發近復裁減額兵進項愈少雖物產饒裕而向未舉辦及今爲之亦非數年或十年以後不能收效實屬緩不濟急就目下所得者只有牲畜稅及木植草羊魚鹽等稅數欵牲畜稅係屬舊有向歸衙門稅科司經徵以近三年收數比較計三十一年收銀三萬六千餘兩最爲多數三十二年收銀三萬零三百餘兩次之本年正月至九月底收銀二萬三千餘兩冬臘兩月已無大宗稅項又次之連歲以來遞見減少此後尙不可知每年收稅官兵飯銀除本處留支公用暨解省額稅外餘作副都統及衙門各司辦公已覺支絀萬分何能撥作別用木植羊草魚鹽等稅係屬新設歸交涉稅務局試辦自光緒三十一年九月開辦起至三十三年九月底止計二年共收魚鹽木植山本稅銀二萬三千兩有奇羊草稅羌洋四千七百餘盧布折銀三千三百兩上下共二萬六千餘

兩除去該局經費銀二萬一千五百餘兩草稅一項備支巡警兵餉所餘已屬無幾無論辦理邊務創興實業欵無所出卽本處行政各費亦苦不敷甚巨查呼倫貝爾邊綫之長地方之大關係最爲緊要豈國家不費一錢所能經營擬以後統核出入除本地進欵若干抵補外其餘不敷之欵均由國家籌給俟數年後地利漸興查看情形如果力能自給卽請停撥其一切出入細類容俟查明列表咨呈如能照第三條辦法撥欵設立銀行則財力稍紓尙可藉資周轉也一事權查呼倫貝爾隔絕興安嶺外各蒙旗散處荒野邊境尤爲僻遠省城實有鞭長莫及之勢現擬設法經營似應畀副都統以重權凡用人行政一切事宜統由副都統主持省署但責成功不爲遙制卽將來新設地方各官亦暫由副都統揀選調來本處當差熟悉情形人員咨請補署庶幾情意接洽指臂相聯至上下應行公牘省城但由公署或各司局咨行副都統查核辦理無庸逕札本處所屬地方官暨各局處所而本處地方官暨各局處所遇事但稟呈副都統核轉不得逕報省城以歸統一而免牽掣職道非敢攬權怙勢良以邊地與腹地性質不同腹地各道但司察吏故省署與各地方官可以通札通稟本處副都統擔任邊疆重任負用人行政之權宜專一不宜分歧前在省時暢論邊事憲台曾諭以開誠布公疏節濶目此八字實自來辦理邊務者之金科玉律欽佩莫名職道並爲下一解釋曰委任而專責成倘蒙憲台俯念邊事艱棘假以便宜不復繩以文法俾得勉竭駑駘藉圖展布職道之幸又非徒職道之幸也以上十二條皆本處應行之事切要之端而其中尤以邊務爲首邊務未修則諸事難理譬之居家垣墉不設四面任人出入但在室經營佈置曰吾以治家矣能乎不能但絕徼荒涼毫無基礎蒙俗錮蔽未易開通如能寬以歲月逐漸推行或不難收桑榆之效所可慮者職道材力不逮有其言論未必能有其事實伏望憲台指授督飭竊願扼定宗旨力効馳驅職道爲通籌邊務全局起見是否有當理合稟請憲台核示以便遵行如蒙採擇入告早日決定尤爲幸甚

外交

中外締結條約於尼布楚（俄語謂涅爾臣斯克）一役肇其端中俄交涉問題亦卽於尼布楚割棄開其漸今欲攷呼倫貝爾一隅對外之始末自不得不遠溯交涉之發凡考尼布楚本屬中國領土（東三省紀畧載清之疆域東至海北至尼布楚西北至貝加爾湖柳邊紀略謂黑龍江所屬東至海西至尼布楚北至黑龍江）據黑龍江上游（按黑龍江滿語曰薩哈連烏拉俄名阿穆爾其上源有二一在俄境出薩拜喀爾省綽功土山之北曰因戈達河卽水道提綱之昂依得河一在中國境外出蒙古喀爾喀部中肯特山東麓曰敖嫩河卽元史之斡難河敖嫩河東北流入俄境薩拜喀爾省與因戈達河會東流爲石勒格河經尼布楚城南左岸納尼布楚河入省北境受西南之額爾古納河經雅克薩城折而東南流受北來之精奇里江又東南會混同江入吉林境）當呼倫貝爾西北地帶舊爲蒙古各民族遊牧採捕之地尼布楚攷載清聖祖三十九年諭旨曰尼布楚等處舊爲中國屬土乃布拉忒烏梁海諸部落之地彼皆林居以捕貂爲業人稱爲樹中人（卽元秘史所謂林木中百姓）後俄羅斯強盛遂併吞之已五六十年矣（事在崇德年間以康熙三十九年庚辰上溯崇德六年辛巳恰六十年）據此在額爾古訥河國界未劃以前中國疆域實奄有尼布楚土地自十六世紀以來俄人經營遠東蓄意蠶食當明末清初之際（明崇禎十二年清崇德四年）略有貝加爾湖（卽麥加湖）及庵雅臘河附近之地又數年進攫尼布楚以爲根據由是東寇雅克薩南侵額爾古訥河擾害索倫諸部落（自順治七年始）垂四十年時清方有事中原不遑兼顧至康熙二十二年始移師北征命薩布素瓦禮祜馬喇等統兵前進二十三年馬喇奏稱羅刹（卽俄羅斯）情形尼布楚雅克薩二處各止五六百人其得以盤踞多年者惟賴額爾古訥河口至雅克薩十餘處雅克薩至布爾馬夫河口十餘處築室散居耕種自給因以捕貂尼布楚田畝不登但取資納米雅兒貢賦喀爾喀巴爾虎人時販牲畜等物至尼布楚與之交易得以生存又據由尼布楚逃回之布赫德云納米雅兒八姓之人並我根特木爾黨內逃人亦同彼游牧根河額爾古訥河等處臣請敕喀爾喀車臣汗收其所部附近尼布楚者兼禁止交易並敕黑龍江將軍水陸並進攻取雅克薩收其田禾則羅刹不久自困上允其奏詔車臣汗諸爾布嚴飭所屬與絕互市並宣諭羅刹責歸逋逃退回雅庫（俄部名亦曰亞谷斯科）不報二十四年二十五年迭命都統彭春將軍薩布素兩次用兵雅克薩毀其木城擒獲俘虜貽書俄帝述其歷年寇邊之曲約以收回亂民劃界議和時俄彼得大帝弱冠登位受制異母弟無實權以統馭羣下遠東戰事弗克應援方欲媾和清書適至俄帝利用

此機遣使覆書請罪並請先解雅克薩之圍清命薩布素退兵瑷琿議和之局遂開二十七年俄使費輝多羅至色冷格地方期清使至彼會議清以內大臣索額圖都統公國舅佟國綱尚書厄爾尼等往主其議並命都統郎坦率重兵偕行是役軍容甚盛合徒役計之約二萬人索額圖奏言尼布楚本係我茂明安部游牧之所雅克薩係達呼爾總管倍勒兒故墟非羅刹所有亦非兩國隙地也況黑龍江最爲扼要環江左右皆我屬鄂倫春奇勒兒一名魚皮韃子畢拉兒及赫哲費雅喀等民人所居之地不盡取之邊民終不獲安臣以爲尼布楚雅克薩黑龍江上下游及通此江之一河一溪皆屬我地不可棄之於俄羅斯又我之逃人根特木爾等三佐領及續逃一二人悉應索還如一一遵行卽歸彼逃人及俘獲招撫者與之劃疆分界貿易往來否則臣當卽還不與彼議和矣上報可尋以準部與喀部搆兵道梗約俄使緩議而還二十八年俄使費耀多羅至尼布楚請續前議清復命索額圖等前往官兵量增於前瀕行索額圖申奏尼布楚雅克薩既係我屬地臣請仍如前議以尼布楚爲界此內諸地均歸於我聖祖諭曰今以尼布楚爲界必不與俄羅斯則彼遣使貿易無棲托之所勢難相通爾等初議時仍當以尼布楚爲界彼若懇求尼布楚可卽以額爾古訥河爲界及索額圖抵尼布楚俄使費耀多羅額禮克謝仍以尼布楚雅克薩爲彼所擴之地固執爭辯索額圖抗議談判歷述二地舊屬中國原委斥其侵踞之非並宣諭清帝好生之德俄使氣沮於是年九月議定界約雅克薩歸我尼布楚歸俄以外興安嶺額爾古訥河爲兩國國界於格爾必齊河東岸額爾古訥河南岸用漢滿蒙俄拉丁五體文字刊載條約立碑爲識條文列後是役也清廷兵力方張使臣索額圖復交涉強硬加以俄廷爭權掣肘不暇東顧我師壓境不難一舉降服嚴定國界如曾紀澤左宗棠於伊犁一役收回國土無如其時昧於外勢邊隅荒徼率以甌脫視之既信其悔禍之誠復憫其交通之困姑息遷就遂結尼布楚條約此約既結由表面言之俄人城下受盟似近屈辱然實際上則毫無損失在我徒博寬大之名而土地割讓實啟外人以窺伺之端而關於呼倫貝爾之種種交涉遂亦自此萌芽雍正五年由清郡王策凌侍郎圖理琛同俄使薩瓦夫拉梯斯拉費齊會訂恰克圖條約中俄分界自布爾特依山南巴彥梁庫倫邊境第一鄂博起向西二十四界點向東六十三界點每點設立鄂博兩箇標牌爲識其向東六十三界牌屬於呼倫貝爾者由塔爾巴幹達呼山至額爾古訥河源之阿

巴該圖山凡六點（詳見鄂博）同年又於中國沿邊設立卡倫五十九處呼倫貝爾水陸兩界自察罕敖拉至珠爾特依分設十二卡倫（詳見卡倫）自時厥後俄人擾邊爲患稍息而呼倫邊卡防守亦謹嘉慶二十三年中俄界務曾爲一次之會勘迨同治二年中國敗俄於伊犁俄人越界至孟克西里一帶刈草墾田總管三都克多爾濟出而禁拒收回越墾夾心灘地（庫克多博巴雅斯胡郎圖溫都爾兩卡間）是爲界務之交涉甲午中日戰後光緒二十二年清使李鴻章赴俄賀俄皇尼古拉斯二世加冕禮是我新敗於日深嗛日本馬關之約要索遼分而俄秉政大臣老雄偉托野心勃發方挾脅制日本歸還遼東之大德暗索巨價之報酬機緣湊拍施其敏妙手腕歆我以聯俄之利益遽訂中俄密約並結後貝加爾赤塔驛連貫烏蘇里鐵路之契約俄因攫得東清鐵路之敷設權（南滿租借約尙在二年以後）中國旋命駐俄大使許景澄與俄訂鐵路合同十二款（條款列後）建築權委諸道勝銀行另設鐵路公司以爲專轄之機關其路綫正幹自西伯利亞赤塔驛起入中國境首由呼倫貝爾南部東西橫貫而滿洲里車站實當第一要衝次經海拉爾商埠穿西興安嶺山洞出呼倫界繞江省城南入吉林境而達烏蘇里江路線是爲築路之交涉光緒二十六年拳匪肇禍東三省屈於俄人勢力範圍呼倫一隅權利任便攘奪無從過問光緒二十八年路工已成時俄人援引築路合同第六款謂防護鐵路及取用沙土石塊石灰等類需地甚夥私與駐哈爾濱鐵路交涉局總辦周冕商訂展購鐵路附近地畝合同周冕不察遽與鐵路公司代辦達爾聶會銜簽押其後達爾聶屢執合同要求實行展地東督拒而未允三十一年冬黑龍江將軍程德全遣道員宋小濂赴都備顧問將此案始末陳於政府由外部與俄使璞科第再三確商始允派員會同公司酌量議減三十三年吉省派道員杜學瀛江省派道員宋小濂與公司總辦霍爾窪特會議（自鐵路合同定後華總辦久懸未派）允將周冕所訂合同作廢更訂吉省展地合同十三條江省展地合同十四條屬於江省者共展地十一萬一千九百零二晌（鐵路實需地六千零九十八晌在外）呼倫貝爾計展去四萬一千九百十一晌在周冕擅訂展地合同之同年俄人並引築路合同六款要請鐵路附近煤礦開採權經外部駁令另議惟時當日俄戰後俄人恃強橫取於沿路各礦肆行採掘呼倫貝爾之扎蘭諾爾煤礦亦當日強權攫得者也迨三十三年改設行省後外務部以東省鐵路煤礦事件與俄使交涉復將此案交道員杜學瀛宋小濂在哈爾濱與東清公司就近商辦經歲磋磨始克定議俄人

所享有開礦地段以鐵路兩旁各三十里爲界當經訂立吉江兩省煤礦合同十二條條文見後彼此簽押由是鐵路沿線六十里內之礦山遂以法律形式而入於俄人之手矣又自築路工興所需材木極夥利用沿路森林然率由私取初非指劃地段訂定契約公然授以利權也光緒二十九年由周冕與公司擅訂合同指定水陸兩路區域凡三段（水路兩段屬吉省界從畧陸路一段屬江省界自成吉思汗站至雅克石一作雅克山站鐵路兩旁計長六百里寬六十里屬於呼倫貝爾境內者自雅克石至宜立克都約在三分之一）歸鐵路公司自由砍伐迭經江省大吏駁拒以合同未經認可應爲無效然俄人恃強侵佔視爲已得之產至三十四年始由吉江兩省派員與公司磋商就緒將周冕所訂合同及從前所指地段聲明作廢更立合同由兩省另定森林區域供公司採集材料屬於江省地段均在呼倫貝爾境內曰火燎溝長約三十里寬約十里曰皮洛以各長約三十里寬約十里曰沿杈林河由河口溯流而上長五十里右岸寬二十里左岸寬十五里劃歸鐵路公司砍伐自此以後吉江境內鐵路附近森林爲俄人攫取者不一而足大率由公司購取材料漸變而爲箇人營業由中國官廳之授予漸轉而爲私人授予利權所在轉以資敵此不能不致憾於作俑者階之厲也是爲改訂合同之交涉宋小濂於三十三年就呼倫副都統之任沿邊墾芟相戒裹足其時適有爭持國界案發生原因俄人在額爾古訥河南岸芟割羊草其草甸面積南北約十里東西約五六十里北臨額爾古訥河玫額爾古訥發源於海拉爾河海拉爾河流至距阿布該圖山十五里許處分而爲二一沿東岸流一沿西岸流（西岸水流較東岸水流寬二丈餘）至下游合而爲一（卽額爾古訥河起點處）中間淤爲洲渚產草豐茂確在額爾古訥河南岸中國界內乃移牒俄官嚴重禁阻俄人欲侵佔河洲之地遂以沿西岸之水爲支流而指沿東岸之水爲正流謂爲兩國交界之處狡執草甸係在俄國界內而於我擬設卡倫之阿巴哈依圖山（卽阿巴該圖山）按中俄恰克圖條約以阿巴哈依圖山爲兩國分界之點山在今額爾古訥河之西岸依界約單內所載第六十三號鄂博當設於此反謂侵佔彼界繼經兩國派員中國黑龍江巡撫周樹模俄國廓米薩爾會商於齊齊哈爾中國答辯條文具有充分之理由條文附後並有將額爾古訥河兩岸二百八十洲渚中俄劃清之議反覆駁詰遷延未決宣統三年冬季呼倫貝爾蒙旗獨立此案遂致擱置是爲界水之交涉獨立以後邊卡既毀俄人越界墾芟又復自由行動由俄屯四打拉一曲里海（庫克多博卡對岸）鄂洛氣

屯（吉拉林對岸）一帶俄民移住我界三百餘戶延長三百餘華里寬約五十餘華里大舉耕墾畧無顧忌駐海拉爾俄領事吳薩締復誘惑我蒙旗訂立林礦漁墾地皮各合同五十餘份（條文見蒙旗復治始末）就合同內容攷之意在舉呼倫全境利權主權作一網打盡之計民國四年與我訂定中俄呼倫貝爾條件八條（條件附後）以呼倫貝爾爲特別區域由中國節制仍以愚我蒙旗攘我利權爲主旨民國八年蒙旗請願取消特別區域中俄會訂呼倫貝爾條件明令取消所有根據此項條件之蒙俄合同（各種合同表見蒙旗復治始末）遂亦失其效果九年政府簡任鍾毓督辦善後兼交涉事宜由蒙署移交前項合同三十餘份次第取消是爲契約之交涉當民國六年三月之際俄國內起革命推翻帝制皇族大遭殺戮新舊黨亂日熾東省鐵路公司總辦俄人霍爾瓦特乘機而起圖反革命舉動在中東路線內宣布獨立並自稱全俄政府總裁於是俄之革命大波由東省鐵路蕩入我國哈爾濱地方一時道裏道外治安驚擾同時又有駐防中東路伊爾庫次克後備軍中之下級軍官畱金被舉爲赤黨（即新黨）首領組織軍士團思欲奪取路權反對霍氏謂霍係著名舊黨不去霍氏將予新俄政府以不利我國此時猶認霍爲名義較正之俄員加意保護由濱江縣知事張曾榘募警備隊一營派赴道裏巡邏關營長德山帶隊過哈畱以巡防此爲我軍警進入道裏之始並由吉督加派陶旅長祥貴帶兵三營來哈協助旋以陶爲中東路一帶警備司令么團長培珍爲副司令東路沿綫於是均有布置畱金鼓動去霍初由我曉以國際大義勸其全體解散出境初則佯允繼忽變議定期驅霍我以霍氏要求必須武力壓廹遂由陶么兩司令派兵將埒和畱金之俄軍隊解除武裝畱金亂事由我解决霍復大肆活動謀反革命野心未已潛招俄軍幷募華蒙人爲兵與普利士廓夫組織政府及救國會義勇團等名目以謝米諾夫爲前敵司令赴西比利亞與新黨接仗（在七年五月間）利用原有俄軍警自稱鐵路界內總長官發布公告我與抗議無效且擅挪公欵供其政爭活動積欠工資俄工憤激全體罷工誓去霍氏我當局亦以不去霍氏亂源未已遂以東省鐵路督辦名義照會霍氏去職霍以環境所廹不能戀棧鐵路總辦名義遂以取消自此風潮發後當局知非一律解除武裝不足以遏亂萌於沿路軍警無論俄新黨舊黨概予解除武器俄軍警亦均俯首帖服軒然大波一朝敉定在民國六七年之交護路責任由吉黑二省分擔各就界內設置警備司令吉省設置既如上述黑省東路

所經路綫自滿洲里起至哈爾濱之北對青山止歷二十三站計長一千六百餘里於七年二月由黑省鮑督軍貴卿設置護路警備司令部以張參謀長煥相爲總司令張明九張奎武爲左右副司令八年經監管會議決中東鐵路完全由我擔任保護乃由吉省鮑督軍兼任護路總司令以哈爾濱爲中心點分哈滿哈綏哈長三路各置司令一員嗣後編制雖有變更然大體無甚出入並經張總司令煥相於呼倫貝爾邊境八十六號小站設軍事檢查處朱將軍慶瀾定綏站俄黨難民請求入境辦法十條（從闕）先後由哈滿哈綏兩路運送俄舊黨敗軍資遣回國解除武裝者一爲謝米諾夫之敗軍退至滿洲里運往綏站出境一爲斯莫林之敗軍退至綏芬河運由滿洲里出境路界內之軍權既由我主張布置而往日所喪失之警察司法市政各權亦復次第收回屬於警察者民國七年二月因俄新舊黨在我境內活動政爭始有臨時警察局之組設在路界內與俄警分區維持治安九年霍爾瓦特被逐後由內務部頒布東省特別區警察大綱（從闕）依據大綱復頒布警察總管理處組織章程（從闕）於是改臨時警察局爲東省特區警察管理處規定由哈爾濱沿中東鐵路南至長春北至滿洲里站東至綏芬河站概爲東省特別區警察管理處施行警察權之區域就全區域畫分五區以爲管轄地點以哈爾濱道裏及附近八站三十六棚秦家岡馬家溝香坊顧鄉屯等處爲第一區由哈爾濱車站至長春車站爲第二區由哈爾濱向東至綏芬河（卽五站）爲第三區由哈爾濱向北至免渡河爲第四區由海拉爾至滿洲里爲第五區十年四月復設中東鐵路路警處頒布路警處組織大綱（從闕）中東路全綫各站路警統歸該處節制於哈埠設四區分沿路綫爲六段滿洲里爲第三段海拉爾爲第三段第五分段路警處又定有路警暫行護車章程（從闕）屬於司法者自民國九年停止俄使領待遇後司法部提議收回俄國法院閣議通過派張司法次長一鵬至中東沿路調查視察繼派殷汝熊爲籌備接收主任一面頒布東省特別區法院編制條例（從闕）及甄拔特種司法人員章程（從闕）並任外國諮議等章程（從闕）俄國法院卷宗於十一月十日由殷主任接收報部而高等及地方審判廳並地方分庭復次第設立計哈爾濱設高等審判廳地方審判廳各一處沿鐵路線設地方分庭六處海拉爾爲第五分庭滿洲里站爲第六分庭專理鐵路界內關涉俄人訴訟案件凡新民刑案件終審機關悉照我國現行律辦理其屬於市政者按中東路界內俄人攫取行政權華商大爲反

對數四交涉僅訂自治大綱十八條（從闕）約以一箇月再訂公議會及租放地畝地丁警察各項章程乃屢經延宕未果並核奪公議會議決事件之鐵路總辦亦久不簡派（自庚子許景澄遇害後至民國六年始行特派改稱督辦）俄人乘隙蹈瑕遂根據其單獨擅訂之民政處大綱於民國元年發布自治會詳章將該會隸屬於鐵路管理局之民政處下加以監督一面又與英國協定條約冀彼詳章永存有效藉以鞏固其殖民政策歷史如此把持可知今幸有挽回之機我苟從根本糾正按照光緒三十一年中日滿洲善後附約開放哈爾濱寧古塔琿春三姓齊齊哈爾海拉爾璦琿滿洲里爲商埠之條文查照自闢商埠章程從新改組在我大權不至旁落在列國咸受通商利益斷無違言卽英亦難出而抗議乃我當局愼重太過以英俄協約關係恐惹起國際交涉僅於十年二月設立東省特別區市政管理局置正副局長二員就各處舊有之鐵路交涉局設市政分局由內務部頒布市政管理局章程英俄協約繼續履行國家主權甘於放棄嗣經我國議員全體退席力爭挽救卒無效果至今自治公會依然爲鐵路附屬機關名存實亡不無遺憾又在俄新舊黨水火激烈之際勞農政府第一次向我宣言（民國八年）對於中東鐵路更特別聲明一概無條件交還中國嗣於九年二月新俄外交代表喀拉罕又通牒我外交部宣佈所有俄國各從前政府與中國所定各條約爲無效放棄中國領土之侵佔及在中國境內各租界並將從前俄帝國政府及中級社會人士所掠奪者俱以無報酬永遠還付中國新俄外交總長卡那康又自伊爾庫次克省致我外交部通牒（宣言書通牒均從闕）復重言聲明廣義政府願將中國中東鐵路及租讓之一切礦產森林金產及他種產業由俄皇政府與克倫斯基政府及謝米諾夫郭爾恰克等賊徒與從前俄國軍官商人及資本家等侵佔得來者一概無條件歸還中國云云並恐前項宣言通牒等他國中途截留不能達到特派代表賫送中國請本宣言及通牒主旨另訂通商條約此時我外交當局所持方策若以廣義政府爲有誠意則就彼三次宣言爲澈底的磋商謀根本之解決所謂前俄帝國時代政治經濟的種種侵略一掃而空我之所得夫豈在鮮否則認廣義政府之宣言猶未能斷定爲有代表俄國之能力不遽與開談判則此中俄兩國合辦之東省鐵路一方之主體消滅一方存在之主體應出而爲全權之主持以維持其既成之局卽此東省鐵路完全移歸中國管理不但名正言順抑亦情允理當乃不及出此竟與以經理名義不能爲契約主

體之道勝銀行締結管理東省鐵路續訂合同天與不取坐失事機殊爲可惜（自當民國六年三月之際句起至此節錄最近十年中俄交涉）鍾督辦任事之時中東路權已完全歸我管領沿邊沿路避難俄僑來者日夥在我邊防政策以人道主義不得不由限制擯斥一變而爲保護管理九年四月十一日日本駐海拉爾隊官認爲鐵路從業員有激黨分子逕行逮捕八人擬即解滿督辦鍾毓鎮守使張奎武以主權所在向日隊官交涉引渡正開議間值捷克軍（捷軍蓄爲奧屬欲脫奧事制故俘於俄駐軍歲埠嗣經列國承認於捷在奧原領土內劃出一部自成新邦）歸國過埠憤與日人衝突激成混擊雙方互有死傷捕獲逸去我國兵民亦被誤斃八人鍾毓據理向日捷兩方調停日本突由滿洲里調來聯隊分據山隘限期作戰聲勢洶洶市面驚慌鍾毓見事危急隻身闖入日軍戰線力與交涉約同日捷兩軍代表集議和解結果由捷軍讓步日兵撤滿嗣由日提議調查海站衝突事實中日捷三方各派委員長（中國鍾毓日本石坂少將捷克中校諾瓦克）會議於哈爾濱中國提出宣言三項極爲確實公平議未終結捷代表以不滿意退席案遂中止是爲挽回主權之交涉是年十一月俄舊黨謝米諾夫敗退滿站地方我國慮其竄擾邊境勒令繳械爾時俄黨戰爭劇烈西比利亞與中東路兩線久已遮斷交通繼爲救濟旅俄華僑及德奧俘虜起見開議局部通商俄亦急求互市遂於十一年三月由黑龍江官府派交涉員鍾毓與赤塔政府所派交通次長瓦連勒夫拉基米羅維赤亮賓克夫協定暫時開通邊界條件及開通車輛條件（條文附後）並於中國國界八十六號小站地方（滿洲里北）設軍事檢查處以遏亂萌東赤兩路於是相接通車是爲交通之交涉（延恆）受事於沿邊越墾土地一律改招華人承種以免將來土地之轇轕孟克西里等卡俄人越界刈草一案並經迭向赤俄代表坡霍瓦林斯基鄭重交涉此案談判在彼堅以齊齊哈爾商定未及實行之案爲依據指刈草沙灘爲彼有在我則以該案未經兩國政府批准並未及約期測勘會立界碑缺欠兩種手續不能認爲有效抗議終以暫泯刈草爭端不涉邊界問題由彼允認立據欠稅將來劃分國界此亦可爲佐證之一端蒙俄合同則繼續取消別羅克雷洛夫庫子聶錯夫之漁業兩起葛羅火夫斯克之礦業一起其間惟瓦大果夫之貝爾湖漁業合同謝夫謙克之杈東溝巧溝五奴爾溝等三處森林合同不惟狡抗不繳而居心叵測反假日人參加投資爲抵抗引起駐江日領無理干涉經省長吳公俊陞再三駁拒迄未解決嗣於席伯洛夫四犯勾通巴龍謀亂案內事連瓦大果夫謝夫謙克助匪

有據（其在席犯身呷搜獲瓦致謝函託其招待俄匪幇助進行等語）遂由（延恆）先後將二犯捕獲解省並由省署派員在該林塲起獲槍枝炸彈私藏軍火情事两合同由是同時均歸無效結果貝爾湖漁業由省署派員接收杈東溝等三處森林由省署派政務廳長史紀常商同駐奉日總領事赤塚正助南滿公所所長鎌田彌助就原有林塲改組中日俄合辦札免採木公司另訂協定書辦法大綱及札免採木公司合同各條（條文見後）两案於是完全結束而察罕敖拉煤礦合同由義商別力諾與蒙署所訂開採多年亦復迭經磋商始得以金盧布十四萬八千元購歸廣信公司承辦並繳合同歷考呼倫貝爾交涉情形地鄰俄界對外政策亦惟與俄相周旋在路約未結以前侵擾問題重在沿邊自軌道駛入鐵路侵畧政策實現内地因應對待則又兼在沿路最近接觸繁劇日滋海滿两商埠實與沿邊水陸界同爲至要關鍵而沿邊沿路一帶之土地林木礦產懇植爲他族所垂涎所染指者尤足動吾人以門戸洞開卧榻鼾睡之警悚前事可鑒來軫方遒主權利權是又不得不特别注視者也

交涉事項各條文依次附載於左

尼布楚條約

（一）將自北流入黑龍江之綽爾納（一作綽爾那雅）即烏魯木（一作烏倫穆）河坍近之格爾畢齊河爲界沿此河口之外興安嶺（一作石大興安嶺）至海凡嶺陽流入黑龍江之河道悉屬中國其嶺陰河道悉屬俄羅斯惟烏地河以南興安嶺以北中間所有地方河道暫行存放俟各還國察明後或遣使或行文再行定議

（二）將流入黑龍江之額爾古訥河爲界南岸屬中國北岸屬俄羅斯其南岸墨里克河口現存俄羅斯盧舍著徙於北岸

（三）雅克薩地方俄羅斯所築城垣盡行拆毁居民諸物悉行撤回察罕汗處

（四）分定疆界两國獵戸不得越過如有一二宵小私行越境打牲偷竊者拏送該管官分别輕重治罪此外十人或十五人合夥執仗殺人刼物者務必奏聞即行正法其一二人誤犯者两國照常和好不得擅動征伐

（五）除從前一切舊事不議外中國現有之俄羅斯人及俄羅斯國現有之中國人免其互相索還著即存留

(六)兩國旣永遠和好嗣後往來行旅如有路票聽其交易

(七)自會盟日起逋逃者不得收納拏獲送還

(八)兩國大臣相會議定永遠和好之處奉行不得違誤

此條約成立後中國所失之地甚鉅一爲外興安嶺以北地烏地河以南雖定爲兩國共有之地其後中俄恰克圖條約復經規定然此地久爲俄人所侵佔矣一爲額爾古訥河以西地就中尼布楚尤爲重要以後璦琿天津北京各條約均與呼倫無關從闕

東省鐵路公司合同十二款

駐俄大臣許景澄奉光緒二十二年七月二十日旨允准與華俄道勝銀行訂定建造經理東省鐵路合同

中國政府現以庫平銀五百萬兩入股與華俄道勝銀行合夥開設生意盈虧均照股攤認其詳細章程另有合同載明

中國政府現定建築鐵路與俄之赤塔城及南烏蘇里河之鐵路兩面相接所有建造經理一切事宜派委華俄道勝銀行承辦所有條款列後

第一款　華俄道勝銀行建造經理此鐵路另立一公司名曰中國東省鐵路公司該公司應用之鈐記由中國政府刊發該公司章程應照俄國鐵路成規一律辦理所有股票祇准華俄商民購買該公司總辦由中國政府選派其公費應由該公司籌給該總辦可在京都居住其專責在隨時查察該銀行暨鐵路公司於中國政府所委辦之事是否實力奉行至該銀行暨該公司所有與中國政府及京外各官交涉事宜亦歸該總辦經理該銀行與中國政府往來賬目該總辦亦隨時查核銀行應專派經手人在京都居住以期一切事宜就近商辦

查此條及諸條所稱政府字樣洋文係作古威勒芒即近來譯爲國家之稱又所稱總辦字樣洋文係作伯理璽天德亦有總辦之義而名目較大西語無論公署商會其首領人皆稱爲伯理璽天德譯者以此稱專屬民主甚誤以所譯與洋文無甚出入故皆仍之其原譯薪俸字樣現改公費措詞較爲得體

第二款　凡勘定該鐵路方向之事應由中國政府所派之總辦酌派委員同該公司之營造司暨鐵路所經之地

方官和衷辦理惟勘定之路所有廬墓村莊城市皆須設法繞越

第三款　自此合同批准之日起十二個月爲限該公司應將鐵路開工並自鐵路勘定及所需地段給與該公司經理之日起以六年爲限所有鐵路應全行告竣至鐵軌之寬窄應與俄國鐵軌一律卽俄尺五幅地約合中國四尺二寸半

第四款　中國政府諭令各該管地方官凡該公司建造鐵路需用料件僱覓工人及水陸轉運之舟車夫馬並需用糧草等事皆須盡力相助各按市價由該公司自行籌款給發其轉運各事仍應隨時由中國政府設法使其便捷

第五款　凡該鐵路及鐵路所用之人皆由中國政府設法保護至於經理鐵路等事需用華洋人役皆准該公司因便僱覓所有鐵路地段命盜詞訟等事由地方官照約辦理

第六款　凡該公司建造經理防護鐵路所必需之地又於鐵路附近開採沙土石塊石灰等項所需之地若係官地由中國政府給與不納地價若係民地按照市價或一次繳清或按年向地主納租由該公司自行籌款付給凡該公司之地段一概不納地稅由該公司一手經理准其建造各種房屋工程並設立電線自行經理專爲鐵路之用除開出礦苗處所另議辦法外凡該公司之進項如轉運搭客貨物所得票價並電報進款等項俱免納一切稅釐

第七款　凡該公司建造修理鐵路所需料件應免納各項稅釐

查此條定議時該法文修理下尚有經理字樣據稅務司柯樂德稱當時李相謂與本條修理語意重複因將原譯漢文删去經理二字然非有故駁改未令將法文並删故漢文微有詳略等語合併聲明

第八款　凡俄國水陸各軍及軍械過境由俄國轉運經此鐵路者應責成該公司逕行運送出境除轉運時或必須沿途暫停外不得借故中途逗遛

第九款　凡外國搭客經此鐵路概於中途入內地必須持有中國護照方准前往若無中國護照責成該公司一

概不准擅入內地

第十款　凡有貨物行李由俄國經此鐵路仍入俄國地界者免納一概稅釐惟此項貨物除隨身行李外該公司應另裝車輛在入中國邊界之時由該處稅關封固至出境時仍由稅關查明所有書記並未拆動方准放行如查出中途私行開拆應將該貨入官至貨物由俄國經此鐵路運往中國或由中國經此鐵路運赴俄國者應照各國通商稅則分別交納出口進口正稅惟此稅較之稅則所載之數減三分之一交納若運往內地仍應交納子口稅卽所完正稅之半子稅完清後凡遇關卡概不重徵若不納子稅則逢關納稅遇卡抽釐中國應在此鐵路交界兩處各設稅關

第十一款　凡搭客票價貨物運費及裝卸貨物之價概由該公司自行核定但中國所有因公文書信函該公司例應運送不須給費至運送中國水陸各軍及一切軍械該公司祗收半價

第十二款　自該公司路成開車之日起以八十年爲限所有鐵路所得利益全歸公司專得如有虧折該公司亦須自行彌補中國政府不能作保八十年限滿之日所有鐵路及鐵路一切產業全歸中國政府毋庸給價又從開車之日起三十六年後中國政府有權可給價收囘按計所用本銀並因此路所欠債項並利息照數償還其公司所賺之利除分給各股人外如有盈餘應作爲已歸之本在收回路價內扣除中國政府應將價欵付存俄國國家銀行然後收管此路路成開車之日由該公司呈繳中國政府庫平銀五百萬兩

　查此條給價收囘一節因恐將來講解有異復商該總辦另繕憑函附於合同之後以期相信

附件

照譯華俄銀行總辦羅啓泰來函

敓者本公司賬目按年結算刋布其中載明各項賬目及一歲出入款項並所欠之債所借之款還本付息等情將來中國給價收囘此路應以每年結算刋布之賬爲憑其收回緣由詳載公司章程之內

光緒二十二年七月二十五日

俄歷一千八百九十六年九月五日

吉林黑龍江省東清鐵路煤礦合同

第一條　中國東省鐵路公司有在吉林黑龍江省議定界內勘挖煤礦之權其開挖應在何處應用何法均由該鐵路公司自擇惟勘礦之時仍須會同華官前往驗明實在無礙方准勘辦所謂礙者係指離民居或墳墓遠近而言如有市塲之處所開礦口不得在二里以內如不過十家之鄉村礦口相距不得在一里內如有大墳地或森林礦口相距不得在半里內

第二條　鐵路路線兩旁三十華里內之煤礦由公司勘辦但中國民人亦可享在該路兩旁三十里內挖採煤斤之利益祗要於該公司已開煤鑛無礙該公司不得攔阻或有他項洋人或華洋合股在三十里內挖煤應商准華官及該公司方能辦理其路線三十華里以外與該公司無涉無論華洋人等勘挖煤鑛准否應由華官自主該公司不得過問欲在三十里外勘挖煤礦仍須先禀准本省巡撫方可施行亦與各項華洋人等無異

第三條　鐵路公司自開之煤左近居民日用不妨可至煤窰價買煤斤惟各處情形不同價值自難一律某處何價均應由哈爾濱鐵路公司酌定開單通示一面知會哈爾濱交涉局亦行通示華民

第四條　如遇尋得煤苗之處或房子三五所或小塊墳塋不過十墳之塋地而其必須爲應用則鐵路公司可向地主房主商酌移房移葬等事價值派交涉局員秉公商定妥辦隨時禀明本省巡撫立案

第五條　凡勘明某處實可開挖煤礦應需地段若干由公司會同交涉局員向業主查看地勢公平議價或租或買即准開辦其勘採不用之地應由該公司出資填平交還原業主該公司無地面業主之權若有損傷樹木及踐毀禾苗之處亦由該公司會同交涉局員向業主和平議價償給

第六條　煤礦應需木料在購定界內者由公司隨意砍伐如在界外民地應與地主和平議價按照與公司所定木植章程辦理其官地辦法亦須按照木植章程辦理

第七條　開出之煤每千斤鐵路公司交納吉江省平銀一錢二分每年分四季交納第一次俄三月底第二次俄六

月底第三次俄九月底第四次俄十二月底又每座出煤窰洞每年交納山課（吉江）省平銀十七兩六錢四分此項山課俄六月底一次交清

第八條　凡係官地亦須會同華官勘明劃定界址由公司議定租價惟須比照墾荒按等交納不得或過

第九條　鐵路公司與該處中國官家或華民有尚未商定事件將來就地商議不合之事均歸哈爾濱鐵路交涉總局查核定辦

第十條　以上章程係專爲鐵路公司自開之礦而定其華人自辦之礦無論新舊無論何處均仍照中國各章辦理鐵路毫無干預

第十一條　本合同應用華俄文繕寫二份核對如遇辯論以華文爲憑

第十二條　公司所辦各礦由（吉林黑龍江）省交涉局派員駐廠稽查出煤若干會同該礦辦事俄人登簿記數委員駐房由公司預備該廠必須指定地段或圈一圍牆以內巡警不可攔入倘有犯事華人逃匿礦界內應隨時由地方官知照廠員派人協同中國巡警前往查拏

（華歷光緒三十三年七月二十二日　俄歷一千九百零七年八月十七日）立於哈爾濱

齊齊哈爾會議中國答辯條文　清宣統三年

（一）原約界單內所載額爾古訥河之右岸正對海拉爾河口在阿巴哈依圖嶺凸出處設立第六十三號鄂博可證

（二）第六十三號鄂博原約既載明在阿巴哈依圖嶺之凸出處並載明在額爾古訥河右岸是約內所載額爾古訥河最高處之阿巴哈依圖嶺即現在額爾古訥河左岸之阿巴哈依圖山並無兩箇阿巴哈依圖也

（三）俄人所指達賚諾爾湖（即呼倫湖）爲額爾古訥河源未免有誤證據如左

（子）自達賚諾爾湖至額爾古訥河相距甚遠距海拉爾河口亦甚遠中間之小河名達蘭鄂羅木並不名額爾古訥

(丑)此河每逢夏秋天旱其流甚為細小且有乾涸之時
(寅)此河之水由海拉爾河流出向南偏西流入湖中並非流入額爾古訥河
(卯)此河各水既南流入湖並非湖水北流入河卽不得指爲額爾古訥河源
(四)原約界單內載額爾古訥河之右岸正對海拉爾河口在阿巴哈依嶺凸出處設立第六十三號鄂博既曰河之右岸則阿巴哈依嶺凸出處必貼近額爾古訥河而額爾古訥河亦卽在山腳下爲起點斷無中隔一河另尋河岸之理此處之河汊必應以北趨一支爲額爾古訥河其餘旁汊小港及水勢別向者均不得誤稱爲額爾古訥河
(五)額爾古訥河有東西兩山西山自河面起高十一丈東山自河面起高十四丈五尺東山高於西山者三丈五尺則東山自係額爾古訥河之最高處況原約鄂博單內第十五俄國卡倫今在額爾古訥河旁貼近鄂博並對海拉爾河之中間在阿巴哈依嶺之凸出處居住現在俄國阿巴哈依圖屯卽在此山迤北貼近尤足證此山爲中俄國界

中日捷哈爾濱會議中國提出三項宣言 民國十年
(一)日軍在中國領土內擅自逮捕俄人爲肇事之原因
(二)俄人因被捕憤激致引起相互之混擊是爲本案之眞象
(三)中國有地主關係爲息事保安起見屢次出爲調停决無左袒見的想各方面均能諒解

中華民國黑龍江省官府遠東共和國政府協定開通邊界條件
第一條　邊界往來及鐵路交通爲中華民國黑龍江省與遠東共和國毗連關係故此次商訂開通邊界問題僅係上述兩方之關係不與國際通商問題相涉
第二條　凡遠東共和國人民進入中華民國國境如經中國邊界官員查明其人含有過激意味又如俄人所運物品或印刷物等意在宣傳過激主義之用者一概禁止其入境其未經邊界官員查出而運往中華民國國境

之過激印刷物及其他項過激物品均不得在中國流通

第三條　俄國旅居中華民國領土之人民不得爲任何政治之鼓吹卽此種鼓吹行爲與中國社會不能相容並反對中國政治及社會組織者

第四條　遠東共和國政府應擔保護旅居遠東共和國之中華民國人民生命財產之安全並予以特別利益之待遇

第五條　中華民國人民在遠東共和國領土內所受之種種不幸事件遠東共和國政府應秉公處理並設法禁止此種事件之重行發生

第六條　俄國在滿站之前札拜喀爾稅關及鐵路卽今之赤塔鐵路所有之工匠地包及其他附屬之鐵路用品材料建築物等項依照本件協定之效力應於特定期限內撤出中華民國境界（在未撤出之前赤塔鐵路得臨時使用行車正當必需之物品）赤塔鐵路管理權不得超越八十六號小站惟稅關郵局殖民局產業應照停止前俄帝國領事待遇案暫由中國政府保管

第七條　中國人民持有中華民國官憲所發護照由遠東共和國回國遠東共和國政府不得禁止携帶金銀貨幣及各種皮張出口但運出大宗五金並貴重物品須先行報明遠東政府指定之官署備案惟指定此項官署之命令公布不得逾本約批准後兩星期又華商在遠東共和國營運進出口貨物所納稅不得越過俄商在中國所訥進出口貨物之稅數

第八條　遠東共和國旅居中華民國領土內之人民與中華民國旅居遠東共和國領土內之人民享受同等之權利

第九條　中華民國官憲不應在其領土內協助反對遠東共和國政府之俄人遠東共和國各官憲亦不應在本國領土內協助反對中華民國政治之中國人

第十條　旅居遠東共和國領土內之華人不得協助反對遠東共和國現行官府之俄人但遠東共和國政府對

於華人及其有關係之俄民未經證明事實之前不得藉口華人有護庇反對人之行爲故意搜索及侵害

第十一條　旅居遠東共和國之華民不得假個人名義代遠東共和國人民輸出金銀皮張但旅居華民以交易所得或其他合法購置有相當根據者運輸回國時遠東共和國政府不得藉詞指爲代遠東共和國人民輸出而扣留之

第十二條　中華民國人民得自由赴遠東共和國國境內須持有中國官廳護照經俄國官吏簽證者遠東共和國人民得自由赴中華民國境內須持有遠東共和國外交部或外交部委定之一省最高官署護照經中國駐在領事舘簽證者各受入境國之邊界官吏正當檢查如無違禁物品均准入境但從前所有過江小票及入境居留票等捐費一概廢除惟長久居住須持有本條所規定之護照

以上議定各條以中俄文字雙方校對無誤各繕寫二份如有爭議及條文上之解釋應參考雙方條文爲適中之意義解釋經中俄委員簽定後俟

中華民國黑龍江省官府
遠東共和國政府　互相批准即由雙方各保存一份一面宣佈各本國人民遵守實行

中華民國十年三月七日
遠東共和國西歷一千九百二十一年三月七日　訂於滿洲里

按右列條件中俄兩方各有不滿意之點在我於第十二條經俄官吏簽註及長久居住兩端在俄於第六條稅關郵局一節各持理由擬待交互修改

會訂東赤兩路開通車輛條件

第一條　赤滿通車依第四條所定限期內由赤路開至滿站爲止兩路車在滿站交換運貨

第二條　爲救濟在遠東共和國華僑及德奧俘虜起見先定開貨車交通每星期暫通往返貨車各二次客車各一次每次押送貨車不得過二十人

第三條　在八十六號小站地方中國設軍事檢查處並由交涉署派員協助辦理

第四條　滿站札省地包水樓工匠及其他附屬之鐵路材料建築物等項限於自一千九百二十一年五月一日

起（因五月地凍融化始能工作）至一千九百二十一年十一月一日爲六個月期滿卽須著手迅速連續遷出但無論如何至遲不得逾三個月遷竣

第五條　滿站地包工廠於借使期間由赤路派總管管理由東路派員充任帮辦所有一切費用由赤塔鐵路照支薪工由東路所派之員監督發放

第六條　赤路車輛於所借工廠期內在滿站裝卸載後仍須開回俄境不得在滿久留

第七條　赤省站務經理售票一切掛車事宜由東路站長兼任經費開支由赤路擔任滿站路務赤塔鐵路不得干涉

第八條　電報房機器由東路人員代辦由赤路出給津貼

第九條　從前在滿扣留之扎路車頭車輛於未開車前應由東路赤路各派代表會同鍾督辦按現存實數調查明確開車第一日先撥給一半餘俟報明中東鐵路督辦核示辦理至在東路其他各站所有之扎路車頭車輛應由東路迅速查明確數遠東共和國各路現存有之東路車頭車輛亦應由遠東政府會同東路委員速卽查明雙方結清

第十條　在滿扎路不用之職員工人並東路解僱之職員工人可先行運回札省

第十一條　掛車辦法售票價目可依照東路與南滿接運辦法辦理

第十二條　赤路在滿之職員工人辦守中國政府法律命令並由中國官府派軍警官兵監視保護

第十三條　西歷一千九百二十一年三月八日正午十二鐘定爲貨車開行之第一日

中華民國十年三月七日
遠東共和國西歷一千九百二十一年三月七日訂於滿洲里

協定扎免採木公司辦法大綱

（一）本公司係中日俄三國合辦依中國法令組成之中國方面以黑龍江省實業廳爲代表日本以南滿鐵道會社爲代表俄國以謝夫謙克商會爲代表

（一）本公司經營採伐中國黑龍江省扎敦河兎渡河原圖並新添之五十方里地域（原圖稱甲 新圖稱乙）內之木植及其他附屬事業

但該地域內如有山產礦產發現本公司欲經營此項事業時須遵照中國所定法令章則辦理

（一）本公司資本金定爲大洋六百萬元其出資方法另以萬金帳定之其每年所得純利中日俄三方均分

（一）本公司營業期限定爲三十年如欲展限須經中國政府之許可

（一）本公司設立理事長一員理事二員理事長由黑龍江政府派充理事二員由日俄兩方各派一員

（一）本公司爲純謀利益起見所用辦事人員務須察看營業狀況繁簡斟酌委用以節冗濫爲要

（一）本公司辦事技術人員中日俄三國合用之但工人槪用中國人

（一）保護林場應用軍警由理事長理事斟酌地段情形需用多寡呈由省政府分派駐守其經費按月由公司繳納

（一）本公司應遵照中國國家並江省政府之法令章則及地方之慣例繳納一切課賦稅捐

（一）本公司應於歲獲贏利項下對於江省政府年納十分之一報效金

（一）本公司從前各項關係另行商定處理

（一）本協定詳細辦法於協定書籤字後一個月內於哈埠另行商訂

附則

本公司開辦後應用活動資本由日俄兩方面籌集黑龍江省政府但分贏利其有虧折不認分擔至營業上一切事項均由日俄兩方計畫進行以期公司日益發達

本協定書以中日俄文字各繕三份中日俄三方各執一份爲證

中華民國十一年四月初四日
日本大正十一年四月初四日
俄曆一千九百二十二年四月初四日 訂於奉天

扎兎採木公司萬金帳

黑龍江省以原圖地上地下並增加地域五十方里之林區及地上地下爲資本（大洋銀二百萬元正）
謝夫謙克商會以所設施者爲資本如建築物鐵道等物（大洋銀二百萬元正）
南滿鐵道會社以現在所投入之資爲資本（大洋銀二百萬元正）

扎免採木公司合同

黑龍江省實業廳（以下稱甲）代表張星櫞南滿鐵道株式會社（以下稱乙）代表入江正太郞及謝夫謙克兄弟商會（以下稱丙）巴特利克謝夫謙克根據西曆一千九百二十二年（卽中華民國十一年日本大正十一年）四月四日在奉天所協定扎免採木公司辦法大綱之意旨關於該公司之設立訂定合同如左

第一條　本公司依協定大綱在中國黑龍江省扎敦河免渡河原圖地域（甲圖）並新添五十方里地域（將來製成之新圖稱乙圖）內採伐樹木及經營關於木材上之附屬事業

第二條　本公司有查探所定地域內之山產地產並其經營之特權但於此時遵守中國法令章則辦理在前項甲圖地域必要地點由甲乙丙三方派人會同設立標樁其新添五十方里林區於本合同蓋印後由黑龍江省政府（以下稱省政府）在甲圖境界外指定地域後務期從速測量會同設立標樁

第三條　本公司有哈爾濱設總局於林區內設林區事務所此外本公司得於必要地點設立支店派出所或代理店

第四條　本公司於所定地域內得將鐵道自由撤去或建設以資運用又應業務上之必要報經當地官憲之許可得開設各種工廠及木材存置場貨物倉庫等並爲謀事業發達起見得爲各種必要之設施

第五條　對於第三者本公司甲乙丙各以其出資之限度擔負責任

第六條　本公司之資產及一切收支各計算均以中國之現大洋爲本位又會計年度於每年十月一日開始至次年九月三十日終了

第七條　本公司於每年決算時所獲贏利以其十分之一爲報效金交納省政府其純利由甲乙丙三方均分之

前項所稱之贏利由總收入內扣除關於營業之一切經常並臨時費各動產並不動產之損耗塡補金及前年度結算缺損額而言所稱之純利由前記贏利內扣除報效金及各公積金賞與金等之餘額而言

第八條　本公司開辦後應用活動資本由乙丙兩方任籌集之責甲不負出資責任其有虧折亦不認分擔

第九條　本公司理事長總理公司一切事務理事二名會同理事長處理公司一切事務其關於營業上之事項由理事二名計畫進行

理事長及理事有事故時指定代理人使之執行其職務

第十條　理事長及理事組織理事會理事會爲本公司決議執行機關其決議除特在理事會必須由三方合意所定事項外餘均取決多數

第十一條　甲乙丙豫先知照理事會得隨時委員監查公司之業務檢查金庫賬簿及各種文書但委員之川資旅費毋庸本公司擔負

第十二條　本公司依協定大綱之規定在江省境內應按原價百分之二十一元八角繳納出產木稅至地方附加各捐應遵照當地徵收慣例繳納其海關及省外應納各稅捐不在此列

前項稅捐於木材輸出林塲繳納之

第十三條　關於平時保護林塲之巡警其人數由理事長呈請省政府分派駐守如巡警中有不聽指揮及不稱職者並得由理事長呈請省政府撤換之

本公司對於前項巡警除供給服裝宿舍暨辦公費並繳納子彈之損耗費外每月負擔一定俸給

遇有非常變故時爲保護起見理事長得向省政府聲請派遣軍隊

依照前項本公司對於聲請駐防期間內之軍隊所需糧秣由公司支付辦理

第十四條　本公司於本合同蓋印同時成立並於成立後一個月內將從前各項關係處理明確開始營業

第十五條　本公司存立期間自本合同蓋印之日起以三十年爲限至限滿後非經中國政府之許可不得繼續

辦理

第十六條　本公司於每年九月末日以前編造次年度之事業計畫書及收支預算書於年度終了後作成該年度內一切事業及營業報告書并收支計算書經由理事長報告於甲乙丙三方查核之

第十七條　本公司辦事及技術人員之任免賞罰等以理事長名義行之

第十八條　關於本公司地域內一切行政事宜應由該管地方長官監督管理

第十九條　省政府俟本公司成立一年後一切事務整頓妥協體察情形得將甲一方面招商承辦

第二十條　本公司對於省長行文用呈對於其他地方長官用公函均以理事長名義行之

第二十一條　本公司之章程及辦事細則根據協定大綱及本合同意旨由理事會另定之

第二十二條　本合同以中日俄三國文字各作成三分甲乙丙署名蓋印後各執一份爲證本合同由省政府依中國法令呈請中央政府核准備案

中華民國十一年六月二十五日
日本大正十一年六月二十五日　訂於齊齊哈爾
俄歷一千九百二十二年六月二十五日

兵事

呼倫貝爾越在北陲幅員遼闊北部山重水複道路崎嶇南部則曠野平沙水草豐美在昔不通中國等諸荒服爲各民族生聚繁息之場而前仆後繼亦卽各部落襲據之地其間風雲起滅戎馬搶攘所可得其梗概者今且夷爲剩水殘山頹垣敗址焉漢武帝時匈奴寇邊令衞青出塞遠征兵至臚朐河曾爲一度之戰爭其後歷魏晉南北朝隋唐迭爲鮮卑地豆干烏洛侯突厥各國所佔有興滅乘除戰史莫攷五代之季室韋八部（詳見建置）立國於此（境內有室韋山室韋格特嶺二山）中惟黑車子室韋（善作車帳故名又喀勒喀河蒙語黑氈牆也黑車子部據其地）黃皮子室韋二部最強黃皮子室韋又分大黃室韋小黃室韋是數部與遼屢有戰爭遼太祖爲夷離菫（遼統軍馬大官名）時授鉞專征討黑車子室韋唐盧龍節度使劉仁恭遣趙霸發兵數萬來拒太祖遣室韋人牟里詐稱其酋長約霸會兵霸至盡殲其衆乘勝大破室韋俘獲廬帳無算太宗會同十四年黃室韋掠牛馬又爲遼將庫古只所敗室韋於遼叛服無常然有事則遣使徵兵爲遼附屬金兀朮破宋乘勝而驕北敗於蒙古築金源邊堡（一名兀朮長城）以禦之今根河以北滿洲里一帶存有斷壁殘垣是其遺址世宗大定二十一年又以舊堡寥寥不足防禦令奚胡失海經畫邊備共設二百五十堡由西布特哈繞呼倫貝爾境南以抵山西歸化城則所謂泰州邊堡（卽長春邊堡）是也元興朔漠太祖起兵於呼倫境西之額爾得尼托羅海當日各部族分據方面與戰爭地點所可攷者宏吉剌部帖兒格（人名）據喀爾喀河至貝爾湖一帶（歸元最早）塔塔兒部據烏爾順河宏吉剌部德薛禪（人名）據有根河流域金大定二十九年己酉太祖既稱帝以告王罕及扎木合扎木合以太祖不附己也不懌適扎木合弟給察兒游牧地與太祖接近奪太祖部將答兒馬剌之馬答兒馬剌射殺之扎木合大怒糾合泰亦赤烏宏吉剌合答斤塔塔兒等十三部集兵三萬來攻太祖亦分部衆爲十三翼以待之兩軍相遇大戰於答蘭版朱思之野（秘史作答闌巴勒主惕新元史作答闌巴泐諸納在烏爾順河西）太祖失利部將察合安死之退軍斡難河哲揑列之地庚申年太祖與王罕合兵戰勝乃蠻泰亦赤烏兩部合答斤撒兒助特朶兒奔塔塔兒宏吉剌諸部咸不自安會於阿嚕泉斬白馬爲誓欲襲太祖與王罕宏吉剌部長特因（元史作岱音）恐事不成潛遣人告變太祖與王罕自呼倫湖（元史作呼圖澤新元

（史作虎圖海子）逆戰於貝爾湖（元史作拜里川新元史作捕魚兒海子）諸部皆敗走次年辛酉合答斤宏吉剌塔塔兒火魯拉思朶兒奔等十一部（新元史作七部）沿額爾古訥河會於根河（秘史作刊木漣河元史作犍河新元史作刊河）共立扎木合爲帝反抗太祖以足踢岸土刀斫林木而誓曰凡我同盟有洩此謀如岸之摧如木之折遂悉衆進攻時有火魯拉思人火力台（秘史作豁里歹）馳騎告變太祖得先期戒嚴整兵逆戰大敗之於海拉兒帖尼河（一作特諾河）扎木合遁宏吉剌部降壬戌乃蠻又約合答斤等部來侵太祖敗之於吹丹之野扎木合援師繼至其軍有神巫不亦魯黑忽都合能致風雨欲乘勢進攻不意反風逆擊天地晦暗扎木合不能軍多墜澗中乃蠻諸部潰散扎木合順額爾古訥河大掠而去太祖既平乃蠻時金人塹山爲界以限南北汪古部長阿剌兀思剔吉忽里爲金守衝要地密輸款於元嚮導太祖南出界垣（今東省鐵路成吉思汗站）是爲元入金界之始迨元以順帝北徙其孫脫古思帖木兒嗣立擾塞上明洪武二十一年令藍玉帥師十五萬征之出大寧至慶州諜知元主在貝爾湖間道兼程進至百眼井去湖四十里不見敵欲引還定遠侯王弼曰吾輩提十餘萬衆深入漠北無所得何以復命玉然之令軍士穴地而爨毋見烟火乘夜至湖南敵營尙在湖東北八十餘里玉令弼爲先鋒疾馳薄其營敵謂明軍乏水草不能深入不設備又大風揚沙昏晦軍行敵無所覺猝至前大驚一戰而敗殺太尉蠻子等降其衆元主與太子天保奴數十騎遁去玉以輕騎追之不及獲其次子地保奴妃公主以下百餘人又追獲吳王朶兒只代王達里麻及平章以下官屬三千人男女七萬七千餘人並寶璽符敕金牌金銀印諸物馬駝牛羊十五萬餘焚其甲帳蓄積無算是役也賜勞玉功比之衞青李勣焉自脫古思帖木兒七傳至本雅失里殺明使者郭驥永樂六年以邱福爲征虜大將軍將十萬騎進討臨行帝戒以兵事宜愼重相機進止不可輕敵福出塞帥千餘人先至臚朐河遇游騎擊敗之獲敵間輕信其言懸軍深入諸將諫不聽敵大至圍數重五將軍戰死一軍皆沒七年成祖出塞親征出威虜鎭進至臚朐河更名曰飲馬聞本雅失里西奔遂渡飲馬河追及於斡難河大敗之本雅失里以七騎遁永樂二十年韃靼阿魯台犯邊都指揮王煥戰死成祖二次親征軍行出應昌結方陣以進諜報阿魯台攻萬全諸將請還師擊之帝曰詐也彼慮大軍搗其巢穴欲以牽制我師敢攻城哉進次陽谷攻萬全者果遁去阿魯台遂棄輜重於呼倫湖側北遁明發兵焚之收其牲畜師旋敗兀良哈以剪阿魯台之羽翼二

十二年阿魯台復犯邊成祖三次出塞親征發京師日諜報阿魯台走答蘭納本兒河（在西興安嶺東林傳甲鄉土志謂答蘭即扎蘭屯納木兒即諾穆耳）趣進師至答蘭納木兒河不見敵命張輔等窮搜山谷三百里而還清初索倫部長博穆博果爾已服旋叛黑龍江諸城多歸附之海拉兒與焉崇德四年命將八人分路進勦兵定海拉兒（見何秋濤雅克薩考一作海倫屯）餘亦悉平至康熙時準部噶爾丹侵奪喀爾喀部四汗之地率額魯特兵進駐克魯倫河阿爾灘額墨爾地方大舉深入踰呼倫貝爾兩湖（游牧記作枯倫波衣爾）清命尚書厄爾尼率師禦之向貝爾湖進發至博洛達卜素遇逃來之喀爾喀人訊知噶爾丹已渡烏爾順河厄爾尼以為烏爾順河距喀勒喀河甚近喀勒喀河距卡倫僅一日程若仍往據貝爾湖則反出其後以此竟赴貝爾湖之南他奔他什海嚴加防堵噶爾丹志不得肆及康熙三十九年聖祖親征噶爾丹至克魯倫河不見敵蹤四出哨探於額爾得尼托羅海一帶獲額魯特一人訊稱噶酋見皇帝親征已棄帳房器械連夜而遁聖祖曰今我軍欲戰不得矣惟以窮追為至要耳遂以大軍西進準部既平喀爾喀四部各回牧地為清屏藩自此二百餘年呼倫貝爾無兵革之端至光緒二十六年拳匪一役禍召聯軍東三省處於俄人勢力之下遂分兵至海拉爾焚燬副都統衙署人民慘遭塗炭時黑龍江將軍壽山奉清廷電促進擊俄軍遂分東西北三路出師以保全為西路統領攻呼倫貝爾三路之師既出相繼敗衂俄兵逼齊齊哈爾壽山以身殉難死焉是為外侮之兵事宣統三年中國變政南北雲擾駐海拉爾俄領事吳薩締夙涎我界天產豐穰兼啸勘界以還羊草木石歲納巨稅利用此機誘惑蒙旗額魯特總管勝福陳巴爾虎總管車和扎（清咸同間車曾從征西南各省）諸員主動獨立嚮應庫倫驅逐華官並指呼倫道黃仕福為革黨份子（黃甫蒞任二十餘日從者多剪髮故）排滿主義勢不利於蒙人蒙員未察陰謀遽起反抗維時蒙兵堪戰約二百餘人餘皆荷戈充數駐海尚有防兵一營及道廳兩署衛隊百餘足可抵禦吳領復聲言雙方交戰礮彈若落站界即行調兵干涉呼倫道黃仕福慮以輕開戰釁惹起國際交涉致貽後患於是退避站界鐵路交涉局內據電省憲周中丞宋民政省署當派杜蔭田于家銘兩知事來倫勸消獨立二員抵倫署公開會議激勵大義蒙員感悟將次就撫吳領聞之大怒恫嚇旗員以後中國欺凌不再袒助並索酬報借械各費甚鉅旗員畏俄勢強頓翻前議吳更暗助兵械嗾使車和扎督率蒙卒內雜俄兵一營進攻臚濱府時張壽增知府以未奉省令堅守弗去並調駐

滿防兵一營入府備禦十二月十六日平明開戰內外互擊約八小時卒至蒙兵死傷多數始行停戰（時由中國海關總理德人司根德以俄助內亂違背公法身入戰線剝得已斃俄官肩章子袋交張守作證）張壽增旋奉令調省臚濱失陷一時海滿無官秩序大亂兵匪混雜商民驚慌上流各邊卡節節淪陷下流各卡幸珠爾干河總卡官趙春芳偕額勒和哈達卡官李玉琛嚴守汛地支持邊局復招撫兩營潰卒叛兵編練馬步各隊協力巡防下流一帶卡倫與奇漠兩金廠賴以保全趙春芳更進據吉拉林民國元年二月十二日與蒙兵交戰互有勝負尋奉省令退兵漠河趙春芳當與蒙兵首領口頭談判作爲臨時條件以莫里勒克河爲界上流各卡歸蒙官管轄下流各卡歸漢官管轄其後呼倫貝爾以勝福爲副都統（民國四年中俄會訂條件呼倫取消獨立改爲特別區域初任副都統以勝福充之）至民國六年復有內蒙科爾沁匪黨佔據呼倫之事先是科爾沁匪首巴寶扎布（按巴係奉天彰武縣人驍勇善戰曾充本縣區官民國元年以事被迫投往庫倫庫倫納之授以兵權使之募練巴進以兵就餉之計攻取林西）於民國二年糾合宗社黨共萬五千人進攻熱河之林西縣二次俱敗衂無顏歸庫遂退駐於喀勒喀河地方（地在黑龍江省呼倫貝爾車臣汗三處交界俗名三不管）及民國五年清宗室肅親王（時駐大連）圖恢復密約巴匪爲助供給餉糈並互納子爲質扶國軍（與宗社黨名異事同）首領邵承勳亦招巴入夥（原計五路招討使約期七月七日起事先取長春次取奉黑吉三省再入北京巴即招討使之一也）未幾邵於長春被刺（四五月間）巴又在奉天突泉縣與官軍交戰延擱（今督軍兼省長吳俊陞時爲洮遼鎮守使是役受傷）所謀全歸失敗巴匪遂於八月十三日以兵兩萬餘再攻林西（熱河北境邊要地）邵承勳部下胡大鵬統邵餘黨從焉匪至林西城已垂陷巴匪恃勇先入奪取礮車爲礮兵狙擊斃命匪見主亡無計駭曰大事去矣相率奔竄官軍乘之匪黨四潰其一支由色卜精額本巴扎布二酋統帶回至喀勒喀河進窺呼倫民國六年六月侵入呼倫城佔據副都統署及西南二屯（槍斃右廳廳長成善旗員資財被掠一空）勝福避走卜奎省城色本二人復派明保（布特哈旗人初附勝福叛歸色本成善死其手中）通欵肅親王以呼倫爲根據地並以車和扎爲提督邦恭扎普爲幫辦（車邦僅受虛名其實利權政權色本操之）廢去副都統名稱維時匪黨內容齟齬一部已投誠受撫（色本所爲胡大鵬頗不直之鐵路交涉局專員于家銘偵知據電省署遂派趙參謀郭文田知事來倫收撫胡先就撫晉省匪黨聞知盡逐胡宗于家銘遁飭悉數收籠交涉局內以備指揮）俄領又與有惡感（初匪黨以貨利昭吳領吳祖護之嗣入站界搜捕倫署旗員擊斃俄警遂成仇隙）八月十四日由旗署額魯特總管凌陞暨蒙員武魁等率索倫兵二百餘俄亦調來馬隊二百名助勦是夜與匪黨開戰匪黨扼守城內並據西山俄占鐵道北土山架礮轟擊交涉局降隊亦向西山夾擊

雙方激戰勢殊猛烈直至次日午後互擊八九小時匪勢不支並聞有省派陸軍進勦之訊全股敗退至城南分途逃竄福興阿一股走索倫山達拉吉一股歸省就撫色本二酉引殘卒三千歸喀勒喀河舊巢而去是役也以倫俄六七百之兵竟戰勝悍匪四五千之衆蓋由彼衆離心此方奮鬬之故色本及至喀勒喀河遇庫倫援兵大集（倫署旗員成德憤匪黨擾倫向庫借兵二千屯駐喀勒喀河以備進勦）以逸待勞迎頭堵擊所謂白公彭公各攜眷屬俱被圍困匪徒至此無力敵抗半歸殲滅餘亦星散倫城匪亂於是告一段落是爲內亂之兵事歷考呼倫貝爾古今之戰爭弱肉強食此起彼仆在五代以後爲多迄今游烏爾順河兩岸古壘荒凉過兀朮長城故墟斷垣零落而當日烽火冲天干戈滿地各民族強悍桀驁奮激鬬狠之精神猶可懸諸想像云

軍備

呼倫貝爾一隅孤懸嶺表外接藩夷當江省西北第一門戶乃中國重要邊防也明時得而復失實以三衛廢棄邊備益虛之故淸初鑑於前車寓兵於牧爲屯戍禦侮之謀於雍正十年黑龍江將軍珠爾海奏准由布特哈撥來索倫一千六百三十六名達呼爾七百三十名陳巴爾虎二百七十五名鄂倫春三百五十九名此項兵丁計三千名歸併索倫一部編聯五十牛彔(一佐爲一牛彔)分隸八旗統以左右兩翼左翼四旗沿抵俄羅斯路及與俄交界處分防游牧右翼四旗沿喀勒喀河並喀爾喀一帶分防游牧同年又由察哈爾(一作由阿爾泰)旗下兼管之額魯特撥來一百名編製一牛彔十二年又以喀爾喀部車臣汗旗下之新巴爾虎撥來二千四百八十四名此項兵丁由管理車臣汗大臣扎克丹咨送來倫按照索倫兵制編成四十牛彔分隸八旗兩翼管領劃界分牧輪派邊卡出防爲新巴爾虎部屬乾隆八年以將軍博第奏裁索倫陳巴爾虎新巴爾虎各旗兵丁三千五百名於額魯特增設一牛彔(不分左右翼不設副部都統爲一部歸總管直隸)各部兵額共計二千名乾隆三十七年又以將軍增海奏添兵丁五百名呼倫貝爾自是制定額兵二千五百名光緒二十年將軍增祺奏將托河路鄂倫春之一路兩佐撥歸呼倫貝爾管轄光緒二十四年副都統册報兵數爲二千五百八十三名(領催前鋒在外詳下表)旗兵舊制大略如是其軍裝一項官員盔甲刀箭例由自備軍用器械如弓箭刀矛槍礮藥彈旗纛鑼鼓海螺帳房等項則掌之有司以時發放其官兵餉糈歲由江省領四萬八千二百六十三兩餘(襲職俸恤在內)此又淸時旗屬之軍實也其在淸初時代蒙兵最強而索倫尤稱勁旅西南西北各省戰事靡役不效前驅無如承平既久暮氣日深輪成習操有名無實光緒三十三年設巡防馬隊一營額兵六十名分爲三哨哨官三員管帶一員馬兵由各翼總管挑送三十四年護副都統宋小濂於邊卡弁兵悉數改蒙爲漢宣統二年滿洲里添設馬隊一營駐海拉爾之一營改照江省巡防馬隊制募足宣統三年吉拉林添駐巡防步隊一哨本年冬蒙旗獨立海滿兩埠吉拉林一局之馬步各隊相繼撤散民國六年設置哈滿護路軍司令部駐滿洲里及鐵路沿綫其現住軍隊爲五十七旅外附步騎三營(以前換防軍隊無考)歸陸軍二十九師統轄民國八年蒙旗兵制又復一變陳

巴爾虎脫離索倫自爲一部（達呼爾族仍屬索倫）各部統計共增領催二十四減去前鋒二十二名披甲兵數則由二千五百八十三減爲七百零八名副都統署增設衛兵二百名又各旗保衛團丁共五百名民國九年由江省調來陸軍第二混成旅分駐海拉爾及各衛要地點歸鎮守使節制担任邊防兼護路事宜民國十年設海滿警備司令部以哈滿護路軍司令部兼治其事考呼倫貝爾歷來之兵備由無而增由增而減復由減而增就目前全境屯駐之兵額言之所謂陸軍新制旗屬壯丁以及沿邊戍卒各種警士漢蒙團防各署衛隊統計其數約達一萬有奇果其將士一體漢蒙無猜內以靖地方外以懾強敵保茲疆土捍我邊陲有不安如磐石者乎茲將關於軍制者列表以資考核爰爲之舉其始末焉

副都統屬舊制官兵俸餉表

事別／名別	員數	整半俸	年支銀兩	養廉鹽菜銀兩	兵額數	年餉銀兩	說明
副都統	一	整	一五五兩	養廉七〇〇兩			
總管	一	整	一三〇兩				自總管以下食整俸者均係額魯特旗各員餘皆半俸
	四	半	六五兩				
副管	八	半	五二·五兩				
佐領	二	整	一〇五兩				
	五〇	半	五二·五兩				

驍騎校	二	整	六〇兩				
	五二	半	三〇兩				
護軍校	二	整	六〇兩				
滿蒙繙譯筆帖式	二		二四兩	鹽菜一二兩			支領催原餉
	二		一二兩	鹽菜一二兩			支披甲原餉
兩司各旗管台筆帖式	三一		各食原餉				原由領催披甲揀用不等
滿官學教習	一		食筆帖式餉				
領催					二一二	二四兩	
前鋒					四二	二四兩	
披甲					二〇五八三	一二兩	
備考	按呼倫貝爾向有軍功世襲騎都尉雲騎尉思騎尉蔭生監生等員其總數爲一百五十五其年俸多係半俸及半俸之半俸共銀一千九百二十三兩惟各員非實職故名稱與襲俸細數均不列入入民國後俸已停給 右表所列官兵年支俸餉加以前項襲俸數共四萬八千二百六十三兩二錢五分向由黑龍江將軍衙門承領遇閏照增每兩按八折六扣核發入民國後改領現大洋詳歲出入表 又表列官兵額餉係照清舊制旗署册報之數登載官兵兩項未經劃分入民國後官兵額餉均經改定分見各現制表及歲出入表						

副都統屬現制兵額餉數表

兵別	屬別	翼別	現制名數	舊制總數	比較
領催	索倫	左翼	二八	二一二	增二四
		右翼	四八		
	新巴爾虎	左翼	四八		
		右翼	四八		
	陳巴爾虎		四八		
	額魯特		八		
	鄂倫春		八		
	統計		二三六		
前	索倫	左翼	二		
		右翼	四		
	新巴爾虎	左翼	四		

類別		數目		
披甲	索倫 左翼	八四	二・五八三	減一・八七五
	索倫 右翼	一四四		
	新巴爾虎 左翼	一四四		
	新巴爾虎 右翼	一四四		
	陳巴爾虎	一四四		
	額魯特	二四		
	鄂倫春	二四		
	統計	七〇八		
鋒	右翼	四	四二	減二二
	陳巴爾虎	四		
	額魯特	二		
	鄂倫春	無		
	統計	二〇		

衛隊	
副都統公署	
營長	一
辦事員	一
書記	四
哨官	四
哨長	四
哨書	四
什長	二〇
衛兵	一八〇
備考	右表所列兵額係入民國後改定之數此外尚有各旗保衛團丁另見團防門又舊制達呼爾部原撥兵丁數少併入索倫以內改制仍之

鎮守使署編制一覽表

創設年月	駐防地點	姓名	籍貫	官階	到任年月
民國九年三月	海拉爾				

歷任鎮守使			
張奎武	奉天梨樹	陸軍少將	民國九年三月
張明九	奉天新民	陸軍中將	民國十年十一月

所屬軍隊數目	黑龍江陸軍第二混成旅步騎兵各一團
分駐地點	旅部暨兩團部步兵第二營(缺一連)第三營騎兵第一營第三營駐海拉爾步兵第一營駐安建站第二營之第七連駐室韋縣騎兵第二營駐扎蘭諾爾煤礦
駐兵情形	擔任邊防兼護路各事宜
備考	按海拉爾駐紮軍隊移調換防不時各旅團名目迭易茲就現駐軍隊名目列入以前從闕又海拉爾宣統年間曾駐防兵一營營長與順字善庭

哈滿護路軍司令部編制一覽表

創設年月	民國六年十月
駐防地點	滿洲里

歷任			
姓名	籍貫	官階	到任年月
張煥相	奉天撫順		民國六年十月
車慶雲	直隸廣川	陸軍中將	民國七年五月
耿玉田	直隸涿縣		民國八年八月

司令			
萬福麟	吉林農安	陸軍少將	民國九年一月
丁超	奉天興京		民國九年三月
耿玉田	直隸涿縣		民國九年七月
張奎武	奉天梨樹	陸軍少將	民國九年十月
張海鵬	奉天黑山		民國十年一月
萬福麟	吉林農安		民國十年五月

所屬軍隊數目	陸軍第二十九師步兵五十七旅完全旅外附步兵二營騎兵一營
分駐地點	哈滿全綫大小各車站
駐兵情形	此項駐軍分駐哈滿沿綫大小各車站兵力之支配以車站之大小車站地位之衝要與否爲標準專以護路爲職責
備考	按滿洲里十年十月設有滿海警備司令部一職一切事宜歸哈滿護路軍司令部制裁未另立有機關又駐紮軍隊移調換防不時旅團名目迭易玆就現住軍隊名目列入以前無考從闕查滿洲里前於宣統年間曾駐防兵一營幫統韓殿臣字建甫安徽人

司法

三權鼎立司法其一也呼倫貝爾向隸軍事範圍無司法分立之可言改設民治以來制度逐加變易茲就現設各機關關於司法部分先縣屬次及特別區析表爲九詳於左方

司法表一 各縣民事

縣別／辦理情形／辦理種類／案別	呼倫 已結起數 審結	呼倫 已結起數 和息	呼倫 已結起數 註銷	呼倫 未結起數	呼倫 上控起數 提審	呼倫 上控起數 批審	臚 已結起數 審結	臚 已結起數 和息
土地	二							二
房產							九	六
債務	四四			五			八一	四四
界址								
證券								
追償損失								二
其他	一〇			一				

濱				室韋						奇		
數	未結起數	上控起數		已結起數			未結起數	上控起數		已結起數		
註銷		提審	批審	審結	和息	註銷		提審	批審	審結	和息	註銷
二	一											
五	六		一		五					九	六	二
一												

乾		
未結起數	上控起數 提審	上控起數 批審
一		

備考　右表列各種案件細數係據民國十年度各屬處理之件而言舉一可概其餘以下各表同此

司法表二 各縣刑事

縣別／辦理／案別	卡倫 已結起數	卡倫 上控起數 提審	卡倫 上控起數 批審	臚濱 已結起數	臚濱 上控起數 提審	臚濱 上控起數 批審	室 已結起數
傷害				一八			
強姦							
和姦	四	一		一			
賭博	四			三			
誣告				二			
侵占	四			二			
收藏贓物	五			三			一
鴉片	三三			三四			
行使假票	四	一		五			
私鹽	二			一			
放火							
詐欺				一〇			

	章 上控起數 提審	章 上控起數 批審	奇乾 已結起數	奇乾 上控起數 提審	奇乾 上控起數 批審	備考
			一			

司法表三 各縣命案

縣別	案別　起數	相驗起數	獲案起數	逸犯起數	上控起數 提審	上控起數 批審
呼倫	鬬殺					
	故殺					
	誤殺					
	自盡					
	病斃	一六五				

	臚濱						室韋					
共計	鬭殺	故殺	誤殺	自盡	病斃	共計	鬭殺	故殺	誤殺	自盡	病斃	共計
一六五		七	三	六	一七	三三		一				一
		三	三			六						
		四				四		一				一

奇乾	鬭殺	故殺	誤殺	自盡	病斃	共計
	一					一
	一					一

備考

司法表四 各縣盜案

縣別 / 案別 / 起數	呼倫 強盜	呼倫 小竊	呼倫 共計	臚濱 強盜
報案起數				五
獲案起數	二	九二	九四	五
舊案名數	二		二	五
新收名數	二	一〇五	一〇七	
已結數	二	一〇五	一〇七	四
上控起數 提審				
上控起數 批審				

濱 小竊	濱 共計	室韋 強盜	室韋 小竊	室韋 共計	奇乾 強盜	奇乾 小竊	奇乾 共計	備考
八三	八八		二	二				
八三	八八		二	二				
八三	八八							
八三	八七		二	二				

司法表五 各縣刑期

刑別＼縣別		呼倫
槍斃		一
無期徒刑		
有期徒刑	十五年以上	一
	十年以上	
	五年以上	
	三年以上	
	一年以上	二三
	二月以上	八三
計		一〇七
拘役		
罰金	二千元以上	
	一千元以上	
	五百元以上	
	一百元以上	
	五十元以上	六
	一元以上	三一
計		三七

臚濱	室韋	奇乾	備考
一			
二			
一			
一			
五	一		
八二	一		
九二	二		
一			
三			
四			
四			
一一			

司法表六　各縣兼理司法職官

縣別＼事項	創辦年月	設置地點	知事兼理司法 姓名	知事兼理司法 更替時期	承審員 姓名	承審員 更替時期
呼倫	民國九年四月	呼倫貝爾城	何如銘	十年十二月交卸	福平安	十年五月交卸
			郭曾煜	十年十二月任事	陶鏞	十年十二月交卸
					邱信銈	十年十二月任事
臚濱	民國九年四月	滿洲里商埠	趙春芳	民國十年八月交卸	多羅隆河	十年八月交卸
			楊鳳旭	民國十一年八月交卸	徐梯清	十一年九月交卸
			董文瑞	民國十一年八月任事	孫學文	十一年九月任事
室韋	民國九年四月	吉拉林	郭文田	民國十一年六月交卸		

韋	奇乾	備考
	民國九年七月	
	珠爾干河	
馮潤章	李玉琛	
民國十一年六月任事		
	章濤	

司法表七 特別區審判廳民事

庭別	事種別	舊受	新收	合計	判決	撤回	和解	其他	已結合計	未結
第五分庭	人事		一	一			一		一	
	金錢		七三	七三	一五		五三		六八	五
	物品		一	一			一		一	
	證券		三	三	三				三	
	雜件		一九	一九			一七	二	一九	
	總計		九七	九七	一八		七二	二	九二	五
	人事		二	二			一	一	二	

（差別：總數／訴訟之結果）

	第六分庭								備考
	建築物	土地	金錢	糧食	物品	證券	雜件	總計	
	一〇		一〇					二〇	
	七二	五	二三一	五	一二	六	五一	三八四	
	八二	五	二四一	五	一二	六	五一	四〇四	
	四四	二	一五五	四	四			二〇九	
		一	二一		一			二三	
	三五	二	四六		二	三		八九	
			四	一	五	三	五一	六五	
	七九	五	二二六	五	一二	六	五一	三八六	
	三		一五					一八	

司法表八　特別區檢察所刑事

庭別			
罪名			
受理件數	舊受		
	受理件數	直接受理	
		由警察	
		由憲兵	
		由他廳檢察官	
		其他	
		計	
	合計		
終結	起訴	送豫審	
		送公判	
	不起訴	案件不爲罪	
		證據不充足	
		大赦	
		裁判確定	
		時效	
		被告人亡故	
		案件在審判衙門現行審理尚未確定	
		親告罪無告人告訴	
		親告罪撤銷告訴	
		其他	
		中止	
	移送他管		
	計		
未終結			

第五分

內亂	瀆職	逮捕監禁人脫逃	偽證及誣告	放火	危險物	妨害交通	妨害秩序	偽造貨幣	偽造文書	賭博	姦非	殺傷
	一	二	二			一			一	一	一	六
		三	一	四	五	一六	三	四		一		四三
		一	一									八
二						三						二
二	一	六	四	四	五	二〇	三	四	一	二	一	六七
二	一	六	四	四	五	二〇	三	四	一	二	一	六七
				一								
		二	一	一	五	一	一	二	一	一		三
						一	一					
			一			一		二				七
	一		一			一〇				一	一	三
		三	一	一		五	一					一七
一		一		一		二						一〇
二	一	六	四	四	五	二〇	三	四	一	二	一	六七
一												

庭								第				
妨害安全信用名譽及秘密	竊盜及強盜	詐欺取財	侵占	贓物	毀棄損壞	私鹽	總計	妨害公務	瀆職	逮捕監禁人逃脫	妨害安全	放火
四	一〇		二	三			三四					
二	一五二	四	七	七	三	一	一五五	二	一		三	三
	四四			一			五五					
二	一九		一	二	一		四二	六	四	二	九	
八	三三五	四	一〇	一三	四	一	三八五	八	五	二	一三	三
八	三三五	四	一〇	一三	四	一	三八五	八	五	二	一三	三
							一					
	四五	三	六	六		一	九五	一				
五	三		二		二		一四					
	三	一	一	三			三八	一			八	
一							一					
一	六			一			二四		二		二	三
一	一四			二	二		一七					
	六			一			三三	六	三	二		
八	二三四	四	九	一三	四	一	三八二	八	五	二	一〇	三
	一		一				三				二	

六分庭

危險物	妨害交通	偽造貨幣	偽造公文書	賭博	殺傷	竊盜及強盜	欺詐取財	侵占	毀棄損壞	贓物	姦非	私鹽
								五				
二二	一六	二	三	二	一一九	四三七	二	七	一三	五		二
二						三				一		
										二		
	一五		八		二四	二三九	五	一五	二五	一四	一	一
一三	三	二	二	二	一四三	六七九	七	二七	三八	三	一	三
一三	三	二	二	二	一四三	六七九	七	二七	三八	三	一	三
					三	七				二		
一七	一	七	一	二	一五	七三	一	七	二	六		三
			二		一八							
	一七	三			一七	一五〇	四	一三				
											一	
					二							
			七		四五	二六		二	二			
二	一〇				一七	八〇			三〇			
	一一				一一	三二五		四	五	一三		
一九	三〇	一〇	一〇	二	一三八	六六一	五	二六	三八	二〇	一	三
四	一	一	一		一五	一八	二	一		二		

總計		五六四七	六	二	三六八	一〇二八	一〇二八	一三	一三六	二〇	二三三			一	二				九八	一二九	三七〇	九八一	四七
備考																							

司法表九　特別區法院職官

事別＼庭別	第五分庭	第六分庭
創設年就	民國九年二月	民國十年一月
設立地點	海拉爾道北	滿洲里道北

審判廳歷任職官	職別	姓名	更替時期
第五分庭	推事	俞聯榮	民國十年二月
第五分庭	推事	錢光謨	民國十一年二月
第五分庭	推事	于光熙	國十一年六月
第五分庭	推事	劉毓俊	民國十一年六月就職
第六分庭	推事	金殿選	民國十年五月
第六分庭	推事	郝樹寶	民國十年九月
第六分庭	推事	周錫九	民國十年九月就職
第六分庭	推事	黃志孝	民國十年九月就職

檢察所歷任職官	職別	姓名	更替時期
第五分庭	檢察官	周韞輝	民國十年七月
第五分庭	檢察官	盧益美	民國十一年十月
第五分庭	檢察官	孫紹康	民國十一年十月就職
第六分庭	檢察官	蕭煥列	民國十一年四月
第六分庭	主任		
第六分庭	檢察官	富榮煜	民國十一年四月就職
第六分庭	檢察官	季手文	民國十一年四月就職

備考	

警察

呼倫貝爾之有警察自前清改設民治始設備未久以獨立內亂而廢舊制今已莫考善後以來復設各種警察縣屬商埠而外屬於境內者如特別區域鐵路沿線各警察機關並列於表以詳之

◎各縣警察所官員長警數目表

縣別	區別＼員別	所長	股員	隊長	區官	巡官	巡長	馬警	步警	通事	僱員	合計
呼倫	警察所	一	一	一			一	四	一五		二	二五
	第一派出所					一	一		五			七
	第二派出所					一	一	一〇				一二
	第三派出所					一	一	一〇				一二
	第四派出所					二	一		一五	一	一	二〇
	第五派出所					一	一		六			八
臚	警察所	一	一	一					五〇			五三
	第一區				一	二	二	九	二四			三八

濱 派出所					一	一		九			一一
室韋 警察所	一										一
室韋 第一派出所					一	二	八	四			一五
室韋 第二派出所					一	一	八	二			一二
奇乾 警察所	一										一
奇乾 第一派出所					一	一		一〇		一	一三
奇乾 第二派出所					一	一		四		一	七
合計	四	二	二	一	一三	一四	四九	一四四	一	五	二三五

備考：按各縣警察所長均係知事兼充又按呼倫縣尚有分駐所二處官警由第二第四派出所抽調故表中未列專欄

各縣警察駐在地點表

縣別	所別	駐在地點	方向	距縣里數
呼	第一派出所	大壩後	正北	一五里
	第二派出所	乾井子	東北	一二〇里

倫	第三派出所	水泉子	東北	二〇〇里
	第四派出所	霍爾溝	東南	三八〇里
	第五派出所	臥倫錯夫林場	東北	三六〇里
	第二分駐所	牙克石	正東	二一〇里
	第四分駐所	新北溝	東南	三九〇里
臚濱	第一區	扎蘭諾爾	西南	五四里
	派出所	察罕敖拉	正西	
室韋	第一派出所	駐縣城		
	第二派出所	小河子	正南	
奇乾	第一派出所	與隆鎮	正北	三六六里
	第二派出所	伊穆河	正北	二六〇里
備考	按呼倫縣警察第二派出所本在宜立克都站第三派出所本在免渡河站均係特別區界內設有特區警察而往室韋大道防衛空虛時聞匪警因將兩派出所移置扼要之乾井子水泉子兩處並改步警為馬隊焉			

▲警察廳官員長警數目表

官警別	官員															長警			合計
科署別／職別	廳長	督察長	科長	科員	技士	僱員	督察員	經徵員	場員	醫官	稽查	署長	署員	巡官	隊長	巡長	巡警	夫役	
警察廳	一																	三	四
督察處		一					一											一	三
總務科			一	一		二												一	五
行政科			一	一	一	二												一	六
司法科			一	一		二												一	五
衞生科			一	一		二												一	五
經徵處						一		一			一							一	四
屠獸場						一			一	一								一〇	一三
第一署						二						一		一		三	二五	二	三四
第一署分所						一							一	一		二	一六	一	二二

第二署	第二署分所	馬巡隊	警衛隊	消防隊	衛生隊	合計	備考
						一	
						一	
						四	
						四	
						一	
二	一					一六	
						一	
						一	
						一	
						一	
						一	
一						二	
一						二	
一	一					四	
		一	一	一	一	四	
三	二	二	一	一	二	一六	
三〇	二〇	一八	九	一四	七	一三九	
二	一				一三	三八	
四〇	二五	二一	一一	一六	二三	一三七	

警察廳署隊駐所表

區別＼類別	署隊駐在地名	距城里數	方向	分所駐在地名	距城里數	距署里數
警察廳	呼倫縣西大街					
第一署	呼倫縣北門外					
第一署分所				呼倫縣西街		

第二署	河塢	三〇〇里	東北			
第二署分所				河塢	三五〇里	九〇里
馬巡隊	駐廳內					
警衛隊	駐廳內					
消防隊	關帝廟					
衛生隊	關帝廟					
備考						

警察廳年事表

月別＼年別	民國
一月	
二月	
三月	
四月	是年蒙人歸政設軍政各機關由督辦鍾毓請准設立商埠警察定名呼倫警察廳由省公署
五月	根據本地舊有屠捐定額繼續收捐創辦屠獸場設場員醫官各一員
六月	
七月	
八月	
九月	
十月	
十一月	奉令徵收新街衛生費并添募清道夫五名
十二月	

九年	民國十年	民國十一年	備考
			十一年之冬有籌畫辦理地方醫院之議至十二年八月間始從事進行預算常年經費一萬元由警察廳於增加妓捐項下籌撥不敷之款呼倫縣任其大部分此外呼倫海拉爾兩商會及臚濱室韋奇乾三縣亦各分擔若干開辦經費五千元則由督辦倡捐各機關亦均分別籌助於十一月成立定名呼倫貝爾官醫院設中俄醫官各一其餘各職員稱是時正志書行將付梓之際因附誌於此
刊發木質印信以郎官普爲廳長是月一日成立全年經費六萬五千五百五十元			
	請准附設經徵處委經徵員及稽查僱員各一員夫役一名經費由收入捐款項下開支		
	添募衛生夫三名並購置衛生車馬經費由娛樂捐項下開支	奉令編製商團四十名	
	特別區警察成立奉令將二署移駐河埧所遺地面劃歸特別區管理應徵衛生經費一併咨交所添衛生隊同時裁撤		
		建築屠獸場房屋訂定規則	
	領到銅質印信暨小官印將木質舊印繳銷		

東省特別區第五區警察總署暨分署官員長警數目表

員別＼區別	總署	第一駐在所	小北屯派出所	第二駐在所	道南派出所	扎蘭諾爾駐在所	赫勒洪德派出所	第一分署	免渡河駐在所	合計
署長	一									一
分署長								一		一
駐在所長		一		一		一			一	四
署員	二							一		三
督察員	二									二
譯員	三	一		一		一		一	一	八
僱員	四	一		一		一		二	一	一〇
巡官		一	一	一	一		一	二		七
俄巡官	一							一		二
長警	一八	二五	一〇	二五	一〇	二二	一一	五〇	二二	一九三
俄長警	一一									一一
合計	四二	二九	一一	二九	一一	二五	一二	五八	二五	二四二

備考：按第五區警察署係由滿洲里警察局改組警察局之設爲七年九月初係陸軍變裝由軍官徐本植楊世源耿曜等先後任爲局長九年四月姜全我繼任始改爲地方警察九年十一月陶景潛繼之至十年四月改歸特別區管理十一年一月今署長楊興民繼任焉

東省特別區第五區警察總署暨分署駐在派出所分駐地點表

區別／類別	署所地名	距署里數	分署所地名	距總署里數	距分署里數
總署	滿洲里二道街				
第一駐在所	滿洲里五道街	〇・五里			
第一駐在所派出所	滿洲里小北屯	一里			
第二駐在所	滿洲里八雜市	〇・五里			
第二駐在所派出所	滿洲里鐵道南	一里			
第三駐在所	扎蘭諾爾	五〇里			
第三駐在所派出所	赫勒洪德站	一七〇里			
第一分署			海拉爾鐵道北	三五〇里	
第一分署駐在所			免渡河站街	五六四里	二一四里
備考					

東省鐵路警察第三段總署暨分署官員長警數目表

區別＼員別	段長	副段長	文牘員	譯員	辦事員	僱員	巡官	巡察長	長警
總署	一	一	二	一	一	二	七	一二	三一七
分署		一		一		二	三	一	
合計	一	二	二	二	一	四	一〇	一三	三一七
備考	按路警設第三總段於滿洲里第五分段於海拉爾自宜立克都入本境起至八十六號小站出國界止每站均設分駐所								

特別區各警察職官表

機關名稱	長官名稱	歷任長官姓名	更替年月
東省特別區第五區警察總分	署長	陶景濬	民國十年四月
		楊興民	民國十一年一月
	分署長	陳蘭斌	民國十年四月
		李纘文	民國十一年二月
		張融和	民國十一年五月

署東省鐵路警察第三段總分段

職別	姓名	到任年月
段長	歐陽籍	民國九年五月
段長	金鶴祥	民國十一年六月
分段長	鄭德馨	民國九年十月
分段長	紀連瑞	民國十一年五月
分段長	王春榮	民國十一年十一月
備考		

呼倫貝爾官醫院成立紀念

呼倫貝爾官醫院

清鄉

保甲商團游擊隊編制不一所以輔助軍警詰奸禁暴而其用則同呼倫貝爾各屬設置保安警察外參酌地方情形復有各種之組織屬於清鄉範圍併入一門分別列之如下表

保衛團表

縣別	區別	地點	成立年月	員別：團總	員別：保董	員別：甲長	員別：牌長	團丁：馬丁	團丁：步丁	團丁：夫役	經費	槍枝	子彈
呼倫	第一區	大壩後	十一年五月	一			一		九				
	第二區	小嶺子	十一年四月	一			一		一三				
	第三區	免渡河	十一年四月	一	一	一	二		一二				
	第四區	興安嶺謝夫謙克林場	十一年七月	一	一		一		一二				
	第五區	興安嶺臥倫錯夫林場	十一年五月	一			一		八				
臚濱	第一區	扎蘭諾爾	十年二月	一	二	四	八		四〇			二五	一•五〇〇
	第二區	孟克西里	十年二月	一	三	六	一二		六〇			四	二•〇〇〇
奇	第一區	奇乾河	十年七月	一	一	一	一二		二六	一	一•一四〇	二九	一•一〇〇

乾												
第二區	伊穆河	十年七月		一	一	五		三〇			三二	八五〇
第三區	珠爾干河	十年七月		一	一	一〇	二〇	三七			五五	一•二〇〇
第四區	牛爾河	十年七月		一	一	四		二二			一九	六〇〇
第五區	畢拉爾河	十年七月		一	一	九		三二			三三	九四〇

備考：按各縣保衛團除室韋縣駐有陸軍從緩辦理外呼臚兩縣經費均由各團總就地酌籌並無確數呼倫所屬槍枝係由商家就原有暫用故表中均未細列此外尚有蒙期保衛團五百名分駐各旗無定數餉歸各旗籌措副都統公署衛兵二百名餉項由省請領

商團表

縣別／事別	成立年月	地點	組織情形	編制	經費
呼倫	民國十一年六月一日	呼倫城內舊街	十一年五月江省大吏因各屬匪勢日熾地濶兵單軍警力有不逮通令各屬組織商團民團以資輔助全省分作四路特派大員督飭進行呼倫貝爾區域團防督辦即以善後督辦兼攝其事奉命後着手組織凡旬日而呼倫商團成立焉	置團長一員教練長一員由呼倫警察廳警官中選派操生四十名由各商家挑選之每十名爲一隊每隊拔選一人爲隊長四隊編成一團	服裝軍械辦公各費均由各商擔任其管理經費人由商會選派
室韋	民國八年十月	室韋縣城	民國八年蒙旗取銷獨立後縣城警察尚未設置爰於是年十月間招集各商共同組織商團以衛地方	置正副團總各一員操生六十名編練馬隊	職員均係義務辦公一切所需由各商共同負擔

監督 高級	監督 直接	教練時期	備考
呼倫貝爾善後督辦兼團防督辦	呼倫警察廳長	以十二個月爲畢業期	查臚濱奇乾兩縣警卡游擊各兵足資防禦此項商團未經設置又室韋商團向由商家抽編十一年奉令整頓團防改組游擊易抽爲募此項商團現已停辦又呼倫新街商團同時飭由特區警署與新街商會協力組合
	室韋縣知事		

游擊隊表

事別／縣別	創辦年月	駐在地點	官兵數目 隊長	副隊長	教練員	什長	隊兵
臚濱	十一年八月	分駐縣署及扎蘭諾爾	二			四	四〇
室韋	十一年六月	縣城商務會	一	一	一	一	一三
奇乾	十一年十二月	分駐各卡倫	一				二〇

經費	就縣署警衛隊改編各支原餉並未另籌款項	月支大洋二百元由餉捐及木植附加稅項下指撥	月支大洋四百元由發放狩獵證書收入項下支給
備考	按呼倫一屬縣治在海拉爾商埠為陸軍混成旅呼倫警察廳駐在地點兵力較厚此項編制從缺		

市政

市政機關本周官司市之遺意民國建置以來設有其制呼倫貝爾之市政改造於鐵路交涉局與理事會名異而實同者也茲爲述其始末如下表

海滿鐵路交涉分局兼市政分局一覽表

	地點	設置年月	歷任專		
			姓名	籍貫	受任時期
海拉爾鐵路交涉分局兼市政	海拉爾新街	清光緒二十八年	陳嗣同	浙江	光緒二十八年
			恩霖	吉林	光緒三十一年
			劉清潔	奉天	光緒三十三年
			恩露	吉林	光緒三十四年
			何如銘	甘肅	宣統元年
			于家銘	山東	宣統二年

分局			
員	仉超千	直隸	民國五年
	胡祖楷	江蘇	民國七年

滿洲里鐵路交涉分局兼			
地點	滿洲里四道街		
設置年月	清光緒二十八年		
歷任專	姓名	籍貫	受任時期
	司偉勛	山東	光緒三十三年
	潘殿保	山東	光緒三十三年
	熊冕章	湖北	光緒三十四年
	莊鶴齡	江蘇	宣統元年
	錫廉	吉林	宣統元年
	趙均仁	山東	宣統二年
	卞調元	山東	宣統三年
	王振鐸	湖北	民國二年

市政分局		
員		
于家銘	山東	民國三年
何如銘	甘肅	民國五年
丁毓金	山東	民國八年
桂聯	奉天	民國十一年
備考	按交涉局之設清光緒二十七年重訂鐵路合同後奉吉黑三省先後成立二十八年黑龍江將軍薩具奏重設鐵路交涉總局酌設分局民國十年奉令交涉分局專員兼充市政全權代表兼理事會第二會員又按蒙旗自治時代各官署均廢維交涉局獨存故一切地方事宜民刑訴訟均由交涉局處理九年蒙旗歸政重行設治始劃分政權	

海滿公共理事會一覽表

海拉					
地點	成立年月	經費		歷任會	
		收入	支出		
海拉爾新街	清光緒三十四年	前數年約金錢十萬元近年約金錢八萬元	與收入數相抵		

姓名	交替年月	附記
司皮臣闊夫	民國五年	充當三任共九年
施畾得爾及吉木拉諾夫	民國七年	前會長辭職後未正式選舉以副會長代理

爾

長	鐵爾畐次克里莫維赤	現任
紀事	自成立理事會以來受鐵路地畝處管轄董事額二十四名華額四名俄額二十名每遇開會議事華董不願蒞會即有到者亦如尸位逮市政局成立專員兼市政代表幾經力爭增至華董九名遇事開會華人方得享受公共利益	

滿洲里

地點	滿洲里四道街
成立年月	清光緒三十四年
經費　收入	最多每年三十四五萬元最少每年五六萬元平均約二十萬元左右
經費　支出	十一年度虧空二萬餘元十二年度設法核減或可相抵

歷任會長

姓名	更替年月	附記
郭利闊夫	清宣統二年	
尼吉金	民國五年	共充兩任
帖利尼闊夫	民國六年	
布爾瑪金	民國八年	
薩標爾金		現任已連充兩任

紀	大致情形與海埠理事會相同初成立時全埠華俄人民以無定數會議民國元年時定華董三名俄董十七名計二十名至民國八年改定爲華董五名俄董二十五名計三十名至民國十一年市政局

事	成立專員兼市政代表幾經力爭始改爲華董十二名俄董十八名會內文書改用華俄合璧文字會中所辦事務有公立初高中各學校消防衛生各隊醫院公園暨屠宰檢驗場
備考	按理事會之設根於東省鐵路合同其合同訂於光緒二十二年至三十四年時哈爾濱橫道河子綏芬河昂昂溪博克圖海拉爾滿洲里七處鐵路界內理事會同時成立受鐵路公司地畝處之監督一切政權均歸管理會中雖有華董一二人備員而已民國十年東省特別區市政管理局成立以鐵路交涉分局專員兼市政代表對於理事會始負監督之責會中設施舉凡有損國權及不利於華人者均得限制理事會遂成爲華俄人之公共團體隸本屬者爲海拉爾滿洲里兩處故列表如右

防疫

時疫流行何代蔑有自周禮方相氏玄衣朱裳執戈揚盾創行逐疫驅疫之法後之迷信神權者盡以疫爲有鬼魅存乎其間而於傳染引渡之隱害嘿然不能言卽言而羣不之信防疫而不防之以根本疫於是乎終無以淨東省一帶地居高寒疫癘向不經見自清宣統二三年（卽西曆一九一零年一九一一年）間始有百斯篤病之發現而有疫學研究者出謂實係一種鼠疫之流行病凡引發鼠疫之原因關於西伯利亞一路而來者類緣衣旱獺皮食旱獺肉而發生呼倫貝爾所屬滿洲里海拉爾等處既與西伯利線銜接又爲旱獺蕃生之區其傳引亦較他處爲易當一九一零至一九一一年滿海兩埠間尚無正當防疫方法疫遂由西北而東南蔓延於齊齊哈爾哈爾濱以上幸而哈爾濱總防疫處因時成立曾不幾時而疫旋告滅此爲呼倫貝爾第一期過去之疫禍乃相去未及十年於民國九年九月卽（一九二零年九月）海拉爾之百斯篤疫又復發現始猶不過少數社會尚無大慌逾月而波及於滿洲里附近之札蘭諾爾該處多係煤礦工人且旁有護路軍營卽由駐札警署奉令檢查當卽以人類龐雜率不服從以是日盛一日疫復四散幾幾乎遍染乎東省全路至民國十年三四月間（卽一九二一年）正在延恆蒞任督辦時間火車阻絕道路爲梗延恆不以疫厲之毒焰畏縮不前下車時卽有滿洲里防疫分處之組織而於札蘭諾爾另設臨時防疫處奉省令以哈滿司令與呼倫貝爾督辦爲監督並奉內務部令分三區以防截疫禍卽以滿洲里哈爾濱等處劃爲防疫第一區域設檢查處也設隔離所也設黴菌室也行用種種防疫之要術合中外人員以互相協助滿海兩埠間尚不至於死亡枕藉核計札蘭諾爾一區除僑民疫死不計外礦工之被疫而亡者約有四分之一（原四千死千餘）此呼倫貝爾第二期疫禍之猛烈實駕第一期而上之其不至一發而不可收拾者豈天心之果能悔禍倘亦人力之有以補救之故古云人定可以勝天延恆竊幸於現在之疫來之劇烈而去之亦復迅速也雖然前事已過來日方長痛定思痛之餘尤不能不預籌善後之策則所謂疫病之發生於旱獺者既據中外各醫士之實地證明而無有異辭而伍連德醫士復先得我心以哈爾濱總防疫處之餘勇復於滿洲里分

設防疫醫院（附表後）而軍長禁止捕獺之令亦於是時雷厲而風行延恆忝任呼倫貝爾督辦本除惡務盡之旨以實力奉行爲天職所當然凡有偷捕旱獺而運輸獺皮者懲治不遺餘力同是天賦人民斷不忍坐視其罹於疫毒而不爲援救從過去現在以推及於將來所望呼倫貝爾之全境人民經過第一期第二期百斯篤疫之大害再不至有第三期之發生此則延恆所馨香祝之者矣所慮者呼倫境屬半係蒙人游牧之區不肖俄僑又時復出入其間私運旱獺皮之案積牘成尺禁之既視等具文懲焉又疑爲嚴酷於延恆防制未然之苦心甚或有不復相諒反以爲擾累斯民者則汲汲欲求乎善後而後患且未必潛弭其將何以自解哉

滿洲里防疫醫院表

名稱	防疫官醫院
地點	滿洲里三道街
設立年月	民國十年十月
經費總數	每年約五千元
院長姓名	關任氏
設立原因	東三省防疫總事務處鑒於九年百斯篤之盛均由俄境傳來滿洲里地鄰俄邊特設此院以事預防
備考	平時苟無疫症兼治普通內外各症惟有疫時停診其他病症設立以來尚無疫症發現 此外滿洲里則有俄國之鐵路醫院（民國元年設）公共醫院（民國五年設）日本之小出醫院（民國十一年設）札蘭諾爾俄國之礦務醫院（民國八年設）海拉爾俄國之鐵路醫院（民國元年設）紅十字會醫院（民國十一年設）以屬於外人方面表不備列中國醫院海拉爾向無設置現正提倡進行

呼倫貝爾區域內禁捕旱獺簡章 十一年十一月一日重訂

第一條　本簡章爲防止疫菌起見關於旱獺禁止獵捕並不准經售此種皮張

第二條　自本簡章實行之日起凡從前曾發獵捕旱獺執照之官署一律停發其已發在外之執照亦概作無效無論中外商民倘有不遵禁令私自獵捕或違章私相買賣者一經發覺除將旱獺皮焚燬外仍按行政罰金範圍分別情節輕重酌處以一百元以下一元以上之罰金

第三條　商號皮莊客店等營業如有收買寄賣旱獺皮或存住捕旱獺之人知情而不報告者與違禁捕獺之人一律同科

第四條　請由省公署轉飭財政廳令行各徵收局嗣後不得再徵旱獺皮張税如再遇有携帶旱獺皮赴局報納捐税者應卽知會當地警察罰辦並請轉函督辦東省鐵路公所飭行各車站嗣後永遠禁運此項旱獺皮張暨飭沿站駐在軍警一體查禁並由呼倫貝爾督辦公署分別函請濱江關監督轉行税務司一體扣留暨吉黑郵務管理局分飭各郵局嗣後一概不准收寄旱獺皮張如有包封私運一經查出卽交當地警察照章罰辦

第五條　本簡章自呈奉省公署核准後施行

交通

呼倫貝爾僻在荒服山河隔阻在昔久困交通淸代駐防三邊通道而外曾有驛台之佈置自鐵軌貫入本境郵電各機關亦復陸續剏設茲統前後經營關於交通部分者別爲郵電道路二宗各析爲表以列之如左

郵電

郵務表

名稱／事別	設立年月	地址	發遞次數	郵差人數	郵件種類	全年收發件數
海拉爾一等郵局	淸宣統元年	海拉爾新街	火車郵班每日一次 陸路郵班間六日一次	信差四名 馬差四名	公文掛號快遞 平常刷印新聞紙 明信片包裹	十九萬件
滿洲里一等郵局	淸宣統元年	滿洲里三道街	火車郵班每日一次 陸路郵班無	七名	公文掛號快遞 平常刷印新聞紙 明信片包裹	郵件二十二萬四千二百五十件包裹八千九百三十件
備考	按屬境郵局均隸吉黑郵務管理局滿洲里爲一等局海拉爾爲二等局旋以海局事務日繁每年匯兌數達百餘萬元遂於民國十一年升列一等此外奇乾河札蘭諾爾兩處均有三等郵局室韋縣伊穆河珠爾干河畢拉爾河等處均有郵寄代辦所事務甚簡表不備列近今奇乾局以郵件稀少管理局有擬將該局移設室韋縣之計畫					

電報表

局別／事別	設立年月	設立地點	通達處所	每年收發電報起數	歷任局長姓名	更替時期
海拉爾軍用電報局	民國八年七月	海拉爾車站	南至齊齊哈爾北至滿洲里	收報約七千起 發報約五十起	張志誠	九年五月卸職
					潘遇春	九年五月任事

滿洲里軍用電報局	民國八年七月	滿洲里司令部	齊齊哈爾	收發均約三千六百起	謝龍生	十一年四月卸職
					盛福田	十一年四月任事
奇乾縣三等電報局	民國五年五月	奇乾河南洋街	漠河興隆溝嫩江	收發均約一千餘起	劉崇基	五年五月任事
札蘭諾爾軍用電報局	民國八年七月	札蘭諾爾車站	南至齊齊哈爾北至滿洲里	收發均約二百餘起	李欽霖	十年七月出缺
					鮑憲章	十年七月任事
免渡河軍用電報局	民國十年一月	免渡河車站	南至齊齊哈爾北至滿洲里	收發均約二百餘起	夏馥馨	十一年一月任事
興安嶺軍用電報局	民國八年七月	興安嶺車站	南至齊齊哈爾北至滿洲里	收發均約三十餘起	李宗潮	八年七月任事

備考

按屬境地面遼闊通電處所無多除奇乾局係普通電局外其沿中東鐵路車站者均係軍用此外沿邊一帶均未設置消息阻滯邊防至感不便十一年五月擬改呼室奇三縣電報並附電話由倫城起立桿掛綫沿額爾古訥河北行迄於奇乾直通漠河應用電料請諸交通部電桿木料由三縣分擔估計用款大洋三萬二千零六十九元先向廣信公司借墊其後公司以款絀難墊見卻交部又以電料缺乏未能遽撥無米難炊計畫因之中止惟電報係傳遞消息要政地瀕國門更不可少仍擬別籌方法以期進行

又按中東鐵路沿綫均有電話係俄人所經營者擬分別收回以重主權

道路

全境道路計分水陸二項陸路首四境通道次驛台卡站而及經行鐵軌水路先國界航行次境內渡口而橋梁亦附見焉

出入境通行古道五支

通黑龍江省城大道　由倫城起向東行經舊設各驛站至依勒克特（郎宜立克都站）台出境入布特哈及齊齊哈爾界至七家子台而入省城（詳見舊驛站表）

通古北口大道　由倫城起向正南行經廣慧光遠二寺之東至延福寺分岔一支向東南出境通索倫設治局一支向西南經索倫廂紅廂藍兩旗牧界及新巴爾虎正藍旗牧界出境通古北口

通張家口大道　由倫城起向西南行經南屯輝河北岸前行歷甘珠寺牡丹泊爾池西北越烏爾順河至扎來胡都克出境通張家口

通庫倫大道　由倫城起向正西行順鐵路線南經新巴爾虎廂白旗牧界向西北行至扎蘭諾爾經臚濱縣之察罕敖拉又西行出境通庫倫

通庫克多博入俄境大道　由倫城起向北行經頭站約二百五十里至庫克多博卡倫北通俄境（詳見北行通道表）

按全境已成陸路此外尙有東省鐵道及沿邊卡路而邊卡陸路長約一千四百餘里自莫里勒克河卡以上車馬經行已成孔道其莫里勒克以下則山嶺險峻蹊徑崎嶇行旅僅容徒步向無通車坦途雖有額爾古訥河航行爲之接力然江輪溯流而上未能常川去來且我岸遇水淺時駛入俄岸屢生梗阻商民交通多感困難披荊斬棘一望康莊正未知何日觀成也

舊設臺站表

事別 / 種別 / 道別 / 界別	名稱	方向	距離里數	設置年月	附記
驛 / 由 / 呼					
	哈克鄂莫台	城東南	距城六十里	道光六年	
	札拉木台	城東南	距上台五十二里	道光六年	

呼倫貝爾至齊齊哈

界	台名	方位	里程	設立年份	備註
倫貝爾界	喀拉霍碩台	城東南	距上台六十二里	道光六年	
	扎敦畢拉雅克薩台	城東南	距上台五十二里	道光六年	即中東鐵路牙克石站
	們都克依台	城東南	距上台六十里	道光六年	即中東鐵路免渡河站
	呼爾格特依台	城東南	距上台五十里	道光六年	
	依勒克特台	城東南	距上台四十五里	道光六年	即中東鐵路宜立克都站蒙語狼巢之意
布特哈界	雅勒博霍托台	城東南	距上台五十里	道光六年	
	嘎爾甘哈達台	城東南	距上台四十里	道光六年	
	巴林台	城東南	距上台五十里	道光六年	
	西巴爾哈台	城東南	距上台四十里	道光六年	
	和尼畢拉台	城東南	距上台三十五里	道光六年	
	和尼畢拉昂阿台	城東南	距上台三十里	道光六年	
	木爾滚楚台	城東南	距上台五十里	道光六年	
齊	那奇西台	城東南	距上台四十三里	道光六年	

類	起訖	界	站名	方向	里數	年代	附記
台	爾	齊哈爾界	甘井子台	城東南	距上台五十五里	道光六年	
台	爾	齊哈爾界	七家子台	城東南	距上台四十五里	道光六年	
台	由呼倫貝爾至庫克多博	呼倫貝爾界	博霍圖台	城北	距城六十里	咸豐七年	以下三台即改設十五內卡時所增設之三台
台	由呼倫貝爾至庫克多博	呼倫貝爾界	依爾該圖台	城北	距上台六十里	咸豐七年	
台	由呼倫貝爾至庫克多博	呼倫貝爾界	西拉布拉克台	城北	距上台六十里距庫克多博六十里	咸豐七年	
馬撥	由呼倫貝爾至庫克多博	呼倫貝爾界	海拉爾河渡口	城北		光緒三十四年	道尹宋小濂任內剏設
馬撥	由呼倫貝爾至庫克多博	呼倫貝爾界	墨爾根河南岸	城北		光緒三十四年	
馬撥	由呼倫貝爾至庫克多博	呼倫貝爾界	甘井子	城北		光緒三十四年	與前列甘井子同名異地
馬撥	由呼倫貝爾至庫克多博	呼倫貝爾界	煖泉子	城北		光緒三十四年	

備考　按驛台馬撥設時均有官兵駐守爲傳遞公文官兵往來之要樞庚子亂後驛台廢而置馬撥近則幷馬撥亦無之矣又按民國九年復治後前督辦鍾毓呈請開闢龍海陸路分段設站派兵駐守以備鐵道偶有阻梗交通不至中斷旋奉前黑龍江孫督軍令飭前鎮守使張奎武興工辦理逾年耗費巨萬至今爲梗

由倫城北行通道暨沿卡站名道里表

事別／名別	相距里數	岔道所至地名	岔道方向里數	附記
頭站	距倫城七十里	蘇沁	東北　二三〇里	

乾井子	距上站五十里				
格勞斯	距上站四十里				
水泉子	距上站四十里				
五龍套海	距上站五十里	臚濱縣 庫克多博	西 北	二九〇里 一二里	自庫克多博四卡分道東行至胡裕爾和奇以下入沿邊卡路
根河	距上站十五里	巴圖爾和碩	東北	一二里	
小河子	距上站十五里				
前泉山子	距上站四十里				
後泉山子	距上站十里				
樺樹林子	距上站三十里				
胡裕爾和奇	距上站三十里	蘇沁	東南	九五里	
巴彥魯克	距上站三十里	蘇沁	南	一二〇里	
珠爾特依	距上站三十里	蘇沁	南	一四〇里	
水磨	距上站三十里				

室韋縣	距上站六十里	吉拉林金廠	東南	三六里	亦名吉拉林
莫里勒克	距上站三十里				
姑蘇屯	距上站十五里				
畢拉爾河	距上站十五里	吉拉林金廠	東南	八〇里	
西安屯	距上站二十五里				
一流站	距上站二十五里				
及第莊	距上站三十六里				
牛爾河	距上站二十四里				
常隆屯	距上站三十里				
珠爾干河	距上站七十里				舊卡倫地點民國十一年奇乾縣治移此
馬安屯	距上站五十里				
温河	距上站四十里				
烏瑪	距上站二十里	依里及其已廢金礦	北	三〇里	

長甸	距上站七十里				
伊穆	距上站八十里				
大通屯	距上站三十里				
王家窩棚	距上站四十里				
奇雅河	距上站二十里	依里及其已廢金礦	南	九〇里	珠爾干河卡裁撤同時改併奇卡設此
興隆鎮	距上站三十六里	奇乾河金礦	東南	一八里	又名西口子卽奇乾縣舊設治處
中興屯	距上站十里	奇乾河金礦	南	一八里	又名腰口子卽奇乾縣流入額爾古訥河處
永安山	距上站六十里				
石灰窰	距上站四十里				
額勒和哈達	距上站四十里				卽額爾古訥河流入黑龍江處
備考	按由倫城起大道蜿蜒東北行綿長一千三百四十六里沿邊各卡交通均維此是賴而終點之額勒和哈達東距漠河縣一百三十里尤爲與黑河交通之要道查奇乾縣境下游之奇勒口子(對岸俄屯名波格羅夫)俄人與鄂倫春入山交易以此爲來往要道				

東省鐵路經行境內站名里數表

站別／事別	方向	距離里數		縣界	附記
		距滿洲里首站里數	各站間相距里數		

滿洲里	倫城西北			臚濱	中東路入境首站原無名稱俄人以此命名遂沿用之
扎來諾爾	倫城西北	五四里	五四里	臚濱	扎來爲達賚之音轉達賚蒙語湖海諾爾泡子也一作扎蘭諾爾
嵯崗	倫城西北	一一四里	六〇里	臚濱	即蒙語察罕察罕白色以其地有白色之山也俗作此干
赫爾洪德	倫城西北	一七〇里	五六里	呼倫臚濱兩縣分界處	本音哈拉亨太舊有哈拉亨大小泡子因以爲名一作赫勒洪德
完工	倫城西北	二三〇里	六〇里	呼倫	小山孤立之意
烏固諾爾	倫城西北	二九〇里	六〇里	呼倫	水泡概稱諾爾烏固本音虎庫虎庫藍色也
海拉爾	倫城北	三五〇里	六〇里	呼倫	海拉爾蒙語墨也
哈克	倫城東	四〇二里	五二里	呼倫	一小泡子其水幾涸之意
扎羅木特	倫城東北	四五四里	五二里	呼倫	附近小河河旁有村之意一作扎拉木台
牙克石	倫城東北	五〇四里	五〇里	呼倫	本音雅克薩河名也站近此水故名舊有雅克薩台站
免渡河	倫城東	五六四里	六〇里	呼倫	本音們都克依舊有台站名非河名
烏奴耳	倫城東南	六二二里	五八里	呼倫	河名有烏奴耳溝
霍爾果	倫城東南	六四四里	二二里	呼倫	舊有橋蒙語謂橋爲霍爾果

伊列克特	倫城東南	六七八里	三四里	呼倫	一作宜立克都蒙語猨巢之意
興安	倫城東南	六九四里	一二里	呼倫	站在興安嶺上蒙語大石爲興安
備考	按中東鐵路幹線建築於清光緒二十二年橫貫呼境於滿洲里起迄興安嶺止自西北而東南蜿蜒七百里爲全境交通之孔道表列站名採自東省鐵路行車表間有字異音同之點可與驛台表對參				

額爾古訥河航業表

事別＼界別	臚濱縣	室韋縣	奇乾縣
經過縣境方向及里數	自縣境北起至庫克多博卡倫出境約三百餘里	由縣境西南根河匯流處向縣境東北順流至奇乾縣畢拉爾河卡下流約四百餘里	由縣境西南室韋縣界東北入黑龍江約七百餘里
河水最寬尺數	三千六百尺	九百尺	一千尺
河水最狹尺數	九百尺	四百五十尺	八百尺
河水最深尺數	五尺	十五尺	二十尺
河水最淺尺數	二尺	六尺	十二尺
一年內航行適宜時期	無	五六七八等月	五六七八九等月
沿岸重要埠頭	無	室韋縣治	奇乾縣治畢拉爾河伊穆河奇乾河
船隻種類及隻數	無	大帆船二隻小帆船二隻	汽船約八九隻帆船約十四五隻

每年或每月船隻來往數目	汽船最大噸數	帆船最大石數	船隻載運何項大宗貨物	備考
無	無	無	無	按全境河流紛歧而能通航者惟額爾古訥河下游河長一千五百餘里由西南而至東北分隸臚濱室韋奇乾三縣臚濱居上游水淺不能通航室韋居中水漸深能通帆船奇乾居下游河水最深汽船之航行黑龍江者可駛入焉惟天氣嚴寒五月冰泮水漲始能通行九月封江江面耙犂(卽冰床)暢行反較舟爲捷便
五六七八月間大船每月一次小船每月二次	無	大船四百五十石小船二百二十石	煤油麪粉雜貨等件	
五六七八九月間汽船每月二隻帆船每月三四隻	一百三十餘噸	七十石	白麪油酒雜貨	

航渡橋梁表

種別	名別	方向	距城里數	設置建設年月	船隻數
航	依敏河	城東	八里	失考	小[illegible][illegible]二個
	特尼克河	城東	一一〇里	失考	小[illegible][illegible]二個
	烏爾順河	城西	三三〇里	失考	小[illegible][illegible]二個
	墨爾哈勒河	城北	六〇里	失考	小[illegible][illegible]二個
	根河	城東北	二七〇里	失考	小[illegible][illegible]二個
	特勒布爾河	城東北	二九〇里	失考	小[illegible][illegible]二個

渡	海拉爾河	城西北	一〇里	失考	小䑲䑬二個
	海拉爾河	城西北	一七〇里	失考	小䑲䑬二個
	海拉爾河	城西北	二〇〇里	失考	小䑲䑬二個
	達蘭鄂羅木河	城西北	二五〇里	失考	小䑲䑬二個
	莫里勒克河	東北	六〇〇里	民國七年五月	獨木舟一隻
	牛爾河	東北	七〇〇里	民國七年五月	獨木舟一隻
	珠爾干河	東北	八〇〇里	民國七年五月	獨木舟一隻
	烏瑪河	東北	九〇〇里	民國七年五月	獨木舟一隻
	額勒河	東北	一•四〇〇里	民國元年四月	獨木舟一隻
橋梁	阿里雅河	東北	一•二〇〇里	民國六年四月	
備考	按達蘭鄂羅木以上十渡設置甚早前由蒙署經理歷年修費俱在徵收稅款項下開支復治以後改由各縣經理其餘莫里勒克河以下各河列在奇乾縣境向未設有渡船自蒙人獨立奇乾劃入黑河道區行旅漸多因而先後設渡此爲莫里勒克河以下五渡設立之緣由今併隸入呼倫貝爾境屬矣附識於此以備參考				

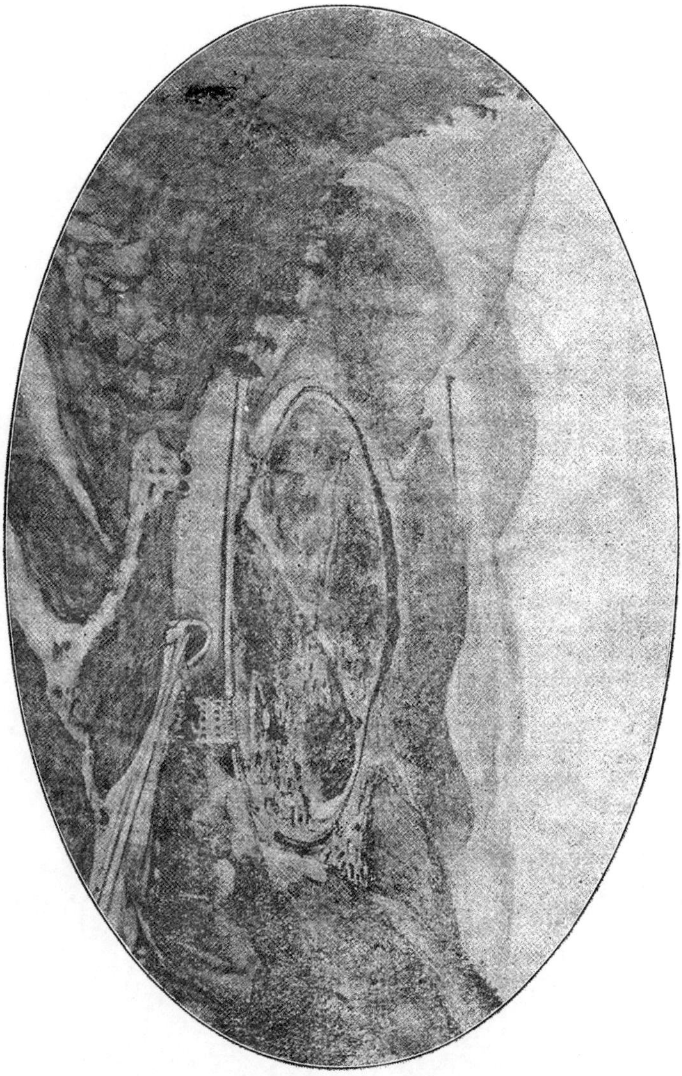

東省鐵路經過興安嶺山洞

財政歲出入

呼倫貝爾邊荒未闢向無田賦徵收公款所入則有各種稅捐茲特釐爲國家地方二類各系歲以出入表詳於下方

國家歲入表一 海關

名稱	創辦年月	歷任總辦姓名	歷	
滿洲里分關	清光緒三十三年	葛諾華	光緒三十四年	一〇五、四五九•七四三
		馬多隆	宣統元年	一五二、一五一•八六七
		周驪	宣統二年	一七一、四八〇•二四三
			宣統三年	一九九、一〇七•一三六

年	稅數
民國元年	二五九、六九八•八五九
民國二年	二八〇、五二六•二六一
民國三年	二三〇、七〇二•七三
民國四年	一四八、七六一•四
民國五年	二一三、五七二•三二三
民國六年	二七五、五八八•八三五
民國七年	八一、二〇四•九二一
民國八年	一九六、四四二•八七一
民國九年	一四九、三七五•五〇八
民國十年	二二六、八五四•〇九
民國十一年	二四七、八六七•四八九

備考

按歷任總辦以無可查考僅就最近時三人列入

又按所列稅數以關平計算兩爲單位•以上爲兩以下爲錢

國家歲入表二　各縣徵收局

名別／事別	地址	設立年月	歷任局長姓名	更替年月	歷年收數	稽徵貨物大宗
呼倫	海拉爾	九年四月	錫廉	九年四月任事 九年八月交卸	八年度六一·二〇〇元	牲畜皮張山貨水產
			鄭世純	九年八月任事 十年三月交卸	九年度七一·五〇〇元	
			張常裕	十年三月任事 十一年十月交卸	十年度七一·五〇四元	
			周懷印	十一年十月任事		
臚濱	滿洲里	九年五月	趙春芳	九年五月兼任 十年八月交卸	八年度二·一八一元	牲畜及皮毛
			楊鳳旭	十年八月接任 十年十月交卸兼職	九年度四六·四九三元	
			那慶鏷	十年十月接任 十一年十二月交卸	十年度五〇·三一七元	
			靖國儒	十一年十二月接任		
室韋	室韋縣治	九年五月	郭文田	九年五月兼任 十年十月交卸兼職	八年度一·〇〇六元	牲畜皮毛羊草木植
			董春芳	十年十月接任 十一年六月交卸	九年度五·三六六元	
			鄭國書	十一年六月接任	十年度二二·七四三元	

奇乾						備考
奇乾河	九年五月	李玉琛	九年五月兼任十年十月交卸兼職	十年度九・二〇〇元	山貨皮張	
		柳霨五	十年十月接任十一年六月交卸			
		金安石	十一年六月接任			

國家歲出表　十年度

呼倫貝爾督辦公署經費	歲出	備考
俸給	一五、八四〇・〇〇〇	督辦一員月支七百元科長三員月各支一百六十元科員二員月各支七十元年共支大洋一萬五千八百四十元
薪水	一、九二〇・〇〇〇	僱員五員月各支三十二元年共支大洋一千九百二十元
工資	一、二〇〇・〇〇〇	差役十名月各支十元年共支大洋一千二百元
督辦公費	六、〇〇〇・〇〇〇	月支五百元年支大洋六千元
文具	一、四四〇・〇〇〇	月支一百二十元年共支大洋一千四百四十元
郵電	七二〇・〇〇〇	月支六十元年支大洋七百二十元
消耗	一、六八〇・〇〇〇	月支一百四十元年支大洋一千六百八十元

雜費	二〇〇•〇〇〇	月支十六元六角六分七厘年支大洋二百元
統計	二九、〇〇〇•〇〇〇	
呼倫貝爾督辦公署臨時費	歲出	備考
俸給	五、五二〇•〇〇〇	一等科員三員月各支一百元二等科員二員月各支八十元年支大洋五千五百二十元
薪水	四八〇•〇〇〇	僱員二員月各支二十元年共支大洋四百八十元
房租	二、一六〇•〇〇〇	月支一百八十元年共支大洋二千一百六十元
統計	八、一六〇•〇〇〇	
呼倫貝爾交涉員公署經費	歲出	備考
俸給	二、八八〇•〇〇〇	交涉員由督辦兼任不支俸津科長一員由督辦公署科長兼任月支四十元日俄文繙譯各一員月支一百元年共支大洋二千八百八十元
薪水	六〇〇•〇〇〇	僱員二員月各支二十五元年共支大洋六百元
統計	三、四八〇•〇〇〇	
駐滿洲里交涉員署辦事處經費	歲出	備考
車馬費	二、一六〇•〇〇〇	交涉員一員月支一百元代辦一員月支八十元年共支大洋二千一百六十元

俸給	八、二八〇•〇〇〇	文牘科長一員月支一百六十元交際科長一員兼差月支七十元一等科員一員月支一百二十元一等兼差科員一員月支六十元二等科員二員月各一百元三等科員一員月支八十元年共支大洋八千二百八十元
薪水	一、六五六•〇〇〇	華俄文僱員三員月各支四十六元年共支大洋一千六百五十六元
工資	九六〇•〇〇〇	差弁二名月各支三十元差役一名月支二十元年共支大洋九百六十元
文具	四八〇•〇〇〇	月支四十元年共支大洋四百八十元
郵電	二四〇•〇〇〇	月支二十元年共支大洋二百四十元
電燈	一、二〇〇•〇〇〇	月支一百元年共支大洋一千二百元
柴炭	三、〇二四•〇〇〇	月支二百五十二元年共支大洋三千零二十四元
統計	一八、〇〇〇•〇〇〇	
呼倫貝爾沿邊各卡倫經費	歲出	備考
俸給	一八、五七六•〇〇〇	卡官十八員月各支五十元卡副十八員月各支三十六元年共支大洋一萬八千五百七十六元
薪餉	四四、四四八•〇〇〇	通事十八員月各支二十六元卡目十八名月各支十五元馬兵三十六名月各支十九元步兵一百六十三名月各支十四元年共支大洋四萬四千四百四十八元
辦公	六、四八〇•〇〇〇	十八卡每卡月支三十元
服裝	一〇、八五〇•八六八	目兵二百十七名月各支四元一角六分七厘年支大洋一萬零八百五十元八角六分八厘

統計	八〇、三五四•八六八	
呼倫貝爾鎮守使署經費	歲出	備考
俸給	一二、四八〇•〇〇〇	鎮守使由旅長兼任不支俸津參謀長一員月支二百元中校參謀一員月支五十元上尉參謀一員月支七十元副官長一員月支五十元副官一員月支七十元軍事外交員一員月支一百元軍需官一員月支四十元軍法官一員月支一百元書記官一員月支一百二十元蒙俄日繙譯各一員月各支八十元年共支大洋一萬二千四百八十元
薪餉	一、八〇〇•〇〇〇	僱員三員月各支二十元護目一名月支十元護兵十名月各支八元年共支大洋一千八百元
公費	四、八〇〇•〇〇〇	月支四百元年共支大洋四千八百元
統計	一九、〇八〇•〇〇〇	
呼倫貝爾副都統公署經費	歲出	備考
廉俸	六、七二〇•〇〇〇	副都統一員月支五百六十元年共支大洋六千七百二十元
捧薪	三〇、八三五•〇〇〇	左右廳長各一員月各支二百四十元文案處長一員月支一百二十元顧問一員月支二百二十四元幫辦二員月各支九十六元辦事員五員月各支七十二元漢文主稿一員月支七十二元主稿筆帖式六員月各支六十四元筆帖式八員月各支四十八員書記十七名月各支二十元零八角年共支大洋三萬零八百三十五元
工資	二、〇一六•〇〇〇	差役十四名月各支十二元年共支大洋二千零一十六元
副都統公費	六、〇〇〇•〇〇〇	月支五百元年共支大洋六千元

文具	一、八〇〇•〇〇〇	月支一百五十元年共支大洋一千八百元
郵電	一、三八〇•〇〇〇	月支一百一十五元年共支大洋一千三百八十元
購置	一、三六八•〇〇〇	月支一百一十四元年共支大洋一千三百六十八元
消耗	一、四一六•〇〇〇	月支一百一十八元年共支大洋一千四百一十六元
雜費	九、〇四八•〇〇〇	月支七百五十四元年共支大洋九千零四十八元
統計	六〇、五八三•〇〇〇	

呼倫貝爾各旗署經費	歲出	備考
俸給	一七、五四九•〇〇〇	總管六員月各支十六元協領一員月支十六元副總管九員月各支十二元佐領五十九員月各支十二元驍騎校六十一員月各支七元二角護軍校二員月各支七元二角筆帖式十三員月各支五元六角委筆帖式二員月各支四元年共支大洋一萬七千五百四十九元
薪餉	三七、三〇六•〇〇〇	領催前鋒二百五十六名月各支四元四角披甲七百零八名月各支二元八角年共支大洋三萬七千三百零六元
公費	九、八四〇•〇〇〇	各旗總管協領七署月各支三十五元副總管九員月各支十八元佐領五十九員月各支七元年共支大洋九千八百四十元
統計	六四、六九五•〇〇〇	

呼倫警察廳經費	歲出	備考

俸給	一〇、四四〇・〇〇〇	廳長一員月支二百元督察長一員月支一百元科長四員月各支七十元科員四員月各支五十元技士一員月支五十元督察員一員月支四十元年共支大洋一萬零四百四十元
薪水	二、三〇四・〇〇〇	一等僱員三員月各支二十八元二等僱員二員月各支二十四元三等僱員三員月各支二十元年共支大洋二千三百零四元
工資	八六四・〇〇〇	夫役八名月各支九元年共支大洋八百六十四元
文具	一、二〇〇・〇〇〇	月支一百元年共支大洋一千二百元
郵電	二四〇・〇〇〇	月支二十元年共支大洋二百四十元
購置	四八〇・〇〇〇	月支四十元年共支大洋四百八十元
消耗	一、四四〇・〇〇〇	月支一百二十元年共支大洋一千四百四十元
修繕	二四〇・〇〇〇	月支二十元年共支大洋二百四十元
雜支	一二、六三〇・〇〇〇	雜費月支二十元服裝費月支一千零三十二元五角年共支大洋一萬二千六百三十元
馬乾	四八〇・〇〇〇	月支四十元年共支大洋四百八十元
消防隊薪餉	二、七〇〇・〇〇〇	消防兼衛生隊隊長一員月支四十元警長一名月支十六元一等警士五名月各支十三元二等警士五名月各支十二元三等警士四名月各支十一元年共支大洋二千七百元
衛生隊薪餉	二、四六〇・〇〇〇	警長二名月各支十六元一等警士二名月各支十三元二等警士二名月各支十二元三等警士三名月各支十一元衛生夫十名月各支九元年共支大洋二千四百六十元
警衛隊薪餉	一、四八八・〇〇〇	警長一名月支十六元一等警士三名月各支十三元二等警士三名月各支十二元三等警士三名月各支十一元年共支大洋一千四百八十八元

馬巡隊薪餉	四、七〇四.〇〇〇	馬巡隊兼警衛隊隊長一員月支四十六元馬巡長二名月各支二十元一等馬警六名月各支十八元二等馬警六名月各支十七元三等馬警六名月各支十六元年共支大洋四千七百零四元
第一分署經費	一二、〇三六.〇〇〇	署長一員月支八十元署員一員月支五十元一等巡官一員月支四十元二等巡官一員月支三十二元僱員三員月各支二十二元巡長五名月各支十六元一等警士十二名月各支十四元二等警士十二名月各支十三元三等警士十二名月各支十二元預備警五名月各支九元公費月支四十元派出所五處月各支公費十五元年共支大洋一萬二千零三十六元
第二分署經費	一一、八四四.〇〇〇	署長一員月支八十元署員一員月支五十元一等巡官一員月支五十元二等巡官一員月支三十二元僱員三員月各支二十二元巡長四名月各支十六元一等警士十二名月各支十四元二等警士十二名月各支十三元三等警士十二名月各支十二元預備警五名月各支九元夫役三名月各支九元公費月支四十元派出所五處每處月支十五元年共支大洋一萬一千八百四十四元
統計	六五、五五〇.〇〇〇	
呼倫縣公署經費	歲出	備考
俸給	六、六〇〇.〇〇〇	知事一員月支三百元科員四員月各支五十元技士一員月支五十元年共支大洋六千六百元
薪水	二、三〇四.〇〇〇	一等僱員四員月各支二十六元二等僱員四員月各支二十二元年共支大洋二千三百零四元
工資	四八〇.〇〇〇	公役四名月各支十元年共支大洋四百八十元
文具	四八〇.〇〇〇	月支四十元年共支大洋四百八十元
郵電	二四〇.〇〇〇	月支二十元年共支大洋二百四十元
購置	一二〇.〇〇〇	月支十元年共支大洋一百二十元

消耗	一、三二〇•〇〇	月支一百一十元年共支大洋一千三百二十元
雜支	四五六•〇〇	月支三十八元年共支大洋四百五十六元
統計	一二、〇〇〇•〇〇	
呼倫縣監獄經費	歲出	備考
工資	六二四•〇〇	員由縣署科員兼充不支俸津看守四名月各支大洋十三元月共支大洋五十二監獄元年共支大洋六百二十四元
文具	一二〇•〇〇	月支大洋十元年共支大洋一百二十元
囚糧	四五六•〇〇	月支大洋三十八元年共支大洋四百五十六元
統計	一、二〇〇•〇〇	
呼倫縣教育經費	歲出	備考
學校經費	一七、〇〇〇•〇〇	
統計	一七、〇〇〇•〇〇	
臚濱縣公署經費	歲出	備考
俸給	七、五六〇•〇〇	知事一員月支三百元科員四員月各支五十元技士一員月支五十元俄蒙繙譯各一員月各支四十元年共支大洋七千五百六十元

薪水	二、三〇四.〇〇〇	一等僱員四員月各支二十六元二等僱員四員月各支二十二元年共支大洋二千三百零四元
工資	二四〇.〇〇〇	夫役二名月各支十元年共支大洋二百四十元
文具	三六〇.〇〇〇	月支三十元年共支大洋三百六十元
郵電	二四〇.〇〇〇	月支二十元年共支大洋二百四十元
購置	六〇.〇〇〇	月支五元年共支大洋六十元
消耗	一、〇五六.〇〇〇	月支八十八元年共支大洋一千零五十六元
雜費	一八〇.〇〇〇	月支十五元年共支大洋一百八十元
統計	一二、〇〇〇.〇〇〇	
臚濱縣監獄經費歲	出	備考
俸薪	二八八.〇〇〇	看守長一員月支大洋二十四元年共支大洋二百八十八元
工資	三三六.〇〇〇	看守四名月各支大洋七元年共支大洋三百三十六元
文具	二四.〇〇〇	月支大洋二元年共支大洋二十四元
郵電	一二.〇〇〇	月支大洋一元年共支大洋十二元

消耗	八四・〇〇〇	月支大洋七元年共支大洋八十四元
修繕	二四・〇〇〇	月支大洋二元年共支大洋二十四元
雜支	一二・〇〇〇	月支大洋一元年共支大洋十二元
囚糧	四二〇・〇〇〇	月支大洋三十五元年共支大洋四百二十元
統計	一、二〇〇・〇〇〇	
室韋縣公署經費歲出		備考
俸給	六、六〇〇・〇〇〇	知事一員月支三百元科員四員月各支五十元技士一員月支五十元年共支大洋六千六百元
薪水	二、三〇四・〇〇〇	一等僱員四員月各支二十六元二等僱員四員月各支二十二元年共支大洋二千三百零四元
工資	四八〇・〇〇〇	差役四名月各支十元年共支大洋四百八十元
文具	四八〇・〇〇〇	月支四十元年共支大洋四百八十元
郵電	二四〇・〇〇〇	月支二十元年共支大洋二百四十元
購置	一二〇・〇〇〇	月支十元年共支一百二十元
消耗	一、三二〇・〇〇〇	月支一百一十元年共支一千三百二十元

雜支	四五六・〇〇〇	月支三十八元年共支大洋四百五十六元
統計	一二、〇〇〇・〇〇〇	
室韋縣監獄經費歲出		備考
薪工	六二四・〇〇〇	監獄員一員由縣署科員兼充不支薪津看守四名月各支大洋十三元全年共支大洋六百二十四元
文具	一二〇・〇〇〇	月支大洋十元全年共支大洋一百二十元
囚糧	四五六・〇〇〇	月支大洋三十八元全年共支大洋四百五十六元
統計	一・二〇〇・〇〇〇	
奇乾縣公署經費歲出		備考
俸給	四、六八〇・〇〇〇	知事一員月支二百四十元科員二員月各支五十元技士一員月支五十元年共支大洋四千六百八十元
薪水	一、二〇〇・〇〇〇	一等僱員一員月支二十元二等僱員二員月各支十六元三等僱員四員月各支十二元年共支大洋一千二百元
文具	四二〇・〇〇〇	月支三十五元年共支大洋四百二十元
郵電	一二〇・〇〇〇	月支十元年共支大洋一百二十元
購置	一二〇・〇〇〇	月支十元年共支大洋一百二十元

消耗	四二〇•〇〇〇	月支三十五元年共支大洋四百二十元
雜費	二四〇•〇〇〇	月支二十元年共支大洋二百四十元
統計	七、二〇〇•〇〇〇	

奇乾縣監獄經費	歲出	備考
薪水	二四〇•〇〇〇	看守長一員月支二十元年共支大洋二百四十元
工資	二五二•〇〇〇	看守三名月各支七元年共支大洋二百五十二元
文具	一八•〇〇〇	月支大洋一元五角年共支大洋十八元
郵電	二四•〇〇〇	月支大洋二元年共支大洋二十四元
消耗	六〇•〇〇〇	月支大洋五元年共支大洋六十元
修繕	二四•〇〇〇	月支大洋二元年共支大洋二十四元
雜支	一二•〇〇〇	月支大洋一元年共支大洋十二元
囚糧	二四〇•〇〇〇	月支大洋二十元年共支大洋二百四十元
統計	八七〇•〇〇〇	

地方歲入表 十年度

呼倫警察廳 類別	歲入	備考
娛樂捐	三三、四五三•七六七	
妓捐	六七三•五〇〇	
屠獸捐	一、五四九•五二一	
典當捐	五六四•九二一	
澡塘捐	七二•〇〇〇	
營業執照捐	一、四八四•〇〇〇	
建築許可證捐	二〇•四〇〇	
統計	三七、八一八•一〇九	

呼倫縣公署 類別	歲入	備考
牲畜二九附加捐	一五、三五七•〇〇〇	
羊草附加捐	一、三二八•〇〇〇	

類別	歲入	備考
牧畜附加捐	二五一,○○○	
菜園捐	一,○一七,○○○	
統計	一七,九五三,○○○	

類別	臚濱縣公署歲入	備考
牲畜附加捐	二三,一○○,○○○	
魚附加捐	七,九○○,○○○	
出境雜糧捐	四,九○○,○○○	
商戶警捐	一○,四○○,○○○	
妓捐	二,四○○,○○○	
娛樂捐	九,六○○,○○○	
菜園捐	一,二○○,○○○	
屠獸檢驗捐	一,一七六,○○○	
店簿捐	二四○,○○○	

統計	六〇、九一六•〇〇〇	

類別／室韋縣公署	歲入	備考
羊草稅	一、八六七•〇〇〇	
商捐	七、〇八〇•〇〇〇	
牧養捐	四、六六七•〇〇〇	
牲畜二九捐	四〇•〇〇〇	
糧租	一、三〇〇•〇〇〇	
統計	一四、九五四•〇〇〇	

類別／奇乾縣公署	歲入	備考
營業捐	五、四八七•〇六〇	
散商捐	四八•三〇〇	
房捐	四三八•〇〇〇	
娛樂捐	五七五•二〇〇	

妓捐	三〇八・四〇〇	
衛生捐	二四九・二四〇	
晌捐	一、三三四・四〇〇	
刈草	一五三・二九四	
雜捐	五九三・一一四	
統計	九、一八七・〇〇八	

地方歲出表 十年度

類別	呼倫警察廳歲出	備考
經徵費	一、二七五・五二五	
衛生費	一、四二七・三二一	
消防費	六六・九五〇	
房租	三一八・一七五	
囚糧	一四五・二二五	

馬乾津貼	三、三八四·〇〇〇
馬隊雜糧	一九五·〇〇〇
學員膳費	二二五·四一七
額外警餉	一、〇七七·三〇〇
旅費	一、〇五九·三七五
誌書費	八〇〇·〇〇〇
冬防津貼	四、六四八·五〇〇
火爐費	五、五四〇·六二五
學員學費	三六五·二九四
補助服裝費	九六四·八三三
其他	九、六五五·一一九
屠獸場辦公薪工費	一、八六一·六六七
統計	三三、〇一〇·七七六

類別／呼倫縣公署	歲出	備考
警察經費	一六、一五七・〇〇〇	
教育經費	四八〇・〇〇〇	
代徵地方捐經費	五六五・〇〇〇	
自治經費	一、七九六・〇〇〇	
祀典費	一、〇八〇・〇〇〇	
統計	二〇、〇七八・〇〇〇	

類別／臚濱縣公署	歲出	備考
警察經費	五〇、四九六・〇〇〇	
教育經費	四八〇・〇〇〇	
臚濱縣駐滿辦公處經費	六、〇〇〇・〇〇〇	
代徵地方稅捐經費	四、三二〇・〇〇〇	
統計	六一、一九六・〇〇〇	

室韋縣公署 類別	歲出	備考
警察所經費	一四、六七八.〇〇〇	
教育經費	二、八四五.〇〇〇	
代徵地方稅捐經費	五九八.〇〇〇	
統計	一八、一二一.〇〇〇	

奇乾縣公署 類別	歲出	備考
警察所經費	七、二〇二.〇〇〇	
教育經費	二、一八一.〇〇〇	
保衛團經費	五六八.六〇〇	
警察臨時費	一、八二二.六〇〇	
統計	一一、七七四.二〇〇	

宦績

呼倫貝爾一兵備之區整軍經武疆吏夙重晚清以來改爲民治文武並用尤多奇才異能特以前型云遙往志莫考而得之輿論口碑者實惟此少數之政聲亟爲採而錄之後之官斯土者其亦有所興起歟

三都克多爾濟　由吉林雙城堡城守尉升任呼倫貝爾索倫左翼總管精明有膽略兼通漢語俄言清同治二年俄侵伊犂爲中國所敗乃謀蠶食於東越額爾古訥河在孟克西里一帶肆行墾刈三都克多爾濟與之據約交涉終收回夾心灘地在庫克多博巴圖爾和碩爾卡間越界墾刈案以解決光緒初年召對稱旨

薩克信　呼倫貝爾副都統改實缺時之初任副都統也歷任十年政聲卓著尤以提倡實業爲先務城西南珠爾博特鹽泡出產甚豐公定制掃鹽由官收買售時就場徵捐一倣晉滇兩省成法辦理官操其權民享其利人多便之繼以海鹽北銷法遂中止

蘇那穆策麟　字榮軒齊齊哈爾滿洲廂紅旗人光緒三十一年任呼倫副都統剛直清廉勇於任事爲一時江省佼佼之員江撫程雪樓深知公能以俄亂後地方凋敝交涉困難呼倫地當衝要非長才不足以資鎮撫奏准以公任命既蒞任提倡學務重建衙署規復卡倫開荒招墾擬墾荒地西南自海拉爾河北岸東北至根河南岸特二百六七十里又根河北岸縱二百里橫百餘里添設交涉局兼徵收牲畜皮毛木植羊草各稅並禁止沿邊越界墾刈等事俄人頗畏憚之尤要者在清理站界請參蠹吏一事光緒三十二年四五月間東清鐵路公司執鐵路交涉總理周冕私立展地合同在海拉爾一帶挖壕埋樁繼在倫城北門外自七間房暨鐵路北大壩後磚窰一帶挖壕一百餘丈嗣復於街北向西南挖壕將廟宇公署當時新勘衙署基址及已放街基定開商埠等地點與旗署官弁房基全行圈佔　俄人恃強展界前後三次均經公據理力爭不稍退讓並請參革周冕以杜狡展結果與俄代表委員牙克甫來夫磋商改議前挖壕溝一律填平於倫城北廟迤北及西面俄鐵路已蓋房前留出東西街道街南爲華商街北爲俄商分界樹標立字簽押主權利權賴以挽回不少其對待蒙旗亦復推心置腹迄今尚多感慕不忘云

宋小濂　字友梅吉林附生以州牧受知於江省將軍程雪樓程奇其才不次擢用未三年晉秩監司接辦哈埠鐵

路交涉總局與鐵路公司改訂鐵路展地暨林場煤礦三大合同挽回利權無限公智深勇沉爲政獨持大體在任四年規辦學校警察邊墾局整頓卡倫諸政均積極進行而尤以撫蒙實邊爲固圉政要宣統二年俄人於阿巴該圖越刈（詳見外交）政府以公與俄員儒達諾夫會勘國界俄脅以兵火公不稍畏懾抗爭益力宣統三年調任江省民政司旋攝撫篆晉職都督

于駟興　字振甫安徽壽縣附生宣統三年四月由黑龍江候補道調署呼倫兵備道公道學精純優於吏治涖任伊始首請勘修沿邊卡路次議籌設省倫滿吉兩路電報均邀當道核准惜以川鄂用兵款絀而止對於撫蒙方針則一秉公正而以和靄出之以故感情甚洽甫及半年調充江省交涉局總辦未竟措施而去部民每思念之尋由總辦歷充省署內務司長綏蘭道政務廳等職現任江省教育廳長兼代理省長

貴福　字紳五呼倫貝爾達呼爾蒙籍蒙旗反正時之副都統也初爲索倫右翼總管民國四年封鎮國公八年勝副都統既歿公繼其任鑒於時局變遷以靖內禦外非國權統一不可倡議取消自治請以特別區域改歸中央集權各部翕然應之保境安民深明大義復治後加貝子銜與漢官兩情融洽拊循旗屬尤能推誠相與以故部民愛戴甚深子凌陞字雲志現任額魯特總管志量豪邁英風偉畧冠絕一時

鍾毓　字輯五奉天瀋陽人滿洲鑲紅旗籍日本警監學校及法政大學卒業歷官奉黑兩省各要職民國九年蒙旗復治呼倫貝爾地方善後君由黑龍江特派交涉員松北市政局局長來任督辦爲政嚴明剛果對外交涉動中窾要在職一年而去現任吉林警務處處長兼警察廳長

趙春芳　字香圃直隸灤縣人北洋武備學堂卒業光緒三十三年從宋都護來倫以測繪員兼充邊務隨員曾與齊齊哈爾勘界之役嗣委爲珠爾干河總卡官宣統三年蒙旗內亂根河防兵以餉絀譁變竄回吉拉林設治局局員潛逃君自珠卡聞變冒險迎撫收集潰卒及沿邊卡兵編爲馬步兩營奉省令以君兼充馬步兩營管帶部署甫定蒙兵進攻吉局君督戰獲勝方擬進取上游卡倫適奉令撤兵漠河遂節節退卻於奇永額三卡分駐兵隊下流各卡得未盡陷奇漠兩金廠亦賴保全效死弗去應變才長一時邊吏此其翹楚旋升漠河縣知事復治

後調轉臚濱縣知事現充省公署諮議

于家銘　字石洲山東牟平縣人登州府寧海縣附生光緒三十年由吉省投效龍江初受知於達馨山將軍暨程雪樓中丞宣統三年蒙亂電省周少樸中丞宋友梅民政司素稔君熟習蒙情且爲旗員所推重派同杜君蔭田來倫勸撫君開陳大義蒙員爲之感動議決投誠卒以受制俄領吳薩締反正中止維時上流各卡爲蒙兵截堵糧盡援絕進退無路君以省員駐倫不忍坐視慨借商款以俄車運濟餉糈各卡弁兵賴以全活無算民國六年巴黨餘匪進據倫城君適充海拉爾交涉分局專員相機招降匪黨胡大鵬餘衆二百餘潛匿局內卒以助擊匪黨資得力焉君歷練邊事才識閎通且嫻於掌故亦傑士也現充呼倫副都統署顧問兼督辦公署諮議

李玉琛　字獻廷奉天莊河縣人光緒三十三年從宋都護來倫初爲勘界隨員旋充額勒和哈達卡官與趙君春芳同任邊防重務蒙亂之際地方擾攘沿邊卡官多聞警潛逃君時兼充游擊步隊右哨哨官與趙君誓死不渝上下奔走冒矢石衝風雪不以危疑艱險而阻民國三四年間漠河防兵兩次潰變竄擾倫境下游各卡均經君身先士卒扼要擊散洵邊防上不可多得之才尋充珠爾干河總卡官復治後升任奇乾縣知事

民族

呼倫貝爾爲漢蒙雜處之區比較境內人口漢人約居蒙人二分之一惟漢人由內地而來有省籍之分無族系之異而蒙旗遷駐之初方域不一部族各殊茲特析戳於下其滿回二族人既零星去來靡定姑從畧焉

漢人

初來者爲山西人清雍正間撥蒙駐倫所需茶布米物須越興安嶺之險至齊齊哈爾交易各旗總管嗣以來往困難相度地勢闢海拉爾爲市塲招來山西行商貿易以後內地商民來者日衆現以山西山東直隸黑龍江等省人居大多數

索倫

遼裔漢稱通古斯俄語喀穆尼皆索倫也一名索莪羅爲內興安嶺東北蒙古之巨族舊爲打牲部居黑龍江沿岸清初被羅刹侵偪避入內地多在布特哈墨爾根呼倫貝爾等處南至喀爾喀庫勒北至喀拉布爾霍西至索岳爾濟山根東至齊普器兒皆其游牧場康熙三十年編入旗籍名曰索倫兵隊北征羅刹爲前驅極驍勇雍乾以還伊犁衛藏軍事靡役不從海蘭察遂以戰功特起咸同間僧格林沁平捻豫東麾下西丹精卒尤稱勁旅此種人大都能操俄語現隸俄籍頗多本氏無考漢姓有胡白諸姓雍正十年由布特哈遷駐呼倫貝爾兵數爲一千六百三十六名附以達呼爾陳巴爾虎共編八旗

達呼爾　索倫屬方式濟龍沙紀畧謂是元代軍民府之遺亦曰愛門人俗誤打狐狸或作打虎力又稱達呼里案達呼爾本契丹種遼亡徙黑龍江北境初爲打牲部落繼在東布特哈海北游牧及興安嶺山脚一帶就水草而居康熙二十八年編入八旗分駐齊齊哈爾伯都訥各城此族與陳巴爾虎相似誠蒙古中得風氣之先者婦女善保孩童故生齒日繁又善游牧蒙族內頗稱富足漢姓中有吳金何張陶白邵富諸姓雍正十年由布特哈遷駐呼倫貝爾兵數爲七百三十名編制索倫八旗以內現以郭孟敖三姓爲境內之大族分居南屯西屯注重開

化亦以三姓子弟爲最

陳巴爾虎　一作巴爾呼外蒙喀爾喀之屬部也以戍邊闌入俄境清康熙時征俄遂自俄境來歸編入八旗附打牲部之後先後駐防黑龍江齊齊哈爾各城此族人昔在木蘭圍場游牧後遷至興安嶺北迤東一帶雍正十年由布特哈遷駐呼倫兵數爲二百七十五名編制索倫八旗以內（今以二旗分立）冬日沿海拉爾河上游夏則沿海拉爾下游逐水草而居此族人性情與索倫相近而言語稍異俗不敬喇嘛子弟多在呼倫城習漢文者

新巴爾虎　外蒙之喀爾喀部也昔在外興安嶺北麓游牧清嘉慶間漸向南徙遂成部落因其言語與陳巴爾虎相通故名巴爾虎新編入旗故曰新巴爾虎遷駐呼倫者在雍正十二年由外蒙車臣汗移來官兵二千四百八十四員名編爲八旗在伊敏河兩岸游牧俗敬喇嘛託命於佛與陳巴爾虎相水火云

額魯特　阿爾泰蒙古也一作鄂勒特亦云厄魯特元太師託歡之後其先世爲元牧奴明清間盛強號稱四部居黑龍江者爲額魯特族之準噶爾部人乾隆二十年準噶爾台吉巴桑投誠附打牲部落之後遷駐呼裕爾河流域及呼倫貝爾者則於雍正十年由阿爾泰移來牧地在喀爾喀河迤東寬翁河一帶此族駐呼裕爾河者以伊克明安爲首領駐呼倫貝爾者編一旗以本旗總管爲首領

鄂倫春　索倫之別部也元時稱爲林木中百姓清初謂爲樹中人又呼爲伎鹿部（族多養鹿士人謂之四不像用時以木擊林則來不用揮之即去）俗呼之爲麒麟考鄂倫春與俄貿易場曰齊凌轉音誤作麒麟因有麒麟營子之號其實齊凌麒麟皆奇勒之轉音（魏源云有不編佐領之伎鹿部曰奇勒兒）是鄂倫春亦奇勒兒之遺此族人性愚悍居無室廬散處深山遷徙靡定以打牲爲業衣皮食肉有步及猛獸之能騎馬使槍習成特技勇鷙與索倫相近黑龍江以北精奇里江以南皆其游獵之地其名稱大別爲二隸於布特哈爲官兵者曰摩凌阿（滿語馬上也）鄂倫春散處山野以納貂爲役者曰雅發罕（滿語馬上也）鄂倫春管理雅發罕之官曰諳達崴同治初年吉林馬賊猖獗將軍富明阿奏調鄂倫春五百前往一戰而定其勇猛可想嗣又增挑馬隊五百每歲派員查操光緒二十二年黑龍江將軍奏請五路設官收籠鄂倫春呼倫貝爾爲五路之一（詳見官制）相沿日久有名無實鄂倫春不知管理爲何人管理者亦不問鄂倫春之行動此族窮守荒山

以皮易物所需食用概恃俄商供給因亦受俄人管理今之剪髮入俄籍已有多數其習慣耐寒惡熱夏秋則沿牛爾河兩岸捕魚以便休息冬春則入雉鷄場山一帶游獵以謀生活利用沃利恩（即四不像鄂倫春呼爲沃利恩）以爲乘載沃利恩畏熱嗜苔鄂倫春人順其習性與同居處於嶺陰潮濕之地多以疥癩而死者其育養小兒亦殊異初生即襁負馳駿逐獸游獵一二月後則以皮兜懸樹上出恒三五日不歸啼餓以死與果獸腹弗計也有此二因故其生齒不繁久之且恐至於絶滅矣在呼倫貝爾者由珠爾干河爲其出山道路

布萊雅　新巴爾虎之分支也舊凡二十四旗今已有十三旗隸俄籍矣俄人謂爲阿白拉子昔在俄沿邊路爾奇答河兩岸游牧清咸豐間俄人伸足東亞此族被逼不欲從俄者遂東遷呼倫湖左近今所餘各旗已漸有北倚之勢

札薩克圖　哈薩克之分支也在呼倫湖西南一帶有打牲者有遊牧者言語自成一種與他蒙古不通訥爾古司河以北均隸俄籍南則猶屬中國其從俄之喇嘛時至呼倫尙稱中國爲佛國云

戶口

呼倫貝爾舊爲兵民制淸雍正時初遷蒙兵數祇有六七千人迄今漢蒙雜處生齒日滋茲將民國十一年調查所得析爲總分各表各表以列之外族僑居亦附及其數焉

各縣戶口表

縣別 區別 \ 戶口別		戶數	男	女	總數
呼倫	縣屬	六四二	二、七七六	四三五	三、二一一
	特別區	三〇八	一、三七八	二二一	一、五九九
臚濱	縣屬	二四一	三、〇六九	三三三	三、四〇二
	特別區	一、一七二	四、九一七	四一六	五、三三三
室韋	縣屬	二八三	六七三	一三四	八〇七
奇乾	縣屬	二九一	九六六	一五〇	一、一一六
統	計	二、九三七	一三、七七九	一、六八九	一五、四六八
備考	右表人口專就境內漢族商民而言蒙民外僑見各分表 查境內滿回兩族人數無幾無可表載已括漢人數內				

蒙旗戶口表

族別	旗別	戶數	人口數 男	人口數 女	人口數 總數
索倫	正紅旗	一六四	二八一	二三五	五一六
	正黃旗	三三八	七九三	五九五	一,三八八
	正白旗	九五	二八三	二二四	五〇七
	廂紅旗	三七	八三	六八	一五一
	廂黃旗	七四	二一四	一九六	四一〇
	廂藍旗	四六	九二	九五	一八七
新巴爾	正紅旗	一六七	四〇九	五三四	九四三
	正黃旗	三六九	九五九	一,一七八	二,一三七
	正藍旗	三三二	一,二七一	一,二八七	二,五五八
	正白旗	三五〇	一,七三七	二,二七一	四,〇〇八
	廂紅旗	二一八	四七八	六二九	一,一〇七

虎	廂黃旗		三一二	八三八	一、一五五	一、九九三
	廂藍旗		三五〇	九五五	一、一七九	二、一三四
	廂白旗		二二〇	九八九	一、二一四	二、二〇三
陳巴爾虎	正藍旗		四二五	一、七六九	一、六七〇	三、四三九
	廂白旗		二八八	一、四一二	一、三六四	二、七七六
額魯特	廂黃旗		一四八	二六六	二一六	四八二
鄂倫春	廂藍旗		一七九	三五八	三六五	七二三
統計		一八	四、一一二	一三、一八七	一四、四七五	二七、六六二

備考

查鄂倫春一族多在漠河上下暨珠爾干河一帶山中散處舊分兩派有剪髮未剪髮之別其未剪髮者又分兩路常住於呼瑪爾河源暨盤古河一帶者隸黑河道庫瑪爾路管轄常住於根河源兩岸及興安嶺左右者隸呼倫貝爾托河路協領管轄至已剪髮入俄籍者其部落曰沃洛特每沃洛特有一首領曰阿大滿（俄語屯長之意）悉受俄人指揮每人年納羌錢三元於俄屯其出山時期在夏季有一二次春秋冬則由俄商携貨入山交易其集會地點曰波克周爾（鄂倫春語）在漠河山裏者計三十一戶共百餘名民國三年由漠河設治員趙春芳查報收歸庫瑪爾路統屬

民國十二年七月正在付刊志略間由奇乾縣李玉琛呈報將已入俄籍之牛爾河一帶鄂倫春人三十戶男女共百六十一名收撫歸化追銷從前俄發執照戳記換給中國執照則與表列鄂倫春戶口數目又稍有差池矣

表列蒙人總數係由近今調查比較光緒二十四年旗署檔案一萬餘人之數已增一倍有餘

各縣外僑戶口表

縣別	呼倫						臚濱						室韋			奇乾			總數	
區別	縣屬			特別區屬			縣屬			特別區屬			縣屬			縣屬				
戶口別	戶	口		戶	口		戶	口		戶	口		戶	口		戶	口			
國別		男	女		男	女		男	女		男	女		男	女		男	女	戶	口
日本	六	一〇	三四				二	四	二	一二	三七	四八							二〇	一三五
英吉利										四	五	二							四	七
法蘭西										一	一	一							一	二
土耳其										二	三								二	三
義大利							一	五	三										一	八
波蘭							三	八											三	八
德意志										一	四								一	四
俄羅斯	一	一		一、三九八	二、九六三	二、六六八	二六四	七九一	四二七	一、九五〇	五、二三四	五、三九一	一、七〇三	五、〇五七	四、二三四	一五二	三一一	二九二	五四六八	二七三五九
朝鮮										三	六	六							三	一二
統計	七	一一	三四	一、三九八	二、九六三	二、六六八	二七〇	八〇八	四三二	一、九七三	五、二九〇	五、四四八	一、七〇三	五、〇五七	四、二三四	一五二	三一一	二九二	五五〇三	二七五三八

全境中外戶口彙計表

本國外國別	族名別	縣別	區旗別	戶數	男	女	總數
本	漢	呼倫	縣屬	六四二	二,七七六	四三五	三,二一一
			特別區	三〇八	一,三七八	二二一	一,五九九
		臚濱	縣屬	二四一	三,〇六九	三三三	三,四〇二
			特別區	一,一七二	四,九一七	四一六	五,三三三
		室韋		二八三	六七三	一三四	八〇七
		奇乾		二九一	九六六	一五〇	一,一一六
	蒙	索	正紅旗	一六四	二八一	二三五	五一六
			正黃旗	三三八	七九三	五九五	一,三八八
			正白旗	九五	二八三	二二四	五〇七
			廂紅旗	三七	八三	六八	一五一

備考：沿路各站僑居外人向隸各縣特別區屬茲表仍括其數於內

國

倫	廂黃旗	七四	二一四	一九六	四一〇
	廂藍旗	四六	九二	九五	一八七
新巴爾虎	正紅旗	一六七	四〇九	五三四	九四三
	正黃旗	三六九	九五九	一、一七八	二、一三七
	正鑑旗	三三二	一、二七一	一、二八七	二、五五八
	正白旗	三五〇	一、七三七	二、二七一	四、〇〇八
	廂紅旗	二一八	四七八	六二九	一、一〇七
	廂黃旗	三一二	八三八	一、一五五	一、九九三
	廂藍旗	三五〇	九五五	一、一七九	二、一三四
	廂白旗	二二〇	九八九	一、二一四	二、二〇三
陳巴爾虎	正藍旗	四二五	一、七六九	一、六七〇	二、四三九
	廂白旗	二八八	一、四一二	一、三六四	二、七七六
額魯特	廂黃旗	一四八	二六六	二一六	四八二

旗 鄂倫春廂藍旗	旗 統計	外 俄羅斯 呼倫縣屬	外 俄羅斯 呼倫特別區	外 俄羅斯 臚濱縣屬	外 俄羅斯 臚濱特別區	外 俄羅斯 室韋	外 俄羅斯 奇乾	外 日本 呼倫縣屬	外 日本 臚濱縣屬	外 日本 特別區	外 義大利 臚濱縣屬	外 波蘭 臚濱縣屬
一七九	七、〇四九	一	一、三九八	二六四	一、九五〇	一、七〇三	一五二	六	二	一二	一	三
三五八	二六、九六六	一	二、九六三	七九一	五、二二四	五、〇五七	三一一	一〇	四	三七	五	八
三六五	一六、一六四		二、六六八	四二七	五、三九一	四、二三四	二九二	三四	二	四八	三	
七二三	四三、一三〇	一	五、六三一	一、二一八	一〇、六一五	九、二七九	六〇四	四四	六	八五	八	八

特別區濱僑	朝鮮	法蘭西	英吉利	德意志	土耳其	統計
	三	一	四	一	二	五、五〇三
	六	一	五	四	三	一四、四三〇
	六	一	二			一三、一〇八
	一二	二	七	四	三	二七、五三八
備考	右表中外共一萬二千五百五十二戶男女共七萬零六百六十八人河塢所屬俄僑隸屬室韋縣計四百八十九戶男一千三百七十八人女二百二十一人括於表列室韋總數以內表內前列統計係漢蒙合計之數詳見各分表					

宗教

呼倫貝爾之宗教可分爲兩項觀察其利用固有之信仰而不脫政治作用者如新巴爾虎部及額魯特部之信奉喇嘛教是也其脫離政治關係而爲一部人民之信仰者如索倫部達呼爾部及陳巴爾虎部之信奉薩滿教是也今將兩教原始及制度內容畧述如左

一喇嘛教

喇嘛教有紅黃二教之分均爲佛教之支派自宗喀巴改教於西藏紅教勢微黃教潮流遂浸淫於青海天山西套蒙古內外蒙古一帶卽今前藏之達賴喇嘛後藏之班禪額爾德尼外蒙之哲布尊丹巴胡圖克圖內蒙之章嘉胡圖克圖等皆其當時弟子之稱號亦卽蒙藏人民所奉爲活佛者也而呼倫貝爾之新巴爾虎額魯特二部本其固有之黃教信仰准其部人披剃爲喇嘛並免其當兵充役之義務其法令生男二人其一必爲喇嘛三四男者一人或二人出家任便至於俄國籍內之布里雅特蒙人喀爾美克蒙人（卽中國籍內額魯特蒙人元一種也）等亦皆奉此教未衰可見喇嘛教確爲蒙藏二族唯一之宗教

制度及職務　喇嘛教在呼倫貝爾確在政治組織之下所有制度均由滿淸政府規定之每翼建立喇嘛廟一所設西勒圖喇嘛一人猶各翼之有總管也設達喇嘛各四人猶各翼之有副總管也設德木齊喇嘛格斯魁喇嘛恩只德喇嘛索勒喇嘛各四人猶各旗之有佐領也惟其職務則德木齊喇嘛專管各旗關於廟外各項雜務格斯魁喇嘛專管廟內諷唄誦經等庶務恩只德喇嘛爲格斯魁喇嘛之幫辦索勒喇嘛則專任焚棄索勒之事以上皆稱謂有品級之喇嘛有品級喇嘛以下每廟設格衣格喇嘛二十四人猶每佐之有領催也其餘皆爲普通喇嘛猶各佐之有披甲西丹也其數目無定額

任用　西勒圖喇嘛由副都統任用之達喇嘛由各翼總管任用之德木齊喇嘛格斯魁喇嘛恩只德喇嘛索勒喇嘛等均由西勒圖喇嘛薦任之格衣格喇嘛則由德木齊喇嘛等薦任之西勒圖喇嘛等均有戈什哈（卽侍從也）猶總

管等官員之有戈什哈也

廟會　廟會為呼倫貝爾各部人民之最要禮節每屆會期均由各翼總管委派佐領以上官員一人專司其事各廟會均以九日為期由第一日起衆喇嘛每日在廟鳴鑼聚集按座列坐合聲諷唄間奏牛喇叭羊喇叭口喇叭鼓鈸等樂器至第七日為祭祠廟鄂博之日該各廟所屬官員等均衣滿淸禮帽禮服在鄂博前席地列坐隨喇嘛諷唄祝福第八日為焚棄索勒之日索勒係用麵粉揑成支以鼎足形之骷髏所以鎮壓邪氣者也舉行焚棄時先在焚棄地點備置柴薪來拜衆人無論男女老幼從廟門向焚棄之地魚貫而跪遂由衆喇嘛諷唄奏樂舉其索勒循跪者頭上而過且行且諷待至焚棄之地始由索勒喇嘛投火而焚之第九日為麥德爾佛繞廟之日麥德爾佛即漢文所譯之彌勒佛蒙人以為今日果能禮拜其像則來世即可託生其國而享福故麥德爾佛繞廟之時衆喇嘛隨佛車後奏樂諷唄而行來拜衆人無官員士卒男女老幼皆相隨而跪拜並由管理廟會官員備置餑餑數百斤隨佛車後散擲於地衆人相爭拾取視為福食焉

經費　各寺除每年廟會九日之外並無他項開會傳道等舉故需費甚少惟各廟設有牛羊札薩（即公產之意）以供每年廟會之用

喇嘛與人民　呼倫貝爾全境喇嘛人數約有三千餘人所有喇嘛概不娶妻除每年會期赴廟諷唄外大抵均隨父母兄弟在境內以營游牧生活其有品級之喇嘛中能通醫道兼精諷唄者專為人民醫治各種疾病或用藥品或驅邪靈（蒙人以為疾病均由邪靈侵害所致）視其所宜而施之故人民信仰喇嘛最甚所言無不聽從（凡處地方擾亂仇敵侵害時亦常召喇嘛諷唄焚棄索勒以鎮壓之）雖毀家破產亦所甘心蒙古之崇奉活佛者良有以也

二薩滿教

薩滿教亦稱黑教考北亞洲民族中如西伯利亞之布里雅特通古斯等東三省之滿洲達呼爾索倫鄂倫春等均有薩滿即元太宗重病時亦曾命孛額（見元朝祕史孛額者即蒙語薩滿也）卜治中國古代所謂巫亦即今日之薩滿也可見薩滿教確為亞洲民族最初時代之自然宗教現今呼倫貝爾全境宗教雖為喇嘛教所概括其實薩滿教仍為各

部人民所信仰卽索倫達呼爾陳巴爾虎鄂倫春數族是也

派別　薩滿教有二種一種爲本族人氏之薩滿卽每一氏族均有其本族之薩滿凡某族氏中人民之疾病禍災皆與彼有密切之關係一種爲非族氏之薩滿卽所謂由狐仙或鬼魂等所成之薩滿凡信仰其神靈者無論其爲何種氏族亦皆與彼有密切之關係云

信心與方術　薩滿教無寺廟無經典亦不設教傳道惟相信有一種神靈擇一相當之人爲其使者時常降附其心以傳達鬼神之消息而命其使者以治人民之各種疾病人民卽稱此項之使者謂之薩滿其療病方法亦分數種病輕者取茶葉詛咒與病者烹而飮之重者則宰馬牛羊鷄雀等禽獸祭祀鬼神以禳之若病人附有邪氣鬼魂者則結草爲人跳神而驅逐之

衣裝　凡薩滿均有特別之衣裝帽上有二銅角如鹿角然上懸彩綫向後垂之如披髮然衣前面繫小銅鏡小銅鈴各六十衣背中懸大銅鏡一並以四中銅鏡附之其下繫錦繡條裙如垂尾然當薩滿請其神靈時卽衣此種特別衣裝一手執單面鼓一手執鼓鎚口唱呼神歌且擊且唱並有數人同聲應之呼神歌唱畢該薩滿進退跳舞者數次環繞旋轉者數次忽僵仆於地俄頃而蘇此時神靈已降附其心遂由請邀者問疾病之原因及如何救治方法俗所謂跳神卽此是也

鄂米囊　鄂米囊爲薩滿教之盛典經三年一舉行之凡薩滿（男女均有之）經三年聘來另一薩滿稱爲先生薩滿自稱爲學生薩滿每屆鄂米囊之期學生薩滿在房內植帶葉活樹二株房外相距五丈之地又植樹一株名曰托羅其間以線連之卽由先生薩滿率學生薩滿以跳神且跳且言叩以數年內吉凶禍福以至族中及尼墨嘎爾特（卽信仰該薩滿之衆人也）等衆人疾病休戚子女得嗣等事第三日用長葦繞房外托羅作一大圈凡來拜諸尼墨嘎爾特均納入其中由先生學生二薩滿呼嘯詛咒擊其單面鼓三繞而搖揮之其意卽入其保佑之範圍矣是夜將半先生薩滿作鳩鳴鳥嘈聲從者和而效之命一人用木碗置羊血少許導之前行學生薩滿尾而追之繞三匝始准其奪而痛飮之此其意學生薩滿之神靈使者數年來奔波困憊因此血始得恢復蘇興云次日晨將三托羅送

出植之野外而鄂米囊之事乃告終場

薩滿與人民　人生苦境莫如疾病而蒙人之心理以爲疾病之來源實屬於鬼神之所使而屬於黑教之人民其疾病之來源則屬於黑教之鬼神亦無可疑惟薩滿者乃所以通黑教鬼神之消息者也故屬於黑教之人民罹疾病時試用醫藥無效喇嘛無靈者其結果必聘請薩滿以治之若惟一信仰者則不用醫藥喇嘛專誠託賴黑教之鬼神一惟薩滿之言是聽云

蒙旗方面信仰宗教既如上述本境宗教自以佛教範圍爲最大此外各屬間有信天方教者然皆爲少數之客籍回民無教堂寺廟之設置至於耶蘇猶太各教以海滿兩埠爲多均屬於俄僑方面茲不備舉而所謂祀典祠宇宗教祠宇先後建修於境內者依次彙爲一表以坿於後

祠宇表

名稱	建築時期	地點	方向	距城里數	附記
孔子廟	光緒八年	城西門外	西南	半里	蒙旗合建後燬於俄光緒三十三年重建
關帝廟	嘉慶十四年	興安嶺	東南	三百四十餘里	
關帝廟	嘉慶元年	西門外	正西	一里	
關岳廟	嘉慶元年	北門外	東北	一里	拳匪之亂燬於俄光緒三十二年重建
娘娘廟	嘉慶元年	北門外	東北	一里	
城隍廟	嘉慶元年	北門外	東北	一里	以上三廟同一院內關廟居中以娘娘城隍二祠位左右焉

關帝廟	光緒十年	滿洲里	西北	三百里	
土地祠	嘉慶五年	西門外沙阜上	西北	一里	
昭忠祠	嘉慶八年	西門外	西北	一里	舊祠燬於俄亂民國二年重修內祀歷役戰歿將士三百餘士人謂爲先賢祠
廣慧寺	嘉慶七年	南屯索倫左翼界呼吉爾托霍依	正南	十七里	索倫左翼所建
光遠寺	嘉慶七年	索倫右翼界巴彥和碩山之南麓	正南	九十五里	索倫右翼所建
延福寺	乾隆五年	額魯特兩佐界哈拉胡吉爾泡之東	正南	一百五十里	額魯特部所建
壽寧寺	乾隆四十九年	新巴爾虎界布彥圖布爾都	西南	二百五十里	又名甘珠爾寺係新巴爾虎左右兩翼合建該旗喇嘛號稱千人爲境內最大之喇嘛廟
德孚寺	光緒十三年	烏勒錐圖布拉克	西南	三百里	俗名將軍寺新巴爾虎都嘎爾將軍所建
多博寺	失考	海拉爾河北岸	西北	六十里	陳巴爾虎部所建

備考

查表列各祠祭費向由旗署於稅課項下開支復治後稅收改制惟孔廟關岳廟春秋祭費由呼倫縣列款報銷又表末六寺係蒙旗各部時分建清時奉勅賜名均以喇嘛住持在某部牧界卽爲某部人宗教廟宇

呼倫貝爾孔子廟

海拉爾土地祠

海拉爾關帝廟

甘珠廟前門

甘珠廟大殿

甘珠廟會場

甘珠廟蒙古博

呼倫貝爾督辦公署歡迎嘉章活佛攝影（帽上有珠者爲活佛）

禮俗

盛京通志載呼倫貝爾風俗云人勁勇性質直耕藝日勤漸成幹正此特言其梗概耳各部蒙人聚族處此較漢人爲多亦最早二百年來風氣習慣有相沿未改者有與漢族同化者茲就衣食住婚喪祭諸端條析載之而禮儀器用二項並坿見焉至漢人習尚與內地無殊則不贅及云

衣服　普通蒙民衣服用染色布與漢人畧同冬則著不上面之羊皮袍皆袖長幅濶腰束條帶以綢爲之類用黃紫綠三色惟不注意澣濯縫補不垢敝不易焉蓄髮垂辮居大多數帽形平扁以毡爲之緣反摺而上亦有綢面尖形者附以皮耳頂綴紅纓一撮而圓形緞面飾以金邊之便帽尤喜冠之履概用革靴（多由張家口販來）高勒底薄而寬有尖頭齊頭二種漢商所製之毡靴（土名毡疙疸）毡鞋與內外皮毛之大氅（土名大哈）則漢蒙人均用之以爲行旅禦寒之具女子服寬袖濶拖長襟穿耳墜環無纏足之惡習編髮爲一辮或二辮垂背嫁則束爲髻首飾率用金銀與滿人略同喇嘛衣尚黃紅二色紫次之政學兩界人員尋常衣履與漢人同夏則錦帛冬則輕裘惟禮服尚沿用清制衣冠鄂倫春人入俄籍者盡變俄服居深山者則獵獸衣皮如生番云

飲食　食料以炒米牛羊肉牛羊乳爲普通用品取炒米和牛乳白糖沸水冲食日食一次可終日不飢割宰牲畜惟食其肉以五臟與血爲穢盡棄擲之經火煎製而成者有乳皮（又名黃油）牛酪二宗爲最貴重恆以之爲贈品而奶豆腐（以乳汁强煎除淨水分曬之切爲塊形如豆腐）乾肉（牛羊外兼及雉兔麅鹿等）則以便於携帶儲藏爲禦冬食品行旅兵士尤珍視之至魚鳥米麵蔬菜均非需要食物飲料有乳酒（製以乳汁發酵色清如水飲之易醉）奶子茶（以鹽與牛乳和茶共煮而名）磚茶（內地製成又曰綠茶）紅茶（內地製）等類或以茶和黃油與鹽沃以沸湯飲之於羹肉中亦有加茶者食器率用木碗（製以樺木市有售者）宴客以全羊席爲上近年商埠交通漢人酒食店羅列城市坿近蒙人已有同嗜散處外旗者酪漿羶肉則仍視若甘旨鄂倫春人不解牧畜以獵獸供食料嗜酒無量則較各旗蒙人爲尤甚焉燃料以馬通牛羊矢爲最普通而木柴石炭柳條通出產亦鉅

居處　境內建築物之以木石磚瓦而成者惟各旗喇嘛廟爲最宏壯次則各祠宇及副都統官廨與府第棟宇相望而市廛商戶暨南西兩屯民居（兩屯惟孟郭敖三族無他姓）室廬櫛比亦皆輪奐可觀普通蒙人限於游牧依水草而居轉徙無常則概以穹廬（滿語曰蒙古博俗誤作包）爲棲止天幕生涯蔽風雪防虎狼勢有不得不然者也博大小不一皆圓形通常高度在十尺十五尺之間其搆造法就地劃直徑丈餘之圓圈周圍排立木柱柱間用木棍縱橫組織如格箝着杜上成一圍牆杜上端架木爲櫟成一傘形之屋全部包圍毛氈數層以馬尾繩縛之頂中留天窗以繩繫氈得自由啓閉通空氣透日光出烟熖胥於是乎賴南設門高三尺五寸裝小扉垂氈簾以便出入氈廬毳幕揞折便利誠沙漠居之必要物也門內左右分置水缸木柴中設爐具周圍藉草加以氈或皮家人婦子同寢處焉人口多而富者或分居數博結屋之事女子任之行旅投宿無見拒者且兼欵以飲食蓋草地無旅店中途霜宿恐爲獸傷惻隱之仁亦人道所見端也鄂倫春人習居山林中其廬帳率以樺皮爲之

婚嫁　婚姻重媒妁而以父母主婚間有自由結婚者門戶相當人家大率由媒妁介紹雙方同意後女家先訪男家由男家携贈品回訪又合意則成立婚約聘禮富者或兼用錦帛銀兩普通爲牲畜其多寡視貧富爲差數尙奇偶各部不一致婚期之前先由媒妁與男家戚友致禮物於女家是爲納采次由喇嘛定合巹期及期行親迎禮壻則整衣冠乘馬負矢隨行人多少不等抵女家故閉門不納雙方互以吉利語相應答始延入設席宴壻以後女背面端坐姨姑姊妹圍坐四周壻向女背跪問女名女故不答久之由陪坐者語之謂之討小名是殆沿用問名禮而歧誤者也是夜宿女家翌晨女子乘馬繞宅三週隨男子去名義上遂變爲新婦人矣新婦啓行喇嘛沿途誦經至壻門閉門問答如前狀啟門後行婚禮院中置木棹上設弧矢羊骨或置一全羊旁設火盆夫婦同向跪拜其漢族牽羊之禮與次則見翁姑拜佛像火竈及尊長答親友禮喇嘛誦經侑以樂器禮既畢設宴欵客贈嫁物極簡單附近富族近亦有贈以車輛牲畜及一切裝奩者亦同化漢俗之證也沿邊漢人多娶俄女婚禮向染俄俗赴喇嘛台結婚近由各縣導以禮教已多改從華風矣

喪葬　喪禮極爲簡單無靈床無供獻不穿孝服不用音樂無芻靈紙箔之消耗惟無貧富貴賤均延喇嘛誦經其

葬法舊有天葬（與野葬鳥葬樹葬諸說畧同）火葬之習近亦有如漢人土葬者按天葬舊說蒙人以土葬或傷龍脈不利生畜人死則載尸於車或置於駝馬之背振策疾馳以尸墜處爲葬地大有上古委諸溝壑之風三日後往視尸亡則以升天而喜倘猶存在則以爲死者之罪惡未消卽請喇嘛誦經懺悔必至尸滅而後已至於火葬多因婦女癆病或產病死者概以火焚其尸而王公大家則又尸塗黃油纏以白布投之烈火拾其灰燼粘麥粉製作餅形送入大喇嘛廟之寶塔或五台山之靈域以爲光榮焉土葬法則納尸於棺入土封墓與漢俗無殊然惟附近蒙人行之其富而貴者並有尸纏白布納諸坐棺卜地砌壙成一上尖下方之塔形高丈餘卑或數尺此與漢人稍異處

祭祀　蒙俗於祭祀頗深迷信凡宇宙間自然之現象皆以爲神如祭星星（陰曆正月八日）等類是其普通心理則以佛爲無上之主宰家必供佛像銅質泥塑不等置爐焚香以爲常外出則膜拜求佑反則頂禮謝安而崇祀鄂博（俗曰敖包）亦爲例祭之重典攷鄂博之設原爲區劃界線之標識本境旗屬致祭含有崇祀山川之意義有各旗獨設者有全旗共祀者各旗鄂博歲於五月或七月由各旗致祀合祀鄂博在海拉爾河北山上每三年舉行大祭（卽爲挑缺年期）一次以五月爲祭期全旗大小官員咸集延喇嘛諷經以昭鄭重鄂博形圓而頂尖高丈餘上插柳條及書經文之白布旛首由喇嘛諷經鼓鈸競作繞鄂博三周且繞且誦官民隨之三周既畢各持香火西南行百餘步至柴望地點繞行三匝如前舉火燔柴以香火投之而返次由副都統率屬向鄂博行跪拜禮喇嘛排立案側諷唄如前衆官以次席地坐以器貯肉與飯雙手舉器繞過額者數次而後啖之一若敬受神餕者然祀事告終任一般人民赴場競藝作馳馬角力種種比賽勝者由官府頒給獎品蒙人體力健全獨擅騎兵資格良有以也至祭祖一節則多數天葬無墓祭之可言索倫達呼爾惟一祀佛額魯特向祀皮口袋均不祀祖先附近蒙人染從漢俗旣改土葬亦多舉行墓祭其祭期爲亡者百日週年清明等日祭時仍必延請喇嘛爲亡者懺悔其餘祀典所載各祠宇則由民旗各官廳遵例按期舉行漢蒙亦無所歧異也

禮儀　蒙人相見必曰門德（猶問安之意）接近數步屈右膝致禮曰請安不俟交談出懷中鼻煙壺雙手獻客客接嗅後

答以如禮又多數嗜淡巴菰待客則裝烟以爲敬其尤重之禮爲遞哈達哈達本西藏之名詞爲一種極薄之絹布形長方大者丈餘小或尺餘四周褶襞尙白藍二色淡靑色次之蒙人視爲極敬禮物獻王公供佛前必以此人民互相贈遺間亦用爲交遞之禮此外如入人屋包必置馬鞭於戶外入屋須坐左邊客去則男女一齊歡送平居不裸裎不舉足向火不向佛像便溺亦皆其禮法之謹嚴者也

器用　蒙人載重致遠駝馬而外有達呼爾所製之一種轆轆車又名轆轤車亦曰大轂輪車輪不甚圓轅不求直軸徑如椽輪高四尺餘以一牛曳之而行首尾相連一童子可御十餘輛不資轂輮惟遇山路崎嶇防其損折須携帶斧鑿此爲普通運載之車若各旗富者坐車則輪轅堅固上覆木棚蔽以蘆席或內氈外布亦有綳以樺皮者駕一馬與內地轎車畧同海滿兩埠又有任便賃坐之馬車前後大小四輪以膠皮或鐵爲之駕以二馬可容三人亦便捷（他如俄車式極多名亦不一以非我習用均不及）河渡則有臧䑽札哈二種臧䑽爲獨木船長二丈餘濶容膝頭尖尾銳載數人水不及舷者寸許而中流蕩漾駛如箭疾並可聯二三爲一以濟車馬札哈較臧䑽爲小受兩三人而輕捷過之又有製以樺皮者則鄂倫春人之利涉品也（額爾古訥河有通行帆船詳交通門水陸航橋表）冬日行雪地河冰上則有扒犁之制（滿語曰法喇）式如冰床屈木爲轅駕以二馬輕疾如飛中外人皆習用之舊有駕狗者卽元時蒲與路之狗車所謂使犬部也

人物

呼倫貝爾爲各種民族代興之地間氣所種代有偉人重以從前專事游牧未有紀聞文獻無徵心焉傷之茲就稗乘所錄以及旗署舊檔所存者分元明清各朝名人編次如左雖所見所聞所傳聞各有異詞亦聊備參攷而已

鄉宦

元

帖木眞　帖木眞塔塔兒部長也游牧捕魚兒闊連兩海子間兀兒失溫河上（捕魚兒海子今貝爾湖闊連海子今呼倫湖兀兒失溫河今烏爾順河）隸屬於金西與蒙古鄰蒙古部長俺巴孩以女妻塔塔兒塔塔兒執獻於金及忽圖剌嗣立舉兵伐塔塔兒以復前仇帖木眞率兵以拒爲忽圖剌兄子也速該所擒先是塔塔兒種斡忽訥氏有女曰訶額侖適篾兒乞部人也速該據而室之既敗塔塔兒而訶額侖踰月生子因名曰帖木眞卽成吉思汗也

篾古眞薛兀圖　蔑古眞薛兀圖同爲塔塔兒部長數犯金邊金主置行尚書於臨潢使丞相夾谷清臣內族襄先後進討篾古眞薛兀圖拒於龍駒河（今克魯倫河）圍金軍三日襄自將救之篾與薛敗走旋爲成吉思約客烈部長脫斡鄰與金軍夾攻同罹於難

也扯客連　也扯客連塔塔兒部人附於成吉思以金泰和二年成吉思進軍答蘭捏木兒格思之地（今呼倫喀爾喀河所受之訥塞爾亨河上）培塔兒各部拒阻金軍成吉思密議殲滅塔塔兒種也扯客連徇衆固拒塔塔兒駢死無算獨也扯客連一家得脫其長女也遂次女也速俱爲成吉思所得同稱皇后

札木合　札本合蒙古札答蘭氏少與成吉思友善既長能用其衆駐牧豁兒豁納川主不兒之地（豁爾豁納川今呼倫之活爾活河主不兒地在活爾活河喀爾喀河下游與呼倫貝爾兩海子柘近）及成吉思妻孛兒帖爲篾兒乞所擄札木合代謀奪歸成吉思恐札木合喜新厭故聽妻孛兒帖言與生嫌隙互相攻殺札木合始猶勝利後與合答斤等十有一部大會刊河（今根河）漏洩機宜

爲成吉思部下戰敗縛獻麾下因是被殺

帖兒格克額篯勒　帖兒格克額篯勒姓翁吉剌氏居額洏古涅河與成吉思友善繼因成吉思女布亦塞克貌醜拒婚遂與成吉思絶成吉思既敗帖兒格克額篯勒結合泰亦赤兀部東方諸部潛師來襲爲成吉思所敗歿於陣

合撒兒　合撒兒蒙古博古濟吉特氏成吉思同母弟也多力善射札木合來侵成吉思乞師客烈部脫斡鄰以合撒兒帥妻子爲質已而成吉思與脫斡鄰因事啟釁成吉思戰敗合撒兒棄妻子亡歸東行求成吉思抵合溫剌山（山在呼倫貝爾西）不得又東至巴渚納水（在呼倫池西南）喜與成吉思相遇乘機遣語脫斡鄰曰帖木眞不知所之脫斡鄰起兵逆合撒兒成吉思突出攻襲遂滅客烈部而拙赤合撒兒之名大著以伐金累戰有功尋封國王所分地在額洏古涅河濶連海子海剌兒有子四十人也古也孫格最著

阿赤歹　阿赤歹成吉思第三弟合赤溫之子也少孤從成吉思軍中窩濶台汗立之二年從伐金四年敗金師於三峯山五年帥左手軍與皇子貴由討蒲鮮萬奴乘勝徇開元恤品殺萬奴東土悉平八年大舉伐宋皇子濶出卒於軍以阿赤歹代將窩闊台汗卒乃馬眞可敦稱制阿赤歹主軍中原承制得萬戶以下官所分地傍近金源東北路邊堡東接女眞包有合剌合只惕額列惕（今呼倫合勒合河）以胡盧忽兒河北爲界南與翁吉剌爲鄰以客魯漣河（今克魯倫河）爲界北與別古台爲鄰東南近亦乞列思部

按陳　按陳一名阿赤成吉思元年封千戶帥翁吉剌騎三千從平諸部又從皇弟合撒兒定女眞故地從木華黎經略中原爲十提控之一入陝之役別將斷潼關道九年成吉思以苦烈兒溫都兒斤（今額爾古納河右岸之苦烈業兒山）與按陳及合撒兒爲分地甲諭按陳曰可木兒溫都兒答兒納兀兒溫篯可兒等地汝則居之官至尙書令賜號國舅那顔封河西王統其國族又賜東平五千二百戶仍授萬戶以領之元貞元年追封濟寧王謚忠武

孛秃　秃孛姓亦乞列思氏居額洏古涅河上隸泰亦赤兀部孛秃善騎射成吉思過孛秃居感其款待許以妹帖木侖爲妻暨孛秃請婚成吉思不顧效世俗之婚姻論財竟以帖木侖賚焉已而札木合來襲孛秃父捏神知其

謀馳告成吉思遂合十有三翼逆戰於答蘭巴渚納竟爲所敗微孛秃父先發其謀則聚殲矣成吉思卽帝位授孛秃千戶尋帥亦乞列思二千騎從木華黎經略遼東西孛秃左取阿八馬亦馬合等城論功食邑分地在黄河之北西南與翁吉剌阿忽台爲鄰卒於西夏軍中追封昌王謚忠武

木華黎　木華黎蒙古札拉兒氏世居斡難河東猿臂善射成吉思山行遇盜謚木華黎出救得免客烈部長脫斡鄰與成吉思搆兵木華黎出奇計攻襲脫斡鄰走死成吉思卽帝位以木華黎累戰有功封爲左手萬戶以本部札剌兒牧地又東至合剌温山爲分地旋又封太師國王賜誓券黄金印卒年五十四謚忠武

博爾朮　博爾朮蒙古阿爾拉氏居斡難河克魯漣河之間志意沈雄善戰知兵先以助成吉思追獲泰亦赤兀部掠馬慷慨却酧遂共契洽自此成吉思稱兵靡役不從合剌合只海子之戰（合剌合只海子今呼倫沂屬之喀爾喀河時與脫斡鄰戰也）風雪迷陣博爾朮求成吉思不得馬傷於矢奪敵馬潰圍出則御馬已還憩車中聞博爾朮至椎胸曰天贊我也成吉思卽帝位封右手萬戶以本部阿爾剌牧地又西至阿爾泰山爲分地博爾朮卒成吉思痛悼如喪所親大德五年追封慶平王謚武忠

朮赤台　朮赤台蒙古兀魯氏初附札木合同牧額爾古涅河答蘭巴渚納戰後朮赤台見札木合殘暴遂歸成吉思客烈部長脫斡鄰來襲成吉思敗走合剌合河朮赤台身當前敵直犯脫斡鄰中軍傷其子亦剌合桑昆厥後禽獲脫斡鄰驍將合答吉阿赤失侖及誘執脫斡鄰弟札合敢不者皆朮赤台之功也成吉思卽帝位授朮赤台千戶命統兀魯部軍民四千人並以夫人亦巴合賜之以爲戮力爲國者勸

明

巴兗諸顏　巴兗諸顏蒙古博爾濟吉特氏元裔也正統十二年衛拉特也先以兵犯之避其難徙牧呼倫貝爾子二長昆都倫岱靑還居福餘故地是爲阿魯科爾沁之祖次諸延泰率四子西徙是爲四子部落之祖

布爾海　布爾海巴兗諸顏之弟也避也先之難亦徙牧呼倫貝爾其後裔復西南徙是爲烏喇特三旗

錫喇奇塔特　錫喇奇塔特合撒兒裔也避也先之難徙居呼倫貝爾其後裔復西南徙是爲茂明安旗

清

卓爾海　卓爾海齊齊哈爾協領雍正七年晉副都統八年授黑龍江將軍以呼倫貝爾地廣而腴且鄰俄境疏請築城移索倫達虎爾巴爾虎鄂倫春三千人實之編爲八旗五十佐領分兩翼以總管一員轄之是爲經營呼倫貝爾之第一人

海蘭察　索倫部杜拉爾姓呼倫貝爾廂黃旗籍祿普楚壘（現改任章奇普）佐領下人微時爲流人朱姓御貨車往來奉天吉林爲朱所重乾隆二十年由西丹從軍征討準噶爾以生擒巴雅爾擢侍衛嗣平定金川臺灣受知大將軍阿文成公以參贊都統洊封侯爵復晉一等超勇公爵賞紅寶石頂四團龍褂乾隆五十七年征廓爾喀凱旋卒於京計前後列入紫光閣御賜功臣像贊凡四次謚武壯入祀昭忠祠

公面黑如鐵膂力過人善射圍場兩虎出叢三矢發二矢殪之天下傳其勇多謀寡言笑不妄交生平惟服事阿文成公樂爲驅使嘗曰今世知兵者惟阿公耳餘輩皆懦夫登壇秉鉞必殃民某安能爲之送死征藏至吉龍兩山夾深澗岸削難行駕橋則賊來爭將軍憂之公請曰此易擒也予某五百人八日糧勿問所往居時必有以報命如其言八日後駕橋賊爭如故皆曰海公妄也已而山上火發賊驚竄望見公已在巖頭端坐矣軍既渡合力殲賊將軍問故公曰澗水非江河發源必近吾繞上流出賊後須八日程及期駕橋賊空營來爭吾乘虛襲之耳公不知書而出奇制勝皆以意所爲多類此謀能斷勇能決每謂兵貴神速思慮過度者婦人之勇征臺灣三日破鹿耳港臺人出不意以爲飛將軍自天下驚竄相踐踏如風捲敗籜指揮若定紫光閣御製功臣像贊序謂臺事有天助蓋嘉其速也每戰恆敝衣騁馬繞賊後伺隙而進或以數十騎衝賊軍左右射使陣亂而後擊之無不勝枕弓以聽能測賊馬多寡嗅馬矢知敵遠近宗室昭槤稱爲天授之資信然

安祿　安祿海蘭察之子也從征廓爾喀有功乾隆五十八年襲一等超勇公爵嘉慶元年擢乾清門頭等侍衛四年至蜀經略勒保檄赴都統額勒登堡軍屢敗羣盜鮮大川苟文明之亂中矛歿於陣予謚壯毅弟安成勇悍有乃父乃兄風奸民林清之亂以徒手格敵賊殺無算論者謂不愧將種云

薩壘　薩壘索倫總管將索倫兵從征伊黎充營長乾隆二十一年偕卓里雅逐叛酋古爾班二十三年從鄂博什赴援葉爾羌解將軍兆惠黑水圍遂平回部圖像紫光閣列後五十功臣位次二十三三十一年授呼倫貝爾統領卓里雅亦索倫總管乾隆二十五年授呼倫貝爾統領

索爾達查　索爾達查呼倫貝爾正白旗官藍翎侍衛乾隆二十四年從鄂博什赴援葉爾羌陣亡於呼爾璊

瑚爾起　瑚爾起隸齊齊哈爾鑲藍旗乾隆十九年以佐領擢呼倫貝爾總管二十年西征阿睦爾薩納走哈薩克迭敗其汗阿布賚二十二年七月禽陰附阿睦爾撒納之杜爾伯特貝勤巴圖博羅特於輝朗巴山二十三年三月禽戕察哈爾總管巴甯阿布魯古台吉琿齊於呢勤哈河尋以將軍兆惠襲回酋於葉爾羌被圍瑚爾起率師往援擢正白旗蒙古副都統授領隊大臣擊霍集占敗之解兆惠圍進援和闐殲其渠阿布都海里克更追敗霍集占於伊西洱庫已而巴達克山汗函霍集占首來獻遂平回部圖像紫光閣列後五十功臣位次第十二二十五年率索倫兵回旗疏言呼倫貝爾多水泉可耕請擇塔里雅沁降回百人引水灌漑奉命以副都統仍總管呼倫貝爾董其事二十九年調黑龍江副都統三十四年將索倫兵從經畧傅恒征緬甸收猛拱猛養各隘卒於軍給一等輕車都尉世職

托爾托保　托爾托保隸鑲藍旗乾隆三十七年以上駟院司鞍從征金川屢立奇功累晉頭等侍衛加副都統銜金川平後圖像紫光閣列前五十功臣位次四十四尋遷上駟院頭等侍衛司鞍總管嘉慶四年補呼倫貝爾總管五年將黑龍江兵助勦川楚教匪有功

博森內　博森內呼倫貝爾正紅旗乾隆五十六年以驍騎校委參領從征廓爾喀有功

多爾濟　多爾濟呼倫貝爾正白旗巴爾虎副總管乾隆五十六年從征廓爾喀陣亡於博爾東拉木城

恆齡　達呼爾部郭博勒姓呼倫貝爾廂黃旗籍穆克德布佐領下閒散道光時以父興壽軍功承襲監生咸豐八年由驍騎校揀放佐領從軍勦賊有功在軍營遞遷副管協領等職同治元年奉旨揀放京都廂黃旗漢軍副都統二年署直隸提督旋授京都正黃旗護軍統領四年任眞魯二省駐防馬步全軍翼長髮逆之亂出師江南轉

戰湘秦直魯鄂豫皖諸省身親戰陣七十餘次歷在連鎮山東阜城縣江南李閆灣河南歸德府山東東昌府曹州府地方勦平髮亂於江南揚州府河南河陽府湖南鹿里縣安徽白龍廟等處撲滅捻匪阜城縣李閆灣兩役右臂胸部受有槍彈重傷受知於欽差大臣僧格林沁先後保奏歷邀副都統記名賞穿黃馬褂頭品頂戴達春巴圖魯勇號之榮光緒四年在河南陸山縣地方勦捻陣亡年四十三歲恤賜祭葬如例生平戰蹟宣付史館入祀原籍昭忠祠恩襲騎都尉雲騎尉各一恩襲尉職世襲罔替

杜嘎爾　新巴爾虎哈勒林姓呼倫貝爾正藍旗籍烏爾恭阿佐領下咸豐二年由領催從軍在軍營出力迭補驍騎校防禦佐領協領等缺同治元年晉職荆州都統三年調甯夏副都統四年放正藍旗滿洲副都統旋調奉天副都統轉察哈爾副都統署理察哈爾都統六年揀放烏里雅蘇臺將軍出師初抵河南轉戰江南湖北直隸山東安徽湖南江西陝西山西甘肅奉天十餘省及喀爾喀部落戈壁地方躬親戰陣奮勇爭先前後接仗二百一十五次斬馘無算山東臨青州江南酆縣兩役經欽差大臣勝保保奏賞戴藍翎咸豐六年恢復湖北漢陽府七年黃梅山奏捷欽差大臣官文保奏賞換花翎賜莽賚巴圖魯勇號同治年間江南安徽勦滅大股賊匪克復寶豐縣各案由荆州將軍都興阿疊保賞加頭品頂戴並頒賜玉玦翎管荷囊諸物有加光緒十二年報捐軍餉伊犂將軍錫綸保奏加級十五年歿於將軍任內諭旨以杜嘎爾老成持重帶隊勦賊迭奏膚功在將軍任內整飭戎行尤嚴紀律著賞恤喪葬銀千兩生平戰蹟宣付史館入祀原籍昭忠祠長子副管烏爾圖那遜留京賞大門頭等侍衛次子札木蘭札普留京賞藍翎侍衛大門行走

明昌　達呼爾部郭博勒姓呼倫貝爾索倫廂黃旗籍穆克德布佐領下乾隆五十年由領催從軍出征廓爾喀在布爾都克拉等處奮勇殺賊著有戰功賞戴藍翎嘉慶三年升驍騎校八年升佐領十二年木蘭隨圍賞換花翎二十年揀放副管道光元年升任總管交軍機處記名七年出師喀什喀爾在楊嘎爾巴特地方臨陣出力加副都統銜八年揀放呼蘭河城守尉九年簡任西安左翼副都統前後隨圍二次出征四次乾隆嘉慶道光年間歷在廓爾喀河南陝西喀什喀爾札𪊲華縣各處接仗四十九次俘虜斬馘無算道光十三年歿於西安任所賜恤

如例生平戰蹟宣付史館

沙晉　清初呼倫貝爾索倫也饒勇號無敵人始爲獵戶善射有穿楊技後由邊將某擢爲百夫長命守邊僅統數十人執戈而嬉無紀律然皆精悍善戰羅刹之爲盜者相戒莫敢犯一日有新羅刹自北來越境掠牛馬誤犯其帳時守兵皆出獵沙晉適外歸聞而大怒徒步追三十餘里擒其曹盡割其耳縱之去且囑之曰若輩今誤犯敢再來者梟矣遂驅牛馬唱以還自是羅刹畏之凡隣居黑龍江省之俄人每於小兒啼時必嚇曰沙晉來沙晉來小兒聞之即懼不敢啼如宋劉騎威鎮西夏夏人欲止兒啼輒怖曰劉都護來云

色爾袞　色爾袞布特哈正黃旗人世襲佐領乾隆末隨狩木蘭旋又從征廓爾喀嘉慶時討川陝楚教匪有功擢總管加副都統銜迨後通江蒲大寶樊人傑蒲大芳李文成之亂討叛伐罪靡役不從所至輒立奇功尋以都統銜充呼倫貝爾辦事大臣道光十三年卒謚勇壯

達斯呼勒岱　達斯呼勒岱齊齊哈爾正黃旗人以從征臺灣洊升佐領嘉慶三年川楚教匪之亂既禽冉學勝又獲教魁庹向逸補墨爾根副都統九年以事降協領十四年賞副都統銜授呼倫貝爾總管十八年扈蹕木蘭甫回李文成陷滑縣會師往勦以功受知於提督楊遇春疏薦調寧古塔副都統道光三年卒

烏善　烏善字孝先齊齊哈爾鑲白旗人咸豐十年以前鋒從舒通額逐捻直東境同治二年從富明阿擊吉林馬賊擒其渠魁又擊呼蘭踞匪漠河金匪皆有功洊保花翎副都統銜光緒二十一年授呼倫貝爾副都統又三年卒

格通阿　格通阿呼倫貝爾巴爾虎人咸豐間洪楊亂作隨多隆阿轉戰蘇皖敗陳玉成於棋盤嶺洊保協領加副都統銜旋補呼倫貝爾鑲紅旗佐領創重卒於軍

平海　平海呼倫貝爾駐防咸豐三年以從收氾水逐寇山西京南境由佐領晉總管四年攻臨清州斬馘無算加副都統銜力戰李官莊中槍傷項旋又督師入楚因功以副都統記名簡放善將騎兵敢深入創發服輕粉中毒一足短二寸曾國藩求騎將於胡林翼林翼謂鄂中騎將多隆阿舒保以次首推平海云同治十年補雙城堡副

都統銜總管尋卒

德勝　德勝呼倫貝爾佐領同治三年以委參領隸都興阿寧夏軍四年王大堡之亂率洋槍隊會師克之誅逆黨二千人

達密蘭　達密蘭索倫都拉爾氏隸呼倫貝爾鑲紅旗同治十年以副總管委營總從杜嘎爾力戰敗賊烏拉特以援烏里雅蘇臺加副都統銜十二年扼陝回於扎薩克圖汗部新疆底定補呼倫貝爾右翼副總管旋轉左翼副總管

壽山　壽山字眉峯吉林將軍富明阿之子也以騎都尉召見授員外郎光緒二十年中日之役偕弟永山力戰永山死焉壽山亦移師海城受重傷二十四年授黑龍江副都統翌年署將軍義和團之役俄人強奪黑龍江北岸地又築西伯利亞鐵道交午於我東三省境壽山嚴兵呼倫貝爾璦琿等處俄軍進迫齊齊哈爾省城道員程德全往議和壽山恥墮敵軍以後事付程德全遂死焉

崇玉　崇玉正藍旗擬正佐領光緒二十六年充鎮邊新軍右路統領扼俄兵於興安嶺力戰死焉

瑞昌　瑞昌慶祺之子壽山之姪也充黑龍江城官屯屯官充義勝新軍右路右營營官戰於興安嶺陣亡

列女

扶輿清淑之氣原不限於殊俗遐方呼倫地雖荒塞而山川鍾毓詎無嚴毅剛正之女士表著人寰徒以採訪無聞志乘缺畧奇行大節半與草木同朽腐斯亦化民成俗之遺憾也茲得旌揚所及者二人登之以爲邊氓勸

節義

清

都拉爾氏　呼倫貝爾索倫旗籍駐守京都廂黃旗滿洲都統兼公爵安祿之女一等超勇公海蘭察之孫女幼字六品廕生車林多爾濟爲妻未嫁而喪所天氏聞凶耗義不改適歸夫家矢志守節以終嘉慶十七年二月事聞於朝奉旨安祿爲海蘭察之子原係索倫人其女都拉爾氏在室夫亡通曉大義甘願守節殊堪嘉尙著加恩施於例賜恤銀三十兩外再加一倍飭交該家屬建坊立祠仍於賢孝祠前樹碣書名以揚芳蹟

貞烈

清

鄂里木蘇氏婦色梅彥　呼倫貝爾正藍旗陳巴爾虎三音奇克佐領下閑散吉雅圖之女于歸鄂里木蘇氏夫亡後遺犯和雅隆持刀逼姦氏抵死抗拒因以殞命舍生殉義凜然可風於道光七年七月奏請旌表奉旨准予建坊並賜例恤銀三十兩仍於賢孝祠前建碑泐名以表貞操而彰烈志

選舉

選舉爲地方要政民國成立以來參衆議院之選舉也省議會之選舉也舉行已非一次呼倫貝爾地處邊隅自民國紀元伊始適值蒙旗自治時代凡一切選政均未舉行逮蒙旗歸政而後第二次衆議院選舉時始產出議員一名(永壽號介眉)然亦由副都統直接選派而未經過選舉手續蓋以蒙旗人民游牧散處通曉漢文者無多辦理選舉誠非易易九年督辦公署成立十月十一月間國省兩會先後辦理選舉奉令以所屬三縣一局歸龍江道複選區而以各知事設治員委爲初選監督開始調查選民終以漢蒙雜處蒙民既未易調查漢民又土著無多種種阻礙迄未實行十年延恆來官斯邦六月一日奉令委爲第九區覆選監督催飭各縣依限造報選民終以全區選民總數不敷選出複選當選人一名當於是年八月呈請省長以呼倫貝爾所屬劃入暫緩施行自治區域奉准咨部在案誠以邊隅之地種族複雜既未可合而爲一兼之變亂頻仍商旅裹足辦理選舉之多數困難有未可以言語形容者一二年來善後事宜粗告結束地面日安生齒漸繁民智日漸開化此後選政進行或能較易於前乎

教育

呼倫貝爾地居國界沿邊爲蒙旗游牧之區自清雍正間派兵駐守設官編旗始定爲領土爾時草昧初闢競尙武備本無教育之可言逮乎嘉慶初年蒙人漸知文化如文士昌芝田先生編述京路記調查烏的河源一名官便漫遊記田舍詩依仁堂集等書并用達呼爾俗語編著詩歌達官中如新巴爾虎總管古柏禮之精通文藝嘖嘖人口一時風氣爲之丕變其時漢人由內地移徙而來者多係貿遷之人遠走塞外既無室家當無學齡兒童至近時商埠邊縣農工商賈遠謀生聚每多挈室以行生齒日以繁滋延恆盡力提倡於各縣之設立學校重之以考成嚴之以視察蒙旗方面一二傑出之士亦復趨應潮流爲之轉移風氣邊陲教育自此始稍具萌芽

呼倫貝爾之教育漢人方面正在幼稚時代罔乏成事之可言蒙旗方面雖亦未見發展而新舊教育之禪遞不無沿革可尋溯蒙人之有學校始於清光緒初年迄於今日共分五時代一爲私塾時代光緒三年達呼爾部設私塾於南屯由齊齊哈爾聘任教師教授本部子弟十餘人以漢滿文字是爲蒙人學漢文之始一爲官學時代光緒八年副都統公署始建文廟附校舍二所設學官一人由副都統就無品級筆帖式揀用以三年爲任期其教科分識字習字練弓箭三課是爲滿官學設立之始一爲新學制創興時代光緒末年宋公小濂來治斯邦創立官立兩等小學校並派送學生分別升入省中學及滿蒙師範學校呼倫同知翟文選繼以進行設勸學所以資督促並於原設小學內選設初級師範一班更就陳巴爾虎部設立河北小學校同時臚濱府亦有初等小學之設呼倫貝爾教育前途自是有進步之希望一爲新學制中止時代民國初元蒙旗自治舊制官學重復而從前所設之各種學校因之停廢其升入省中學師範之學生亦皆同時退學呼倫貝爾之學務至是一厄一爲新學制復興時代民國七年春旗人郭濬黃由北京俄文專修館退學歸里聯合同志敖民泰等三十餘人研究教育始爲復興學校之運動先在私舍以初等國文教科書課旗人子弟旋假副都統署爲學舍辦理一遵學制果於八年春由副都統認爲蒙旗官立學校任郭濬黃爲校長撥副都統公署西院爲校舍內容設置漸見完備逮延恆受任斯邦鑒於學校之基

本尙未完固撥給雪里溝一帶地段爲學田於是郭濬黃更有羅和爾圖屯女學之設立蒙人教育至是始具端倪蒙人教育既如上述而一二年間漢民由內地移家至此亦漸見增多及齡學童每苦無就學之所延恆下車伊始即督飭各縣籌辦學校現已先後成立茲分述之如下

一呼倫縣

一學校及學生數　縣立高等小學校一處學生十六名國民學校一處學生三十七名女子國民學校一處學生十七名蒙旗高等小學一處學生二十四名蒙旗國民學校一處學生二十一名蒙旗女子小學一處學生十名公立國民學校一處學生六十名內有俄人十二名共計學校七處學生一百八十五名

二通俗教育機關　圖書館宣講所於十一年十二月成立

三勸學所　尙未正式成立

四教育經費　縣立學校領於省庫者全年一萬七千元蒙旗學校全年約六千元由副都統公署左廳支領公立學校由理事會支給視每年收入多寡酌定不敷由商會補助之

五學田　撥歸蒙旗官立學校六千餘晌尙未開墾每年現收學租一千三百餘元雪里溝一帶地畝撥作羅和爾圖屯女學經費每年收入六百餘元

二臚濱縣

一學校及學生數　公立國民學校一處學生四十名

二通俗教育機關　尙未成立

三勸學所　尙未成立

四教育經費　全年三千六百元由公共理事會支給

五學田　尙無指定地畝

三室韋縣

一學校及學生數　國民學校一處學生三十名
二通俗教育機關　尙未成立
三勸學所　尙未成立
四教育經費　全年一千六百元由外交稅項下籌撥
五學田　一百十五晌坐落縣城傍近山坡僱用俄民墾種成熟

四奇乾縣

一學校及學生數　國民學校二處學生三十名
二通俗教育機關　尙未成立
三勸學所　尙未成立
四教育經費　全年二千元由刈草牧畜稅項下籌撥
五學田　珠爾甘河畢拉爾河兩處共四百晌成熟

綜上述各節乃全境教育之概況也此外呼倫臚濱兩縣有俄人公立學校七處學生約二千人彼邦人民受其祖國革命影響托庇吾宇延恆既官茲土本一視同仁之旨亦時爲監護而扶持之俾流離兒童不致廢學儻亦有官守者應盡之職責歟

商業

呼倫貝爾在昔商賈不通自清乾嘉間始有內地人民來此貿易光緒之季鐵軌通行海滿稅關以設而各種經營凡屬於商業性質者亦皆次第成立茲就官有機關與公共團體分列各表其沿卡商業散無統系姑從缺焉

全屬金融機關一覽表

事別／名別	地點	設立年月	營業種類	附記
中國銀行收稅處	滿洲里海關	民國八年十二月	代收關稅及匯兌	
東三省銀行分行	滿洲里二道街	民國十年十二月	各種證劵期票之貼現或買賣 匯兌 儲蓄 買賣生金銀或各國貨幣借貸及抵押	總行設哈爾濱經財政農商兩部立案有發行鈔票特權分行現擬遷至海拉爾
廣信公司	海拉爾	民國七年四月	匯兌及兌換	
	滿洲里	民國六年七月	匯兌及兌換	
	室韋	民國十年七月	辦理金礦	
	奇乾	民國元年	辦理金礦	
蒙旗商業錢局	海拉爾	民國八年	發行紙幣流通蒙旗	所行紙幣奉 省令以特別情形暫免取消
呼倫儲蓄會	海拉爾	民國十一年十一月	儲蓄抵押借貸	基金總額共大洋九萬元

備考	按表列各機關除儲蓄會係商辦外均爲官家設立此外尚有俄人在我界所經營數處海拉爾道勝銀行設於西曆一千九百零四年借款公司設於西歷一千九百十四年滿洲里道勝銀行設於西曆一千九百十八年表不備列

海拉爾廣信電燈廠一覽表

創設年月	收買年月	歷任經理 姓名	歷任經理 更替時期	資本總數	歷年收入	歷年支出	歷年盈餘	機器架數	電燈 馬力	電燈 燈數
民國四年	民國九年九月	前任俄商西米諾夫現任周永盛	民國九年九月	大洋八萬元	民國十年大洋七萬五千七百七十五元九角九分	民國十年大洋五萬一千九百九十六元五角六分	民國十年大洋二萬三千七百七十九元四角三分	二架	一架八十四馬力一架九十四馬力	五千六百盞

燭光數	逐年推廣情形	以後推廣計畫	備考
六千二百枝	民國十年添設支線二道增加燈頭二千二百箇十一年添設支線一道增加燈頭一千一百二十箇	新添機器一部七十五匹馬力正在裝置中添掛大聚場幹線一道尚未竣工城西新街基亦擬添設桿綫將來共能增加燈數約八九百盞	按電燈廠舊名電燈公司原係俄人所設九年復治改由中國收回官辦歸廣信公司經理此外尚有廣信公司已辦之金廠鹽城各泡分類已入各門茲不贅及

全屬商會一覽表

區別＼事別	地址	成立年月	全年經費 收入	全年經費 支出	歷任會長 姓名	歷任會長 更替時期	紀事
呼倫	呼倫縣城內	清光緒三十三年四月	二千元	二千元	王鳳鑣	光緒三十三年就職 民國七年九月交卸	民國九年報農工商部備案由部頒發鈐記
					李映南	民國七年九月就職 民國九年十月交卸	
					田錫齡	民國九年十月就職	
臚	滿洲里南北大街北頭	民國元年三月	民國十年收入銀元一萬零四百十九圓	民國十年支出一萬二千七百六十六圓	宿文奎	民國元年三月就職 民國元年七月交卸	初成立時稱名總理四年三月始改稱會長
					單丕坊	民國元年七月就職 民國二年四月交卸 民國三年三月復任 民國六年三月交卸	
					傅懋坤	民國二年四月就職 民國二年十二月交卸	
					陶貽謀	民國二年十二月就職 民國三年三月交卸	

濱					趙宗禮	民國六年三月就職 民國七年三月交卸	
					張鴻禧	民國七年三月就職 民國八年四月交卸	
					于天敍	民國八年四月就職 民國八年十一月交卸	
					李振東	民國八年十一月就職 民國九年十一月交卸	
					李建國	民國九年十一月就職 民國十年七月交卸	
					杜萬運	民國十年七月就職 民國十年七月交卸	
					王采臣	民國十年七月就職	
室韋	室韋縣城	民國九年十一月	八百七十六元	八百七十六元	王寶珍	民國九年十一月就職 民國十年八月交卸	
					白明起	民國十年八月就職	
奇乾	奇乾河街	民國十年四月	五百二十元	五百二十元	王瑞亮	民國十年四月就職	
海拉爾特別區	海拉爾新街	民國八年一月	二千元	二千元	穆文彬	民國八年一月就職 民國九年八月交卸	民國九年八月奉農工商部頒發鈐記
					孫銘棟	民國九年八月就職	

備考

按屬內商業以海滿兩埠爲較多海埠設兩商會由新舊兩街分別組成滿街無新舊區域祇設商會一處查各屬商業現狀呼倫新舊二街四百八十餘戶臚濱一百六十五戶室韋五十餘戶奇乾三十六戶均以雜貨行爲多數又臚濱俄商亖百五十五戶

蒙旗歲出物產價目表

類別	售出總額	單價	合計
馬	四千匹	三十元	十二萬元
牛	二千頭	三十元	六萬元
羊	八萬隻	三元	二十四萬元
狐皮	一千張	十四元	一萬四千元
狼皮	一千張	十六元	一萬六千元
灰鼠皮	二萬張	一元五角	三萬元
馬皮	二千張	二元	四千元
牛皮	三千張	二元	六千元
羊皮	八萬張	四角	三萬二千元
羊毛	六萬甫特	四元	二十四萬元
總數			七十六萬二千元

備考　査漢蒙商市多以物品相交易而以銀錢定其價格茲表所列係海拉爾商埠十一年度蒙人輸出之約數漢商輸入則以米麪茶酒煙爲大宗而布帛次之表不備及又表列貨價元數係以現大洋計算

海拉爾滿洲里車站運出牲畜皮毛數目表

地別	品別	數量
海拉爾	馬及馬駒	五、八八四匹
	大牛	六、一三六頭
	山羊及綿羊	三一、五五一頭
	毛品	八四、五三〇布特
	未熟之各種皮張	一一、七〇〇布特
	未熟之羊皮	一二、九九二布特
滿洲	馬及馬駒	一、一九七匹
	大牛	三、一三六頭
	山羊及綿羊	一、二六〇頭
	毛品	六五、四四九布特

里	
未熟之各種皮張	二八、九九〇布特
未熟之羊皮	一〇、二八二布特
備考	按右表所列數目係按民國十一年調查之數 又按每布特約合中國三十斤

墾殖

呼倫貝爾襟山帶河廣漠荒寒氣候冷煖不時土壤厚薄亦異綜計全境可作三段觀察自海拉爾河以南至索岳爾濟山爲一段土含沙性而水曲草豐宜於牧沿興安嶺一帶珠爾干河迤東迤北至額河口爲一段土質磽瘠林密山深宜於獵其海拉爾河迤北珠爾干河以西之一段則土脉黑壤沃野爲多雖微帶沙性而可事耕墾河流所瀠帶山勢所曼衍類皆平原膴土遼闊無垠淸季蘇宋兩都護先後治倫實行殖民政策曾有邊墾局之設置俄人往者越墾亦皆視以爲樂土可知曠野非盡不毛草萊大可開闢也兹就善後以來各屬具報已墾土田列爲一表以資考證焉

墾務表

事別／縣別	已墾晌數 華人自墾	已墾晌數 俄人越墾	氣候	土性	每晌平均收穫	農產物類
呼倫	五十九晌		冬季嚴寒夏不甚熱	上則黑土含有油沙下則砂石參半	五六石	穀類有大麥小麥鈴鐺麥蔬類以老羌菜馬鈴薯爲大宗
臚濱	海拉爾河兩岸約三百晌滿洲里及各卡約二百晌		極寒五六七等月稍煖	鬆散磽薄不易耕鍾	二石餘	稞子鈴鐺麥菜蔬同前
室韋	各日木獨木林斯臥牛懷吉拉林金廠溝內各酉其南魯溝等處約七百餘晌	約一百一十五晌隨墾隨棄地點與上欄等處同	暑少寒多四八月降雪五六七等正午稍熱	鬆散居多硬結較少	五六石	大麥小麥蕎麥菜蔬同前
奇乾	奇雅河十三晌永安山八晌額勒和哈達二十晌	畢拉爾河三百四十五晌牛爾河四十晌珠爾干河一百七十晌温河九晌伊穆河二十三晌	暑少寒多河流四月解凍八月結冰	土黑墳微帶沙性	五六石	大麥小麥鈴鐺麥油麥蔬菜同前
備考	右表晌數係照十畝爲一晌計算表內呼倫臚濱兩縣開墾皆係園地呼倫全境當蒙旗牧界蒙民生計攸關招戶承墾較難興辦又表載俄人越墾係在蒙旗自治時間九年善後已改由華人承種並訂有傭僱俄工合同以嚴限制查各屬現墾生荒室韋約千餘晌室韋所屬之河塢約三百晌試墾方始未具開報詳數姑不列入按邊荒耕墾不加肥料三年以後相率廢棄名曰歇田					

牧畜

詩歌駉牡之蕃禮對數馬之富養牲一事非惟驗物類之充盈抑亦覘生計之饒裕呼倫貝爾平沙千里水草豐茂爲天然一大牧場在昔各部族轉徙割據曾以是爲厲兵秣馬之區清初遷蒙駐防以各部兵額多寡編練旗佐復就境內山河劃分爲各旗牧場休養生息近三百年久已樂利相安詢之土人牧養之利較耕稼不啻倍蓰惟以墨守舊法進步無聞若能講求改良於種類之配合及疾疫之調治與預防則牧畜事業不讓屯墾亦一絕大利源也茲就原有各牧界分別製爲表圖綴於下方

蒙旗牧地界至表

事別／部別	旗別	方向	牧地界至
索倫	廂黃正白	城東南	東至札敦河西至依敏河南至西尼克河東岸北至海拉爾河南岸
	正黃正紅	城正南及西南	東至依敏河西至輝河南至喀拉圖山北至錫伯山
	廂紅廂藍	城正南	東至鄂依那河西至輝河南至依敏河上遊北至喀拉圖山
新巴	廂白	城正西	東至哈勒幹特依西至呼倫湖南至渀諾爾泡北至布木博諾爾泡
	正藍	城西南	東至輝河西至外蒙界諾們汗布爾都卡墩南至哈達蓋圖河北至渀諾爾泡
	廂紅廂藍	城正西及西南	東至烏爾順河西至胡爾海圖卡倫南至貝爾湖北至克魯倫河

爾	廂黃正白	城正西	東至公諸爾泡西至烏爾順河南至西林胡都克卡倫北至呼倫湖
虎	正黃正紅	城西北	東至烏爾順河西至外蒙界西巴爾圖等卡倫南至都蘭哈拉山北至沿邊察罕敖拉等卡倫
陳巴爾虎	廂白正藍	城正北	東至庫勒都爾河西至西林布爾都泡南至輝河北至孟克西里額爾得尼托羅輝二卡倫
額魯特	廂黃	城東南	東至庫克奇羅山西至依敏河之喀拉胡吉爾泡南至巽魯圖和碩山北至西尼克河
鄂倫春	廂藍兩佐	城東及東北	海拉爾庫勒都爾札敦各河源東北黑爾根諸敏訥們雅勒各河源及興安嶺一帶星散而居游獵爲生
備考	按本境蒙旗牧界係清雍正時所劃分陳巴爾虎廂白正藍二旗原隸索倫部下民國八年陳巴爾虎脫離索倫自爲一部增設總管一員牧界仍舊 又查照十一年份全境蒙旗各種牲畜數計駱駝七千餘頭馬十八萬二千餘匹牛十四萬三千餘頭羊一百四十一萬餘隻漢人及俄僑牧畜尙不在內牲畜之繁可以概見		

蒙邊牧羣

索倫廂黃正白兩旗遊牧地

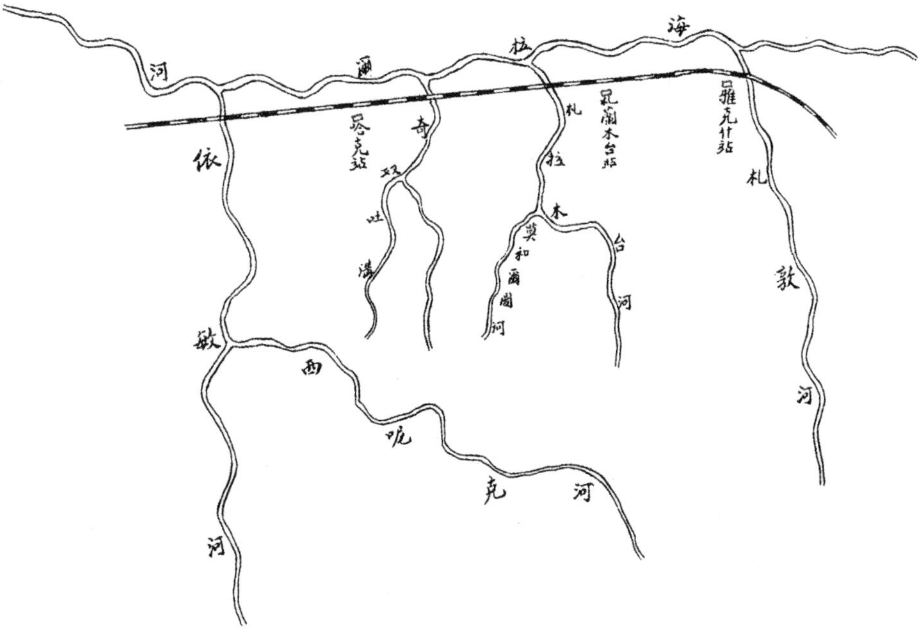

在城東南東至札敦河西至依敏河南至西呢克河東岸北至海拉爾河南岸

陳巴爾虎廂白正藍兩旗遊牧地

在城正北東至庫勒都爾河西至西林布爾都泡南至輝河北至孟克西里額爾德尼托羅海二卡倫

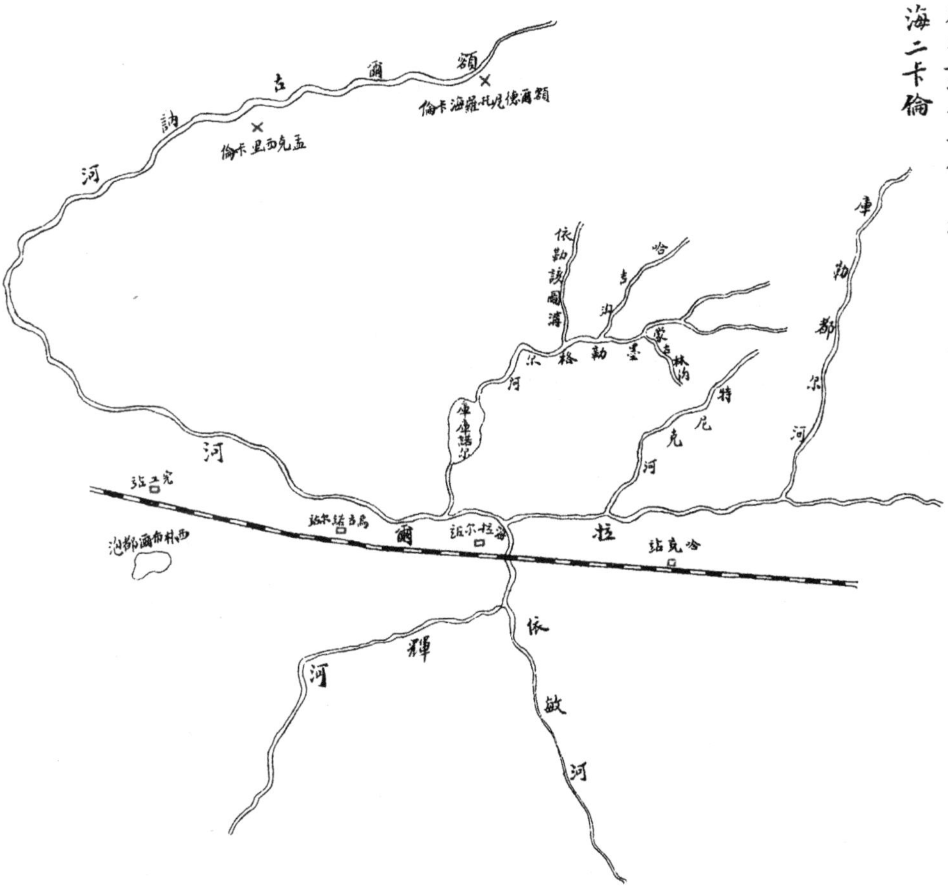

索倫廂紅廂藍兩旗遊牧地

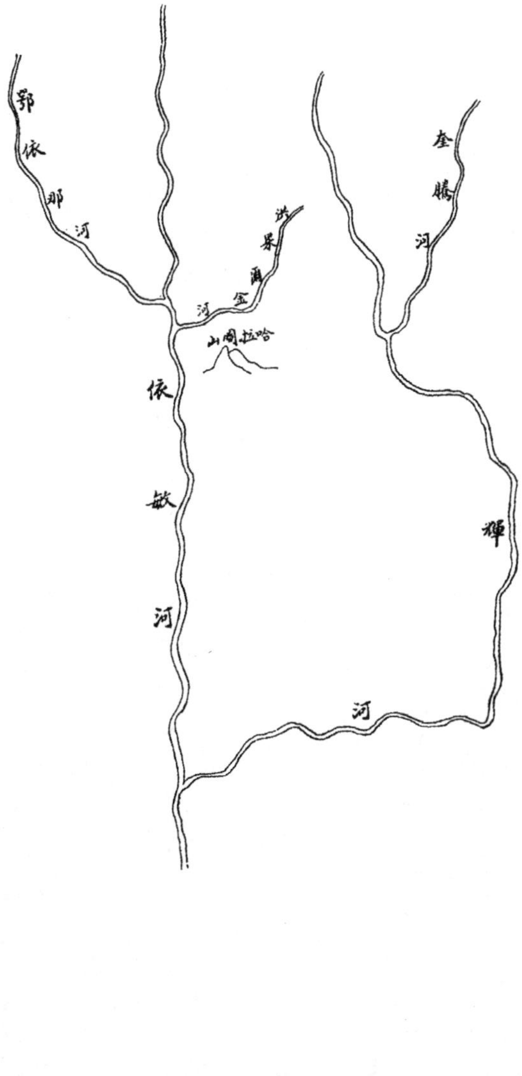

在城正南東至鄂依那河西至輝河南至依敏河北至哈拉圖山

新巴爾虎廂白一旗遊牧地

在城正西東至哈勒幹特依西至呼倫湖南至滾諾爾泡北至布木伯諾爾泡

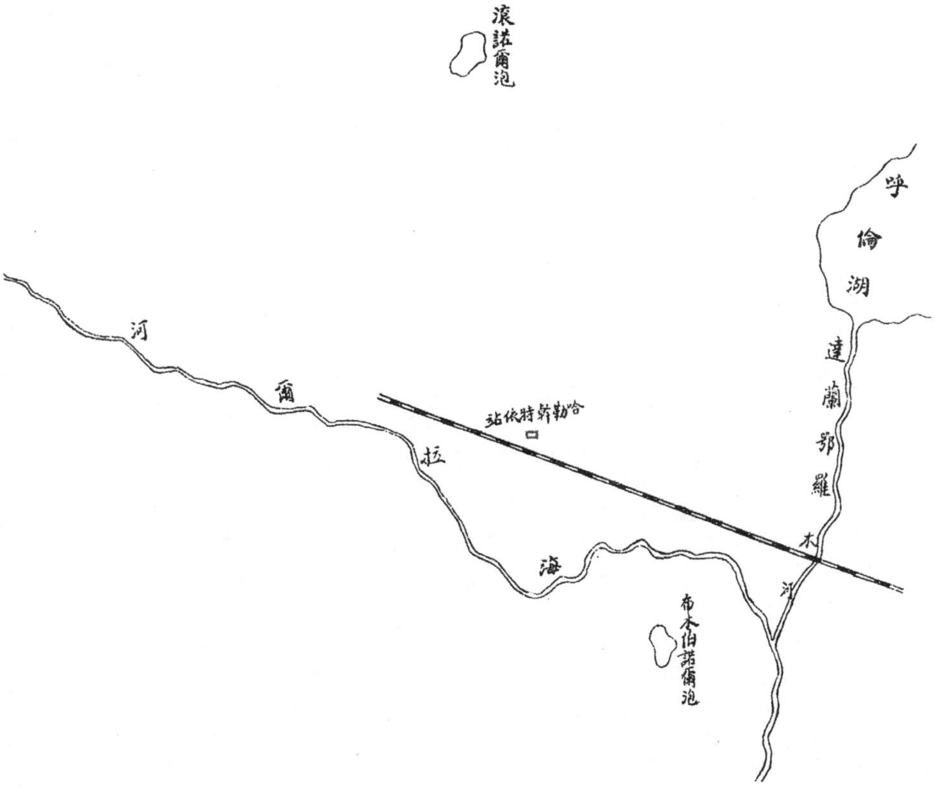

新巴爾虎正黃正紅二旗遊牧地

在城西北東至烏爾順河西至外蒙界西巴爾圖等卡倫南至都蘭哈拉山北至沿邊察罕敖拉等卡倫

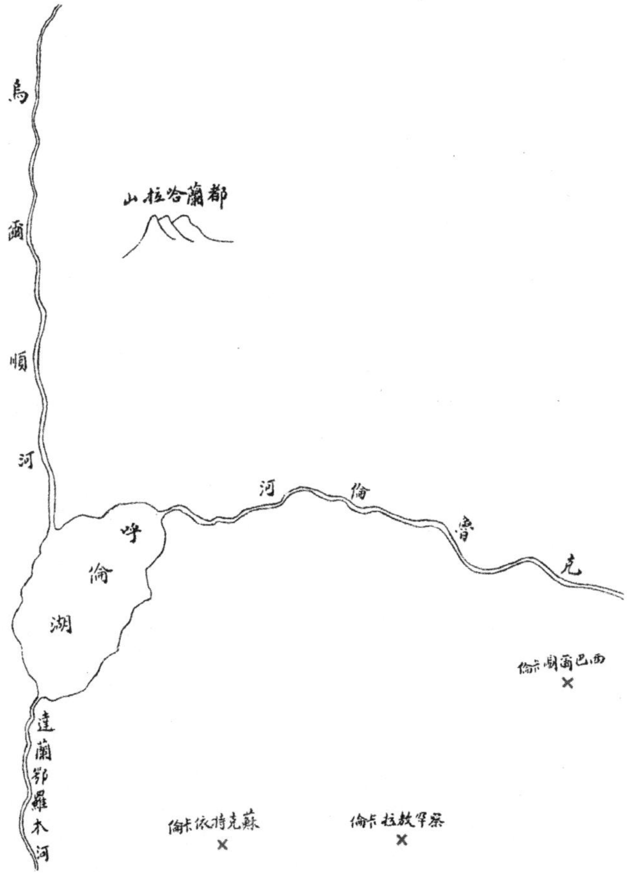

鄂魯特廂黃一旗遊牧地

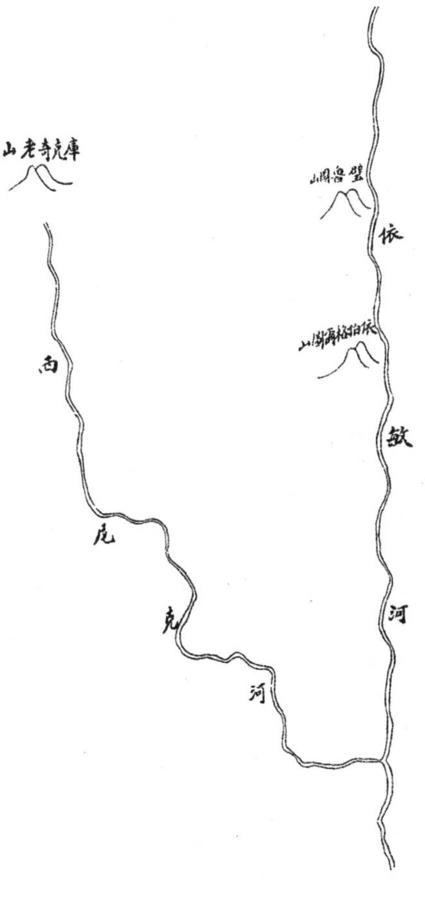

在城東南東至庫克奇老山西至依敏河之喀拉胡吉爾泡南至璧魯圖山北至西尼河

新巴爾虎廂黃正白兩旗遊牧地

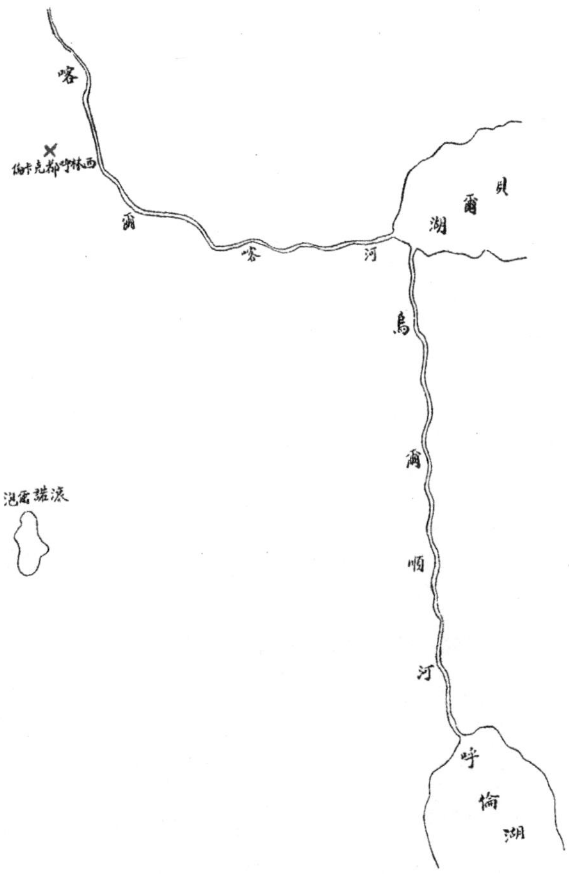

在城正西東至滚諾爾泡西至烏爾順河南至外蒙界西林呼都克卡倫北至呼倫湖

索倫正黃正紅兩旗遊牧地

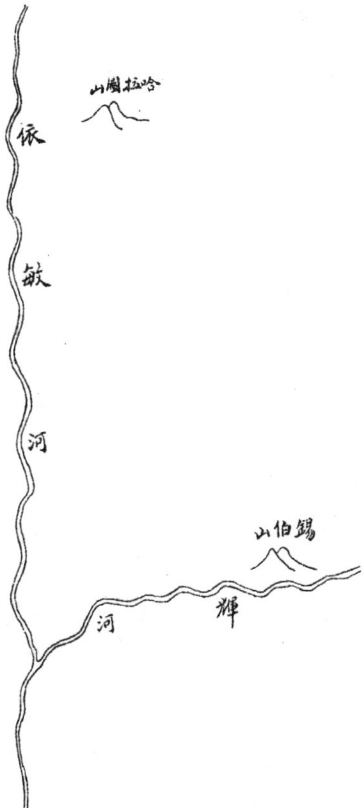

在城正南東至依敏河西至輝河南至哈拉圖山北至錫伯山

新巴爾虎廂紅廂藍兩旗遊牧地

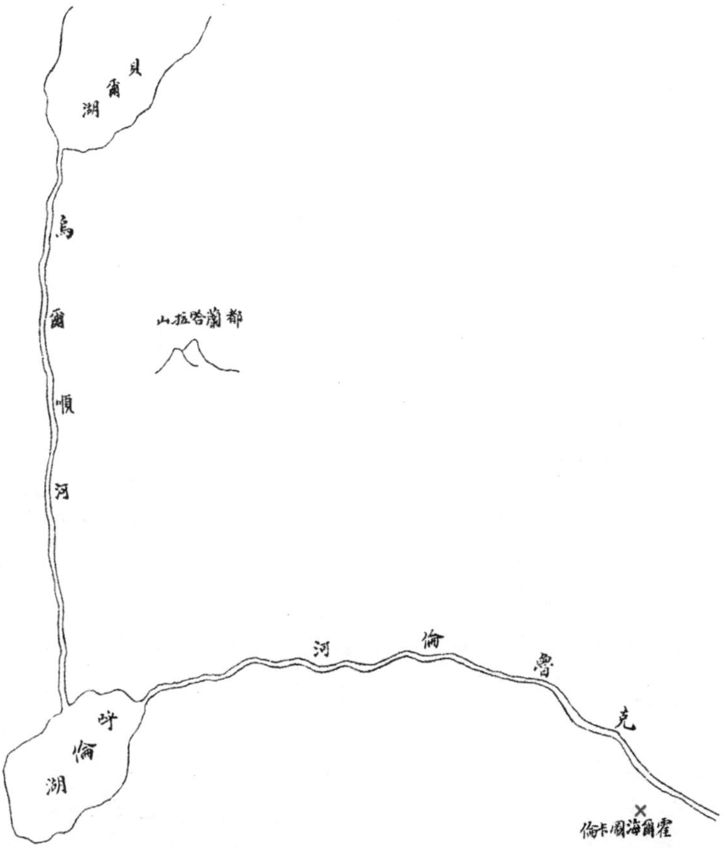

在城正西東至烏爾順河西至外蒙界霍爾海圖等卡倫南至貝爾湖北至克魯倫河

新巴爾虎正藍一旗遊牧地

在城西南東至輝河西至外蒙界諾們汗布爾都卡倫南至堪達該圖河北至滾諾爾泡

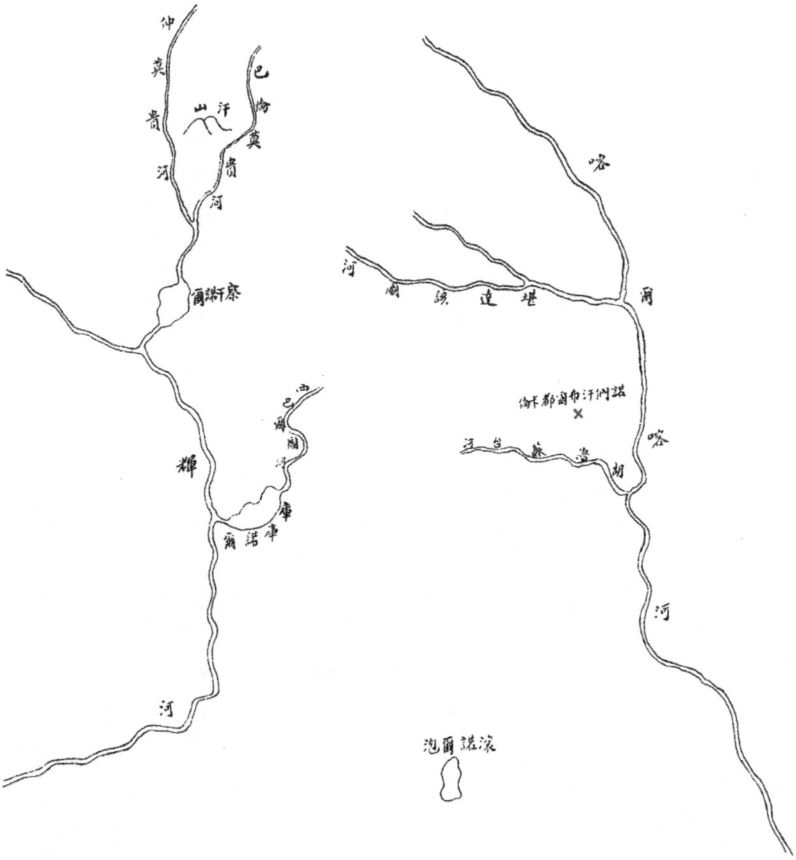

森林

呼倫貝爾一大區域富有天然森林面積廣闊多依山脈以繁滋興安嶺爲森林主脈伊勒呼里山次之循興安嶺迤東而北幽谷深巖蒙蘢蓊欝翳蔽數百里天日爲遮林木豐茂可想而知惟以交通阻塞採伐運輸向歎困難自然之利遺棄殊爲可惜茲就已辦林場列表以著梗概其林壑深邃樵採未及之區姑從缺焉

林業表

採木區域	方向	面積	木材種類	承領採伐者	附記
中東路西線興安宜立克都烏奴爾免渡河四車站之北方霍爾果車站之南	東北		黃花松樺楊柞杉	中日俄合辦札免公司	舊爲俄商謝夫謙克承辦其林區詳合同表民國十一年合同取消改歸中日俄三方合辦
梅拉爾河各河源及支流一帶地方	東南	三〇〇方里	松樺椴杉	俄商臥倫錯夫	
洪果勒津	正南	七〇〇方里	松樺	俄商義什馬果夫	洪果勒津係河名土人轉音呼作紅花爾集
貝子河	東北			俄商馬爾車夫斯克	貝斯得爾河轉音作貝子河卽牛爾河此區域已停採伐四年

備考

右表林業各商除札免公司外均爲蒙旗自治時與俄人所訂之契約現以履行納稅未曾收回查境內林木除表列林場及鐵路公司改訂合同所載之火燎溝三處（詳見外交門）外室奇兩縣界興安嶺一帶彌漫無際所產尤多海拉爾迤東及南北三面木產以黃花松占半數柞樺椴三種占半數根河小河子等處所產亦夥又境內木植材薪各半各林場採伐每歲輸於哈爾濱齊齊哈爾滿洲里及距車站稍遠地約共大洋十萬餘元

按謝夫謙克林場合同未取消以前謝氏勾結日人參加合同謬以興安嶺西華人李德才等經營之興安嶺採木公司領到林區疙瘩溝羊圈溝二處謂爲越界盜伐武力強佔致起交涉嗣將謝氏合同取消爭議始寢此項林區查非隸屬本境表不列及

程督辦巡視扎免公司林區攝影

扎免公司林區

扎免公司林區辦事處

漁獵

本屬境內河泊與森林綦多河泊多則產魚富森林多則藏獸衆漁獵二業誠爲天然之利然地處邊荒蒙人生計遊牧而外鮮及其他且以魚爲馬魂禁捕甚嚴近十餘年來漸明此說之不足信禁令以弛而適值蒙旗自治時代俄人乘機覬覦訂立各種合同實以漁業爲多蒙旗復治始末記中表載綦詳復治以後對於局部私訂之合同幾費周析漸次取消漁業事宜改歸徵收局管理茲就其出租起數及納稅細數立表以附於篇至狩獵事業惟興安嶺北鄂倫春人以之爲生活徒以林密山深稽察匪易遂多俄人私獵近爲整頓起見就產獸最多之奇乾縣發放狩獵證書以便盤查藉收費用撥作游擊隊經費呈准有案此後獵術日益精研多闢獵狩場所亦角技講武之道也

漁業表

地點	承租商人姓名	承租商人國籍	年納租稅總額
貝爾湖	巴里梭夫	俄國	一，七五〇元
	勞繼哥	俄國	六〇〇元
	沙別巫根	俄國	三〇〇元
大賚湖	葛大夫	俄國	三〇〇元
	古是麻金	俄國	三〇〇元

	午力必果夫	俄國	五、〇〇〇元
克魯倫河	于果落	本國	三〇〇元
	侯輯五	本國	三〇〇元
烏爾順河	洪興泉	本國	三〇〇元
備考	按貝爾湖漁業俄人瓦大果夫前訂合同業已取消收歸省辦表載貝爾湖租出地點不在省辦界限以內又大賚湖即呼倫湖土人稱爲大賚亦曰達賚諾爾茲依原租約註載 查全境河湖魚產豐富現以每年捕獲供給本境人食料外所餘開夥擬招商創辦一製魚公司兼及牛羊肉類裝罐出運利用土產亦地方收入之大宗也		

物產

呼倫貝爾地勢廣漠天時恒寒視中土自然較殊而視察土宜山林川澤原隰間富有生殖地殼積層中蘊藏深厚地理上所煊染亦不無方物之貢獻茲就調查所得動植礦三種與鹽鹼各宗分類列表以詳之俄人移存礦質物並附及焉

動物表

類別	名稱	產地	附記
家禽	雞	全境各縣	
	鴨	全境各縣	
	鵝	全境各縣	
野禽	大雁	全境各縣	
	花鵰	全境各縣	
	天鵝	室奇兩縣	色潔白高約二尺肉肥美可食
	灰鶴	室奇兩縣	一名土鵝

禽

鷹	全境各縣	
烏雞	室奇兩縣	
沙雞	室奇兩縣	鳩形鶉毛足高二寸肉細味美遠勝家雞
飛龍	室奇兩縣	黑龍江外紀曰飛龍卽裴耶楞古之轉音也形如雌雉足小有毛肉細嫩味美於雉湯尤鮮然較雉難得多在深林密藪外紀又云漢人謂爲樹雞其實樹雞別有一物爾雅註鳩生北方沙漠者大如鴿形似雌雉鼠脚無後趾歧尾爲鳥憨急羣飛本草釋名突厥雀卽爾雅北方之鳩本草集解突厥雀生塞北狀如雀而身赤攷之諸書殆卽飛龍之一物也清時以充貢品
山雞	全境各縣	
野雞	全境各縣	
樹雞	全境各縣	形似家雞而大味不甚美本草謂木耳爲樹雞蓋異物而同名也
野鴨	全境各縣	
鵪鶉	全境各縣	
烏鴉	全境各縣	
百靈	全境各縣	

	喜雀	全境各縣	
家畜	駱駝	全境蒙旗牧地	負重行遠絨毛爲大宗原料
	馬	全境蒙旗牧地	骨骼不甚高大多力善騁本境爲產馬區土人有阿敦者十家而九(阿敦譯名牧羣)市易者於夏秋間來倫採購昔軍將塔爾岱爾一良馬久從行陣無一蹶之失勅賜鄂爾哲依圖(滿語有壽)阿爾薩郎(滿語獅子)名號馬產之良駿可知
	牛	全境蒙旗牧地	不事耕作以肉與乳供大宗食料皮毛充作原料
	羊	全境蒙旗牧地	有黑白二種除供食料外其皮皆可製裘黑羔而紫根者爲尤貴重熟皮方法土人以硝蒙人以牛乳
	豕	全境各縣	類多白毛畜者無多
	犬	全境各縣	有家犬田犬野犬之別
	貓	全境各縣	
野	虎	室韋奇乾	
	豹	室韋奇乾	
	熊	室韋奇乾	
	鹿	室韋奇乾	
	麞	室韋奇乾	

麅	室韋奇乾	毛不掛霜而易落服之者少多爲車帷等用肉爲禦冬美味
貂	室韋奇乾	有黃黑二色性畏人聲如鼠入山採捕利在大雪貂見捕匿穴者易得升木稍難入罅中則無計可施獵者以犬爲前驅停嗅深草間知貂所在伺其出而噙之貂愛其毛亦不自戕因生致之昔年商人入山往往以一易斧數貂今則一貂百釜不足當矣清時爲最重貢品本境出產近亦罕少
猞猁猻	室韋奇乾	滿語曰西倫轉爲舒倫虞人諱其名隱語爲威呼肯孤爾孤(威呼肯輕也孤爾孤獸也)能升木最趫捷其毒在溺不謹防之著衣上肌膚立潰境內出產甚稀
堪達罕	境內大山	一名駝鹿或作堪達漢背上項下狀類駱駝毛蒼黃色體高大重或千斤性馴行水尤速角長大色如象齒製爲射玦盛暑無穢氣食其鼻味至美世以比之猩脣熊掌云
四不相	奇乾縣界	鹿類土人呼爲四不相以此獸鹿頭鹿尾驢嘴牛蹄而名毛灰黑色性馴耐勞能負重散處林中以木擊樹聞聲羣集舐以鹽則去喜食苔常居山陰鄂倫春人呼之曰沃利恩視爲驅役之利用品所謂使鹿部也異域錄稱爲角鹿清文彙書云角鹿牝牡皆有角食苔滿語謂之鄂倫布呼
狐	全境各縣	有火狐沙狐二種
貉	全境各縣	
野猪	全境各縣	其威在牙露吻外馬尾一拂萬莖俱斷力猛難制惟以獵犬囓其勢能致之死
狼	全境各縣	室韋爲多
黃羊	全境各縣	狀類麞白肚河塢爲多
水獺	全境各縣	

類	名	產地	說明
獸	旱獺	全境各縣	穴居小獸也黑龍江外紀謂為獺爾毛色如土不甚煖昔惟貧者服用今為出口大宗相傳此獸具有智識其穴內搆造如人之室壁井然有序又其為穴出積土一仰臥載土衆啣尾曳之既而載土者背毛盡脫僅存鞹故有奴才獺爾之稱近以此獸皮肉為傳染鼠疫之媒厲行禁止捕獵矣
	獾	全境各縣	
	兔	全境各縣	
	灰鼠	室韋奇乾	尾足時掉置背上自覆其首
	鼢鼠	全境各縣	穴地行經過處踏之成坑坎馬行道上往往陷入多鼢鼠也俗呼瞽鼠子
水	蛇	全境各縣	
	鯉魚	境內河湖	大者重十四五斤為水產大宗呼倫貝爾兩湖尤多
	鯽魚	境內河湖	
	鮎魚	境內河湖	二種黑皮黃鱗無鬚者曰花鮎魚
	黃魚	額爾古訥河室奇兩縣界	方口大者重五六百斤其骨尤為珍品以充筵席比之海參魚翅云
	屈爾富子	額爾古訥河室奇兩縣界	又名小黃魚尖嘴大者重二十餘斤黑龍江外紀謂之屈爾富子
	白魚	額爾古訥河室奇兩縣界	黑龍江外紀作哲綠

類別	名稱	產地	附記
族	細鱗	境內河湖	黑龍江外紀作紐摩順
	重唇	境內河湖	黑尾俗名蟲蟲黑龍江外紀同俗稱大者重四五斤
	紅尾魚	境內河湖	大者重四五斤俄名秋巴克
	勾星	境內河湖	一作勾辛俗又作狗猩長喙鱗如星以箸探口中齧不釋置之釜中猶躍躍欲出
	華子	境內河湖	
	穿釘子	境內河湖	
	拉蛄	奇乾縣界	
	江蛤	奇乾縣界	
備考	右表動物以駝馬牛羊四種爲主要物產額總數詳牧畜門如沙雞飛籠四不相堪達罕紫羊羔旱獺等物均爲特產其製造原料則以駝絨牛羊皮毛爲輸出大宗		

植物表

類別	名稱	產地	附記
禾	大麥	全境各縣	
	小麥	全境各縣	

稼	穄子	全境各縣	說文穄穈也廣韻穈穄別名或作糜亦通俗作稷
	油麥	全境各縣	俄名牙力茨磨爲麵作黑面包
	蕎麥	全境各縣	
	鈴鐺麥	全境各縣	爲養牲之飼料
菜	白菜	全境各縣	
	老羌菜	全境各縣	俄種土人名大頭白菜抽薹如蒿高尺許其巔葉葉相抱取次而舒已舒之葉老不堪食割毬烹之味甚美昔以充貢
	馬鈴薯	全境各縣	爲出產大宗俄人以造西皮酒
	菠菜	全境各縣	
	芸豆	全境各縣	
	茄子	全境各縣	
	芹菜	全境各縣	有家植野生二種
	蘿蔔	全境各縣	有紅白二種
	西葫蘆	全境各縣	

蔬	金針菜	全境各縣	俗名黃花菜野生甚夥
	葱	全境各縣	有家植野生二種
	韮	全境各縣	有家植野生二種
	椒	全境各縣	
	蒜	全境各縣	
	白蘑	呼倫臚濱	菌類色白味厚湯尤鮮美爲境內特產產出地點曰蘑菇圈多在游牧草何相傳爲牛羊血入地所生
	樺蘑	臚室奇三縣	生蘑樹上俗曰猴頭以其形似而名烹飪食之味最鮮美
	草蘑	全境各縣	爲腐草所生味遜白蘑不甚貴重
	花臉蘑	全境各縣	味與草蘑等以有黑瘢點而名
	木耳	室韋奇乾	檽類本草地生曰菌木生曰檽境內叢林多有之興安嶺產尤佳味亞白蘑一名樹雞見本草
瓜	王瓜	全境各縣	
	倭瓜	全境各縣	
	杜實	全境各縣	一作都司味酸實小而赤似桑葚

果	鵝格達	全境各縣	俄名可造色酒
	高麗果	全境各縣	俄人用以製糖醬
	李子	全境各縣	有紅黑二種
	山梨紅	全境各縣	
	野葡萄	全境各縣	
	羊奶子	全境各縣	叢生實如羊奶味甜
草	羊草	全境各縣	一名羊鬍草色青莖細而長末圓勁如松針光滑油潤居人以時刈而積之經冬不變飼養牲畜爲天然之芻秣不加豆粟而茁壯異常五代史契丹境澤有息雞草味美而本大馬食易飽今之羊草飼畜飽而肥澤殆所謂息雞草也唐人詩作席箕
	樟松	全境各縣	多生山陽質勝杉松產量極多爲用殊廣
	杉松	全境各縣	
	果松	全境各縣	
	赤松	伊勒呼里山脈	出產無多
	黃花松	全境各縣	海拉爾北南東三方此木產量約占半數中日俄扎免公司採木林區亦以此爲大宗
	意氣松	全境各縣	一作伊齊性燥易裂入土則裂者復合堅如石爲境內出產大宗

木	落葉松	全境各縣	奇乾產出爲多
	柏木	全境各縣	
	樺木	全境各縣	皮有黑白二色黑質堅類柞無大材白者爲用至廣境內產量極多鄂倫春人冠履器具廬帳舟車皆樺爲之詳備考
	椴木	全境各縣	
	柞木	全境各縣	
	楊木	全境各縣	
	柳木	全境各縣	
	柳條通	全境各縣	叢生伐之編笆籬及各種器物衆作薪柴
	山梨本	全境各縣	
	榆木	全境各縣	出產無多
	達子香	全境各縣	灌木類枝細根最大可製器具春夏間開花粉紅色爲俄人所喜食
藥	地黃	奇乾	
	黃耆	奇乾	

材			
黃連	奇	乾	
黃芩	奇	乾	
防風	奇	乾	
柴胡	奇	乾	
荆芥	奇	乾	
地榆	奇	乾	
菊花	奇	乾	
益母草	奇	乾	花分紅白二色山裏者白人跡所經則變白爲紅
瞿麥	奇	乾	
扁蓄	奇	乾	

備考

右表植物以羊草松樺木爲大宗白蘗猴頭爲特產

案樺木爲用自古已著玉篇木皮可以爲燭通作華莊子讓王篇原憲華冠縱履註以華皮爲冠宋洪皓使金流冷陘（即今外蒙之肯特山）十五年以樺皮習書教授弟子遠近嚮慕司馬相如上林賦華楓枰櫨顏師古註華即今樺皮貼弓者唐韻檴同樺爾雅釋木穫落註可爲杯器詩小雅無浸穫薪陸機疏穫柳榆也其葉如榆其皮堅靱剝之長數尺可爲絙索其材可爲杯器今考樺皮似山桃有花紋紫黑色澤而白者爲香樺皴而蒼者爲臭樺傳皮兩層外白內紫厚二三分卷之可引火可製冠可造履可裹弓背可貼車爲蓋爲穹廬爲札韐爲角吹縱縫之爲斗斛大担水小盛米麵謂之樺皮斗俄人則鵰鏤精巧成極小物以貯檳榔與鼻煙曰老羌斗其幹則宜鞍板宜刀柄宜尋常用器宜燒炭宜鐵道枕木其枝宜箭幹爲清時之貢品又英和卜魁紀略云樺木外皮爲暖內皮爲樺皆可以飾器考暖木名也入水久化爲石曰安石可爲鏃肅慎氏之石砮即此因其類松而小遂相訛爲松化唐之僕骨康干石清之瀛臺木變石常即暖也紀略謂樺即暖碻否雖未可知然樺木用途至廣可據本草樺生西北陰寒地味苦氣平無毒乳癰腐爛以年久樺皮燒灰冲酒日服一錢可愈此其用又通於醫矣

礦產表一

類別	鑛別	地點	面積	發現年月	辦理公司名稱	鑛商或主任及發現人姓名	辦理情形及出產量	附記
現辦	煤	臚濱縣屬扎蘭諾爾	十六方里	光緒二十五年	東省鐵路公司煤鑛	鐵路公司承辦包工人斜昔司	辦理尚稱完善每日可出煤三萬甫子	鑛區在鐵路兩旁六千晌之內北滿一帶及東省鐵路賴此爲燃料
	煤	臚濱縣屬查罕敖拉	十八方里	宣統三年	義大利商別力林諾	別力林諾馬落筎落	人工機力兼作產量適敷發售數	此鑛無鐵道用馬車拉運於民國十一年十一月省長令廣信公司以金盧布十四萬八千元買收自辦
	金	室韋縣東南吉拉林溝	四十方里	光緒二十八年	黑龍江廣信公司	主任王清祥	鑛已溝老沙殘全年約產九千五百粟尼克	此鑛於光緒二十八年由俄人越界探採發現後經商人龔太山於光緒三十一年稟請開採旋以資本不繼收歸官辦蒙人自治契租俄公司接辦民國九年收回由廣信公司承辦
	金	奇乾縣屬奇乾河	三百方里	光緒十八年	黑龍江廣信公司	主任宋榮甲	其辦法有大流班四五十人一班官家埶發口糧小股子五六人一班按磧淘金自備口糧金由官家收買每年約出金沙五六甫子	此鑛初由俄人發現光緒二十年收歸北洋庚子亂後被俄人佔有三十三年收回華商姜華棠接辦宣統二年復歸北洋三年蒙古獨立後歸黑龍江官辦民國八年歸併廣信公司
已廢	金	室韋縣吉林子河上游地名要班	十方里	光緒二十四年				初有華人私採後有俄人接採今已廢置金廠在山溝中已作之磧眼甚多沙堆層積
	金	奇乾縣牛爾河卡界阿木毗河	八十方里					鑛地俗名安皮戶爲昔時已作之官金鑛
	金	奇乾縣烏瑪河上遊						昔時已作之官金鑛久已廢置
	金	奇乾縣伊穆河卡界吉格達河						昔時已作之官金鑛久已廢置
未	金	奇乾縣伊穆河卡界達克奇						已發現無人承辦
	金	奇乾縣牛爾河卡界貝斯得爾河						同
	鐵	室韋縣吉拉林南鐵現山		光緒三十四年		發現人趙春芳		趙春芳調查至該處見石中含有鐵質遂以名山書標立石山下誌之至今尚未開採

開						
粘土	室韋縣河塢		民國十年		發現人王善彰	
煤油	臚濱縣屬察罕敖拉		民國九年		採得人意商別林	此鑛在煤鑛左近四十里內鑛業極大擬俟煤鑛收回後開採

備考　右表係就曾經開採及勘得鑛苗處所計之此外未經發現者尚夥鑛產之富可見一斑

礦產表二

產地別	礦石別	採採者及採得地	採得年月	署存標本號數	原冊號數
愛泯河	石英（硅石）	俄人任列子聶潤夫及梭洛沃羅夫在堯根那木吉採取	西歷一千九百一十五年二月至三月	二〇二三	第一
同	石英綠泥石	同	同	二〇二四	第二
同	圓細石	同	同	二〇二五	第三
同	石英（硅石）	同	同	二〇二六	第四
同	未詳	同	同	二〇二七	第五
同	石灰質類	同	同	二〇二八	第六
同	石英沙	同	同	二〇二九	第七
同	石灰質類	同	同	二〇三〇	第八

同	未詳	同	同	二〇三一	第九
同	片麻石	同	同	二〇三二	第一〇
同	火山石類	同	同	二〇三三	第一一
同	片麻石	同	同	二〇三四	第一二
柒清河	同	同	同	二〇三五	第一三
同	層石類	同	同	二〇三六	第一四
同	火山石類	同	同	二〇三七	第一五
胡英溝	未詳	同	同	二〇三八	第一六
同	粘土板石	同	同	二〇三九	第一七
同	清砂礫	同	同	二〇四〇	第一八
同	清砂礫類	同	同	二〇四一	第一九
同	未詳	同	同	二〇四二	第二〇
同	石英	同	同	二〇四三	第二一

同	未詳	同	同	二〇四四	第二二
同	石英	同	同	二〇四五	第二三
玡琅根河	石英	俄人潘洛夫在額爾古訥河右支流玡琅根河及其附近採取	未詳	二〇四六	第一
同	黑栗色石	同	同	二〇四七	第二
同	同	同	同	二〇四八	第三
同	石英	同	同	二〇四九	第四
同	黑栗色石	同	同	二〇五〇	第五
同	石英	同	同	二〇五一	第六
同	黑栗色石	同	同	二〇五二	第七
興干河	同	同	同	二〇五三	第八
同	白斑紅石	同	同	二〇五四	第九
同	同	同	同	二〇五五	第一〇
未詳	同	同	同	二〇五六	第一一

奇乾河	同	同	同	二〇五七	第一二
未詳	花崗石	同	同	二〇五八	第一三
同	同	同	同	二〇五九	第一四
同	白斑紅石	同	同	二〇六〇	第一五
海拉爾河系泥得若戈羅支流	同	俄人蘇拉麻斯克及亞特羅夫在長河採取	西歷一千九百一十五年二月	二〇六一	第一
同	同	同	同	二〇六二	第二
海拉爾河左岸得任洛木切河右支流莫家若戈洛河	白斑石	同	同	二〇六三	第三
同	同	同	同	二〇六四	第四
同	同	同	同	二〇六五	第五
同	同	同	同	二〇六六	第六
玡琅孤河附近	未詳	俄人怕堯在阿爾古那右支流玡琅孤河及其附近採取	西歷一千九百一十五年二月	二〇六七	第一
同	綠泥石之片麻石	同	同	二〇六八	第二
同	未詳	同	同	二〇六九	第三

第四	二〇七〇	同	同	片麻石	同
第五	二〇七一	同	同	板石	同
第一	二〇七二	西歷一千九百一十四年一月	俄人富拉蒲若勒維利堪票特羅夫三人在愛泯河右支流亞杜爾河採取	未詳	羅利大活耶蘇木廟上八俄里愛泯河石
第二	二〇七三	同	同	白斑紅石	距皮六道村二俄里道右
第三	二〇七四	同	同	雷石	紅孤利日村愛泯河右岸
第四	二〇七五	同	同	同	同
第五	二〇七六	同	同	同	同
第六	二〇七七	同	同	同	由紅狐利日村赴多洛文道旁泯河右岸
第七	二〇七八	同	同	石灰類	同
第八	二〇七九	同	同	花崗石	同
第九	二〇八〇	同	同	同	同
第一〇	二〇八一	同	同	大理石	距九條產地二俄里
第一一	二〇八二	同	同	片麻石	距十條產地半俄里

距十一條産地二俄里	綠泥石之花崗石	同	同	二〇八三	第一二
穆戈良耳河上游	花崗石	同	同	二〇八四	第一三
同	同	同	同	二〇八五	第一四
距十四條上游三俄里	白斑紅石	同	同	二〇八六	第一五
距十五條産地上游半俄里	同	同	同	二〇八七	第一六
亞杜耳河	角閃石之花崗石	同	同	二〇八八	第一七
同	噴火山石類	同	同	二〇八九	第一八
同	同	同	同	二〇九〇	第一九
同	同	同	同	二〇九一	第二〇
同	同	同	同	二〇九二	第二一
同	同	同	同	二〇九三	第二二
亞杜耳河往堯根那木基渡口	白斑紅石	同	同	二〇九四	第二三
散達勒河對岸	同	同	同	二〇九五	第二四

距二十四條產地上游二俄里	花崗石	同	同	二〇九六	第二五
吉拉林畢拉爾河附近亞杜爾河	同	同	同	二〇九七	第二六
由亞杜爾河上游下入堯根那木基地方	同	同	同	二〇九八	第二七
堯根那木基河	片麻石	同	同	二〇九九	第二八
赤根那木基河右支流別力赤爾河	片麻石及花崗石	同	同	二一〇〇	第二九
同	片麻石	同	同	二一〇一	第三〇
同	石灰類	同	同	二一〇二	第三一
同	五金石板	同	同	二一〇三	第三二
堯根那木吉河左岸	白斑紅石	同	同	二一〇四	第三三
愛泯河堯根那木基河入口下游	石灰類	同	同	二一〇五	第三四
愛泯河	片麻石	同	同	二一〇六	第三五
同	石灰類	同	同	二一〇七	第三六
同	白斑紅石	同	同	二一〇八	第三七

同	同	同	同	二一〇九	第三八
愛泯河流入塲爾嘎河下游	石灰類	同	同	二一一〇	第三九
同	花崗石	同	同	二一一一	第四〇
同	石灰類	同	同	二一一二	第四一
同	同	同	同	二一一三	第四二
紅孤勒日河口愛泯河	同	同	同	二一一四	第四三
同	粘土板石	同	同	二一一五	第四四
同	板石	同	同	二一一六	第四五
紅孤勒日村愛泯河	同	同	同	二一一七	第四六
同	石英	同	同	二一一八	第四七
同	石英結晶體	同	同	二一一九	第四八
同	同	同	同	二一二〇	第四九
同	同	同	同	二一二一	第五〇

同	花崗石類	同	同	二一二二	第五一
同	同	同	同	二一二三	第五二
同	板石	同	同	二一二四	第五三
同	羣集花崗石	同	同	二一二五	第五四
布爾河上游阿爾古那河右支流	同	俄人帕克及潘非洛夫在海拉爾採取	西歷一千九百一十五年一月至四月	二一二六	第二一
布爾河上游	未詳	同	同	二一二七	第二二
距克拉矣河口二俄里亞倫河右	同	同	同	二一二八	第二三
塔爾巴嘎戈泉木	同	同	同	二一二九	第二四
同	同	同	同	二一三〇	第二五
喀爾灣右	同	同	同	二一三一	第二六
別利作瓦河床	白斑紅石三種	同	同	二一三二	第二七
桀爾布勒河左支流	未詳	同	同	二一三三	第二八
同	同	同	同	二一三四	第二九

同	黑紅石類	同	同	二一三五	第三〇
小杜波夫河	同	同	同	二一三六	第三一
棨爾布勒河	未詳	同	同	二一三七	第三二
同	同	同	同	二一三八	第三三
室韋河上游	白斑紅石	同	同	二一三九	第三四
喀拉灣河	多種花崗石	同	同	二一四〇	第三五
同	綠泥板石	同	同	二一四一	第三六
同	花崗石類	同	同	二一四二	第三七
同	未詳	同	同	二一四三	第三八
同	花崗石類	同	同	二一四四	第三九
興干河	黑紅石類	同	同	二一四五	第四〇
同	巖石類	同	同	二一四六	第四一
琊瑯瑯河	灰花崗石類	同	同	二一四七	第四二

同	板石	同	同	二一四八	第四三
同	同	同	同	二一四九	第四四
同	同	同	同	二一五〇	第四五
同	花崗石	同	同	二一五一	第四六
同	石英	同	同	二一五二	第四七
托爾巴嘎泉上游	花崗石	同	同	二一五三	第四八
未詳	同	同	同	二一五四	第四九
同	石英	同	同	二一五五	第五〇
同	未詳	同	同	二一五六	第五一
同	同	同	同	二一五七	第五二
同	同	同	同	二一五八	第五三
同	同	同	同	二一五九	第五四
同	同	同	同	二一六〇	第五五

同	同	同	同	二一六一	第五六
同	同	同	同	二一六二	第五七
同	同	同	同	二一六三	第五八
同	同	同	同	二一六四	第五九
同	同	同	同	二一六五	第六〇
烏瑯斯克河	雜種閃花圓狀礦石	同	同	二一六六	第六一
同	未詳	同	同	二一六七	第六二
同	鐵花崗石類	同	同	二一六八	第六三
義爾尼赤諸以河口	板石	同	同	二一六九	第六四
同	英石	同	同	二一七〇	第六五
同	綠泥片麻石	同	同	二一七一	第六六
同	栗色鐵石類	同	同	二一七二	第六七
同	大理石	同	同	二一七三	第六八

同	未詳	同	同	二一七四	第六九
額爾古訥河右支流	同	同	同	二一七五	第七〇
同	同	同	同	二一七六	第七一
同	黑紅石	同	同	二一七七	第七二
大闊茹爾特	花崗板石類	同	同	二一七八	第七三
小闊茹爾特	粘土板石類	同	同	二一七九	第七四
庫得茹爾托亞河	粘土礦石	同	同	二一八〇	第七五
同	粘土栗色鐵石	同	同	二一八一	第七六
同	板石	同	同	二一八二	第七七
同	未詳	同	同	二一八三	第七八
卜爾河	同	同	同	二一八四	第七九
雅爾得那泉河口	同	同	同	二一八五	第八〇
同	同	同	同	二一八六	第八一

義爾尼諾木河	同	同	同	二一八七	第八二
同	同	同	同	二一八八	第八三
義爾尼亦諾以河左方	同	同	同	二一八九	第八四
同	同	同	同	二一九〇	第八五
同	同	同	同	二一九一	第八六
同	黑灰色石	同	同	二一九二	第八七
同	薄層板石類	同	同	二一九三	第八八
同	花崗石類	同	同	二一九四	第八九
薩克特泉	未詳	同	同	二一九五	第九〇
薩克特山嶺	同	同	同	二一九六	第九一
同	花崗石類	同	同	二一九七	第九二
寄沙脊左方	大粒狀結晶石	同	同	二一九八	第九三
同	未詳	同	同	二一九九	第九四

同	同	同	同	二二○○	第九五
未詳	花崗石	俄人齊莫非也夫旅行時採得	西歷一千九百一十四年六月中	二二○一	無
同	同	同	同	二二○二	同
同	同	同	同	二二○三	同
同	石英	同	同	二二○四	同
同	同	同	同	二二○五	同
同	未詳	同	同	二二○六	同
同	石英	同	同	二二○七	同
同	花崗石	同	同	二二○八	同
同	未詳	同	同	二二○九	同
同	同	同	同	二二一○	同
同	花崗石	同	同	二二一一	同
同	未詳	同	同	二二一二	同

同	同	同	同	二二一三	同
同	花崗石	同	同	二二一四	同
同	未詳	同	同	二二一五	同
同	同	同	同	二二一六	同
同	同	同	同	二二一七	同
同	同	同	同	二二一八	同
同	同	同	同	二二一九	同
同	未詳	同	同	二二二〇	同
同	白斑紅石	同	同	二二二一	同
同	未詳	同	同	二二二二	同
同	同	同	同	二二二三	同
同	同	同	同	二二二四	同
同	同	同	同	二二二五	同

同	同	同	同	二二二六	無
同	同	同	同	二二二七	同
同	石英	同	同	二二二八	同
同	未詳	同	同	二二二九	同
同	同	同	同	二二三〇	同
同	同	同	同	二二三一	同
同	同	同	同	二二三二	同
同	白斑紅石	同	同	二二三三	同
同	同	同	同	二二三四	同
同	同	同	同	二二三五	同
同	未詳	同	同	二二三六	同
同	同	同	同	二二三七	同
同	同	同	同	二二三八	同

同	同	同	同	二二三九	同
同	白斑紅石	同	同	二二四〇	同
同	石灰類	同	同	二二四一	同
同	白斑紅石	同	同	二二四二	同
同	未詳	同	同	二二四三	同
同	白斑紅石	同	同	二二四四	同
同	未詳	同	同	二二四五	同
同	板石	同	同	二二四六	同
同	未詳	同	同	二二四七	同
同	白斑紅石	同	同	二二四八	同
同	花崗石之水晶石	同	同	二二四九	同
同	未詳	同	同	二二五〇	同
同	同	同	同	二二五一	同

同	同	同	同	二二五二	同
同	花崗石	同	同	二二五三	同
同	粘土板石	同	同	二二五四	同
同	花崗石及石英	同	同	二二五五	同
同	同	同	同	二二五六	同
同	花崗石	同	同	二二五七	同
同	石英	同	同	二二五八	同
同	花崗石	同	同	二二五九	同
同	同	同	同	二二六〇	同
同	同	同	同	二二六一	同
同	花崗石類	同	同	二二六二	同
同	同	同	同	二二六三	同
同	未詳	同	同	二二六四	同

同	同	同	同	二二六五	同
同	角閃花崗石	同	同	二二六六	同
同	未詳	同	同	二二六七	同
同	同	同	同	二二六八	同
同	同	同	同	二二六九	同
同	花崗石	同	同	二二七〇	同
同	未詳	同	同	二二七一	同
同	同	同	同	二二七二	同
同	花崗石類	同	同	二二七三	同
同	未詳	同	同	二二七四	同
同	花崗石類粒狀結晶石	同	同	二二七五	同
同	未詳	同	同	二二七六	同
同	同	同	同	二二七七	同

同	同	同	同	二二七八	同
同	同	同	同	二二七九	同
同	石英	同	同	二二八〇	同
同	同	同	同	二二八一	同
同	同	同	同	二二八二	同
同	苦土雲母片麻石	同	同	二二八三	同
同	未詳	同	同	二二八四	同
同	同	同	同	二二八五	同
同	同	同	同	二二八六	同
同	花崗石類	同	同	二二八七	同
同	片麻石	同	同	二二八八	同
同	同	同	同	二二八九	同
同	石英	同	同	二二九〇	同

同	同	同	同	二二九一	同
同	未詳	同	同	二二九二	同
同	同	同	同	二二九三	同
同	同	同	同	二二九四	同
同	同	同	同	二二九五	同
同	同	同	同	二二九六	同
同	同	同	同	二二九七	同
同	花崗石	同	同	二二九八	同
同	同	同	同	二二九九	同
同	未詳	同	同	二三〇〇	同
同	同	同	同	二三〇一	同
同	花崗石	同	同	二三〇二	同
同	同	同	同	二三〇三	同

同	未詳	同	同	二三〇四	同
同	同	同	同	二三〇五	同
同	石英	同	同	二三〇六	同
同	同	同	同	二三〇七	同
同	板石英	同	同	二三〇八	同
同	未詳	同	同	二三〇九	同
同	花崗石	同	同	二三一〇	同
同	板石	同	同	二三一一	同
同	花崗石	同	同	二三一二	同
同	板石	同	同	二三一三	同
同	石英	同	同	二三一四	同
同	同	同	同	二三一五	同
同	未詳	同	同	二三一六	同

同	同	同	同	二三一七	同
同	同	同	同	二三一八	同
同	同	同	同	二三一九	同
同	花崗石	同	同	二三二〇	同
同	未詳	同	同	二三二一	同
同	同	同	同	二三二二	同
同	花崗石	同	同	二三二三	同
同	同	同	同	二三二四	同
同	板石	同	同	二三二五	同
同	石英	同	同	二三二六	同
同	未詳	同	同	二三二七	同
同	雲母板石	同	同	二三二八	同
同	板石	同	同	二三二九	同

同	未詳	同	同	二三三〇	同
同	同	同	同	二三三一	同
同	同	同	同	二三三二	同
同	同	同	同	二三三三	同
同	花崗石	同	同	二三三四	同
同	石英	同	同	二三三五	同
同	花崗石	同	同	二三三六	同
同	未詳	同	同	二三三七	同
同	花崗石	同	同	二三三八	同
同	石英	同	同	二三三九	同
同	花崗石	同	同	二三四〇	同
同	未詳	同	同	二三四一	同
同	花崗石	同	同	二三四二	同

同	未詳	同	同	二三四三	同
同	同	同	同	二三四四	同
同	花崗石	同	同	二三四五	同
同	同	同	同	二三四六	同
同	未詳	同	同	二三四七	同
同	同	同	同	二三四八	同
同	同	同	同	二三四九	同
同	板石	同	同	二三五〇	同
薩克托戈小丘寄砂左面	綠栗色石	我人怕克及潘非洛夫在琊瑯河採得	西歷一千九百一十五年五月	二三五一	第九六
同	白斑紅石類	同	同	二三五二	第九七
散托嘎和小巖左	同	同	同	二三五三	第九八
薩克扎嘎和寄砂上游	同	同	同	二三五四	第九九
沃勒城對過	未詳	同	同	二三五五	第一〇〇

第一〇一	二三五六	同	同	白斑紅石	同
第一〇二	二三五七	同	同	石英	同
第一〇三	二三五八	同	同	同	同
第一〇四	二三五九	同	同	未詳	得洛郭欠喀河口
第一〇五	二三六〇	同	同	同	得洛郭欠喀小丘
第一〇六	二三六一	同	同	同	同
第一〇七	二三六二	同	同	石英	同
第一〇八	二三六三	同	同	白斑紅石	同
第一〇九	二三六四	同	同	同	沃洛城對過
第一一〇	二三六五	同	同	未詳	得洛郭欠喀小丘
第一一一	二三六六	同	同	同	同
第一一二	二三六七	同	同	玉石	同
第一一三	二三六八	同	同	螢石及礦山水晶	河插河口地方

室韋小丘	未詳	同	同	二三六九	第一一四
室韋左面小丘	同	同	同	二三七〇	第一一五
室韋寄砂左面	同	同	同	二三七一	第一一六
同	同	同	同	二三七二	第一一七
西茶勒河淺坑	白斑紅石	同	同	二三七三	第一一八
達爾巴干河源	淘金	同	同	二三七四	第一〇〇
琊瑯根河第一綫	同	同	同	二三七五	第一〇〇
琊瑯根河第二綫	同	同	同	二三七六	第一〇〇
琊瑯根河別杜十根舊綫	同	同	同	二三七七	第一〇〇
同	金石及混合玉	同	同	二三七八	第一〇〇
同	片麻石	同	同	二三七九	第一〇〇
同	未詳	同	同	二三八〇	第一〇〇
吳以特漢河流左	花崗石	俄人富巒若勒在亞布爾河及吳以特漢採取	西歷一千九百一十五年三月	二三八一	第一

吳以持漢河口	白斑紅石	同	同	二三八二	第二
同	同	同	同	二三八三	第三
多霍林村	石灰質	同	同	二三八四	第四
穆戈良爾河	未詳	同	同	二三八五	第五
同	花崗石	同	同	二三八六	第六
同	白斑紅石	同	同	二三八七	第七
牙杜爾河	石灰類	同	同	二三八八	第八
同	未詳	同	同	二三八九	第九
同	同	同	同	二三九〇	第一〇
同	花崗石	同	同	二三九一	第一一
同	石灰類	同	同	二三九二	第一二
同	同	同	同	二三九三	第一三
同	同	同	同	二三九四	第一四

同	花崗石	同	同	二三九五	第一五
同	未詳	同	同	二三九六	第一六
同	花崗石	同	同	二三九七	第一七
同	石灰類	同	同	二三九八	第一八
同	未詳	同	同	二三九九	第一九
同	同	同	同	二四〇〇	第二〇
同	同	同	同	二四〇一	第二一
同	同	同	同	二四〇二	第二二
同	同	同	同	二四〇三	第二三
同	同	同	同	二四〇四	第二四
同	同	同	同	二四〇五	第二五
同	淘金	同	同	二四〇六	第二六
同	未詳	同	同	二四〇七	第二七

					備
第二八	二四〇八	同	同	同	同
第二九	二四〇九	同	同	同	同
第三〇	二四一〇	同	同	同	同
第三一	二四一一	同	同	同	同
第三二	二四一二	同	同	同	同
第三三	二四一三	同	同	同	同
第三四	二四一四	同	同	同	同
第三五	二四一五	同	同	石灰類	同
第三六	二四一六	同	同	花崗石	同
第三七	二四一七	同	同	未詳	同
第三八	二四一八	同	同	同	同
第三九	二四一九	同	同	同	同

右列礦石類係俄人採者民國九年停止俄領待遇由俄領事館將原册及標本移交中國交涉署保管茲照原册俄文譯載於右以備攷究

考　表中礦石產地概係境內山河惟以俄語譯蒙地於本志山川所載名稱不無差異如伊敏河作愛珉河紅果勒金作紅孤利日村等名未便以臆見更正一仍原譯以備參攷

鹽鹼表

類別＼事別	地點	方向里數	辦理年月	主管機關	經理姓名	年產銷額數	銷售區域	辦理情形	附記
鹽產	白音諾爾	倫城南三百六十里	民國七年	海拉爾廣信公司	甄桂林	約產四千餘袋銷售二千餘袋	南至札蘭屯北至滿洲里	初係蒙人管業自治取銷後廣信公司接辦	呼倫貝爾全圖作巴彥查幹泡
	珠爾博特泡	倫城西南二百十餘里							一作綽爾卜特達木蘇泊舊有鹽灘二已廢
	庫庫泊	倫城西南貝爾湖東							已廢
	達木蘇泊	貝爾湖東							已廢
	那隣泊	貝爾湖東							已廢
	查汗泊	貝爾湖東							已廢
	察布圖綽爾湖	貝爾湖東南							已廢
	呼倫湖	倫城西北二百九十餘里							產五色鹽不煮可食見黑龍江外紀舊有鹽灘三今廢
	貝爾湖	倫城西南三百九十餘里							亦產鹽無採取者
鹼	托宋諾爾	倫城西南三百五十里正藍旗牧界	民國八年五月	海拉爾廣信公司	甄桂林	約產四萬甫子約銷四萬甫子	南至哈爾濱北至滿洲里	秋令樵採熬鹼薪柴冬令以人力鑿冰採取鹼料入鍋熬成	

產						
東喀拉胡吉爾泡	倫城東南一百四十里巴彥溫都爾山西北					已廢一作頓加拉泡
西喀拉胡吉爾泡	倫城南一百五十里延福寺西南					已廢一作希拉泡

備考

查境內湖泊極夥且多係鹼水可製食鹽右表鹽鹼係就已廢與現辦者而言其未曾著名之處姑從闕載

按鹼泡鹼質係由高原沖入積久而成又諸爾蒙語水泡也

白音諾爾鹽務辦事處

白音諾爾鹽泡

古蹟

呼倫貝爾爲中國羈縻最早交通中國亦最遲山環水抱恣肆汪洋而選勝搜奇則未之前聞也遼金以來軼聞故事稍稍雜見於圖籍然或此存彼缺猶有憾焉茲經實地調查並參攷往籍所得者摭拾存之以備談古者之資料云爾

七金山　索岳爾濟山遼名七金山在城西南六百七十餘里高三百餘丈週千餘里爲呼倫貝爾與內蒙東四盟界山清乾隆間有荒火之變林木蕩然野獸焚死無算至今巖石焦黑處猶有燎原遺蹟

木葉山　卽呼倫貝爾之穆克圖爾山在城南四百七十餘里高一百七十餘丈長七十餘里山於遼代最爲著名風景絕佳後人每豔稱之見諸前人歌詠者如吳梅村詩木葉山高鳥亂啼句幽闃遼敻可想而知惟山之所在諸書所載不同西清氏黑龍江外紀謂在齊齊哈爾西北數百里穆克圖爾山相傳卽木葉舊蹟其說較爲有據

飲馬河　一名臚朐河又名龍居河卽今之克魯倫河也元裔本雅失里殺明使郭驥永樂八年成祖初次出塞親征兵至臚朐河更名曰飲馬本雅失里西遁成祖渡河追擊敗之於斡難河（詳兵事）又遼道宗築城於克魯倫河北岸曰古可敦明成祖命劉才築城於克魯倫河上今均無可攷

俱輪泊面積　唐書俱輪泊在室韋西有烏素固部又在俱輪泊之西元作闊連海子明作濶灤海卽今之呼倫湖也湖爲袤長形周圍約五六百里較唐時已縮一倍有餘其東南有鹽灘遺址五唐時泊岸所及之界也清道光初年湖泊大漲一次然亦未及唐時廣輪之大則當日湖澤之巨可想而知繆學賢黑龍江省圖繪載其形又明成祖二次出塞征阿魯台阿魯台遁去呼倫湖側爲其棄輜重處

捕魚兒海戰蹟　在海東北八十里元順帝脫古思帖木耳圖恢復駐兵於此爲明大將藍玉襲擊而敗（詳兵事）捕魚兒海卽今之貝爾湖

呼倫貝爾兩湖山市　呼倫湖在城西北二百九十餘里周五百餘里貝爾湖在城西南三百九十餘里周三百餘

里面積均極廣大遙望如海深不可測嚴冬不凍白氣浮出上至天空春夏秋三時旭日將升附近山崗上或水泡之內現出一種異景或萬馬騰空或牛羊羣集或商埠市鎮或火車輪船或樓台殿閣或蒙古村落幻化迷離炫人心目日上三竿則色相全空趙春芳調査宿此曾目覩之有詩以記其異（采入藝文）

兀朮長城　土人謂爲兀朮長城一曰金源邊堡故址在城東北由根河南岸蜿蜒一線經滿洲里驛北入外蒙車臣汗札薩固山貝子界自東而西長五百里約分四段根河南一段由大庫力村起至庫克多博長百四十餘里由庫克多博經額爾得尼托羅輝至紅山咀一段長八十餘里由紅山咀跨額爾古訥河入俄境經開拉斯台南林屯入中國界至阿巴該圖卡北一段長一百八十餘里由阿巴該圖經滿洲里北繞察罕敖拉至蒙古達西木嘎卡倫入外蒙界長二百餘里今有土壕遺址可尋高處約三四尺不等就地理攷之殆即金初所謂舊設堡障與

鐵木哥斡赤斤故城　廢址在根河北岸各拉司納牙村西庫里頁爾山西北三里許特勒布爾河南岸一里許案元史太祖四弟斡赤斤好土木喜建宮室苑囿封地亦最廣枯輪湖以東嫩江東西皆其封域今之故城當爲斡赤斤所建城高二丈寬八尺分內外二城內城周四里外城周八里城各四門外城四角有砲壘遺跡北門靠一不高之孤土山東門裏有枯井一深數丈西門裏一土圍中築方台內城中央有工字之方台高五尺餘上有石鼓二左右圓形平台各一高二尺琉璃瓦片雜草萊間覩之金碧滿目殘磚寬大亦古製台下東北隅殿址尚依稀可辨曩有三尺餘之鴟吻委置其間數年前爲俄人移去登山四顧南亘長城西接根河水草茂美形勢雄壯洵天然名勝之區也朱履中有詩以記其事（見藝文）舊說謂爲宏吉剌氏故城或又謂札木合稱帝於根河疑爲札木合所築者然就時代事實攷之二說無可爲據以從前說爲宜

根河五古城　長城以北根河南岸遺址凡五由東而西分列三點東方城一在大庫力村西中一城在那布札林村西西三城一在古立也里村南孤山頂上一在山下平原由平原南行山巔一城長方形此三城南北直線連屬各距不遠按五城皆土築週各里餘地當往來孔道土人謂爲古城覽其形勢似當日屯兵扼塞之堡壘建築

時代渺不可攷

元興都古城　在城西烏爾順河左岸新巴爾虎廂黃正白兩旗牧界內都蘭霍羅山北巴勒序納鄂模以南地勢平衍水草豐美繆學賢江省圖林傳甲校黑龍江圖載其遺址是否元室肇興地何時建築均無考

烏爾順河兩岸古城　烏爾順河左右一帶舊爲塔塔兒部所佔據金元之交元太祖先世俺巴孩嫁女塔塔兒部爲部人捕送大金及太祖父也速該爲太祖求婚宏吉剌氏歸途過塔塔兒部部下人又以鴆酒毒殺之太祖興起復仇卒滅其部衆當日戰鬭烏爾順河兩岸壁壘甚夥今僅存廢址二一在烏爾順河下流左岸新巴爾虎正黃正紅兩旗牧界一在烏爾順河下流右岸接近呼倫湖新巴爾虎廂黃正白兩旗牧界

珠山古城　珠山在奇乾縣境珠爾干河東南距珠爾干河舊卡倫三里許山高十餘丈形圓如半球覆地故名珠山山後古城一四周殘址依稀可考據土著之鄂倫春人云係金代設防古城

巴圖爾和碩古城　西清氏黑龍江外紀載一老將稱巴圖爾和碩卡倫有磚城方數里址猶存及肩者其磚式與色皆非近代所有今調查近卡無所得以地攷之巴圖爾和碩去根河不遠所稱磚城或卽根河北岸之故城舊址

答蘭版朱思戰場　答蘭版朱思之野在烏爾遜河西岸元興都故城以東都蘭霍羅山以北爲元太祖與札木合野戰地太祖旣稱帝札木合以太祖部人射殺其弟糾泰亦赤烏等十三部合兵三萬人來攻太祖亦起三萬人分十三翼以拒之是役烈祖宣懿皇后訶額侖（太祖母）率斡勒忽訥人爲第一翼大戰於答蘭版朱思之野（元祕史作答蘭巴勒主惕新元史作答蘭巴泐渚納）太祖軍爲札木合軍推動而敗

木蘭圍場　在索岳爾濟山周千三百里西臨大漠東接西興安嶺草木叢茂禽獸繁殖康熙三十四年薩布素奏稱徧歷陰山南北惟索岳爾濟山形勢高大定爲各路邊警進兵會集之地康熙四十年準部噶爾丹平聖祖幸索岳爾濟山烏默客來朝扈駕招集蒙古王公賜宴於上以其山作爲木蘭圍場環山設守護圍場四十卡倫秋獮典禮屢行幸焉乾隆五十五年高宗親臨此山將圍場周圍劃歸於黑龍江喀爾喀烏珠穆沁哲里木盟四處

境界留山頂爲公共地裁撤卡倫並賦有遊幸詩邊徼荒山經兩朝潤色遂與岱華爭耀矣

古操場　鐵木哥斡赤斤故城城東地勢廣濶一望平坦中有小石草不豐茂度其面積可容萬幕相傳爲元時兵馬操練場

海公練兵場　清嘉勇公海蘭察以庫圖勒（控馬奴）奮志從戎功名顯赫（詳本傳）相傳呼倫湖東南岸古城以東爲其教練馬隊處（見繆學賢林傳甲二人所著江省圖）

萬人市　壽寧寺會場一名萬人市蒙語爲甘珠寺會新巴爾虎旗左右兩翼爲國公某建之福壽道場也市爲各旗適中地在城西南三百二十里布彥圖布爾都之野每歲集會一次率以八月朔日爲開市期及期則燕晉奉吉黑布特哈察哈爾多倫諾爾俄羅斯各商雲集其間而喀爾喀各部及索倫額魯特新陳巴爾虎各旗均以此爲互市地凡蒙旗生活日用物品罔不備蒙民終歲所需咸於其時取給焉以半月爲閉會期將閉喇嘛咸集唪唄音與鼓鐃聲相雜洋洋盈耳蒙民膜拜瞻禮者踵接轟連不絕蓋以之給束熱鬧壇場云

名山崇祀　索岳爾濟山亘而最著內興安嶺所起脉呼倫貝爾境內之鎮山也清聖祖既平準部旋師駐蹕焉爾後每歲追官致祀以答山靈呵護之庥及高宗北巡瞻禮環山圍場撥歸蒙旗仍留山巔地以崇嶽望分命哲里木錫林郭勒克魯倫巴爾城三盟輪年致祭著爲例至今不替

地穴　車臣汗東界與呼倫貝爾接壤處有額爾得尼（譯言多寶貝）托羅海（譯言山也）山不甚高下臨克魯倫大河有巍巍獨尊之勢元太祖曾起兵於其地故稱爲寶地之首也旁有地穴深不可測昔人有以二十里長繩繫重鐵探之終不得其底穴口旋風日夜不息或不及防竟有被旋入穴者見龔之鑰後出塞錄

古洞　在巴圖爾和碩卡東北三十里山上洞口約一丈三尺許深莫能測以石投之旋轉有聲數刻不息土人呼之曰古洞並云每值天陰其處有必先降雨之異

海公樓　樓在呼倫城內北街路西公來號市房上清嘉勇公海蘭察微時爲公來號牧馬及以西丹（蒙語白丁也）從軍公來主人以健馬贈公壯行色公既貴顯受封爵歸倫感脫驂恩義爲建層樓以誌不忘公來號今改稱公源慶

其樓歸然猶存土人豔其事呼之曰海公樓云

阿勒哈王墓　在城西南四百餘里喀爾喀河中流石岸倭爾多山南伊勒蓋圖山北（見繆學賢江省圖）氏籍年代無考

三名將墓　呼倫貝爾古墓之大者有三一爲烏里雅蘇台將軍達勇巴圖魯都嘎爾之墓在城西南三百餘里烏勒錐圖布拉克泉西南三里許一爲京都正黃旗護軍統領達春巴圖魯恒齡之墓一爲西安右翼副都統明昌之墓兩墓同一地址均在城西南二十里南屯西南五里三將在淸時戰蹟最著（各詳本傳）

附呼倫十景

興安積雪　內興安嶺縱貫倫境正東極高峯二千六百餘尺巔崖險峻不可攀躋嚴冬積雪經歲不融遙望如銀屏橫空光照遠近所謂高處不勝寒也

額河氷撬　額爾古訥河在倫境迤北自西而東長千五百里下流六七百里較深廣爲沿岸各卡交通之路惟結氷最早航行時短九月封江至來年四月始解凍凍時則恃馬引氷床以便行旅去來如織迅急如矢亦氷鏡上之異彩也

雙湖魚躍　縣城西南貝爾湖與那鄰泊相連俗呼爲大小海子兩湖泊產魚甚富蒙俗迷信神話以魚爲馬魂戒充庖厨春夏天煖魚自湖躍出順烏爾順河流而下錦鱗騰跳洋洋不絕頗具活潑之觀

塞馬鳴秋　呼倫外旗大戶養馬多者每千萬成羣（淸咸同間陳巴爾虎總管廸明有馬萬匹）納諸山凹寬平水草豐茂之地合羣牧放坑谷爲滿秋高氣爽咆哮奔騰與山谷聲音相應答亦殊見塞外之雄風焉

鹽池堆銀　縣城西南四百餘里一帶高原中惟一池自然生鹽春夏晴暖時鹽屑隨風擁出池外雪白平鋪一望無際幾疑若銀海焉

温泉滌浴　在温河卡倫東北四十里許俗名酸水泉子水性温暖味酸色微黑浴之可以療疾有如內地之湯池土人架屋其地中外人多往就浴者温河得名疑卽由此（海拉爾西南六百餘里新巴爾虎牧界有温泉

一所凡大小三十餘池溫度各不等每逢夏令中外人士往浴者甚衆因附記於此）

壩後賽神　縣城北二十餘里海拉爾河北大壩後東山坡上爲蒙旗合祭鄂博之地點每年五月擇吉舉行屆期副都統率旗屬官員咸集衣冠齊楚喇嘛唪經祭畢揀勇士駿馬爲賽跑角力之戲競爭尚武頗極壯觀

河口競渡　縣城北五里許爲海拉爾河口其地有官船擺渡當春夏河流泛漲時行旅往來車馬貨物充塞兩岸不絕人聲嘈雜中駝吼馬嘶爲之耳淆目炫宛如趁墟之熱鬧云

寺閣晚暉　縣城西門外沙阜之陽關帝廟後院層簷聳起高閣建焉值春秋佳日選勝登臨遠照夕暉與雲影霞光相掩映寓目賞心亦天然風景也

沙阜古松　縣城西北附近岡阜突起沙性鬆浮綿延約四五里古松數千株映帶其上蒼翠蔽天大可合抱聽濤踏雪玩月披風對之饒有清興遊人散步多集於此

海拉爾全景圖一

海拉爾全景圖二

藝文

呼倫一隅地當中國北徼習俗榛狉聲教自昔未被入滿清後政綱粗舉文化闕焉藝事詞華都無所考玆就宦游斯土與夫文人學士所發抒所吟咏採其關於掌故者得文七首贊四首詩歌五十六首錄而存之或亦文明之導線與

諭令

呼倫貝爾召集全旗大會訓詞

東三省巡閱使兼蒙疆經略使 奉天督軍兼省長 張作霖

中華民國九年一月呼倫貝爾全旗內嚮取消特別區域　大總統施曠蕩之仁賞賚有加越四月爲夏歷三月十五日呼倫全旗召集大會之期萬衆喁喁歡忻鼓舞本使軍長爰於其時特派專員參列斯會而致其殷殷誠懇之忱曰

維我呼倫地方介在邊隅幅幀遼闊形勢險要防務殷繁生計艱難文化待啟此後屏藩如何永固實業如何發舒智識如何濬瀹生計如何富裕本使軍長眷念西陲具有無窮之希望謹畧舉數端爲我蒙旗父老子弟告查呼倫遠處興安嶺外中通鐵路密邇俄疆慨自彼邦多事影響所及風鶴頻驚惟賴我蒙衆衆志成城愼固封守保衛地方卽所以鞏固邊圉此對於國防之希望我呼倫蒙衆協助者一也呼倫蒙旗向以游牧爲業馬產之良爲中國冠然夷攷近年出產駿足亦不多覯加以上年大遭匪亂牲畜之數日形減少我蒙民之生計坐是窘困夫牧畜事業近世各國每多發明新法如配種改良餧養選料諸事亟應隨時研究以資倣傚若篤守舊法不知變通則生殖不繁地方財力又何由而富裕乎此講求牧畜爲我呼倫蒙衆所應注意者又一也國之強弱視其民之智愚以爲斷呼倫僻處極邊教育素乏講求兼以蒙漢言語不同凡百事業亦遂皆墨守舊章無由進步現在各國文化新潮一日千里而我欲以守成不變之術角逐於天演競爭之塲不敗何待此推廣教育爲我呼倫蒙衆當務之急者又一也呼倫地方漁鹽林礦物產豐饒額爾古訥河右岸一帶土質甚沃祇以地方人民勢渙力微未能經營以致貨棄於

地爲他人所覬覦利權喪失挽救何及詎知天付人以地利原所以供一地方之享受倘極力自爲經營則他人無由插足昧於啟發適以貽禍懲前毖後我蒙旗更不可不加之意矣此振興實業爲我呼倫蒙衆之亟宜講求者又一也本軍使長忝膺疆寄管理軍民知能缺乏計慮未周而於我呼倫貝爾前途之發達實具宏願我蒙旗同僚上下暨父老子弟其戮力同心毅然奮勉以共圖樂利金甌永固玉宇昇平我國家實利賴無窮焉

序記

呼倫貝爾邊務調查報告序 宣統元年二月

呼倫貝爾副都統　宋小濂 友梅 吉林

治邊之道不貴能戰而貴能守漢鼂錯論備邊務徙民實塞使屯戍益省輸將益寡趙充國鎮金城首策屯田奏凡三上其便宜十二事亦不外貴謀賤戰先爲不可勝以待敵之可勝旨哉言乎旨哉言乎後之談邊防者其孰能外之近世以來五洲棣通列強競進不憚探險拓地以爲領土可謂好勤遠略矣然每得一地必實行其殖民政策誠以有人有土非侈言廣漠所能坐守無古今中外其道一也我朝龍興東土首先征服東海窩集暨薩哈連諸部康熙二十八年復征服羅刹於雅克薩城定尼布楚額爾古訥河界約自外興安嶺以達於庫頁島無遠無近悉主悉臣自時厥後垂二百年無一將一卒之守而邊境安於磐石固由威德遐暨大小畏懷亦中外時勢未移得以宴然無事也迨咸豐季年俄人乘我無備進據黑龍江左及烏蘇里江以東至海濱之地定璦琿北京兩約坐失外興安嶺天險東北邊界遂無一不關重要呼倫貝爾居東北邊界上游西北迤東處處與俄爲鄰西南控制喀爾喀外蒙古東南屏蔽黑龍江省城東清鐵路自西邊入境貫穿黑龍江吉林腹地又經庚子之變客主易情籌防尤急光緒丁未冬小濂奉命權鎮斯土目覩殘破之餘熟計防維之要以爲行政次第首在邊務而籌邊必先實邊實邊必資屯墾明年春因請省署奏於朝變通卡倫章程以守以耕通力合作務使戍卒堅久安之志後來無失所之虞擘畫綢繆規模略具顧邊荒寥落憑藉毫無絕塞孤懸險度非易百聞不如一見知己尤貴知彼自非實地視察何以施措咸宜洎夏時和凍解水陸可通檄令調查員揀選知縣齊守謙測繪員巡檢趙春芳將弁高等生曲觀海差遣員府經歷慶祿等分道詳勘自五月至十月凡六閱月歷千五百里陸行則疊嶂森林道路未闢水行則荒谿絕澗舟

楫難施以至炎暑蚊蟲秋風雨雪靡險弗履無苦不嘗乃隨行隨記隨圖歸而參互鈎稽詳繪編輯又竭五月之力而竣事計分篇二十有一而括以十三門首國界嚴疆域也次河流次山脈辨形勢也次地質次氣候明土宜也次物產著地理也次部落重屬人也皆就固有者言之也至於保其固有而謀所以布置之則不能無事於人爲故次之以卡倫以植屯墾之基次之以治所以立遠大之規次之以交通以謀轉輸之利次之以稅務以收利權之失次之以兵防以消侵軼之萌而後終之以俄屯以見彼族經營之實籌我國制禦之方取則不遠於伐柯補牢猶及其未晚既條分而縷晰庶本末之兼賅復附益以圖表發明其現狀既詳既實秩如瞭如舉而行之推而利之此其依據矣雖然理論者事實之母才智者幹濟之資天下事言之非艱行之維艱行矣而靡不有初鮮克有終古人於此尚兢兢焉矧小濂之庸駑無似可與圖成功計久遠乎後之君子洞觀時勢熟權利害尙有以補救而廓張之幸甚

呼倫貝爾壽寧寺市場記

宋小濂

索岳興安而北（索岳爾濟山興安嶺在甘珠寺南）呼倫鄂遜之南（呼倫湖鄂爾遜河在甘珠寺北）沙草荒涼人煙寥落忽開一大市場焉人則索倫額魯特布特哈新舊巴爾虎各旗喀爾喀蒙古各部內而燕晉外而俄羅斯各商以萬計畜則駝馬牛羊以數十萬計貨則金玉錦繡布帛菽粟輪輿鞍轡凡蒙旗日用器物之屬無弗備氈廬環繞煙火上騰周數十里支帳於野連車爲營偕婦子以共處者彌望皆是蒙言漢語駝嘯牛鳴車馳馬走之聲澈日夜不絕於耳大觀哉市在呼倫貝爾副都統署西南三百二十里布彥圖布爾都之野壽寧寺北八里壽寧寺者新巴爾虎左右兩翼八旗於乾隆四十八年爲國公建之福壽道場也蒙古語謂之甘珠爾寺甘珠爾卽壽寧之意地於各旗爲適中而喀爾喀各部及京師察哈爾多倫諾爾之來倫者亦以此爲孔道歲八月七日喇嘛咸集諷唄遠近瞻禮者相屬卽於期前乘秋高馬肥之際開市貿易副都統必親臨巡閱所以重民生振商務察物產之豐耗也其市法必以八月朔日爲始未及期雖集不得擅開售者購者必於市內不得在外交易防漏稅也市作大環形闕其南北爲二門南門兩翼爲車市皆布特哈及本屬索倫所造（土人謂之羅羅車輕而易駕惟不堅）門之東迤北爲倫市及齊齊哈爾各商門之西迤北爲京師多倫諾爾

奉天各商北門外別爲一衢以處俄商其中央則副都統行幕及稅課司在焉來市者朝而入暮而出五方雜處無爭鬭攘奪之警雖有旗屬官兵巡察不過具形勢而已市以銀近或雜以俄鈔無所謂銀銅各幣蒙古旗族終歲所需均於此時購備然終以物相交換爲多如是者七八日始各散歸古所謂日中爲市交易而退各得其所者庶幾近之其風氣之樸生計之裕於此可見一斑夫蒙旗各部古所謂強族也今則稍稍弱矣而又值文明競爭時代僻居荒野蔽於錮習論者遂屏諸不可復用之列然愚竊嘗謂北邊數千里處處與強俄爲鄰彼族肆其雄圖難保無烽燧之警一旦有事欲徵兵調餉於數千萬里之內地微論饋運不繼饑疲爲患而野居食肉日僅一餐亦非內地習於溫飽之人所可任況平原曠野利於騎蒙旗童子皆善騎馬馳騁如飛倘能寬以歲月就其生計之裕以啟其文明本其風氣之樸以振其武勇吾知固圉威遠仍不出韋鞲毳幕膻肉酪漿之倫惟詢諸士人今歲牲畜價低又乘春雪過盛饑凍倒斃之餘市況爲之一落然亦遠近商情牽率不過一時之消長無關久遠之盛衰庸何害所惜者小濂才力薄弱坐擁數千里邊荒二三萬旗族懷攬轡馳驅之志乏乘時振厲之方挽弱爲強長駕遠馭是不能不望於當代之賢豪矣光緒三十四年戊申八月初三日權鎮呼倫貝爾等處副都統花翎二品銜軍機處存記道吉林宋小濂記於壽甯寺市場行幕

送程中丞引疾歸里序

宋小濂

中丞程公蒞江之四年戊申三月以疾請歸報可寅僚治筵公餞屬小濂爲詞以祝公小濂從公久知公深雖不敏何敢辭公以諸生從戎塞上遍歷東山省十餘年間蒙殊恩建節鉞由副都統而將軍而巡撫何其榮也倘安病然而公竟病者當公來東三省時三省故完善公以爲國家根本形勢物產均占優勝特以邊備不修荒蕪未闢致事事落人後著忠憤所結思有以開通而籌布之而事權不屬鬱鬱以去聽鼓於皖江者數年歲己亥原任黑龍江副都統壽公治軍愛琿素知公調襄戎幕明年壽公擢將軍公隨至省任要差似可稍稍展布矣乃適丁庚子之變禍起滄天西望神京潸然雪涕雖止敵人炮火之發以保會城卻強虜軍符之授以秉臣節公之志行昭然然事已焦頭爛額處不可復爲之勢且又爲忌者所排倉猝引避其鬱鬱如故也光緒二十九年冬用長忠靖公薦以直隸州

知州入覲召對稱旨兩宮又素聞公賢擢道員加副都統銜簡署齊齊哈爾副都統命辦黑龍江墾務善後三十年二月到任未幾署將軍薩公以疾歸朝旨命阿勒楚喀副都統達公來權軍篆達公故與公善至是相得益彰遇事和衷商榷而聞風景從之士如鄭國華多祿徐鼐霖及小濂等亦多歸之當是時日俄事起江省當東清鐵路之衝俄兵過境者日不絕強橫驛騷不可理喻奸民乘間嘯聚肆行掠奪餉絀兵單猝難勦辦公與達公外籌中立內理庶政如招墾設官均乘間興辦具有規模次年四月達公奉召入都得旨以公署將軍江省以荒落之區當殘破之後外兵壓境鐵路交涉患在肘腋公因應對待無不出以苦心每語僚屬曰遭世艱虞受恩深重激急不可敷衍不可含忍辱負重精進不已別無報稱挽救之法諸君其共圖之是年冬以日俄戰結奏派小濂赴都備外務部議約顧問得遍謁樞府諸公皆嘉公成績贊歎不置屬轉致公盡力爲之毋顧慮公於是奏改旗制裁齊齊哈爾呼蘭通肯布特哈四副都統去旗署把持之積弊開化除滿漢之先聲延攬賢豪來者益衆逾年學堂巡警諸新政亦相繼並興通肯巴拜湯旺河莽鼐布特哈及三蒙各荒地領戶聞風爭集次第開放設官分治而瑷琿一城前經俄兵佔據亦於三十二年夏間收回副都統得率旗屬官兵復業其各屬馬賊之肆擾者公激厲將士整頓疲卒漸次勦平數千里窮荒一無憑藉得此良非易易以常人論之洵公躊躇滿志時矣然而仍鬱鬱者荒地雖放而未闢新政雖舉而未成馬賊雖平仍未淨絕根株旗制雖改尚待籌維生計加以時艱之棘迫邊境之空虛外界之風潮地方之罷敝無日不往來於胸中凡此皆公疾之所由致也上年春朝廷以三省勢偪兩強應速經畫詔改行省以民政部尚書徐公總督東三省駐奉天改公署黑龍江巡撫徐公以公在江久習邊事素重公事必馳書咨公而行省之設又公未逮之志也得時乘勢尚何不達之隱不遂之爲乃公憂勞益甚若時有不如意者然蓋公性沈厚忠勤日坐公廳治事事無巨細必集僚屬反覆討論有來謁者必見見必深談委曲詳盡雖終日不厭其待僚屬也務積誠相感以故人皆用命或事有不如意者無疾言厲色必沉思以究其所以然往往中宵不寐甚至失眠僚屬勸以節勞公笑頷之而勤劬如故至是公謂朝廷既改行省凡事宜更始圖新吾無奇才異能豈偃息優游所能爲理雖勞何敢恤公之疾自此作矣公雖疾而公之治事如故也秋九月請於朝賞假一月調理漸見輕利然猶時愈時發今年

二月公不欲以病軀誤國家事陳請入關就醫既得允僚屬及遠近知公者多以公得位乘時遽引疾去爲可惜而小濂獨爲公賀夫人生精力幾何萃時事憂危於一心負責任艱鉅於一身旰夕焦勞無晷刻暇欲不病得乎今公毅然歸去溯長江歷巫峽逸性豪情豁人胸臆而且舞萊衣於堂上話故舊於鄉閭家庭族戚之歡尤足頤養天和消除鬱積吾知公疾將不醫而自瘉雖然公固未嘗須臾忘江省也側聞新帥當世賢者必能益擴遠圖吾輩其各盡乃心竭乃力贊佐新帥以竟公未究之志使公聞之而喜曰功固不必自我成也喜則疾必速瘳疾瘳朝廷必召公出堅凝釁鑠宏濟艱難其所以扶持世運者正遠且大豈僅在目前一日江省一隅也哉至公之政蹟事業昭昭在人耳目有識者類能知之無俟贅及特述公疾所由起與其所以愈者以諗同僚同僚曰子知公以質公公亦曰子差知我

祭告

祭克魯倫河神文 康熙三十五年　清聖祖

朕統御寰宇懷柔百神遐邇內外罔有殊視凡乘輿巡歷之地必虔告所過名山大川所以昭秩祀也頃因額魯特噶爾丹悖德逆天俶擾邊境朕躬統大軍遠出聲討以期殄寇安民茲已行次克魯倫河惟神夙以巨名浸於絕塞溯長源之濬發引千里以灤流朕師師蒞止觀臨嘉歎用是備陳牲帛遣官申祭神其丕彰靈應默贊軍威迅蕩滌夫穢氛永澂清夫朔漠異日垂諸史册蔚有休光惟神鑒焉

論說

爲蒙古代禱文　呼倫貝爾蒙旗學校校長 郭摩西 道甫呼倫蒙籍

蒙古自古爲東亞最強盛之民族有固定之土地並有特殊之言語文字宗教政治風俗習慣今雖愚弱衰微究與世界大局頗有密切關係茲特述其大略倘亦全國信徒所樂聞者歟

蒙古對外之關係(一)蒙古之人口土地物產　蒙古民族人口大約五百萬人其所居之土地合中國之內蒙古外蒙古青海黑龍江之西部北部新疆省之天山北路及俄屬之貝加爾州義爾庫次克省皆其範圍所屬每一英

方里平均僅得二人其版圖之廣大人烟之稀少爲現今全球所罕見其物產五金森林最富而尤以馬牛羊駝爲特產富人之產羊羣大者以數萬計小者以數百計馬牛羣大者以數千計小者以數十計駝羣大者以數百計小者以數頭計最貧者亦必有牛一頭羊數頭以爲常由此可見蒙古牲畜之豐盛(二)蒙古之對於中國及世界之關係　蒙族與漢族自古同爲東洋強族取中國近代史以觀可知中國歷代沿革不啻爲漢蒙兩族消長之寫眞自有清一代蒙族始失其英武不羈之精神事事屈服人下凡今日蒙人所衣所服之布帛綢緞皆出於漢族之手所食所飲之米麪茶葉亦皆出於漢族之手蒙古之宮室廟寺漢族之所築也蒙古之商場工業漢族之所營也今且取消外蒙自治漢蒙關係益形密切惟蒙人智識不開對於共和眞理毫不明瞭故於舉興新政動輒誤會往往爲兩族感情款洽之障碍而其地大物博人煙稀少將來影響於世界大局頗重近數十年來俄國垂涎蒙古苦心經營並利用蒙人之無知大施其籠絡侵略主義外蒙之脫離中國宣告獨立厥爲俄國主動今雖國內大亂自顧不暇然其在蒙古之勢力則已根深蒂固絕非數年之內所能挽回日本則在東蒙一帶已立經營內蒙之基礎此次藉出兵西伯利亞之機會在外蒙一帶亦大施運動又組織日蒙佛教聯合會派人歡迎蒙古喇嘛赴日本觀光野心勃勃令人心寒且此次歐戰原因實起於民族侵略主義之發展與夫經濟競爭劇烈之結果今雖國際同盟言歸於好而歐美各國之需要原料尤爲特甚又以世界各處土地日闢牲畜產額日減人人必需之皮毛牛奶肉類等品日見缺乏昂貴惟蒙古廣大無邊之牧場千百成羣之牲畜正在振興發展之時代將來必爲供給世界人類皮毛牛奶肉類之一大市場毫無疑義因此英法美意各國亦必不能漠視蒙古一旦各方面利害衝突難免不起爭端其結果必演成世界第二次之大戰有心人豈可不早設法以謀挽救乎

蒙古內部之情形(一)政治　蒙古之政治爲貴族階級制度清時分內外蒙古爲八十餘旗每旗設札薩克以統治之儼然與帝王無異子孫世襲以迄於今凡生殺予奪之權皆爲札薩克所獨攬又定兄弟每二人一人爲喇嘛除王公子弟之外不准蒙人讀書以寓愚弱蒙古之妙策方今中華民國雖以民權爲本究以蒙古有特別情形人民程度不齊遂仍其舊故今日之五百萬蒙古同胞名爲共和國民其實爲專制之奴隸(二)宗教　蒙古之宗教

爲喇嘛教現以外蒙庫倫之哲布尊丹巴活佛爲教主蒙古之王公札薩克白叟黃童莫不朝夕禮拜凡吉凶禍福皆委命於喇嘛以故迷信太甚流弊滋多近年以來蒙人懼於疾病充斥外患日熾惟知在各廟諷唄誦經冀消禍患於無形毫不務革新之道尤有甚者蒙人居常不知宗教得救眞理終日念佛禮神亦終日無所不爲而一生必朝詣庫倫活佛或至五臺山獻財納銀以爲必蒙赦罪死後得入佛土其他傷風敗俗之事不可勝舉（三）風俗

蒙人之性情因得喇嘛教數百年來慈悲主義之感化已變爲純厚柔馴之改觀惟無知無識實屬可憫人死則棄於野外任令飽食禽獸愈速則愈慶大有造化至於婚姻問題大體上可謂一夫多妻制亦可謂一妻多夫制（非同時嫁於多夫因其可以自由離婚並不守貞潔者甚多）習非成是演爲風俗故不尙貞潔亦無完全美滿之家庭（四）生活　蒙古民族之生活除數處半遊牧村莊外尙在完全遊牧時代無城郭宮室逐水草而遷移古人所謂韋韝毳幙以禦風雨羶肉酪漿以充飢渴之景況至今依然其貧者每日僅以磚茶兼牛羊乳代爲飲食蒙古之婦女責任甚重凡經理家務製酪剪毛移幕拾薪之事皆以婦女任之又婦女每日負筐隨馬牛羣後舉拾其糞以爲柴薪蒙人無論男女不知沐浴其汚穢不潔之生活良可悲憫

蒙古之需要及救濟　蒙古民族之現狀因政治宗教風俗生活各方面黑暗不良之結果已墮入奴隸貧窮愚昧病弱罪惡之苦海其最苦者深雲迷霧充滿天空使蒙古不得見上帝之眞光是其心靈之黑暗飢渴較身體之壓制逼迫尤甚若此之不救決無改造之希望故今日蒙古之需要及救濟除傳入基督教之外再無第二法門（一）基督教—佈道　基督教爲普遍世界之宗教凡基督徒及有識之人皆所共認其改造世界變化社會之能力亦昭昭在人耳目尤能解脫人類奴隸貧窮愚昧病弱罪惡之重軛蒙古民族數千年來即負此種重軛至今未釋非基督教何以救之於是乎佈道蒙古實爲不可容緩之圖環顧全國布道蒙古之馬利遜其誰屬哉（二）教育—學校　凡欲人類之良知良能完全發達以盡天賦之用必先以教育開其端而促其成今日蒙古民族之愚弱衰微可憐萬狀實因教育未興學校未立之故今蒙古不但無基督教精神貫注之學校即一普通小學亦不可得良可悲憫欲其不爲奴隸貧窮愚昧病弱罪惡所束縛豈可得乎仁人君子盍不察諸（三）衞生—醫院　蒙古民族本

不知講衛生凡有疾病皆延喇嘛誦經諷唄並服喇嘛所用之藥粉其幸而生者不過十之三近年以來交通漸便所有流行病及花柳病亦皆傳入連年發生轉染死者頗衆故設立醫院醫治疾病並設法預防各種惡疫之流行亦爲蒙古今日最要之舉此事可爲基督教傳入蒙古之先導凡吾基督徒更當竭力圖之

佈道蒙古之進行方法(一)阻力及助力　偌大可憐五百萬蒙古之民族無一宣教士無一福音堂推原其故厥有四端(甲)蒙古數百年來已包括於中國名稱世人但知注意中國而不知特別注意蒙古(乙)蒙古地位在亞洲中部交通不便易於閉塞(丙)蒙古有特別言語文字宗教政治風俗習慣非諳練熟習者不能知其內容(丁)蒙古喇嘛教之勢力支配政治宗教兩界一種迷信之團結力最強排外教侵入之心亦最烈故雖有一二注意佈道之人究竟毫未奏功今則形勢大變時機已熟現在世人皆注意蒙古民族之活動故甲種阻力已去現在西伯利亞鐵路已成貫穿蒙古之北部以通東西洋故乙種之阻力亦去現在世人皆知注意蒙古而蒙人之習知外情欲告苦況於世人者亦漸多故丙種阻力不久必能除去惟丁種之阻力實爲蒙古之最要問題其破除之道良非易事然近年以來喇嘛教流弊特甚有識之士皆引爲隱憂又新進少年懷抱如荼如錦發奮改良之志願故對於喇嘛教頗不滿意咸有改弦更張擇走新路之勢而對於基督教之服務社會鑄造人格之能力頗爲贊嘆是爲基督福音傳播蒙古千載一時之機會吾輩基督徒之責任其重大爲何如耶(二)佈道團及通訊機關　吾中華基督徒既蒙恩得救享受眞幸福更宜服從救主愛人如己舍身傳道之意旨以盡救世救人救國之天職今蒙古既爲世界未來之禍源又爲中國五族共和之同胞吾中華基督徒不能不大發博愛之熱心犧牲其精神直接的補救蒙古間接的補救世界其問題之重大事業之榮光二十世紀之中半期莫此爲甚現在中華基督徒既有中華歸主之運動雲南佈道之組織似當急起進行組織蒙古佈道團以促中華歸主之告成故特委託北京基督教青年會幹事徐寶謙先生爲籌備蒙古佈道通訊機關此後全國信徒對於蒙古佈道之舉有所建議及對於蒙古情形有所詢問之事請直接與徐先生接洽可也(三)造就人才　蒙古有特別之言語文字宗教政治風俗習慣故宣道之士亦必先學其言語文字爲佈道之預備又當選擇蒙古青年有爲子弟來內地教會學校肄業以資宣

教士之助手是二者爲佈道蒙古進行之初步

箇人之供獻　僕係呼倫貝爾(在黑龍江之西部外蒙之東內蒙之北)之蒙古人民國三年卒業於黑龍江省立第一中學校民國四年升於北京外交部俄文專修館肄業民國六年受洗禮於中華基督教會爲基督徒是年夏桑梓變亂家資蕩然不得已半途退學即在本地竭力提倡教育乃以私資創辦呼倫學校民國八年春始得呼倫貝爾副都統署認爲官立學校僕又曉音瘏口由俄國富商募得捐款備置學生制服及學校應用書籍等項學務甫見進步孰意是年夏秋之間瘟疫流行頗烈蒙人死者甚多僕之家祖舍弟亦遭天殃乃爲家務所累未能前赴辦學學校從此停辦至今未開現僕欲在墨和爾圖(在呼倫貝爾之海拉爾城東南距城一百二十里)地方就蒙人村莊設立公立蒙古模範學校擬建築校舍三十餘間計八間爲講室教員及學生室各六間辦公室印刷室差役室及廚房浴室各二間惟事在初創不求宏大華美但求堅樸清潔不背於衛生並以基督教精神貫注學校爲福音傳入之先導現由僕首先捐助現洋一千元大牛十頭此外尚待募得現洋三千元始能從事經營此事關於蒙族全體之文野民國根本之安危望吾輩基督徒十分注意並請日夜祈禱上帝庶幾多人蒙召福音早佈於蒙土蒙古五百萬同胞之希望惟此而已

玆將應爲蒙古代禱之要項列下(一)爲蒙古五百萬民族(二)爲蒙古佈道團早日成立(三)爲國中信徒注意蒙古問題隨時研究考察並爲佈道蒙古踴躍捐款(四)爲模範學校計畫早日成功(五)爲行醫事業(六)爲上帝感召傳道者(七)爲僕箇人厚蒙主恩作主合用之器皿

策蒙者衆矣然皆屬德國式之併吞主義求能爲蒙古五百萬民族設法以謀根本上之解決者無一人焉有之唯博愛犧牲平等大同之基督教徒耳郭君主張以基督教救蒙古可謂卓見然基督徒之任於是益重矣郭摩西字道甫原名濬黃三年前肄業北京時同予研經進教信道後即以拯救蒙古民族爲己任年來回蒙創辦學校成效卓著此次遠道來津京即欲與國中教會中西領袖接洽蒙古佈道之事計已與誠靜怡張伯苓余日章司徒雷登張純一巴樂滿及其他諸領袖徵求意見頗蒙贊許且已爲天津公理會北京美以美會

中華基督教會協和醫學燕京大學青年會等機關演述蒙古情形及布道蒙古之必要郭君係蒙古貴族亦係蒙古信道者之第一人此次在京津一帶奔走呼號頗類當時馬其頓人之呼聲予知天父仁慈郭君之志必得如願以償也 北京青年會學生幹事徐寶謙附註

蒙古之教育事業與中國將來 民國十一年三月作於日本東京

留日學生郭文尙 呼倫蒙籍

自來策蒙者衆矣而卒不能舉效者何因人之視蒙也不曰桀驁不馴卽曰冥頑不靈恒以武力加其身而未能服其心故耳夫蒙古非我中華之一大民族乎民俗敎龎人情質樸體格強悍秉性沈著有史以來無時甘爲雌伏雖其行爲乖戾由此亦足徵其民族性也自滿清褒獎喇嘛增大封爵以利祿之餌行滅種之計蒙古自此遂一落千丈形同亡國奴矣今則屛息塞外無人過問儼如無娘赤子以致數百萬之可憐同胞被玩弄於異人之掌上吁可慨也夫蒙古面積約二百五十萬方里人口約五百萬牧場之廣大牲畜之繁多土地之肥沃礦產之豐富東西洋無不垂涎而我國人何竟不之介意今後望同胞中之有心人對蒙加以研究則蒙古幸甚中華前途幸甚茲將蒙古之風俗人情並治蒙急務略爲介紹蒙古直無文化之可言(滿淸時尙有讀滿文者)迷信佛教賴事生活視喇嘛爲佛之替身不敢侵犯凡治病除災諸事皆延其誦經拜讖故人多信賴之一般人民逐水草爲轉移仍屬游牧生活舉凡衣服之布帛綢緞飲食之米麪茶鹽住民之宮室寺廟皆出自漢人之手因其知識未開對於種族思想國家觀念及共和眞理毫不了解故一舉新政動輒誤會前次外蒙之宣告獨立實爲其證雖然亦我國人不介意之所致也蒙古何嘗有獨立資格獨立能力不過爲俄國所煽動耳蒙民大部以復辟爲要着故年來時受外人之煽惑而蠢蠢欲動歐戰以還俄果失敗恐蒙古亦非吾有也然西北沉疴雖減東南毒燄方張日人組織殖民協會努力向蒙古進攻國民組合團體政府爲之後援凡無力無資而有心前往者貸費有人應援亦有人野心勃勃欺蒙人之無知施其侵略之手段篤中美臠爭欲嘗之亦不獨日俄然也西洋之先進國有不以蒙古爲世界之富源者乎蒙人固不自知也我全國同胞何獨夢夢夫以可愛可惜之大好山河竟致之可憐可悲之地獄有心人莫不同聲一哭揆厥由來則由於蒙人之知識不開國內同胞之不介意所致故也欲發展蒙古者教育問題乃爲今日

之先務使再不起而圖之灌輸新知識破其畛域之見固其愛國之心其不淪胥於異族者未之有也須知蒙古者非蒙古之蒙古實中國之蒙古也而中國又非一人之中國我四萬萬同胞之中國也國家興亡匹夫有責然則蒙古之存否非我同胞之責乎將見廣大之牧場萬千之牲畜爲他人所攫取也礦産之富森林之茂爲列強所採伐也肥沃之田膏腴之地爲異族所墾植也同胞乎同胞乎請看今日之蒙古竟是何人之領地時機一過噬臍何及將令此強悍健兒爲奴隸者何人數百萬蒙人之生命四萬萬同胞之命運皆在吾等之手中也噫最可異者國內高唱統一之諸先生而將若大之蒙古置若罔聞嗚呼五色旗中藍將不見矣悲夫總之我國方以內訌外患交迫政府欲顧無暇所賴愛國志士急起直追作補牢之計收桑榆之功余敢信天固將降臨蒙土也否則眈眈者將申其毒辣之手而瞵瞵攫之也我國統一耶行將分裂也歟惜我執政諸公對於蒙古不思根本解決仍沿舊技以武力壓服恐愈壓反阬力亦隨之而愈大矣爲今之計首宜創興教育以啓其知以馴其性培養其道德鍛鍊其身體而奠永久鞏固之基庶有豸乎庶有豸乎乃蒙人近因識見之不眞造成感情上之惡果而國人遂亦視爲擾亂份子因而銜恨之其彼此誤解勢若仇敵愈積愈深愈演愈烈致爲外人所煽動賄賂而利用之而釀成無窮之禍患蒙古前途中國前途豈可得而望乎願熱心同胞急起發展蒙古我輩尤不能辭其責也願大聲旅鼓以作先鋒今將教育上進行急應方法特介紹數則祈我同胞一垂察焉

(一)普通教育　包含學校教育及社會教育是也此種發展已非難事蓋今日北京及黑龍江省垣與蒙古之呼倫貝爾等處學校教育已稍有萌芽再加努力振刷推廣之則不難普及惟所慮者即缺乏同志者協力提倡之耳教才亦異常缺乏惟望我行政諸公之注意我少年有志者之踴躍前趨也

(二)職業教育　蒙古之牛羊皮毛乳肉及五金森林等異常豐富皆宜經營之大可助行政之經費而補中央之窘絀但必有此項人才方可濟事此職業教育尤爲必要也

(三)培養教育及實業專門人才其方法有二(甲)派送蒙古之具有新知識者於國內及國外留學使得眞實的學問以爲師範之資(乙)設立蒙語學校凡我同胞有志於開發蒙古者不可不學其言語文字及風俗習慣而思

有以調劑之現在日本之對於蒙古一切無不詳細調查明瞭且有專門蒙語學校聘用蒙人教之是何居心不待明言吾人顧可不加之意乎

(四)改良蒙古之生活　凡攜帶全家逐水草而游牧之蒙人令其建一有定之村莊俾從事開墾耕種

凡此四則若能一一舉行則教育實業均可望振興發達矣使蒙人覺醒而於共和眞理國家觀念悉能澈底明悉則實爲保持蒙古之唯一政策而統一中國之不二法門也較之兵馬之勞苦塗炭之悽慘喋血連年暴尸郊野爲何如乎以力服人者非心服也望同胞三致意焉

頌贊

紫光閣平定西域功臣二等侍衛額爾克巴圖魯海蘭察像贊　清高宗

烈風掃枯迅其奚難亦賴衆傑摧敵攻堅於塔巴臺射巴雅爾是其偉績勇鮮倫比

紫光閣平定金川功臣參贊大臣一等超勇侯都統海蘭察像贊　清高宗

射巴雅爾超授侍衛洊至都統參畫軍計堅碉險砦無不先登勇而有謀封侯實應

紫光閣平定台灣功臣領侍衛內大臣三等超勇公海蘭察像贊　清高宗

勇弗知書謀勝智士西馬彎弓賊不敢視欲致活口射勿令死晉爵錫服言難盡美

紫光閣平定廓爾喀功臣領侍衛內大臣一等超勇公海蘭察像贊　清高宗

勇而有謀侍衛洊公索倫亘擘黼衣錫龍圖形四番福祿鮮比旋終於家矜惜無已

原註己亥征討準噶爾特海蘭察方以索倫馬兵從軍先是輝特台吉巴雅爾率屬來降已封爲汗及阿睦爾撒納復叛後巴雅爾旋亦從逆以大兵追急遁入塔爾巴哈台山中海蘭察奮力窮追之墜馬遂生擒以歸以北立擢爲侍衛嗣後每派出兵無不奮勇爭先而料敵策應宛若素嫻韜略者然屢以戰功洊封公爵此次爲參贊功成復晉封一等超勇公實爲索倫之傑出者矣

詩歌

登興安大嶺歌（原作無考照蒙古游牧記節錄句載入）　清高宗

杭愛阿爾台舒右臂索岳爾濟憑左肩皇祖昔年曾一至（康熙二十六年聖祖幸索岳爾濟山烏默客來朝扈駕）卽今聖蹟蒼巖間

命領侍衛內大臣一等超勇公海蘭察入昭忠祠詩以誌情　清高宗

本以索倫兵手擒巴雅爾因之識英材超羣擢侍衛感恩益忠勤征戰無不委猶憶伐緬甸領隊率一旅（叶）明瑞被賊阻就近欲救彼額（勒）登額挾仇無奈為所止斯則勇兼謀赤心更莫似是後凡川師洊至參經理凡戰皆獲勝深明進退揆曾不一字識每合七略旨臺灣及廓喀福康安肩比崇爵錫黼衣恩榮冀永祉五子申予懷千秋述伊美

原註緬甸之役將軍明瑞師次猛臘屢戰克勝既而賊大積我孤軍無繼明瑞令將領分隊以出自為殿後而參贊額勒分駐旱塔忌明瑞成功不救以致殞軀時海蘭察聞信卽欲往援為額勒登額阻止彼時海蘭察不過一領隊侍衛固不能違參贊之號令徑自赴救而其忠誠於此益見嗣後每遇征戰無不簡派伊亦感激朕恩倍加奮勉至其料敵攻戰進退策應悉協機宜雖未知書儼若素嫺韜略者金川奏捷遂封為一等超勇侯丁未台灣逆匪林爽文等滋事福康安為將軍並令伊為參贊不數月逆匪悉就擒獲事蕆論功因晉封為三等超勇公賞戴紅寶石頂四團龍掛及此次廓爾喀侵擾藏界仍命伊為參贊同福康安征討七載皆捷賊人震讋乞降大功告竣又晉封一等超勇公及去冬回京朕方冀其長受寵恩永膺福祉不意今春抱病未及旬日遽爾溘逝可勝惋惜所有飾終令典俱已恩錫既念此次深入賊境山徑崎仄備極艱辛其得病未必不由勞瘁所致尤為憫惻因令入昭忠祠用彰勛績並為宣力効忠者勸

呼倫貝爾紀事　宋小濂

興安嶺西北斗北驢朐河外渺無極黃沙滿地雪滿天胡兒三萬服威德憶昔國家全盛時約束異類隨鞭箠河上誓碑界已定（康熙二十八年平定羅刹與俄羅斯定約在額爾古訥河立界碑）山頭鄂博石難移（陸路分界堆封以石為之蒙古語謂之鄂博至今尚存）此疆彼域各嚴守誰敢試越鴻溝走一草一木戴兵威碧眼赤髯皆縮手牛羊遍野駝馬鳴千廬萬落騰歡聲沐日浴月二百載四境從無烽燧驚世界風雲變倏忽約書一紙來羅刹（光緒丙申與俄羅斯訂中東鐵路之約）毀垣入戶建飛軺穴山跨江通修轍藩籬自撤

隳國防黃巾兆禍虜騎猖（庚子拳匪變起俄兵藉口入據）憑陵蹴踏等螻蟻八年俯首飽豺狼（自庚子之變俄兵入據至丁未始撤）卽今亂定脫刀七黿蛇笑看飈輪駛部落星居自曉昏山川甌脫誰疆理我武生愧李將軍我才遠遜趙翁孫嚴疆權鎭作都護籌防拮据營邊屯千五百里渺人迹山高谿深岩如壁陸無道路水無舟到此仰天長太息仰天太息空疑猶何如且爲尺寸謀裹糧分道據天險開榛闢莽勤綢繆營巢漸見初基植河干遍樹黃龍幟鄰族驚呼吉代來（俄人呼華人爲吉代斯拔郎契丹之轉音）官民相誠無妄肆回頭切切語我蒙尙武勿忘先代風有馬可騎羊可食同仇共憤圖邊功魯陽揮戈日爲返補牢莫恨亡羊晚吁嗟乎亡羊補牢雖已晚餘羊尙在庶幾免

滿洲里　宋小濂

羣山鬱蒼莽沙草迷天荒寒日淡迴野邊風嚴淸商乘鄣絕斥堠游牧無牛羊百年拚棄置誰知嚴國防陰謀善蹈隙突起強鄰強於此通萬國軌道闢周行興安鑿混沌拜嘎失汪洋上游據形勢入境扼我吭市廛平地起燈火通宵張虎狠恣眺盪意氣何揚揚曰維滿洲里第一停車場中外豔稱說都邑相頡頏譬如寒村女被以時世妝王嬙與西子環佩遂鏘鏘豈知世界史此名從未彰經營在人力天意終微茫我遂不自量振策凌冰霜當車奮螳臂謂可全危疆三年苦撑拄尺土誰保障中央有奇策謙讓實不遑精神日以瘁軀幹日以僵四肢任屠割痛癢心早忘登高一悵望涕下徒霑裳

達賚晚行（土人名呼倫湖之野爲達賚）　宋小濂

平原衰草接天荒敻絕人煙見雁行湖氣遠涵斜日淡邊聲秋挾朔風涼（是晚北風初起勁甚）泛舟室韃懷雄略飲馬臚朐有戰場今古興衰難豫料停車欲話暮蒼茫

登阿巴哈依圖嶺審視中俄國界（阿巴哈依圖一名阿巴該圖又曰阿巴海圖）　宋小濂

羣山西來行逶迤一山突兀餘陂陀昂頭駐瞰平野濶草靑沙白亂流多下馬策杖凌絕頂憑臨萬象爭紛羅東來長蛇海拉爾蜿蜒奔赴山足過地形中高南北下審觀水勢一一可縷覼小渠南溢乃是達蘭鄂洛本中流北轉曰維額爾古訥河以手遞物作磬折（額爾古訥蒙古語以手遞物也海拉爾流至此轉拆其形似之故同河異名）循名求實無差訛鄂博喀倫於此立形勢

最易分中俄箭頭凸出最高處譯文雖異意靡他中俄界約漢人於此處譯為最高最凸之處俄文則謂為箭頭岡實皆高之意也乃知當年兩國使臣具卓識界點豈容後人訶雖有辯士之辯不能易位置卽以愚公之愚詎可移嚴阿黠何採胡奮智力峥嵘山勢平揉搓更棄今水尋古水茫茫陸地生風波俄勘界員謂箭頭岡係在箭頭地方之岡是將立體形易為平面形又以今之海拉爾河係改流之道尋舊海拉爾河中外國勢有強弱世界公理無偏頗噫吁嚱世界公理無偏頗三韓眼見併於和大海天塹可奈何

阿巴該圖俄屯　宋小濂

阿拉公河上額爾古訥俄人名阿拉公俄人第一屯額爾古訥河西岸俄喀倫於此屯起防邊初置堠詢之俄屯父老謂此屯原係喀倫歲久生聚遂成村落聚落漸成村實塞營田意資生牧畜蕃山南回首望俄喀倫在山南喀倫以外皆荒野也沙草漫平原

額爾古訥河　宋小濂

石大興安東海濱毳衣窮髮皆王臣威稜遠格不毛地立碑界首期常遵康熙二十八年平定羅刹定約立碑將流入黑龍江之額爾古訥即烏倫穆相近格爾必齊河為界循此河上流不毛之地有石大興安嶺以至於海凡嶺南一帶流入烏龍江之溪河盡屬我界承平日久邊備弛乘危抵隙窺強鄰咸豐四年俄人乘我東南多故乘勢東侵約書一紙棄天險八年在愛琿立約由黑龍江分界無端棄地數千里黑龍江水來平分西北山河餘一角額爾古訥長蛇奔康熙二十八年定約將流入黑龍江之額爾古訥河為界河之南岸為我屬北岸為俄屬至今未改千五百里嚴舊界紫髯碧眼猶逡巡綿蕞勿失在人力前車已覆無相循亡羊補牢或未晚三年拮据營邊屯樵蘇芻牧守約束殊俗尚知聖武尊山靈亦抱愛國熱西成禾稼堆黃雲本年邊境秋收甚豐乘鄣秋深按斥堠風清日暖車無塵有人有土理不易荒蕪詎可圖長存側聞下詔減繁費倘因實塞籌移民小臣報國乏奇策務農積穀尊前聞願鈔古今中外拓殖史一一條列陳吾君

額爾古訥河岸野宿　宋小濂

山蒼蒼河洋洋連天沙草落日黃牛鳴馬嘯人在野氈廬布帳須臾張鑿坎架甑爨晚食折蒿爇火燒羔羊抽刀割肉恣飽啖笑談驚斷歸鴻翔飯罷吏士藉草臥鼾聲齊入黑甜鄉嗟余平生慣行役冰霜雨雪無弗嘗卽今筋骨漸衰老若論意氣猶飛揚今日巡邊按斥堠草肥馬健爭騰驤正好野盤趁秋暖五更夢到黑水旁危途巉岩不能阻精神直欲周邊荒豈知局促不稱意簿書法令徒周章二三奇傑善謀國揖讓謂可格虎狼人生縱意在八表安能

縮手偃息航帷房坐銷壯志負昂藏

曉渡根河　宋小濂

北風一夜冰稜起征人曉渡根河水昨日尙暖今朝寒邊庭氣候竟如此根河之水淸且漣興安西下開長川（根河發源興安嶺西流數百里至此入額爾古訥河）臨流可置萬家邑闢地豈惟千頃田曰有故城宏吉拉（根河北岸有古城相傳爲宏吉拉氏所築）蓬蒿瓦礫相雜沓當年雄略起邊陲今日英風猶爽颯朝陽回首望中原山河大地皇輿尊整頓乾坤協萬國區區荒徼何足論區區荒徼何足論時有虎狠來窺門

放歌行巡邊途中作　宋小濂

寒雲黯黯山蒼蒼邊風浩浩雪茫茫中途攬轡試極目憑高矯首隘八荒八荒大陸漸淪陷海波軒然日月黃攖身欲飛無羽翼臨流欲渡無舟梁胸中悲憤向寥泬一聲仰嘯秋天長世間富貴我何有天下英雄誰可當漢武唐文不復作鄭僑富弼將安望儒生俗士昧時務文明頑固徒分張國家大勢如纍卵奮身疇與爭存亡諸公方自廓權力零金碎玉集中央丈夫報國貴達道安能隨聲附影參翺翔不如掛冠拂袖入巖壑覃精研思攄衷腸取彼萬古未有之世局發爲千秋不滅之文章書成濿血和墨寫錮以鐵匣名山藏此身可沒心不沒靈魂呵護無敢傷天晴晝晦起雷電元精耿耿騰光芒望氣發取進天子鑿匣展觀驚廟堂要言至計契神聖當幾立斷絕徬徨小用大用各有效危者復安弱者強政本不搖九州奠黎民於變四表光大開明堂受朝賀協和萬國來冠裳協和萬國來冠裳傳之萬代蒙沐昌山蒼蒼雪茫茫吁嗟此願何以償

求李佑軒作興安立馬圖以詩代柬　宋小濂

興安嶺北西安西二十年來栖復栖老樹連雲絕沙漠亂山積雪迷荒蹊憑高駐馬西風急曠野無人落照低到此不堪搔首問穴空誰塞一丸泥

我亦人中之一人何須狀貌太求眞但能寫出胸懷意便是傳來阿堵神萬里邊荒憂國恨一鞭風雪壯游身卽今齒髮非疇昔猶望翁孫逐後塵

哀哉行　宋小濂

毒蛇在前猛虎在後腥風四起天地昏黝進則飽蛇腹退亦入虎口哀哉乃無險可走問道東鄰被蛇吞磨牙吮血無人問幸逃一二拳空奮東鄰已飽腹蛇意猶不足掉尾邀虎來分遮姿攫撲西鄰空望東鄰哭安得猛士磨利劍斬蛇刺虎如掃電乾坤從此慶清晏嗚呼乾坤從此慶清晏老我夢中或一見

將去呼倫貝爾留別司局諸僚屬　宋小濂

我本無宦情況躋崇高位我本無吏才況膺專閫寄風塵二十年奔走營衣食乃遇雲陽公謬說才出類黑龍江將軍雲陽程公德全專摺奏保謂爲出類之才慕府作元僚庶政採芻議魚水感恩知遂動激昂義每有興革端肩任無顧忌時會方艱難四郊屯虜騎命我謁樞廷痛陳折衝計冒險西入都歷歷皆奏記公謂績效彰艱鉅已明試一鶚荐九重比歲遷不次東海仗節來東三省總督天津徐公世昌亦謂堪任使表我攝邊符責我籌邊事駑馬效馳驅勉奮千里志行盡路巉巖騰踔忘顛躓回首望平原蹀躞多良驥胡爲汗血斑自蹈危機地

憶昔游漠河屢出興安道前年來嶺西忝綜牧政考副都統所轄皆游牧蒙旗生本是蠡才合向邊庭老沙草邊地荒風雪彌天攪爲欲啟羣蒙重譯勞譬曉每思固吾圉深籌極冥杳輒作無米炊勉逞貧婦巧況復世路艱人事橫牽撓前被言官彈劾交東督查辦熱心憂患多何如知機早到此方經年鬢髮半已皓屢上求退書無靈空祀禱誰知默默中轉關生意表歷請開缺未允近已改副都統爲兵備道改奏以毛祖模試署天若憫我勞放我歸來好行樂宜及時不見塵棲草山巔與水涯策杖窮幽討衡茆足棲遲布粟易溫飽巖伏望太平庶幾餘年保

昔我方來時皚皚冰雪恣今我將去日依依楊柳枝中閱歲兩改世變紛如碁撫心每自問良久安所爲蒙旗重游牧生計實在茲可能致蕃息比戶無凍饑其次在弭盜保衞固安綏可能制虜賊無敢越雷池時有俄匪越界刼掠邊蒙俗僿野教育良所宜可能謀普及絃誦遍荒陲尙武本舊習此風今已衰可能振頹靡還我軍人資四者皆要政愧未竟厥施靦顏踞高位徒貽人瑕疵官民恕我拙疾苦謂我知臨歧尙戀戀餞我酒一巵赧然飲巵酒殷勤重致詞風潮四面迫世界危乎危況我處邊徼時有強鄰窺其各奮智力萬衆營蕃籬

營平制羌虜策畫屯田留贊皇鎮西蜀乃築籌邊樓古人重遠略戰勝非所求先爲不可勝一一備豫籌我才愧往哲妄思追壯猷諸君幸同志攜手來荒陬荒陬何所有榛莽連雲稠經年臥冰雪辛苦勞綢繆瘃墮詎敢恤艱阻何足憂據險立屯堡伐彼侵軼謀突聞我將去壯士顏爲愁笑語二三子別淚無輕流乘除有定數疲敝應歸休安知後來者不較前人優况復際嘉會旭日明金甌萬國仰新主負扆咸朝周紀綱一清肅國勢爭上游皇威曁遐服荒漠皆田疇帝曰允汝績定遠知誰侯其各愼終始努力懋前修

臚濱府（民國三年作時未改制仍前稱府）　　黑龍江學務處提調林傳甲（奎騰福建閩侯）

臚濱府治滿洲西鐵路交通軌道齊廣闢牧場栽苜蓿新鎔沙漠作玻璃近鄰蒙古綏藩服遠馭歐羅譯狄鞮克魯倫河誰飲馬猶聞永樂舊征鼙

呼倫廳（民國三年作時未改縣仍依舊稱）　　林傳甲

呼倫廳有呼倫泊室韋俱輪紀盛唐達賴喇嘛尊佛地扎蘭諾爾闢商場壽寧市集能徠遠伊敏平原待墾荒海拉爾河都護府索倫勁旅舊知方

室韋廳（民國三年作時未改縣仍依舊稱）　　林傳甲

室韋廳名思故國沿邊寸地抵兼金勇聲猶號巴圖魯礦廠先營吉拉林韎韐幾朝無事紀氈裘十襲有寒侵收囘越墾興邊墾共勉同胞愛國心

登高四望（龍江詩集原四首錄其一）　　林傳甲

西望臚濱飲馬河夾心灘地費磋磨蒙荒瀚海初興學衛藏須彌尙枕戈文軌遙通烏拉嶺飛車徑度罷斯科輶軒來往尋常事玉帛雍容萬國和

聞呼倫獨立　　林傳甲

印度爲墟已百年須彌三藏禍相連中原無主民生困蒙古聯盟帝制專邊吏猶堪爭舊約書生不幸燭幾先索倫勁旅多忠勇撫馭憑誰策祖鞭

題龍江地圖重九四望 四首之一　林傳甲

西望呼倫貝爾城殊方政教幾經營漠河夙號黃金國蒙古猶存白馬盟鐵軌鑿山開大隧火犁越界已深耕滿洲里外長途遠誰向歐洲萬里行

隨中東鐵路宋友梅督辦視察西路途中諸作 民國十年十月　中東路董事　袁金鎧 潔珊奉天遼陽

過碾子山驛 呼倫境東

早過朱家坎行經碾子山沙痕涸殘渚石壁露孱顏村遠人蹤少日初晨氣閒路旁榛莽際野燒尙留殷

過成吉思汗驛 呼倫境東

成吉思汗地猶留怪傑蹤一龍極天矯萬馬昔横衝余亦能過此斯人不可逢山川臚陳蹟矚眺擴詩胸

過扎蘭屯驛 呼倫境東

侵晨行抵處風景扎蘭屯嵐重山容近塵淸樹蔭繁遊蹤誇避署僻地數名村瞥覩修髯叟人叢氣象尊 過二老叟白髮偉然

過巴里木驛 呼倫境東

山嶺迴環處驛程巴里過午餐試富酒遠勢出危坡峭碧石凝畫萎黃葉隕多行行見晴雪氣候奈渠何

過博克圖驛並示濟姪 呼倫境東

沙石繞長途行行博克圖雪隄寒料峭雲樹影模糊曠野無村落翔空見雀烏此間欣晤汝情話立須臾

過興安嶺

盤道紆迴度興安嶺上來亭亭扶樹直鍰緩按車開洞鑿條然入晦明陰晝猜這邊寒氣重驚覩雪成堆

過扎蘭諾爾驛

夜雪呼倫過邊風破曉寒 夜過呼倫貝爾遇雪程守初督辦來訪以睡臥未晤 冰攢溪水合履響葉聲乾礦產天然富人工極大觀貂裘車上擁猶覺客衣單

探扎蘭諾爾煤礦地洞七古六十韻

扎蘭諾爾驛路隅茸茸羊草紛平蕪牧人牧馬來求芻中有佳礦世所無辛酉小春秋日徂廣平督辦出視塗我充路蓋濫吹竽步亦步兮趨亦趨鋒車行值煤產殊探險視洞肯踟躕魚貫接踵勢不孤汽梯懸下驚幽途此亦人間特別區昏昏笑對含胡盧忽然墮落廿丈軀凝神且復立須臾瑩瑩燈光亟所需見有路徑非通衢鈎連鐵軌縱橫鋪憑藉巨木各枝梧壘質壁立削其膚載之量之聯運輸高下曲折詭形俱布置縝密網織珠人行有如蟻穿珠又如緣壁走躨跑傭工出入相嬉娛我來怕冷衣貂狐疲甚揮汗沾重襦蒸汽潛滋水滲濡偶然一滴或在鬚俯仰修幹礙碕嶇猥瑣恨不如侏儒鄙夷鑽穴來窺窬前程困躓遭揶揄雙瞳短淺迷素朱寸心惴慄轉轆轤勢處孤立有阻虞劉君扶掖殷相須（劉處長鈞衡時扶掖之）此地漫擬地獄圖取精用宏累錙銖神工鬼斧窮描摹難煞善畫倪也迂土人攻礦移山愚兩兩相形彼則雛小巫何堪見大巫霄壤懸絕難合符術有巧拙技精粗叔世詐謀相剪屠蜩螗沸羹互主奴何方縮地韜真吾桃源避秦攜妻孥我愧荷戈與執殳又慚終軍能棄繻願借此地藏黠鰲九十九年長期租吟詩兼可避索逋誰管人世有榮枯礦主弗允啮矯誣循出舊隧仍車驅

到滿洲里

行抵滿洲里平沙入望頻輿圖嚴國界邊事接強鄰舊日臚濱境今朝遊歷身賓筵奏羌樂歌吹繞梁塵（萬壽山司令與自治會設筵歡迎並演俄劇）

歸途過呼倫貝爾（所作諸詩晝間視察者爲限凡歸途之所詠皆去時夜間所經過者也）

海拉經行處歸程到內蒙霜華凝地白磚影映街紅（新築屋宇多用紅磚）游牧如前日存旗有舊風別區銷自治猶憶一時功

詠堪達含　方世莊（桐城）

臃腫額端欺鹿角郎當項下門狠胡可憐骨碎三軍指曾助天山一戰無

堪達含駝鹿也項多肉陸佃埤雅云北方有鹿形如駝即此色蒼黃無斑角堅瑩如玉中有黑理橫截之鏤爲玦使周於外一綫勻圓選一玦於數十角直數萬錢

龍江雜詠（原詩名百五鈔計百五絕句茲錄其關於地方事蹟者得十首）　朱履中

三路分延事最嚴各書時日與名銜𡶶山掛樹無人覺啇與明年再啓緘

清制每歲五六月派三城協領至俄羅斯界分三路巡視謂之祭邊事畢各書姓名時日於木牌包以樺木一掛樹一𡶶山明年祭邊者取歸呈驗

卓帳河東記祭邊事臣羅刹貢年年外藩臣服輸誠切常宴瓊漿五色筵

羅刹即俄羅斯酒有五色

邊地城垣土壁環根河尙有一磚闕輝煌金碧琉璃影零落荊榛草莽間

邊地城垣率用土壁惟北根河有一磚城廢址每歲查邊者皆言舊城尙有柱礎及黃碧琉璃破瓦雜於草莽

絕塵良驥自生威白草黏天去打圍黃豆瓣兒一聲出可憐絕劃又思歸

黃豆瓣兒小鳥也黑龍江馬產於呼倫貝爾及西布特哈者養之他處於立秋後聞此鳥鳴聲輒垂頭不食在廐中騰踔嘶鳴思歸故土防之不嚴每脫靮而去

扁舟扎哈勝威呼飛渡輕於水面凫任受兩三人亦可煙波時有釣魚徒

扎哈小船也受兩三人威呼獨木船僅容膝扎哈威呼並淸語

輕車駕狗卽扒犂近製鞭將二馬揮山路崎嶇行不得能教冰上疾如飛

扒犂製如浚牀屈木爲轅駕二馬行氷雪上疾如飛鳥或曰此卽蒲與路之狗車也

禮缺馬牛不許婚幸而執子已登門成行兒女隨娘去新婦依舊體態溫

達呼里巴爾虎以牛馬爲聘禮禮不備不容娶然壻旣行執子禮（卽滿洲叩頭禮也）許壻往來與女同寢處往往子女成行乃歸仍稱新婦

熊夢未占早出房草棚新搭野田旁只須彌月才歸得莫怪人稱是弄麞

俄倫春婦人臨產其夫爲搭棚數里外產後彌月乃歸

妾家捕魚海上居郎家打虎是蘇蘇打虎不會來佈雨捕魚何能到達呼

布雨爾池卽捕魚兒海達呼爾卽打虎兒一聲之轉也清語籍貫曰蘇蘇

中庭縛草樹高竿小幟飛揚屋上看不比索摩虔祀事腰鈴手鼓鬧更闌達呼爾屋脊插一幟院中樹高竿縛草一束與滿洲索摩杆不同

巡視河塢歸而感作（民國十年九月）

呼倫貝爾善後督辦　程廷恆（守初江蘇崑山）

涼秋九月塞草黃（時十年九月二十一也）朔風怒號掀天狂河塢北巡三百里沙磧處處落大荒（河塢居呼倫東北三百餘里滿目荒涼如入不毛）汽車疾馳逐飛電（不駕馬車而乘汽車取其輕快）崎嶇險越無康莊（由海拉爾至河塢道路凹凸頗形顛簸當思設法平治）同與行者人四五鹵簿不慣氣張皇（出巡之時人有勸予多帶護從予甚不喜）俄僑坡奧二代表沿途指點格磔忙（時有俄僑代表披尼金奧西坡夫二人爲予前導）車中談笑破寂歷譯員警官楊與郎（同行之人除本署譯員楊鼎芬及警察廳長郎官普他無與焉）路所經過各俄屯扶老携幼拜道旁（一路經過村屯俄僑老幼多出歡迎）僑民疾苦聽譯告綏撫拯救我所當（俄民各陳困苦情形無不一一安慰以去）願汝屯民各安守爲籌生計爲保障老者驩笑幼者舞貢鹽貫麪同迎王（鹽與麪包爲俄俗接待長官之禮此次遮道貢獻不啻簞食壺漿之以迎王師也）胡笳聲聲夜不寐終宵警署心傍徨（這間駐足蘇沁警察署慨念邊荒不能成寐）我欲久留留不得手無劍戟驅豺狼自去徂來二日間邊情百一窺微芒言尋歸路渡根河矢魚漫識公如棠（歸途在根河觀漁俄人以鮮魚加餐）吁嗟乎龍城飛將不再見胡兒偸度誰嚴防（河塢左近時有俄黨越界搶掠讀但使龍城飛將在不教胡馬度陰山之句爲之悵然）天生我才不如趙中郎李太尉屯田籌邊兩茫茫我行河塢我嘆息蹙蹙靡騁瞻四方額爾古訥一水界中外紫髯碧眼出入我奧堂（康熙二十八年定約以額爾古訥河之右岸爲我屬左岸爲俄屬近以越界日衆交涉頗煩）安得掃除諸羌胡濡筆牢記毋相忘

隨扈吳軍長重蒞海滿兩埠視師（民國十一年五月）

程廷恆

清笳汽轂徹宵征又見元戎抵塞城（十年廷恆甫任呼倫貝爾督辦大軍征庫倫軍長曾駐師海滿）一路羽書紛寇警（沿邊要隘時有俄新黨聚兵入境之報）三軍聲鼓壯邊聲麾旄令重風霜肅挾纊詩添雨雪情（師節抵滿值風雪交作邊士時尚衣棉）璘玠威名驚異域鐃歌唱去掃欃槍兵機民計兩心殫分得餘閒布政寬薄利不辭探坎井（校閱歸途視察札蘭諾爾煤礦）籌防豈止整師干飇輪遠道星馳急刀斗連營月影寒車騎幾番欣扈擁（辛酉壬戌海滿兩次簡閱均與其役）北圻鎭撫仗懷安

登呼倫貝爾城北山（己酉春三月）

留江任用縣知事　于家銘（石洲山東牟平）

自笑生非用世才栖栖何事渡江來泥鴻爪印迷芳草塞馬聲嘶弔古臺鐵軌貫穿誰失算金甌殘缺有餘哀無情
天地安能問消遣愁懷但酒杯

鐵木哥斡赤斤故城（在根河北岸特爾布爾河南岸舊作宏吉喇故城考正既見古蹟）　臚臏縣知事　趙春芳（香圃直隸灤縣）

元代發祥說故都登高遠眺意躊躇當年裂土雄牛耳蓋世英名建駿圖氣併山河留勝概年湮臺閣已成墟興亡
時勢如泡影變換滄桑感隙駒野草開花縈舊址蒼茫薄暮認歸途

呼倫貝爾湖山市　趙春芳

泡泉神斧何年鑿一在城南一在北遙空碧色水長流島嶼縈迴疑無際侵晨蜃氣結樓臺異彩輝煌幻頃刻氣象
萬千變化間覺比蓬瀛尤奇特快意適觀如登仙至今想像猶在側寄語騷人莫忘遊妙境天開留邊塞

詠轆轆車　黑龍江高等審判廳長　周斗欽

有族達呼爾錯居龍江澳特產輕便車樺柞爲輪轂輪徑四尺餘國近高車俗周廊合雙弓火烘繼日曝矯揉經歲
時堅強始拳曲良匠結搆成宛然輕就熟北徼道平平追飛迅於鶻紀俗肇嘉名初哉肆創作音義恊轆轤名正雙
聲合或稱大轂輪象形尤髣髴嗟哉大興安虎視北門鑰輪轍貫歐亞殊風漸異域墨守鑒前車經邊賴遠略同軌
期何時光我大漢族

呼倫貝爾懷古　歲貢生　張家璠（晉箴奉天復縣）

民國十年歲辛酉我拋青氈漠北走到此庫楞布雨爾曠懷興廢幻雲狗遠眺峻嶺內興安索岳爾濟亦不朽嶺爾
古訥一水環兩大湖澤分左右如斯形勝壯三邊山河表裏信天然更嚴俄疆與喀界數十堡障（舊設卡倫四十六處）相勾連
胡爲羅刹竟深入乾淨土徧染腥羶黃髮碧瞳猙獰異輈輈格磔語難詮憶昔黃帝封域廣大鮮卑山（即今外興安嶺）闢榛
莽傳至拓跋徙而南（元魏爲黃帝子昌邑之後始遷呼倫湖繼入中國）烏洛侯（皇朝文獻通考云即今俄羅斯）來據茲壤失韋（即室韋）八部跨烏江（錫伯利亞東部舊爲北室韋地餘部分據本境黑龍江外紀黑龍江一稱烏江）契丹角逐稱雄長（室韋爲遼所滅）兀朮長城（在呼倫西北境）斷若連而今憑弔意惘惘蒙兀滅俄湯
沃雪暫種猶言黃禍烈帖尼河（本境特諾河新元史作帖尼河）畔陣雲深扎木合帝終撲滅（札木合稱帝根河滅於元太祖）根河闊灤（呼倫湖一作闊灤海子）

考遺踪烈祖諸子封土裂（詳見方輿沿革）明定塞北準擾清飲馬（鱷朐河）捕魚（貝爾湖）幾流血曼珠崛起土宇寬泥摸處（尼布楚別名）屬茂明安（蒙古部名）奈何一旦甘割讓額洏古涅（元祕史爾作洏訥作捏）界沇瀾瓊琿北京兩續約（外興安嶺南黑龍江東地兩次喪失）讀之令人心倍寒金甌自是痛殘缺斯拉夫族任盤桓加以汽轂貫西東抉籓破籬大交通黃巾無端興妖孽扼吭拊背召外戎入我堂奧利我土野心未已誘我蒙漁林礦墾締密約脂膏吮吸患無窮天幸悔禍厭邦鄰紅白薔薇亂同長（時俄內有紅白黨之亂說者比以英之黨爭）糾我貔與虎驅彼豕與狼黃種勢力未可量成吉思汗旭烈兀士人毋忘祖業強況復索倫耐苦戰驕兵勇悍稱獨擅使犬使鹿（鄂倫春人）民族雄雪窖冰天經鍛鍊從此奮鬥振精神整頓江山清荒甸吁嗟乎整頓江山清荒甸塵沙揭起風雲變

呼倫縣

呼倫縣知事　郭曾煜（亦廉福建閩侯）

呼倫縣治幅幀長（呼倫區域遼闊西北東與俄接壤西南與各蒙為鄰）滋愧輇才宰一方游牧殖民蒙古地（呼倫蒙旗向以游牧為生馬產之良尤為特冠）刊碑立界訥河疆（康熙二十八年平定羅刹與俄羅斯定約在額爾古訥河立界碑）五部物產甘珠寺（甘珠寺即壽甯寺每歲夏歷八月朔日在寺前開一市場凡金玉錦繡以至駝馬牛羊布帛菽粟靡不羅列內外蒙旗各商賈集以萬計懽購買物品必於市內以防漏稅古所謂日中為市交易而退各得其所者庶幾近之）三國公司採木場（呼倫境之東伊立克都一帶森林茂盛有俄商謝夫謙克林場一現改為採木公司由中日俄三國合辦）風鶴俄鄰頻寇警圍棋賭墅靖邊防（呼倫沿邊要隘時有俄黨聚兵啟釁賴程督辦從容坐鎮將俄舊黨領袖什立尼果夫密繫解治謝東山賭墅圍棋而淝水報捷實足相擬）

登興安嶺

郭曾煜

興安嶺上路迴環薄宦遨遊亦等閒終古蒼巖留聖蹟（清高宗登興安大嶺歌有即今聖蹟著巖間之句）五丁隧道鑿深山（興安嶺原有洞穴約四里左右）（自中東鐵路訂約後鑿開山道遂以通車）風吹白草霜千里天接黃沙月一彎直與根河流域貫（根河發源興安嶺西流數百里入額爾古訥河）建瓴險塹舊秦關

月夜歸鄉

郭濬華（呼倫蒙籍）

恨車聲之彯彯兮厭馬鳴之蕭蕭羨明月之永照兮憐此身之飄搖

癸亥夏歷八月二日有甘珠廟之行同往者為呼倫警察廳長郞官普呼倫縣知事阮希賢暨本署譯員楊鼎芬甲日去而乙日回就恆耳目所及關乎風俗民生感觸甚多率成五古四十二韻聊備採詢於百一云爾

程廷恒

俗尙各殊異到處宜詳誌捧檄守北陲名忝觀察使呼倫貝爾區曰有甘珠寺（甘珠譯義爲經文名稱壽寧寺敕建後頒到藏經蒙旗因即以經名名廟爲甘珠廟云）清乾四八年巡蹕曾戾止謂此大叢林建築承御旨年年八月間蒙旗集大市秋高馬正肥中外商羅致敦俗首勸業而可不一至南行駈汽車迅疾如飛駛不遠四百里僅僅卯及巳千山鳥飛絕一路無人跡涼秋草衰黃野曠寒無似我行月二日廟會已開始新陳巴爾虎太半元孫子沿道結氈廬婦女樂共處膻肉與酪漿旁視食甘旨趨步汚芒屨狠藉牛羊矢貿易闢四門出入分彼此設局督徵收爾我循稅制（會期前督辦公署會同副都統公署以漢滿俄三種文字佈告由呼倫徵收局設行局徵稅）節節列旗兵露積亦足恃時有各總管廟會奉監視聞予稅駕來握手親導示寺名溯壽寧古剎垂遠祀喇嘛聚百千僧服雜黃紫趺坐集諷唄缺舌聽不啻合十迎檀那謹恪無放肆灑我以甘露喻意降蕃祉示我以藏經莫辨蝌蚪字佛應笑我愚瞻禮太造次日夕神倦疲野宿亦適志胡兒善騎逐晨起看賽試誰著祖生鞭千金標神駟我行我嘆息蒙漢一而已重以蔽聰明尙力不尙智畜牧不改良陳法守餵飼墾植不講求地利聽棄置我來行三年日日圖民治蒙旗習性成勸導苦無自宣尼適衞國教民先富庶龔黃不再生賢吏愧靑史臨行攝數影鹽池（由海拉爾至甘珠寺途中所經鹽池利益甚溥由廣信公司承辦）與寺址紀與同遊者廳長縣知事

甘珠廟之行已在志略編竣以後本可不列以事關觀俗採風且正在付梓因附末焉

甘珠廟巡行回海後十日乘車東南行再往依立克圖站逕入扎免公司林場調查一切途成四絕我心喟然

程廷恒

車站旁依立克圖（站名依立克圖）北行廿里有林區（札免公司林場離站約廿里左右於破曉時坐小車前行）當年大錯憑誰鑄租借無端入謝夫（中國領土本不准外人墾牧蒙旗自治竟與俄人謝夫謙克訂立合同并許其無年限承租未免錯誤主張）

森森大木看連岡多謝東人指點忙（自公司歸中日俄合辦後各派職員經理查察而我國事務所長遙駐哈埠接洽多不方便此次廷恒往查林場時招待指導以日人居多且感而且愧矣）惆悵喧賓能奪主此身不啻入榑桑

拒虎迎狼莫奈何幾回交涉費商磋三公一國成言讖編史傷題中日俄（謝夫謙克林場幾費周折始得取消然以多所牽制改以中日俄三國合辦稱爲中

日俄採木公司主權未能完全有地方之責者此心終不釋然

屐痕來去喜探奇塼埴塗泥辨土宜日人至林場附近調驗土質者絡繹不絕公司日人以合同限制甚寬近更有兼辦墾地事宜隰柳山樞誰愛也不堪行邁我靡靡

蒙旗復治始末

蒙旗獨立交涉電文

前清宣統三年十一月二十七日江撫電稱呼倫蒙旗遵照庫倫來文宣告獨立清外部當電令江撫派員帶兵彈壓解散二十九日東督電稱呼倫獨立係俄人接濟槍械俄亦派兵進勦乞示機宜對待等語清外部以俄人接濟呼倫未有確據不便詰問俄使同時復據江撫電稱據駐俄領照會呼倫一案奉本國政府命令中國政府如與蒙古戰爭俄守中立東清鐵路界內不許華兵與蒙兵衝突且不許火車運華兵等語十二月一日東督電稱俄領照會之意務與俄使嚴重交涉六日江撫復電告蒙旗傾心向外俄人明爲干涉並蒙兵圍攻臚濱府火車不肯運華兵俄外部復宣言路界不准容留道廳官吏居住限期迫令出站清外部當電陸使依據東省鐵路合同第十一條向俄外部力爭陸使覆稱俄外部堅守中立詰以鐵路合同條款則云現在情形不合再與婉商等語十八日江撫復電稱俄兵改裝助蒙合攻臚濱府勒交槍馬同日又電告蒙攻臚濱有俄西伯利亞十五號隊武官帶兵攻擊情事十九日清外部照詰俄使俄官助攻顯違中立二十日又照詰俄使俄兵隊帶同蒙兵圍攻臚濱勒交槍馬實違反中立之確證俄使覆稱派員查辦虛與委蛇是時清外部將先後情節電知陸使請嗟商俄政府堅守中立陸使覆稱俄不認助蒙並指華官造謠民國元年二月二十四日東督江撫文稱俄兵助蒙兵攻臚濱查有確據並各國旅居該處人簽有字據可以明證三月七日江撫咨送俄兵助攻地圖數十帙十四日東督江撫文稱呼倫變亂現派員偵查蒙俄屢有私立合同租售漁業金廠又蒙俄佔據吉拉林金廠時驅逐廠內華人俄人並教授蒙兵操演又察罕敖拉煤廠呼倫湖漁業均爲俄人佔用當請示政府卒未解決同日又據俄使稱華官由齊調兵俄政府不能膜視等語我外交部當於四月念五日電告江督軍隊暫緩調動免生交涉江督覆電呼倫亂事並未由齊派兵俄雖云中立實則暗助顯然干涉用心可知二年十一月十九日又據江督電告據俄領面稱齊齊哈爾有准備進兵呼倫貝爾之事俄政府顧和平解決不願武裝從事現在協商辦法請停止進兵同日又據江督電稱查呼倫貝

爾在前清末改行省以前與齊齊哈爾等城各設副都統一爲八旗駐防之地該旗種族非純係蒙古多由他族遷徙而來計分五大部落曰索倫曰達呼爾曰鄂倫春曰新陳巴爾虎曰額魯特各以總管領之官制純係滿洲旗制如副都總統副管佐領名稱是也與蒙古之稱汗王公貝勒貝子及札薩克台吉等制度迥然不同宣統初年改設民治以呼倫兵備道直轄全境分設呼倫臚濱府及吉拉林設治局實與內地民治無異又不但與外蒙絕不相同卽較之江省所轄內蒙各旗情形亦大相懸殊該處雖獨立祇能認爲內亂決不能因附和庫倫視同一律云云二十日我外交部函軍事會議處以本日俄庫使來部面稱近日齊齊哈爾軍隊有准備進攻呼倫貝爾之舉動應請註意俄政府主張呼倫制度不能如外蒙之自治亦不能如內蒙洮南之已改郡縣相等同日復電江督呼倫獨立實由外人暗助迄今未能復我主權如以武力解決又慮釁自我開俄使聲言呼倫不在外蒙範圍之內又詭稱調停一語實難懸揣比接江督電覆江省每屆冬令不時派兵剿捕鬍匪並無向呼倫貝爾准備進兵之事俄使所稱當係傳聞之誤二十六日我外部電駐俄劉公使聲明呼倫自前年乘亂獨立從前協議蒙約時迭經俄使聲明呼倫不在外蒙自治範圍之內今俄使又稱中國不能以兵力收復雖不能比照外蒙亦須格外優待希密探俄外部意旨十二月二十五日江省朱護軍使電告俄使干涉呼倫貝爾之事藉口齊齊哈爾軍隊有准備進攻呼倫貝爾之舉其實冬冷出防俄官實爲誤會請主持辦法等情十二月二日我外交部據陸軍部函以呼倫貝爾既經設治向不在外蒙區域自非俄使所能干涉是以一面調查呼倫從前兵制民治沿革一面與俄使協商辦法越一歲至民國四年遂有中俄會訂呼倫貝爾條件之事　以上摘錄東三省紀畧

中俄會訂呼倫貝爾條件　民國四年

(一)呼倫貝爾定爲一特別區域直接歸中國中央政府節制並受黑龍江省長官監督遇有必需之事及便利文牘之往來則呼倫官府可與該省長相商

(二)呼倫貝爾副都統由中國大總統以策令任命之並享有省長之職權呼倫貝爾總管五員及三等以上職官始有任命爲副都統之資格

（三）副都統設左右二廳廳長一由副都統揀員一由內務部揀員均須經中國中央政府任命此項廳長之任用應以呼倫貝爾四等以上職官爲限

各廳之職掌由副都統規定之該廳長應受其節制經副都統許可後始有與中央政府及其他各省直接往來文牘之權

（四）平時所有該地軍事專就本地騎兵執行但副都統應將軍事籌備情形及其緣由呈報中央政府

呼倫貝爾官吏若認地方不靖無力彈壓之時中央卽可派兵前往惟先應通知俄國政府迨地方靖後卽行撤出呼倫貝爾境外

（五）除海關及鹽政進款專歸中央收存外其呼倫貝爾他項各稅捐儘數留作該地方之用副都統應將收支情形年終呈報中央政府

（六）呼倫貝爾及中國內地農工商人等自由往來僑居均一律看待不稍歧視惟呼倫貝爾土地既認爲旗民所共有則華人僅得以定期租借名義在各處取得田地並須稟由地方官查明此項農業無妨礙旗民牧放牲畜之處始可辦理

（七）將來如擬呼倫貝爾修築鐵路須借外款時中國政府應先與俄國政府商辦

東省鐵路公司及林礦及他項實業之俄國承辦人如欲在呼倫貝爾境內修築專用鐵路以爲運輸材料及出產之用非經中國中央政府允准不能修築除有特別窒礙情形外應卽批准

按照下列第八款所載俄國人民應修之專用鐵路已包括於中國中央政府業經允准之合同內者當然不適用上項所規定之辦法

（八）俄商與呼倫前訂各契約已由中俄派員雙方審查並經中央允准

按俄人干涉呼倫之始大端在東清鐵路界內不准華兵與蒙兵衝突及不許火車運載華兵數事厥後蒙約協議尚認呼倫不在外蒙自治範圍之內迨條件甫經宣佈俄使復有准備進攻呼倫之詰問是其干涉之野心始

終未嘗稍異而條件之内容又無非以籠絡蒙旗侵害我主權利權爲目的所幸天心悔禍俄黨革命内亂發生呼倫蒙旗傾心内附而前項之中俄會訂呼倫條件遂由我中央政府以明令取消呼倫貝爾之主權至是亦完全恢復矣

附呼倫蒙旗請願轉電中央取消特別區域文

（東三省張巡閱使 黑龍江孫督軍）鈞鑒查呼倫貝爾地方向屬中國完全領土隸黑龍江省管轄自迫於庫倫大勢不得已而獨立嗣復改爲特別區域惟至今以來政治迄未能發達經全旗總管協領左右兩廳廳長幫辦等代表本屬蒙旗全體誠意會議多次僉稱取消特別區域用圖治安實萬世永賴之利據情呈請暫護副都統貴福一致贊同推派代表等來省用特肅具電稿懇請我（巡閱使 督軍）轉電中央俯察愚忱准予取消特別區域所有呼倫貝爾一切政治聽候中央政府核定治理再中華民國四年中俄會訂呼倫貝爾條件原爲特別區域而設今既自願取消特別區域權分則民國四年會訂條件當然無效應請中央政府主持作廢不勝迫切待命之至除正式請願書另行呈遞外謹請代轉施行呼倫貝爾蒙旗代表左廳廳長成德右廳廳長巴嘎巴廸署理索倫左翼總管榮安署理索倫右翼總管凌陞民國九年一月六日呈

倫署各旗員會議旗署辦事權限說帖　七條

一呼倫貝爾各蒙旗一切政治均歸旗署辦理惟關於蒙漢人民牽涉事項須另訂辦法

一呼倫貝爾財政現已移交督辦公署辦理惟關於蒙人營業事項須仍由旗署辦理

一呼倫貝爾前有各項礦務均已移交督辦公署嗣後地方如有採辦礦務事項須與蒙人生計暨祭祀鄂博均無妨碍並須與旗署妥商後始可開辦

一各旗蒙人原撥之游牧地點將來督辦公署如有招戶開墾之時須先與旗署商妥先將蒙人游牧之地劃清界限方可開墾

一警務事項如本城暨滿洲里吉拉林一帶有華商民居處之地警務由督辦公署辦理其蒙人游牧地方如設警

察須由旗署辦理
一教育蒙人子弟設立學堂之事仍由旗署辦理其以前劃歸蒙旗學堂額依爾地方之學田計六千晌並該地草甸柳條通均仍劃留以充學堂經費
一呼倫貝爾交涉事項業已移歸督辦公署惟各旗蒙俄人交涉事宜甚繁應由旗署揀派蒙員一員常在督辦公署協辦一切以資接洽
省長公署簽復倫署說帖各條
第一條　查該旗既經取消特別區域則地方上一切政治均應歸地方官辦理無蒙民漢民之分其關於民刑訴訟事宜統歸司法機關管轄但輕微事件可由旗自行了結者不在此限
第二條　查原說帖關於蒙人營業事項句究指何項營業而言應由該旗署詳細聲明如僅指該旗現辦之呼倫貝爾官商錢局尙可商量
第三條　查地方如採辦礦務應查照國家所訂關於礦務各條例辦理斷不容有侵害他人之事如果蒙旗中業主受有侵害准被害者提起訴訟秉公辦理
第四條　查招戶開墾自應以不妨害蒙人游牧爲限屆時應由善後督辦副都統會商辦理
第五條　查蒙人游牧所在地方自有蒙兵保衛惟此項保衛之蒙兵不得稱爲警察以免與警察系統混淆
第六條　查該旗自設學校教育人民實所欣願所稱學田應先查明實在數目記註明晰報省查核以便劃作該旗學產但須開墾成熟有所收益方足以咨學校基本非有名無實空劃此地也至六千晌未經墾熟以前所有六千晌段內草甸柳條通准專留爲辦理學校之用該旗教育應遵照教育法令辦理
第七條　查外交事項直隸中央卽省署亦不能干涉各旗蒙俄交涉事繁該交涉員旣負有專責自能安辦原說帖所稱由旗署揀派蒙員一員在督辦公署協辦一節無此辦法惟該署如需蒙員相助應由交涉員直接與旗署商調

省長孫烈臣致國務總理函

總理鈞鑒敬肅者竊查呼倫貝爾自督辦公署條例頒佈施行以來所有呼倫全境司法行政教育實業交涉財政警察警隊各事業已劃歸於督辦職權之內其副都統一方面止當沿襲舊制專理旗務方於國家設官分職之意相符乃近接該副都統來函於旗署辦事權限意致擴張謂一切政治均歸地方官辦是呼倫旗署即無可辦之事儼同虛設於設官分治之義未免失實擬嗣後倫城各旗署辦事暫仿照內外蒙旗各札薩克辦事手續以資治理而免偏枯等語查江省設治之始凡經設治區域地方官均係旗民兼理其副都統協佐防校等官祇准管理旗務不准干預地方公事曾經奏明有案即以蒙旗設治而論查前清奏定蒙旗地方設治章程第十八款亦曾有蒙旗不得干預公事大賚廳地處蒙疆應照奉天昌圖洮南兩府章程蒙民兼理所有已放荒段以內無論旗民蒙古命盜交涉詞訟案件均由地方官廳勘驗審訊至派充鄉約欵辦巡警凡在廳治界內亦歸該廳自行辦理不准蒙員攙越以專責成等語況呼倫原係旗制與內外蒙迥不相同緣旗制爲駐防土地屬於國家蒙制爲藩屬土地歸其所有名實之間關係極重今該旗不明斯旨其所陳議每多逾越範圍實屬根本錯誤惟查呼倫地方甫經收服正資拊循若遇事駁剔誠恐有拂蒙情若竟予容納不惟權限混淆尤慮將來滋生枝節且察此項糾葛實非本省文告解釋所能解決茲特具陳原委並附管見四條伏乞鑒核並請根本此意斟酌辦法諭令該副都統遵照以期融洽分明相安無事曷勝盼禱

管見四條

一呼倫全屬旗務行政如驗放官缺發放俸餉牧政生計等事項統歸副都統管轄辦理

一呼倫貝爾境內地方各官廳遵照前清奏定成案旗民兼理各依其職權辦理地方行政及兼理司法等事項

一呼倫善後督辦辦事權限依照頒定督辦公署組織條例之規定所有全境司法行政教育實業財政警察警隊等事項均歸其管轄

一旗務事項與民政有關由副都統善後督辦會商辦理

按蒙旗歸政之初關於劃分權限首由倫署各旗員會議辦法七條呈請省署當經督軍兼省長孫公統籌兼顧擘畫周詳就說帖逐條簽覆結果併作四條咨報內務部旋奉部覆將第二第三兩條略加修正（詳見下載部咨）此爲旗民官署劃分權限之根據此外尙有關於擬定旗署兩廳職掌受理漢蒙訴訟各節省部文件往還並足爲一切施行之軌道茲特分別節錄如下

內務部咨黑龍江督軍明定旗署左右兩廳職權

爲咨行事案查呼倫貝爾自取消特別條件以後所有軍民各政添設善後督辦及鎭守使以資控馭監督前經明令發表在案其蒙旗事務並由東三省巡閱使等陳請善後辦法內開仍留副都統及左右兩廳以總其成所有官兵員額均照舊設置亦經國務會議議決在案惟查呼倫貝爾副都統署左右兩廳原係根據中俄會訂條件而來該兩廳職掌範圍卷查該前副都統勝福於五年十二月依據中俄會訂條件第三條分別規定報部有案原咨內開凡地方戶口財政以及工商學務等事均歸左廳職掌凡軍務揀放旗官等缺以及挑選兵丁暨訴訟郵政等事均歸右廳職掌等語是該兩廳在未經取消特別條件以前所有該區軍民兩政以及蒙旗事務統爲該兩廳職掌現在特別條件既經取消而軍民兩政亦已另設機關管理該兩廳依照國務會議議決原案雖仍舊存留然副都統以及該兩廳之職掌範圍依解釋之結果自應以蒙旗事務爲限設無明文以規定之則該兩廳先後職掌既各不同權限不免混淆似應將該副都統署及左右兩廳組織權限分別修訂擬具章程以資遵守惟究應如何規定相應咨商貴督軍會同東三省巡閱使查核擬具詳細辦法咨部以便由部提出國務會議議決施行此咨

內務部咨黑龍江省長修正條文蒙人訴訟歸蒙署暫理　民國九年九月十六日

爲咨行事案准國務院函交黑龍江督軍陳請劃分呼倫貝爾善後督辦與副都統權限管見四條當經國務會議以所陳管見第一第三第四各條均屬妥洽惟第二條規定地方官廳旗民兼理權限自係查照江省設治成案辦理然江省其他設治區域如大賚肇州安達等處多已實行放墾漢蒙雜處地方官廳旗民兼理自係爲統一事權起見若呼倫地方雖設官而土地尙未經放墾人民仍以游牧爲生向歸各旗管理與其他設治區域墾闢日廣居

民殷繁者情形不同倘遽援地方官兼理旗民成例將旗民訴訟歸地方官廳管理事實上恐多窒礙况呼倫人民歸附伊始正賴拊循若變更太驟誠有如原函所云恐拂蒙情者自應酌量變通所有蒙旗人間訴訟事件仍其舊習暫歸副都統署管理擬於第三條下加但遇有蒙旗人與蒙旗人之訴訟案件暫歸副都統管理等語俟將來放墾漸多人民輻輳再由黑省咨行院部援照江省設治成案辦理議決由院函達本部轉行遵照除咨東三省巡閱使暨呼倫貝爾副都統外相應咨行貴省長查照此咨

黑龍江省長咨准前因請內務部明定範圍　九年十二月十四日

（首略）查呼倫地方蒙旗人民居多漢戶寥寥自特別區域取消以後所有該處行政司法各事項自應分別統系各守職權本不應再有蒙民漢民之分前以蒙署不明此意斤斤爭論解決無期不得不具陳原委請求中樞根本糾正以期各守範圍茲准大部咨以蒙旗人間訴訟擬令暫歸副都統管理並已由部分行等因在中央爲撫綏蒙情起見斟酌變通實具苦心惟深恐蒙署視此項規定爲蒙民漢民各思管轄之表示而對於一切政治應歸地方官辦理者亦不免遲迴觀望格阻橫生固不僅法權紛歧觀聽混淆爲可慮也竊以訴訟案件其屬於民事瑣屑無關訴訟者若能由蒙旗自行了結按諸不告不理之原則原不必過事干涉至若刑事案件或干國法或妨治安若聽蒙署自行處理而又無上訴關機以救濟其流弊有不可勝言者再如民事訴訟若有一方向地方官廳呈訴者蒙署卽不應再行受理以上各節似應明定範圍庶不至臨時發生困難擬於來咨所示（但遇有蒙旗人與蒙旗人之訴訟案件暫歸副都統管理）之下再加以如屬刑事案件或民事訴訟一方已向地方官廳訴請申理者副都統均不得管理等語之聲明是否妥洽仍請大部與司法部商明核訂並將磋商情形先行示知俾資接洽是爲至荷此咨

內務部咨復黑龍江督軍兼省長仍照國務會議議決案辦理

查來咨所稱擬於劃分權限辦法第三條但書下再加如屬刑事案件或民事訴訟一方已向地方官廳訴請申理者副都統均不得管理等語在將來呼倫地方放墾漸多蒙漢雜處之時自不可無此規定以爲杜絕權限爭議之

計惟現值歸附伊始該地居民蒙旗居多漢民尙屬寥寥前經國務會議議決於原擬辦法第三條下加列但書其用意所在一方爲撫綏蒙情堅其內向之心一方爲暫仍其舊習以免紛更太驟原係一種暫行辦法且旣明定蒙旗人與蒙旗人訴訟案件暫歸副都統管理則凡蒙人與漢民之訴訟自應仍照原則規定歸地方官辦理又若訴訟以外一切政治應照原案規定統歸地方官辦理亦當然不能據但書爲例而橫生疑阻至但書中對於蒙旗人間訴訟案件所以未就民事刑事爲區別者因舊制關於蒙旗人民訴訟向有專律與普通人民所適用之律例不同但書旣以暫仍舊制維持蒙旗人民習慣爲主旨故僅爲渾括規定以示與普通司法管轄有別來咨所稱將訴訟案件分別民事刑事明定範圍各節應仍查照國務會議議決原案俟將來放墾日多漢民雜居漸繁能與大賚肇州肇東等處相同再行斟酌情形咨行院部核辦相應咨覆貴督軍兼省長查照此咨

查蒙旗自治時間與俄僑訂立各種合同所定年限甚長且有并無年限復治以後善後清理諸感困難廷恆繼任督辦已及二年或設法取消或收歸自辦或予以限制始稍稍就緒因別爲二表以附於後

蒙俄訂立漁業合同表

俄商姓名	地點	里數	原約			續約				附記
			合同號數	訂立年月	期限	合同號數	訂立年月	限期	期滿年月	
結列聶次克里莫維 赤司鄒臣闊夫 瓦大果夫 俄里斐連廓	烏爾順河	七俄里	一號	一千九百十二年二月十七日	五年	二號	一千九百十三年七月二十六日	五年	一千九百二十二年二月十七日	現已期滿
布什馬肯	呼倫湖	二俄里	三號	一千九百十三年二月十一日	五年					現已期滿
書特果夫 烏拉基米爾	阿爾順河	十五俄里	四號	一千九百十二年二月十二日	五年	三十三號	一千九百十五年七月八日	十年	一千九百二十七年二月十二日	
米特羅方諾 夫司結潘	烏爾順河	一俄里	五號	一千九百十三年七月二十七日	五年					現已期滿

別子滅里尼岺	烏爾順河	一俄里	六號	一千九百十三年六月十日	五年					現已期滿
馬特尾 河三諾夫	烏爾順河	一俄里	七號	一千九百十二年八月二十六日	五年					現已期滿
米哈也夫	烏爾順河	一俄里	八號	一千九百十三年六月一日	五年					現已期滿
吉普新	烏爾順河	一俄里	九號	一千九百十三年九月二十六日	五年	四十二號	一千九百十五年八月十二日	十年	一千九百二十七年六月一日	
尼匡諾夫 巴蘭諾夫 楚頻內衣	烏爾順河	一俄里	十號	一千九百十三年六月二十七日	五年					現已期滿
爾拉衣連	呼倫湖	二俄里	十一號	一千九百十二年七月四日	五年	三十四號	一千九百十五年七月十六月	十年	一千九百二十六年六月一日	
索洛尾夫	烏爾順河	三俄里	十二號	一千九百十二年七月五日	五年	四十一號	一千九百十五年七月二十九日	十年	一千九百二十七年六月一日	兼續六號合同
馬特尾	烏爾順河	一俄里	十三號	一千九百十三年六日十五日	五年					現已期滿
馬特尾	達闌鄂羅木	八俄里	十四號	一千九百十二年七月六日	五年					現已期滿
查果也夫	烏爾戰河	一俄里	十五號	一千九百十二年十二月五日	五年	四十號	一千九百十五年八月七日	十年	一千九百二十七年六月一日	
索洛夫	烏爾順河	一俄里	十六號	一千九百十三年三月十八日	五年					現已期滿
倭羅標夫	烏爾順河	一俄里	十七號	一千九百十三年一月六日	五年	三十八號	一千九百十五年八月七日	十年	一千九百二十七年六月一日	
倭羅標夫	烏爾順河	半俄里	十八號	一千九百十三年七月二十七日	五年	三十九號	一千九百十五年八月七日	十年	一千九百二十七年六月一日	

米特羅方諾夫馬司連尼廓夫	烏爾順河	一俄里	十九號	一千九百十二年十一月二十日	五年	三十六號	一千九百十六年七月十六日	十年	一千九百二十七年八月一日	
米特羅方諾夫	烏爾順河	半俄里	二十號	一千九百十三年六月六日	五年	三十五號	一千九百十五年七月十六日	十年	一千九百二十七年六月一日	兼續五號合同
結列聶次克里莫維赤倭達闊夫摩列和多夫	貝爾湖	三俄里	二十一號	一千九百十三年九月十二日	四年	三十七號	一千九百十五年七月十八日	十年	一千九百二十七年二月二十七日	兼續一二號兩合同民國十年取銷呈繳省署
伊夫連德	烏爾順河	一俄里	二十二號	一千九百十三年六月六日	五年					現已期滿
俄蒙商務公司	烏爾順河	一俄里	二十三號	一千九百十三年六月六日	五年					現已期滿
瓦結利贊	烏爾順河	二俄里	二十四號	一千九百十三年六月一日	五年					現已期滿
貝林庫日阿也夫	烏爾順河	一俄里半	二十五號	一千九百十三年三月二十日	五年					現已期滿
庫子聶磋夫	烏爾順河	一俄里	二十六號	一千九百十三年七月二十七日	五年					現已期滿
布什馬肯	克魯倫河	十俄里	二十七等	一千九百十二年五月一日	五年					現已期河
伯里索夫	大賚諾爾湖	十二俄里	二十八號	一千九百十二年三月九日	五年	三十二號	一千九百十五年六月十一日	十年	一千九百十七年三月九日	
伯里索夫	烏爾順河	十二俄里	二十九號	一千九百十四年五月九日	三年					現已期滿
臥倫錯夫	海拉爾河庫杜爾河	十五俄里	三十號	一千九百十四年九月十四日	十年					
喀塔也夫等六人	大賚湖		三十一號	一千九百十五年五月二十三日	十年					

什林廓夫 尼廓拉夫	烏爾順河	一俄里	四十三號	一千九百十五年九月二十六日	十年	
庫士馬欽	克魯倫河	一俄里	四十四號	一千九百十七年五月一日	十年	
背林	烏爾順河	一俄里	四十五號	一千九百十七年一月十八日	十年	
羅克列夫	烏爾順河	十五俄里	四十六號	一千九百十八年八月四日	五年	因不履行納稅由本署勒令呈繳合同取銷
沙木舒勒恩	薩拉里河	一俄里	四十七號	一千九百十七年一月三日	十年	
米哈也夫	烏爾順河	一俄里	四十八號	一千九百十六年三月十六日	十年	

備考

查表列號數計共四十八號其中原約有未依次編列者均於續約欄見之續訂各約均在原約年期未滿時所定其繼續期限則以扣足前後兩約年限爲準

又本表合同列數原編四十八號中有續約十二查續約各件係與各原約爲一起實核合同件數則爲三十六起云

右表注年月係就原合同所載仍用西歷以下倣此

蒙署外商協訂各種合同表

事別／種別	外商姓名	地點	合同號數	訂立年月	期限	附記
林	謝夫謙克	杈東溝 巧溝 五奴爾溝	一號	一千九百十四年一月三日	無定期	此合同交涉横生幾費籌畫始改爲中日俄札免公司
	臥倫錯夫	海拉爾河之各河源及支流一帶地方	二號	一千九百十四年八月六日	無定期	
	拉本斯齊	倭宜那河岔達爾河環廓爾振河依明國魯	三號	一千九百十四年八月二十八日	無定期	俄人義什馬果夫承繼

場	拉本斯齊		四號	一千九百十五年二月二十八日	無定期	此件係鋸板合同
	馬爾車夫斯克	白子河等處	五號	一千九百十六年五月二十八日	無定期	暫停採伐
礦業	上阿穆爾公司	額爾古訥河並支流各地方	一號	一千九百十四年二月十六日	五十年	收歸廣信公司接辦
	上阿穆爾公司	額爾古訥河並支流各地方	二號	一千九百十三年五月十三日	五十年	收歸廣信公司接辦
	吳薩仄夫斯齊	滿洲里站至貝爾湖北岸烏爾順河西岸喀爾喀蒙界中間各地	三號	一千九百十五年七月二十三日	五十年	此合同未經履行
	葛羅火夫斯克		四號	一千九百十六年二月二十四日	五十年	此件合同未經履行十年十二月間美人白連向外交部陳述曾與該俄人訂立合同開墾與安嶺至額爾古訥河間地段令查駁覆始無異詞
	義商別林諾	察罕敖拉	不列號	一千九百十二年十月五日	二十年	省令廣信公司收買接辦
墾種	臥倫錯夫	免渡河車站附近庫渡爾河源一帶地方	一號	一千九百十五年三月二十日	十二年	此合同未經履行
	商舒林 伯羅杜林	伊敏博克圖	二號	一千九百十五年七月八日	十二年	此合同未經履行
擺渡	沈閣維赤 馬斯連尼闊夫	海拉爾	一號	一千九百十四年八月二十二日	三年	期滿收還現由呼倫縣接管
租房	上阿穆爾公司	海拉爾	一號	一千九百十五年五月二十日	十五年	

備考

右表年期半無制限除已取銷無效外其餘仍擬設法收回以挽利權

又表列外商除別林諾係義大利人外餘均俄人

又民國七年即西歷一千九百十八年呼倫貝爾副都統與東省鐵路公司訂立租借扎蘭諾爾地段一萬九千俄畝租期六十六年現正設法收回以挽權利

呼倫貝爾蒙旗全圖

督辦善後年事記略

中華民國九年二月

大總統令任命鍾毓督辦呼倫貝爾善後事宜兼呼倫貝爾交涉員

省長令前設之呼倫廳改爲呼倫縣臚濱府改爲臚濱縣吉拉林設治局改爲室韋縣

呈省長呼倫貝爾改建民治督辦兼交涉員署籌議善後各節署內分置外交總務民治教育兼實業四科呼倫臚濱室韋三縣均列爲一等缺受督辦直接管轄各縣設警察所一處以縣知事兼充所長呼倫爲華洋雜處設警察廳一缺受督辦監督至沿邊卡倫舊共二十一卡現擬將撥歸黑河道管轄之奇永額三卡劃回併爲十八卡倫

三月

省長令准外交內務部電旅華德奧平民回國准發出境護照

軍長令查驗外人來華除日本對我免驗照證應互優待外仍照對待德奧人民辦法均須備具護照由華使領各館蓋章簽證方許入境

大總統令任命張奎武爲呼倫貝爾鎮守使

省長令德奧以及無約國人民來華未經外部特許無駐外使領館所給入境護照一概不准登岸

省長令實行保護東省鐵路

省長令組織警察廳准委郎官普代理廳長

軍長電俄人如有形迹可疑或無正當營業者一律押送出境

呈報呼倫貝爾督辦兼交涉員鍾毓三月二十七日到任

呈軍長俄領吳薩締被海站工界舉爲新黨首領照譯俄新黨議事紀略及該領簽押證據抄請電達政府取銷吳薩締領事資格

省長令滿海警備總司令耿玉田辭職另委丁超兼任滿海警備總司令
省長令滿海警備總司令丁超兼任哈滿護路司令
四月
呼倫貝爾副都統咨請劃分辦事權限遵照移交卷宗
省長令呼倫善後事宜關於變通司法一節准照舊制辦理
軍長電海埠自解除鐵路公司政權後所有俄人舊設各級審判廳暨鐵路交涉局會審制度一律撤廢
財政廳咨委任前充呼倫稅務局員錫廉爲呼倫徵收局局長
呼倫警察廳擬訂管理娛樂塲營業暨徵收捐款簡章援照黑河警察廳先例呈請核准試辦藉補消防衞生各費
呼倫警察廳擬訂管理樂戶妓女暨籌收妓捐章程呈請核准試辦
呼倫警察廳根據舊有屠捐擬訂試辦屠獸場簡章暨取締屠商售肉規則屠獸捐票式樣呈請核准辦理藉補警裝經費不足
臚濱縣呈署西舊有土房前被蘇勒芳阿租於俄人設廠現旣縣治恢復請將該俄人合同註銷土房由縣歸管以便設立學校准予照辦
呼倫縣呈報接收蒙旗稅捐局及歸縣徵收日期
軍長令嚴防朝鮮印度土耳其等人載運各國文字書類由聖彼得堡運至鄂連布克使分赴新疆外蒙東省各處傳播過激主義
咨副都統呼倫臚濱室韋三縣已經設治所有各該縣稅務事項應歸各縣知事接管
呈省長俄國駐海拉爾包副領事照稱吉拉林金礦已由金礦局長雜斯鋪勒完全移交接管
海拉爾新街商會長兼警察局長穆文彬呈報移交新街警察事務於警察廳
呼倫縣呈請將收回蒙旗稅捐局房撥歸縣署佔用

呼倫警察廳呈報兩署四隊暨各分所同時組織成立
軍長派胡壽慶到海宣慰蒙旗各屬
五月
副都統以滿州里警察局發放捕獵旱獺票照易致釀成疫癘咨請轉令停止
室韋縣呈復遵查收回吉拉林金廠交涉困難情形
軍長令東省鐵路界内從前俄人侵佔一切政權均已次第取消凡關於司法事項擬定暫行辦法四條
臚濱縣呈請丈放街基撥段開墾免收荒價藉以移民實邊並請擬訂優先獎勵章程
省長令俄勞農政府讓與中國權利六條經外交部譯明飭知
財政廳咨室韋臚濱兩縣税務仍歸縣署兼辦
省長令頒發國務院交發新刊木質銅鑲督辦呼倫貝爾善後事宜關防一顆同時頒到呼倫貝爾交涉員銅質印信一顆
令臚濱縣議覆滿站鐵路交涉丁專員所請剝奪中東鐵路理事會權及滿站設局抽税辦法
臚濱縣以公署孤立四無人煙呈請開放商民建築發給街基地照
令呼倫臚濱室韋三縣兼理司法暨監獄事項應卽按照法院普通章程隸屬高等審檢廳管轄
呼倫警察廳呈訂組織章程辦事細則
照會俄代理領事轉奉外交部電對於駐海拉爾俄領事吳薩締行爲詭譎不守法律不能照舊接待
六月
軍長電海拉爾日軍時於路線内逮捕俄人侵犯我國主權應由駐在官長據理交涉
電軍長和解日提衝突及日提雙方道歉流彈擊斃我國兵民情形
軍長電詢海站日軍開槍緣由

電軍長日軍與捷軍反悔前議據隘備戰現經邀雙方磋商捷軍承認日官要求或可不至再生他故

軍長電日軍擅捕俄人已函外部逕向交涉據由東少將承認禁止

電軍長日捷事結滿洲里開來日軍一律撤回

軍長電日捷衝突衅由日啟被斃華人應即提索撫卹

電軍長江橋日軍撤回仍歸我軍守護

呼倫警察廳呈擬取締民有槍械章程及登記薄與槍證式樣

呈報軍長日捷衝突經過情形附擬備提條件

黑河道咨珠爾干河總卡已奉省長核准改歸督辦管轄

臚濱縣呈請恢復舊有察罕敖拉阿巴該圖孟克西里額爾得尼托羅輝四卡

省長令准黑河道呈奇雅河永安山額勒和哈達三卡倫仍行劃歸呼倫管轄

臚濱縣以呼室臚三縣轄境時有俄人越界牧畜割草等事會擬收稅章程及收稅票照呈請核辦

呈省長規復呼倫貝爾沿邊卡倫並將奇雅河卡倫改爲奇乾設治局擬具章程預算書

呈省長接收黑河道咨交奇永額三卡官產軍械等件

省長令滿洲里調查員攜有僑民二千過境應行妥爲照料

省長電沿邊卡倫准復設立惟五卡另有陸軍駐防該五卡經費當較他處減短飭編預算呈核

省長令日捷衝突一案對於日軍槍擊傷亡各兵民要求卹金日領表示不能承認並將原照復抄飭詳查

七月

臚濱縣呈請設法收回察罕敖拉煤礦以保利權

副都統以俄幣紊亂改組蒙旗商業錢局並咨送錢局章程及紙幣式樣

呼倫警察廳呈報並無俄黨人謝氏在呼倫貝爾附近部落密藏軍械

海拉爾新街華商會呈報選舉會長
臚濱縣呈送出放生荒招墾簡章
照會俄領依據江省税章成案徵收羊草牧放牲畜貿易販買土貨砍伐柳條魚網刨石各項税捐並送暫行税章
令廳縣偵防激軍之一部日人紛渡額爾古訥河向海拉爾方面進行
軍長令查俄黨謝氏召集所部會議決定組織政府並聞已舉定陸軍外交内務各總長
臚濱縣呈報國民學校成立日期
室韋縣呈報國民學校成立日期
省長令抄發俄臨時政府送至中俄沿邊居民過境暫行章程

八月

令室韋縣接收吉拉林商團保甲事宜
扎蘭屯徵收兼稽墾局以創設博克圖警察隊呈請備案
珠爾干河總卡官呈報駐防陸軍會商勘修沿邊道路
省長令呼倫臚濱各縣華洋訴訟案件以呼倫貝爾督辦兼交涉員署爲上訴機關
省長令准以移駐奇雅河之珠爾干河總卡官李玉琛改任爲奇乾設治員
省長令禁止俄人在呼倫貝爾各處圍獵
省長令准呼倫貝爾副都統咨請禁捕旱獺案抄發限制獵獺簡章
照會俄領派員赴滿洲里辦理檢驗外人入境護照
照會俄領滿站爲我國領土俄黨設立檢驗機關應亟撤退以清界限
臚濱縣轉請商民張泰和願押税款五千元於呼倫湖及魯松河一帶創辦漁業公司並附簡章
臚濱縣呈報俄鄰侵越國界請發中俄約界圖表全案

九月
省長令抄行祀孔祀關岳典禮
呈省長籌議滿洲里警察局擬設警察教練所情形並附簽註條文
令臚縣奉軍長電飭俄使領資格已奉明令銷滅東路界内俄民數目迅即詳查具報一律歸我保護
省長令呼倫縣展放街基收入基金應全數解繳國庫不能提用建築華洋訴訟法庭
省長令滿洲里警察局涉及地方行政事件應受呼倫貝爾督辦監督指揮
省長令滿洲里警察局呈請徵收魚販捐抄發知照由財政廳暫准照徵
省長令轉飭廳縣詳查我國公家及人民由俄國政變所受損失確數預備交涉提出索償
省長令頒發俄幣一覽表轉飭縣廳查報華商所存盧布數目
省長令副都統署暨各旗署預算辦公費暨准照九年度原編數目酌減二成仍飭將各署人員俸薪照減二成另編預算
省長令滿洲里華俄商民組織租居評議會既爲評判租價息止訟爭起見准予組織
廣信公司價買海拉爾電燈公司更名呼倫電燈廠抄送華俄文賣契清單存查
呈省長據臚濱縣具報查勘邊卡俄人侵越國界情形
室韋縣呈復蒙古與俄公司所訂金廠契約並收納官金手續
抄發沿邊各卡分區章程
十月
省長令呼倫縣謝夫謙克林場警察應行劃歸呼倫縣署管轄
令臚濱縣收取正稅以及警學各費准放狩獵旱獺三聯票照
令呼倫縣屬境砍伐柳條并下網捕魚准照前頒稅章辦理

令臚濱縣防疫衛生辦法應由該縣與理事會合組除各項行政事務歸入警察範圍餘均由縣管轄
省長令第三屆省議會選舉轉飭各縣依法籌辦造送名册並定各縣知事兼充初選監督
臚濱縣呈報選舉事務所成立
省長令轉飭奇乾設治局繪具管轄區域圖說
奇乾設治局呈報開辦及啓用關防日期
馬廷驥呈請招集股本在呼倫貝爾界內免渡河他方組織墾牧公司
臚濱縣報據滿洲里公共理事會函稱阿巴該圖及葛拉斯堆葛不次蓋等俄屯有發現時疫請示防疫辦法
省長令呼倫等縣已設置完備地方自治亟待施行自應遵照部訂廳縣戶口編查規則轉飭各屬限日查報
省長令呼倫室韋臚濱三縣准用以前旗人編審舊制會同各旗員編查戶主及家族姓名年齡彙數列表呈報
財政廳咨奇乾現改設治所有地方稅務應照臚濱室韋辦法由局征解
省長電轉飭呼倫臚濱兩縣接收海滿俄法庭監獄
省長令滿洲里警察局所擬改局爲廳辦法多有未合轉飭另籌核報
滿洲里警察局呈報裁撤扎蘭諾爾分署劃歸臚濱縣管理滿埠原設之第二第三區擬改爲一二兩區
省長令滿洲里警察局擬收皮張及旱獺照費有礙國稅轉飭停止徵收
令呼倫警廳滿站警局日本軍醫小田定藏來海面稱大鳥里一帶發現百斯篤疫病情形迅速查覆
令三縣設治局一體禁止獵捕旱獺
軍長電查照前發防疫報告書捕獺簡章嚴訂取締辦法
呈省長謝夫謙克賣與日人林場一案已據博站交涉局查報並未成立並請取銷俄蒙合同以保主權
省長令俄人在華所設之郵局及兼辦郵政儲金各局一律撤退
省長令珠爾干河卡續添兵餉按月由財政廳截留逕發呼倫貝爾督辦轉給

抄發沿邊各卡徵收俄人稅則及財政賦稅現行規則
令縣廳防範謝米諾夫遣日韓人赴外蒙協議招兵竄擾蒙邊
軍長電謝黨運械赴海飭一律嚴防
省長令轉飭偵查外蒙王公派代表赴哈與某國人會議借款購械等情
軍長電飭查活佛與蒙古王公會議河套勾結紅黨發生獨立情形
警察廳呈報俄總管嗎門特與其等四人在辦公室內被拋炸彈等情

十一月

政務廳函據轉蒙旗廳長等稱蒙旗選舉擬照扎賚等選送特派並於省議員額外加增一名未便照准仍飭按照法定進行
省長令滿洲里警察局長姜全我免職委陶景濳署理
省長令臚濱縣呈送出放柳條通簡章轉飭派員查明核辦
省長令臚濱縣阿巴該圖俄屯一帶發現時疫應行先事預防
警察廳呈報籌設貧民集合所
臚濱縣呈擬保衞團辦法
軍長電俄黨謝氏戰敗退至大烏里激黨節節進攻所有住在沿東省路線之俄人應行加意保護
軍長電俄新舊黨發生戰事滿赤間大小票車停止飭屬注意嚴防
咨送副都統蒙旗戶口編查清册式樣
咨副都統札敦河入海拉爾河口至順河流下游此干站又伊敏河上游洪果勒金至西屯二處柳條先儘蒙人領票砍伐
臚濱縣電報赤塔路線橋橋被炸

省長令大烏里與馬蹄頁子站鐵橋炸燬滿站戒嚴沿路各縣局轉飭一律嚴防
省長令從新選舉參衆二院議員
警察廳呈報新街路燈已與俄理事會添設完竣
臚濱縣電報謝軍被赤黨圍困阿巴該圖俄屯
滿洲里警局陶局長電白黨被赤軍擊退情形
張鎭守使電告謝軍敗退入滿之零星潰兵均已依法解除武裝
滿洲里警局陶局長電玻璃金子地方被激黨佔領大烏里附近亦有戰事發生
滿洲里警局陶局長電赤軍攻退謝軍二張司令已得謝氏允諾於我國境內解除武裝
滿洲里警局陶局長電謝軍被赤軍擊退紛入我境在十八里小站解械
電軍長據滿站縣局探報謝氏與某國人已有祕密協議其總司令部有擬守興安嶺等風說
軍長電萬旅長與張旅長陸續到海擬卽解除謝裝
張司令電滿站逃來傷兵難民已遵省令運哈轉崴
臚濱縣電謝軍軍需車自行焚燬其原有之嘎賓力隊宣言如果不能支持有實行退至滿洲里之說
陶局長電謝赤兩軍正在阿布該圖一帶交戰
張司令電謝部被赤軍攻退入我國境現在正擬着手解裝
陶局長電海收容部經俄赤塔代表要求提出四項事件（一）引渡謝氏（二）謝氏在滿所有財產交赤軍接收（三）取銷謝氏在滿各機關（四）赤軍在滿設聯絡機關
哈埠總司令電謝軍如未赴海解械轉飭嚴防他竄
省長令案准督軍咨陸軍旅長轉告研訊炸放俄總管等匪人五名稱爲嫌疑近於羅織轉飭滿海警備司令分飭所在軍隊嚴緝逸匪

大總統令任命傅疆署東省特別區域高等審判廳廳長

司法部令派金殿選署東省特別區域地方審判廳滿洲里第六分庭推事蕭煥烈署東省特別區域地方審判廳第六分庭檢察官

十二月

省長電各卡倫需用槍彈現經軍署准給連珠槍一百八十四桿轉飭遵照具領

呈省長轉據呼倫縣呈調查選舉人民請從漢民入手蒙民或由該旗選送或俟國會成立議決再行補送

省長電調查呼屬蒙旗選民飭令委用蒙調查員按照元年衆選法四條二款後半以不動產計算與漢選民同列册報

軍長電委呼倫貝爾督辦爲外交處長

謝軍參謀長蘇金報稱軍官杜斌聶等偷運公款請將車扣留

軍長電俄官兵運費候電哈總司令部向鐵路公司交涉

警察廳呈擬設立檢疫事務所

警察廳呈報四旅營部被炸一案經俄軍官具書謝罪

滿洲里陶局長電在滿停留之難民七千餘人先後運送哈埠完竣情形

軍長電未經解械之謝軍轉飭各屬防範

呈軍長由海遣送解械謝軍官兵人馬數目

軍長電日本防疫部小田定藏等赴海調查鼠疫轉飭一體照料

省長電預防領土疫疾已電伍醫官連德到滿施行檢驗

軍長電部派防疫副處長來海調查鼠疫飭屬妥爲接洽

警察廳報告海埠發生百斯篤病

省長令籌設地方自治模範暨道縣自治講習所飭屬實行籌備
警察廳具報本埠受疫死亡人數暨預防情形
室韋縣呈復收回俄商月爾哈尼烏金斯克金礦公司交還吉拉林金礦情形
警察廳呈報購置防疫用品增設隔離所
呼倫縣廳會送商民因俄亂損失財產表另附商會證明書
覆選事務所咨送成立日期轉飭知照呼倫室韋臚濱奇乾等縣局關於選舉事宜悉歸本覆選區管轄
令縣局預爲籌備選舉衆議員
省長電准特別區法院籌備廳函稱滿海兩處分廳推檢官不日前往視事請卽轉飭知照
室韋縣呈送俄亂所受損失財産商民出具發誓證明書
副都統咨調查蒙人戶口未能按照省令分歸呼倫臚濱室韋編查仍擬暫用以前旗人編審舊法辦理
呼倫縣呈報漢蒙選民一起調查種種困難擬請將蒙民選舉暫緩舉辦
滿洲里警察局呈訂暫行防疫辦法
電省長札蘭諾爾發生百斯篤病

十年一月

軍長令護路軍哈滿司令張奎武辭職委任張海鵬接充
軍長令軍事外交處裁撤改組駐滿交涉員辦事處
軍長令一月二十八日廢止中日軍事協定條件
省長令倫屬蒙民選舉仍飭依法辦理覆電蒙旗選舉困難
警察廳呈報疫氛方盛酒飯館戲妓娛樂各業一律傳令停止
省長令據轉呼倫警察廳擬設檢疫事務所章則預算切實可行令飭遵辦

軍長令據總辦哈爾濱等處防疫事務兼總醫官伍連德呈報海拉爾鼠疫較烈飭各嚴速防範
鎮守使會電督軍海站防疫實行檢查客車並報檢查辦法
軍長電哈埠各國領事會議滿海間暫停止三等客車
長春警察廳電遵照省電籌辦防疫二道溝車站設立檢驗所隔離所轉詢海埠防疫情形
省長令轉奇乾設治局造送區域詳圖
東省鐵路督辦電滿洲里實行封鎖僑民行將絕糧商請設法救濟華僑
省長令東省鐵路沿線劃歸特別區域附發警察編制大綱
大總統令董士恩兼東省特別區警察總管理處處長
警察廳呈報督軍派員宣慰出力解除俄裝頒給長警獎洋已遵照辦理
函東省郵務管理局呼倫至室韋暨奇乾至室韋添設郵局信差以便傳遞迅速
呼倫室韋臚濱分呈條議舉辦自治及籌劃經費情形
電軍長查獲俄軍官藉日商保險偷運公款一案擬存海站道勝銀行以備將來與俄交涉還墊散給潰兵費用
呼倫縣呈報審理俄員杜斌聶等四名私運公款金洋三十二萬九千六百八十元一案認爲俄國國家公款由縣暫爲保存另附判決副本
呼倫縣電由鎮署轉奉省電派員將扣留俄款解送督署請示銀行總辦索扣存費可否於存金內提取
伍醫官以扎蘭諾爾發生肺疫電請派警堵截扎滿人來往以免傳染
軍長電鍾督辦張司令充札滿防疫監督并派各醫官爲處員
省長令扎滿兩處肺疫劇烈伍醫官請發海拉爾防疫醫官款項准由廣信公司滙交轉發
黑龍江省政府爲救濟旅俄華僑及德奥俘虜起見派督辦鍾毓與赤塔代表亮賓克夫等協定赤滿通車條件十三條開通邊界條件十二條以備交換利益而謀局部通商之始基嗣因駐北京赤塔代表優林氏對於開通邊界

條件原訂第六條不甚滿意該政府未予批准而我外交部對於原訂第十二條亦有不滿意處赤滿雖已通車尚須協商修改

二月

大總統令任命程廷恆督辦呼倫貝爾善後事宜兼呼倫貝爾交涉員

電軍長海站疫勢近漸撲滅扎滿勢正熾盛請飭鐵路公司實行暫停開車

臚濱縣呈送水陸國界意見書

軍長令防疫會議決箇日起滿海間停賣三等客票另設醫官檢驗一二等車行旅轉飭一體知照

駐哈鐵路交涉局咨海拉爾疫症盛行擬設隔離處所派由兵士看守請將隔離辦法商訂實行

呼倫縣呈報沿路各站發生疫病

鎮守使咨奉軍署令兼任陸軍防疫處處長

東省特別區市政管理局正副局長函知就職日期

副都統咨請轉呈省長援照七年法令增加蒙古議員名額

省長令轉臚濱縣所呈滿洲里防疫經費查照宣統二年先例准由東省鐵路公司撥發

俄前陸軍中將馬池月巫四克請准保護運到難民口糧藉以救濟俄民

呈省長與鎮守使會擬監視俄難民代表運發糧食規則請示辦理

三月

副都統咨德克錦布總管全家被匪殺害請飭駐守邊卡官兵一體嚴拏

赤滿通車實行開駛

東省特別區域地方審判廳海拉爾第五分庭推事錢光謨函報就職

大總統令特任孫烈臣調署吉林督軍

大總統令特任孫烈臣暫行兼署吉林省長

大總統令特任吳俊陞署黑龍江督軍

大總統令特任吳俊陞暫行兼署黑龍江省長

呈省長遵令取銷謝夫謙克木植合同請令博站桂專員就近接收監令停止工作

令俄商謝夫謙克停止林場工作聽候派員接收

駐哈鐵路交涉總局函述俄商謝夫謙克利用日人招工砍伐應行嚴厲查禁

省長電日人參加興安嶺招工砍伐森林轉飭桂專員妥慎辦理

省長電日人參加興安嶺林場權利飭照前電令該俄商自向日人取銷合同辦法妥洽辦理

室韋縣呈請保護華僑回國以實邊防

關於禁獵旱獺辦法並修訂取締簡章呈請省長核奪

哈司令部電謝氏在海哈購買麵粉接濟外蒙温格耳軍等情請一體查辦

滿洲里警察局呈報查獲俄軍官翠爾古林斯基等在滿招撫謝氏潰兵偷運軍用藥品輸入庫倫情形

四月

呈報軍長督辦程廷恆四月七日就職前督辦鍾毓卽於是日交卸

軍長令哈滿司令張海鵬奉調赴吉另委萬福麟充任

東省特別區滿洲里第五區警察總署長陶景潛呈報警察局改署日期

特別區第五區警察總署呈報查獲俄人哈德泰斯痕等私藏軍械馬匹等件

軍長電庫倫活佛委日人山田氏輸運軍火等項海滿兩埠爲輸入要道轉飭軍警一體偵查

駐滿赤塔代表函請取締謝黨委員招募軍隊轉運糧食與巴倫有密切關係請飭嚴予查禁

呈省長查視滿站所得情形繕摺密陳

室韋縣呈擬出放沿河荒地章程
選舉總監督令轉副都統仍照元年選舉法辦理選舉
奇乾設治局轉送畢拉爾河温永安山三卡署轄區域及對岸俄屯名稱圖說
選舉總監督電黑龍江衆院選舉日期延至四月二十日舉行初選五月二十日舉行覆選轉飭督促趕辦
奇乾設治局條陳與俄通商意見
省長令吉拉林金廠與廣信公司所轄之奇廠毘連准歸公司接辦
呈省長扎蘭諾爾疫勢漸減擬將防疫處縮小範圍以節經費
軍長電據謝米諾夫在大連購運大宗軍火糧食由日商押車保護過境請飭偵查截留
軍長令據轉俄阿發那西那夫中將函請發還所扣杜斌聶等私運金款飭將此函詳明查覆
軍長電俄舊黨與謝黨勾結蒙匪在海滿間密設機關轉飭軍警嚴密偵防
軍長電海滿一帶俄黨未經運送出境以前轉飭警察廳監視
省長令准蒙藏院咨蒙古王公私借日款以蒙地作押應行嚴爲查禁
奇乾設治員電長甸卡官被俄人槍斃情形當與駐滿赤塔外交代表交涉將擊斃長甸卡官兇犯交出懲辦
軍長令謝夫謙克林場尚未停業仍飭遵照取締工作前令妥慎辦理
呈軍長擬具解決謝夫謙克林場辦法
省長令呼倫貝爾督辦公署暨呼倫臚濱室韋三縣經費按照一等道縣缺核定開支
俄商克里莫維赤呈訴瓦大果夫違反捕魚合同擅招日股請求查辦
臚濱縣電告解除越境俄新黨槍械情形
商人石木張呈被赤路俄警搜去金沙函准赤塔代表如數發還

五月

軍長令准東省鐵路咨俄人謝夫謙克因有訂購砍存之木料木𣏌尚待運出請暫緩取締應查前訂合同報省核辦
臚濱縣呈報俄僑斯吉夫謝烈皆也米海私藏礮彈情形
呼倫縣呈報西尼河地方蒙匪搶刧俄工馬匹請咨副都統發給尋馬執照
博克圖鐵路交涉分局桂專員函陳調查謝夫謙克林場與日本領事往復問答條陳接收辦法
軍長電歲埠新舊黨開戰聞被日軍觧除武裝遇有西竄携械俄人應一體驅逐出境
俄難民代表窩西坡夫請飭沿邊各卡免納運送難民糧稅並請發給護照
令警察廳選派妥警持執護照往莫里根河一帶監視運送難民食品
呈報軍長辦理滿站省派委員扣留赤塔國會議員並拆毀日領郵件情形
臚濱縣呈送警察防勦盜匪辦法
省長電據報俄人在哈私造中國銀行偽幣運動過激黨圖謀不軌應飭一體查禁
電省長滿洲里扎蘭諾爾海拉爾三處防疫截至四月底止所用各款尚未超過預算除華俄各半擔任外有由理事會暫墊應請如數撥發
呈省長外蒙擾亂邊防吃緊外人游歷臚濱縣境護照暫緩停發
省長令准駐省日領照會據哈領事通知日商鵜飼堪三郎參加俄人瓦大果夫捕魚條件應繳租稅呼倫貝爾徵稅官拒絕收受請轉知照等因應仍轉知哈領事仍飭原納款人領回稅項勿受俄人愚弄
呈省長擬訂俄人越界割草等暫行稅章
特別警察第五署呈報赤塔政府派來紅軍携帶武裝駐紮沿邊並派探密窺滿站政治請飭屬嚴防
東省鐵路路警第一段呈送接收俄郵局錢箱並所簽字等件
省長令駐赤總領事署改組成立日期

赤塔代表函稱謝軍將在滿站起事請擔任保護函令軍警嚴防
商人李振東貨物在赤路被扣函准俄代表如數交還
商人趙秀豐被俄税局扣留金錢函准俄代表送署轉發
俄代表請免檢查遠東政府往來密電呈奉省長准免檢查
六月
通令規定各卡倫傳遞公文暨報告地方情形規則
呈省長轉報警察廳請獎防疫異常出力人員
臚濱縣電報結束扎埠防疫墊欵由煤礦公司單獨擔任
省議員選舉總監督委任程廷恆爲第九區覆選監督以呼臚室奇爲覆選第九區
省議員選舉總監督電初選各縣名額除第九區不敷選舉議員一名應行停止初覆選舉外餘均依法配定
呼倫警察廳呈送河塢地圖
省長密令調查俄商馬爾車夫斯克勾結日荷兩國人加入吉拉林金礦
省長令准日領事照會日人庄司鐘五郎參加俄人謝夫謙克林場有李德才盜伐森林請求保護等情
省長令據博克圖興安採木公司稟稱俄木把謝夫謙克勾結日人霸佔木植飭將俄木把傳案究覆
呈省長俄人越墾地畝收回困難擬援奉省韓僑入籍辦法辦理
省長令俄人瓦大果夫既未直接納税應即查傳繳納并令急向日人自行解除參加契約
呈省長擬定捕魚等税辦法並摘抄合同列表呈核
令發呼臚室三縣暨奇乾設治局羊草牧畜等税章
呈省長河塢地方俄僑日多擬以呼倫警察廳第二署分駐保護
軍長准院參陸電奉大總統令特派張作霖爲蒙疆經略使

七月
軍長電飭預備海滿兩埠蒙疆經略使行轅並令軍警切實保護路線
呈軍長拏獲俄僑也夫金及也夫謝也夫二人訊供與巴龍及果爾結也夫有圖謀軍事行動擬送特別第五分庭
訊辦
省長令據俄人克里莫維赤呈瓦大果夫違反捕魚合同擅招日股請予嚴懲要求賠償飭與日領交涉
滿洲里防疫處長陶景潛呈報取消防疫機關
軍長電庫倫巴軍潰散遠東增兵與我國防有關飭屬嚴密防範
軍長令檢查俄人電報改由本署繙譯官兼充
商人張敬亭呈報在俄兵營查獲失馬函准俄代表逕往俄營領還
軍長令取銷與敵通商條件
奇乾縣呈請函致俄代表轉俄屯長會同我國官吏鏟除煙苗
八月
軍長電張經略使停止北來偕同使署張總參議作相前赴海滿視師本月二日可抵海拉爾
呈軍長拏獲俄犯席伯洛夫謝夫謙克瓦大果夫等四名確犯內亂罪業已審明派員解省
呈軍長准駐哈英領事請將搶刼英商之俄犯席伯洛夫提案訊究
奇乾設治局呈報保衛團成立
省長令據呈臚濱縣擬訂華商報領山場刨石並俄商刨石稅續辦一年如議辦理
省長令臚濱縣知事趙春芳調省遺缺委調楊鳳旭署理
室韋縣郭知事報據巡官魏允中汪德順帶同警士招集俄僑追勦股匪臨陣擊斃匪徒十名并獲取槍支鞍馬衣
服等件

臚濱縣電察罕敖拉煤礦出售價目較前增加請轉省派員驗勘礦質機器再行會商收回
呈奉省長令准以就地籌欵編纂呼倫貝爾志書
呈省長召集各縣知事行政會議表決事項抄呈議案

九月

省長令派呼倫貝爾督辦程廷恆爲清鄉處會辦
呈省長委趙春芳爲會勘中俄邊界專員
呈軍長外蒙車臣汗部郡王多爾濟帕拉穆情願歸順中央各情
呈省長令准奇乾設治局改爲三等縣缺咨部查核
軍長令黑龍江查勘煙禁大員趙憲章到境保護協助
省長令各交涉機關徵收僑商各稅准歸財政廳經徵以一事權
函准赤塔代表覆稱遠東軍過界搶掠各節已經設法取締
函准赤塔代表覆稱四大列叶華僑聯合會轉請設立衞警以資保護等情警費應歸該會自行擔負
率同警察廳長郎官普等巡視河塢俄僑各村
商號東福茂等呈報在俄境沃力元車站被俄匪搶刼金銀鉅款當准哈滿司令部函解是案刼匪沙烏尼奴一名送法庭審辦

十月

呈省長赤塔代表不允與趙委員會勘邊界附具談話錄請示解決
臚濱縣徵收局長那慶璞呈報設局任事日期
財政廳咨呼倫徵收局以前委克山徵收局長張常裕改任
軍長電令會同龍江道尹宋文郁鎮守使張奎武辦理解除俄潰軍武裝資遣事宜計遣送出境送省收管共有俄

官兵五百六十四名華人十七名日人二十二名韓人二名軍用各品一併解省
省長令扎勒木德站移居索倫蒙古俄籍伯來子人數混雜難保不貽患將來應行會同蒙署妥擬稽查方法
呈省長俄商別羅克雷洛夫及庫子轟錯夫停止漁業已久已將其捕魚合同二起分別註銷備案
駐赤中國領事署致滿司令部函件被俄路檢查員扣留函准赤塔代表如數發還
電軍長室韋縣附近莫里勒克卡發現謝黨潰兵擬請援例資遣辦法
十一月
令室韋縣河塢警察二署所屬俄難民在蘇恰拉布多林宜瓦諾夫喀庫庫諾爾四村成立學校四處准予發給教員委任令
省長令據呈俄紅十字會請在海滿設立病院發放麪包純爲救濟僑民難民起見應准備案
省長令據東三省銀行呈在滿洲里籌設辦事處飭令保護
呈省長據商人李振東擬設滿扎汽車公司准予試辦半年
滿洲里商會呈報改選會長會董
大總統令任張奎武爲安泰鎮守使張明九爲呼倫貝爾鎮守使
滿洲里俄理事會請設僑民會駁覆不准
商人國景亭呈報在俄路被扣鹿茸金錢函准赤塔代表發還
十二月
呈省長考核屬員案内臚舉呼倫警察廳長耶官普辦事成績請予補缺
電所屬各縣局急編游擊隊以清匪患
奇乾設治局呈報辦理清鄉附具防匪礮壘圖說
臚濱縣呈送軍警團卡駐防地點畧圖

呈省長檢送俄犯瓦大果夫案內之蒙俄合璧漁業合同
呈省長造報與駐滿赤塔外交代表經辦交涉未結重要各案請咨外部備案
室韋縣呈報開辦縣警察所
河塢第二警察署長王善彰呈解持械越境意圖搶掠之俄犯米海拉必特洛夫四鐵班孟生洛夫米海拉捕洛白白夫一萬不洛尼過夫等四名電奉督軍令准送法庭訊辦其軍用物品暫由警廳保管署長王善彰傳諭嘉獎
省長令呼倫縣知事何如銘調省遺缺委候補縣知事郭曾煜署理

十一年一月

呈省長前據美人白連函稱呼倫貝爾王公將額爾古訥河與興安嶺之間地面讓與俄民格洛覺斯基現與該受地人訂立合同帮同開墾此地請求保護等情當查此案似與前抄送省之技師葛羅火夫斯克金礦合同事實大同小異應請與各種蒙俄合同一例取消
省長令中俄條約中之三分減一稅法暨免稅區域免稅辦法奉令到期停止俄商由俄運來貨物及由中國運出洋土各貨應完進出口稅項均照現行海關進出口稅則完納
電軍長扎站華工受蒙兵驅逐一案遵與蒙署商請另定取締無業華工辦法
軍長電郵運旱獺皮張准再展限十日至一月十五日止實行禁運
電省長據滿分署報告拿獲殺害滿站五道街日本當商近藤留什等之日犯石奇利希藏訊供仇殺不諱

二月

電省長珠爾干河卡兵王彩雲被俄黨擊斃已與駐滿赤塔代表嚴重交涉
軍長令蒙兵驅逐華工人一案既已會商蒙署取締辦法其他無業游民應飭呼倫縣派警隨時監視俾免妨害蒙民
外交部電將轄境以內之現住俄民姓名職業住址男女人數詳細調查列表呈報

省長令組織縣司法公署以樹司法獨立基礎迅飭遵照章程擇要舉辦
省長令奇乾設治局改爲三等縣缺已奉大總統令准轉飭遵照
滿洲里特區警署呈報赤塔政府派暗殺團來滿希圖殺害俄舊黨函令軍警嚴防
三月
省長令荐請任命鄖官普爲呼倫警察廳廳長
奇乾設治員兼總卡官李玉琛呈報卡兵王彩雲因公死亡援例請卹
依道官制六條委李玉琛代理奇乾縣知事
軍電長收容俄黨內布咧子愛包夫等八名發遣回籍飭令監視
通令發給俄僑村長證式
電軍長滿站河關被俄匪搶去中國銀行存欵請飭駐滿軍警嚴密查緝
咨警務處實業廳擬議規畫呼倫貝爾全境道路辦法
電軍長俄岸赤塔軍隊武裝越境搶掠河塢各村華俄商民牲畜財物并綁去俄僑費得謝也夫等十二名已電駐滿赤塔代表先將人物交回其餘越界官兵一律逮捕懲辦
電哈爾濱東省鐵路局長據臚濱縣楊知事電報扎蘭諾爾煤礦不發工資行將暴動請速電覆主持
河塢警察署請設臚濱縣屬根河渡舟飭警察廳妥議進行
四月
軍長視師海滿
大總統令程廷恆晉給二等嘉禾章
省電令奇乾設治局准改縣治委任李玉琛署理奇乾縣知事
軍長令滿洲里解除謝嘎兩軍武裝在事出力人員分別抄單給獎

省長令准內務部咨分別抄發江省防疫出力人員勛獎各章

省長令呼倫警察廳重修房屋款項准由娛樂捐餘款項下動支

額爾得尼托羅輝卡倫卡兵王振起傳遞公文中途被害呈省援例請卹

滿洲里特別區警察署呈報拿獲強搶中國海關收稅銀行之俄盜犯非沃甯等四名解送法庭訊辦

省長令關於內亂嫌疑之謝夫謙克等俄犯十名查無犯罪實據分別省釋惟瓦大果夫一名牽及俄黨首領謝米諾夫未便放免並飭知照

派員會勘邊界與駐滿赤塔代表接洽泯除羊草爭端已由該代表認照我國稅章納稅出具記賬欠稅字據爲將來劃分國界時留備證佐

省長令謝夫謙克原有林塲由中日俄三國合辦於四日協定簽字定名扎免採木公司

整頓呼倫貝爾各縣團防次第成立檢同圖冊呈省核奪

呈擬俄人喀他也夫等六人所租漁泡地點暨魚網稅招商經營辦法應將喀他也夫等前訂合同盡數繳銷

呈准減納木柈稅捐咨請副都統查照

滿洲里特區警署呈俄軍士武裝越界有搶刼綁票嫌疑令送法庭偵訊

無約國人民臨時入境執照式樣規則呈奉省長令准辦理

駐滿赤塔代表商請暫留自衛槍械呈准軍長由哈滿司令部加蓋印記

五月

通令查禁俄土入境

貝爾湖漁業員工三十人被庫倫亂兵擊斃二十九人暨燒燬房屋搶掠槍械等情除請兵往勦外另陳善後管見

呈准阿爾卑尼國於國慶日懸掛國旗

據海拉爾公共理事會長克里莫維赤呈送瓦大果夫擅招日人吳凱入股以致漁業損失甚鉅請求轉呈軍長責

令賠償
臚濱縣呈報擊斃扎蘭諾爾西山日人吉川之正兇劉長順三名已遵限緝獲訊辦
通令調查無約國人民在境居住人口數目塡表呈報
令准呼倫警察廳限制海埠商人重利盤剝
磋商與赤塔局部通商問題駐滿赤塔代表願以江省毗連之阿穆爾省及扎拜喀爾省與黑龍江省政府直接商訂通商條約附呈意見請示辦理
呼倫室韋奇乾三縣擬設電報電話將工料計畫書三縣路線圖呈請省長核辦

六月

滿洲里日本領事館成立外部令飭照章接待
遵擬扎免採木公司山林警察局員額章程預算各草案呈省核奪
省長令扎免採木公司理事長准委李維周充任
通令十八卡倫對岸俄人來海購運食物准予取具保證發給執照
蒙旗商業錢局呈准省長緩加限制
呼倫縣呈報高等小學校附設國民學校成立
省長令臚濱縣呈商會侵佔學款令派員調解結束
濱江關監督電轉稅務司覆赤塔代表書籍報紙經過滿關時送由駐滿交涉分署驗明放行
俄軍在中國境私設卡兵有礙主權函准赤塔代表飭令沿邊各屯謹守國界
赤塔代表函請准予在滿洲里張貼收撫謝喀軍殘部命令轉呈省長令准
函准海關郵局覆稱駐赤本國領事擬派專員至滿遞取外交文件允予照辦

七月

呼倫縣呈報警士趙喜和被索倫蒙匪擊斃請援例給卹
警察廳呈商人麻自忠捐建海埠屠獸場屋以公平市價在場收買羊腸轉呈令准
省長令署室韋縣知事郭文田調省遺缺以馮潤章署理
駐室韋縣廣信分公司包放金廠溝內草稅商人紛請取銷電准財政廳轉行分司禁止
電滿洲里警察署俄僑米海伊勒行使東三省銀行僞券訊係駐滿埠俄主人米子西利灣所給飭警拿辦

八月

據副都統轉告外蒙車臣汗部練兵備餉截刼邊商並聞由車臣汗部王府至庫倫由庫倫至俄境之赤塔莫斯科節節設備電話居心險惡電呈軍長通飭嚴防
軍長令博克圖站護路奉軍全團譁變後分途竄逸連夜派兵勦襲卽飭一體防範
省長令本兼省長職務委任教育廳廳長于駟興代行
俄員沙別拉金等七名對於九年防疫異常出力呈准省署報部核奬
軍長令准東三省保安總司令咨開東三省巡閱使署奉天督軍署及鎭威軍總司令部業已改組所有應報文件卽飭逕呈東三省保安總司令部勿用前項名稱以昭劃一
拿獲滿洲里俄舊軍少將什立尼果夫軍事計畫文件關於擾亂中國國界訊據確有圖謀舉動呈奉軍長送交法庭究辦

九月

呈復軍長關於哈爾濱莫斯科直達通車一案有種種不能許可理由
軍長電日本撤兵將次完竣哈滿一帶難保無激黨潛匿圖擾交通應飭嚴密防護
據俄代表報稱海滿一帶聞有白黨軍隊計畫行動對於釋放什立尼果夫事頗不滿意請求分飭防範
警察廳呈擬取締出口肉質規則幷查驗執照式樣

警察廳呈報商人龎自忠捐修屠獸場工程完竣定期開辦請求派員驗收
電軍長海屬韋陀河發現索倫蒙匪蒙署派兵往勦斃匪三人蒙兵陣亡一人據稱匪由興安嶺沿鐵路竄逃蒙兵服裝不齊或虞誤會請飭沿路軍警一體堵勦
省長令臚濱縣知事楊鳳旭調省遺缺委分江補用縣知事董文瑞署理
省長令祀典冠服禮節現經務國會議議決仍照五年成案辦理
省長令博克圖軍隊譁變一案准督軍咨開據報後已派隊分頭追捕分別首從嚴予法辦卽飭轉令查照
呼倫縣籌設宣講所兼閱圖書報紙并送簡章及開辦經費清單呈奉省令飭遵
電呈省長義商別林因急於回國願將察罕敖拉煤礦誠意讓價至十五萬元出售日人及商業公司并中國資本家均擬出而購買事關國礦主權應請飭下財政實業兩廳會商收買
函覆理事會市政局據函擬在海拉爾籌設俄僑工商高等學校專在夜間教授洵屬熱心教育應准備案
電軍長回教俄僑米夫打胡特基携帶現大洋一萬元趕赴甘珠廟會中途被匪搶刼又遭慘殺執事人二名已經分電萬司令路警叚長暨所屬一體協拏旋卽破獲送廳究辦
呈軍長遵令調查滿海一帶俄新舊黨兵力人數附具淸摺呈核
函滿海關俄災賑濟會所運糧品由本署擔保關稅准予放行
遠東軍在草甸逮捕扎站工人拉郭立等與俄代表交涉釋放
函覆俄代表所請會同組織委員會剷除白黨以敦睦誼等情未便提議

十月

省長電日俄長春會議勞農代表團人員經過滿海地方飭屬查照放行妥爲保護
督軍令駐海濱省日本軍隊於二十五日完全撤退
督軍令中東鐵路日軍撤退後對於日僑切實保護

室韋縣呈報游擊隊成立日期
省長令東荒各縣來滿購槍暨滿海一帶商民存有防身大槍者現經擬定一律加蓋火印附發火印式樣一紙令飭查照辦理
奇乾縣暨珠爾干河卡倫稟報七日奇乾縣署遷駐珠爾干河同日珠爾干河卡倫移駐奇雅河呈請備案報省
呼倫縣呈報籌設國民義務女子小學校成立
俄代表奉其政府命令來海面詢我國對於白黨情形編成談話記錄呈送軍長察核
函覆哈爾濱交涉員駐在扎蘭諾爾之波蘭人擬在該處設立救濟會事詢據臚濱縣查稱該波蘭設會宗旨專爲救濟在華貧民遣送回國並無其他行爲自應准予照辦
電軍長十日白軍由扎蘭諾爾出發攻陷俄境阿布該圖俱係以前獲釋之白黨首領什立尼果夫爲之主動請飭滿海警備司令鎮守使等趕緊防勦
函鎮守使俄新舊黨發生戰事杜漸防微首先檢查電報除分行本埠電局及俄電局查照外請飭車站檢查員實行檢查
電軍長白黨佔據俄境阿布該圖赤塔代表以白軍組織軍隊多在華境爲保護駐滿遠東各官吏生命財產起見擬欲擁兵自衛已經嚴詞拒絕另飭軍警擔負保護
函河塢警察署俄黨既在我境有軍事行動無論如何派別一律勒解武裝
函俄代表殺害華人宋廣海及宋德林之嫌疑犯雷巴克夫已經在俄逮捕請速引渡歸案法辦
俄代表開送駐滿遠東各官員人等住所請求飭屬保護
函俄代表十八里小站迭次增兵並未預先通知恐生誤會請查照見覆
軍長電轉董知事楊署長金段長飭屬防範白黨并詢該黨由扎出發攻擊俄境有無確證
令臚濱縣日人蔑記沙售賣鴉片預飭供實應行轉送日領

函覆理事會扎滿一帶擔負保護治安請嚮轉告俄民勿行恐慌

函俄代表據畢拉爾河卡官呈報俄新黨越界搶刼一案交涉既經承認迅將該犯拿辦以儆將來

函覆俄代表遠東總警官擬派武裝探訪員携犬來海埠偵探擊斃英商工人匪犯請求保護等情候轉第五分庭知照所請碍難照准

函俄代表在滿站小北屯擲放炸彈之遠東阿力克山德縣第二團兵士密哈伊勒馬爾締諾夫請引渡歸案訊辦

十一月

呼倫縣呈報宣講所開辦日期

省長令蔡罕敖拉煤礦既據電稱義商別林讓價至十四萬八千元金盧布准派孫技術員會同廣信公司備價接收已飭委員到海商承辦理

奇乾縣知事暨奇乾徵收局長會請轉省飭令奇乾河郵政局隨同奇乾縣署遷往珠爾干河以便交通

省長令知朱慶瀾任東省鐵路護路軍總司令

省長令日軍由歲完全撤退所有運輸部監管會同時撤盡

電報軍長俄白黨首領什立尼果夫統領特魯衡營長巴立心等在河塢地方整備軍械圖謀大舉已飭河塢警察署長王善彰星夜率警將什特巴三人密拿解海一面追踪防勦俘獲潰兵一百五十九名並軍械彈藥馬匹甚夥

護路軍總司令部電派王外交員來海辦理遣送俄舊黨官兵難民事宜

軍長電知對於海滿黑河處置俄黨辦法十二條飭令遵辦具報

電軍長遵與王參謀長張鎭守使會同搜查俄舊黨重要軍官分居海滿之馬蹄頁夫斯基碧流果夫二人現在尙無不執行爲請示遣散監視辦法

電軍長滿洲里白黨機關雜魯別梅斯里報館公然登載該黨徵兵檄文顯有鼓惑情形已飭警署將該報館勒令封閉

省長令關於牙各立其溝鑛區與廣信公司爭執礦界請飭詳查具報
函知俄代表據阿巴該圖卡官呈報管界俄僑哈拉琴斯克兩次被紅軍搶刼迅飭查明懲辦
據臚濱縣呈報孟克西里卡俄黨越境搶擄俄僑情形函催俄代表迅予釋還
奉省委員黃成埒赴俄調查事件據許國香禀告在恰克圖被紅軍逮捕解往赤塔國防局等情函知俄代表請飭迅予釋放

十二月

室韋縣馮知事河鳩王署長會報俄紅黨偸越國界當與扎窩子俄國軍領據理交涉附送雙方會議記錄
駐滿俄遠東共和國委員改爲俄國社會聯邦共和國駐滿委員
護路軍朱總司令過海督辦隨車赴滿巡視沿路各軍
呼倫徵收局長面告在車站截獲旱獺皮七箱電奉軍長令飭點視焚燬
河鳩警察署王署長續報解除白軍餘黨軍械取具服從字據附呈武裝清册
中日俄合辦扎免採木公司函告於十一月十四日開始營業
奇乾縣呈請丈放街基酌收地價彌補遷築縣署虧墊各費
奇乾商人與廣信公司爭奪金礦界限一案奉省令派委邢委員密查詳情呈請秉公核辦

按呼倫貝爾自前清宣統元年由東三省總督徐公黑龍江巡撫周公奏准分爲道區以地方原有之上級職官改以兵備道設施未久旋以變故侵尋官制再易尋至民國九年二月人心厭亂民治恢復重以歸政方始疑貳尚多急遽改道善後爲難斟酌便宜設今善後督辦兼交涉員一切行政職權悉照道官制規定行使先延恆而督辦者爲鍾毓任僅一年未有記錄延恆忝繼觀政而又負善後全責因卽於九年二月復治日始訖於十一年十二月止關於中外各要政經過事項逐月記載名曰記略而於十一年以後有事不書者一以限期已屆未便過事延長一以籌款維艱深恐曠誤刋印且也呼倫貝爾民治日新道同風一而於今日之善後督辦兼交涉員

一缺咸汲汲焉有規復道區之趨向則所謂僅僅善後事宜或可於十一年冬而略告結束乎程廷恆附誌

編纂志書職員姓名

鑑　　定　崑山程廷恆

總　編　纂　復縣張家璠

編　　纂　崑山沈鼎

編　　纂　吳縣尤遂

編　　纂　復縣胡業順

協　　纂　巢縣鄒碩輔

協　　纂　瀋陽曲廉本

協　　纂　高陽齊肇豫

協　　纂　崑山王瑞驥

協　　纂　宜興史悠文

協　　纂　崑山洪家祿

協　　纂　吳縣汪遠翥

協　　纂　吳縣許康

協　　纂　壽縣于開來

協　　纂　牟平于家銘

協　　纂　呼倫貝爾郭濬黃

俄文繙譯　建平楊鼎芬

蒙文繙譯　龍江英德

繪圖　吳縣陸士基
繪圖　撫順金錫壁
繪圖兼採輯　灤縣趙春芳
採輯　呼倫貝爾成德
採輯　呼倫貝爾榮安
採輯　呼倫貝爾巴廸巴嘎
採輯　呼倫貝爾凌壁
採輯　新民郎官普
採輯　狄道何如銘
採輯　建平郭文田
採輯　莊河李玉琛
採輯　閩侯郭曾煜
採輯　雙城董文瑞
採輯　昌圖馮潤章
採輯　紹興阮希賢
採輯　復縣王善彰
採輯　六安吳嘉謨
採輯　岫岩白辰熺
調查　武進吳柏初
調查　蓋平王春城

調查　歷城　徐夢奎
調查　儀徵　凌雲
調查　儀徵　陳啟榮
調查　梨樹　范大全
校對　巢縣　鄒鴻賓
校對　遼陽　王君助
校對　復縣　李承基
校對　復縣　張祖文
校對　復縣　崔長城
校對　遼中　戴名蘊
校對　復縣　魏志清
校對　招遠　趙秉銓
校對　復縣　曲恆廉
校對　掖縣　馬仲元

印刷者上海太平洋印刷公司

勘誤表

目次	頁數	行數	字數	誤	正	備攷
序	三	八	三四	兵	政	
序	五	十一	十九	重大	大重	
採用各種圖書目錄	一	三	二	義	龍	
山水	五	四	九	酉	西	
山水	六	一五	六	域	城	
山水	八	二〇	五七	脫一字	山	
山水	一七	一三	三四 三七	脫一字	吉	
各縣區域道里	三四	五	一四	兩	爾	
建置	四一	一一	一三	北	南	
建置	四二	一二	一	吉	古	
建置	四六	六	三三	色	數	
建置	五一	八	九	東	南	
官制	五五	一四	二一	脫一字	局	
官制	五六	一二	一六	摧	権	
官制	五六	一四	一一	摧	権	
官制	六二	一	一	署	旗	

目次	頁數	行數	字數	誤	正	備攷
官制	六二	九	四	二	九	
官制	六三	六	一	素	索	
邊務	七四	三	三六	持	特	
軍備	一一三	四	四一	建	達	
司法	一一七	七八	一	卡	呼	
司法	一二八	四	七	就	月	
警察	一三〇	八	一一	四	二	
警察	一三〇	八	一四	四	六	
警察	一三〇	八	一五	四	〇	
警察	一三〇	八	二〇	五	一	
防疫	一五一	一〇	三九	卽	時	
財政	一七三	九	一	捧	俸	
財政	一七七	五	九	員	管獄	員字上脫管獄兩字六行監獄兩字衍
財政	一八六	二	八九	〇〇	四五	
財政	一八六	一	一	民	呼	
民族	一九三	一三	一二	籙	籍	
民族	一九四	一七	四〇	上	下	